编委会主任　王　强

编委会副主任　陈金海　吴定海

主　　编　吴定海

编　　委　（以姓氏笔画为序）

王为理　尹昌龙　张玉领

张合运　陈　寅　陈少兵

陈金海　岳川江　莫大喜

执行编辑

成维斌　贾珊珊　田佳平　余泽为

吴定海 / 主编

深圳市民文化大讲堂
2018年讲座精选

上册

The Selections of
Shenzhen Civil Lecture on Culture
(2018)

社会科学文献出版社
SOCIAL SCIENCES ACADEVIC PRESS (CHINA)

〖目 录〗Contents

上　册

一　改革开放 40 周年

二　文化生活

三　经济科技

四　文学艺术

下　册

五　军事历史法治

六　养教育才

七　传统文化

八　体育养生

一

改革开放 40 周年

改革开放 40 年的经验、挑战与未来

汪玉凯

汪玉凯

国家信息化专家咨询委员会委员，中国行政体制改革研究会学术委员会副主任，国家行政学院教授，北京大学政府管理学院兼职教授、博士生导师，深圳创新发展研究院资深研究员，国务院办公厅顾问。长期致力于公共管理、中国行政改革以及电子政务等方面的研究。享受国务院特殊津贴。著有《界定政府边界》《如何建设一个公平正义廉洁有为的政府》《公共权力与公共治理》《改革没有回头箭》《电子政务在中国》《互联网发展战略》等，发表论文 300 余篇。

40 年改革开放证明了什么

首先，我们要对近代中国经济社会的发展做一个大致的回顾，要从近代中国走过的大 V 字形这个视角来看 40 年改革开放的成就和经

验。我们知道英国有个著名经济学家叫安格斯·麦迪森，他当时做过研究，1820 年之前中国经济总量占世界的份额没有低过 20%，宋代我国的经济总量占世界的份额超过 50%，1820 年中国经济总量占世界的份额是 32.9%，居世界第一位。此后就开始一直往下走，一直到 1945 年抗战胜利，中国经济总量从占世界的 32.9% 一直下滑到 4%。1840 年降到 29%，1870 年降到 17%，1900 年降到 6%，1945 年降到 4%。

1949 年新中国建立后，尽管我们在经济、社会等方面确实取得了巨大的成就和发展，但是因为当时二战以后西方国家快速发展，所以到 1978 年，虽然当时中国是第一人口大国，但是我们的经济总量仅占世界份额的 1.8%。从 1978 年改革开放到 2018 年刚好 40 年，这 40 年我国经济平均增长 9.5%，从 1978 年开始慢慢反弹，直到 2017 年，我国经济总量跃居全球第二，共 82.7 万亿元人民币，折合成美元是 12.24 万亿元。美国是第一，我们是第二，日本是第三。2010 年中国经济总量第一次超过日本，七年以后，我们的总量接近日本的三倍。我想，近代中国经济走过的大 V 字形轨迹把很多问题都通过事实说得很清楚了。

可以思考一下为什么改革开放 40 年我们能够取得这么大的成就，对此我简单概括为五个"一"。

第一，找到了一条道路，那就是改革开放之路。这条道路的找到，我认为是基于我们 1978 年的一次思想解放，即真理标准大讨论。正因为这次真理标准大讨论，中国尽快地结束了"文革"造成的伤痛。没有这次思想解放，没有拨乱反正，就不可能在那么短的时间内使中国走上改革开放道路。

第二，确立了一个中心，那就是以经济建设为中心。不管发生多大的事情都要以经济建设为中心不动摇。

第三，建立了一个体制，那就是社会主义市场经济体制。社会主义国家、社会主义制度、共产党执政，也可以搞市场经济。1992 年，邓小平在南方谈话中做了非常重要的判断，他说，基本路线 100 年不能动摇，他说，计划和市场都是发展经济的手段，不决定国家政治制度，资本主义可有计划，社会主义可有市场，不改革就是死路一条。如果说我们 1990 年市场化的改革是摸着石头过河，1992 年邓小平在南方谈话中对计划和市场的这些重大判断的出现，则标志着共产党执政、社会主义国家也可以搞市场经济。

第四，找到了一个突破口，那就是建经济特区，形成改革开放的排头兵。从 1980 年建深圳特区开始，经济特区、东南沿海开放城市、经济技术开发区、高新区、保税区、自贸区形成了一个系列。在整个开发区的建设中，深圳当之无愧地处在领头羊的地位。

我们今天看深圳的成功，也可以叫人类奇迹，在 40 年间发展为国际大都市。为什么深圳能在这么短的时间内取得这么大的成功？大概有五个原因。

（1）以邓小平为代表的党的第二代领导群体做出重大的战略决策，在深圳建立特区，而且有一整套促进经济特区发展的政策，允许大胆地试、大胆地闯，允许先行先试。

（2）深圳过去是小渔村，毗邻香港，我们改革开放、建立特区以后，吸引大量的外资，积累了大量的财富，然后快速融入世界，并融入了世界发达经济体的主流圈。

（3）全面推进市场化改革，民营经济快速崛起，以华为、腾讯为代表的民营企业，不仅在中国是领头羊，在全球也是知名企业。

（4）吸引了大批创业者。现在我们如果算城市年龄，深圳是最年轻的，因为大量愿意创业的有志者涌向这座生机勃勃的城市，深圳吸引了各方的人才。

（5）世界信息革命的机遇，给深圳创新提供了极大的契机。大家知道 1946 年人类发明了第一台计算机，芯片和中央处理器出现以后，计算机从像一座房子变成台式电脑，又变成笔记本电脑。80 年代是深圳建立特区的时候，90 年代中国出现了互联网，新技术革命使深圳坐上信息革命的头班车。所以深圳有这么多以 IT 企业、互联网企业为代表的一大批国内乃至全球知名的企业。

第五，第一次真正融入世界。我们过去闭关锁国，不知道域外是什么。1978 年改革开放以后，我们所有中国人才看到了世界。而且这个改革开放使中国快速地和世界融为一体，特别是 2001 年中国加入世贸组织以后，中国经济对外贸易进入发展的快车道。

这五条就是五个"一"，我认为这是我们改革开放 40 年来五条非常重要的经验。

当前改革开放面临什么

中国改革开放能走到今天非常不容易，改革进行到现在难度要比 40 年前大得多，且越来越大。现在改革开放面临四大挑战：第一，面临改革开放外部环境变化的挑战；第二，面临改革开放内生动力不足的挑战；第三，面临转型发展所带来的巨大压力的挑战；第四，面临改革内在结构协调不足的挑战。下面我按照自己的研究和理解简单地阐述一下这四大挑战。

第一，改革开放外部环境变化的挑战。

我们可以从几个角度观察到，改革开放的整体格局发生了重大变化。从 1978 年到 2009 年中国有非常好的改革开放国际环境，那时候我们和美国几乎是抱团发展。而 2009 年以后美国调整国际战略，重返亚洲，使中国改革的外部环境逐渐发生一些变化。这种变化确实使整个外部环境不像以前那样对我们的发展那么有利，这是大家都能观察到的现象。

美国可能感受到了中国快速发展对它形成的压力，于是调整战略。我们看到从十八大以后，钓鱼岛问题、南海问题确实出现一些摩擦，这些摩擦从客观上讲影响了我国改革开放的外部环境。

第二，改革开放内生动力不足的挑战。

民众对改革的认知度、支持度在某些方面有下降的趋势。如果我们在改革上不能给普通老百姓带来实惠，让更多人有获得感，改革成果不能被大多数人所共享，老百姓不一定会支持改革。

第三，经济转型发展带来的巨大压力的挑战。

十九大有一个重要的判断，我们的经济要由高速增长转向中高速增长，由高速发展阶段转向高质量发展阶段。"高速"和"高质量"这两个词差别非常大。具体来讲，过去这几十年我们成就很大，我们利用了劳动力红利，利用了资源价格的红利，在环境方面的低投入确实使我们的产品有很大的竞争力，也就是说传统的发展方式做出了非常大的贡献，但是走到现在我感觉很难再继续维持下去了。

我把它概括为四个难以为继：第一，低成本出口战略难以为继；第二，低端产业主导的经济结构难以为继；第三，资源和环境的传统使用方式难以为继；第四，收入分配不公引发的社会问题，使社会稳定的大局难以为继。这四个难以为继在定义上讲就是习总书记讲到的我们坚持五大发展理念的基本依据，要坚持创新发展、协调发展、绿色发展、开放发展、共享发展。

我在这儿举一个简单的例子，比如低端产业主导的经济结构难以为继。我们过去的发展更多的是在世界产业链的中端和下端做文章，我们的劳动力成本很低、资源价格很低、环境投入很低，所以产品有非常大的竞争力。但是我们在高端相对缺乏话语权，经济大国要想变成经济强国必须在产业高端有话语权。为什么会提出要发展战略新兴产业，要培养高端人才，要发展低碳绿色经济，我想渊源都在这儿。比如中美贸易战争中美国制裁了中兴。中兴在深圳是非常著名的企业，中兴通讯是全球知名的 IT 设备供应商，为什么被美国制裁以后这个公司就受到重大的冲击呢？我想大家都很清楚，原因很简单，就是我们在核心技术上、在关键技术上受制于人，芯片尤其是高端芯片我们制造不了，我们依赖美国、依赖欧洲，尤其依赖美国。中兴通讯生产的手机使用的操作系统是安卓系统，是美国谷歌公司开发的让全球用户免费使用的系统。它制裁你不让你使用，就相当于一剑封喉。

我们不能光赚快钱，我们有这么多 IT 公司，网购人数超过 4 亿人，2017 年我们网络交易、电子商务交易额超过 21 万亿元，我们现在有 14 亿手机用户、8 亿网民、7.5 亿智能手机用户，我们说无处不在的网络、无处不在的 WiFi、无处不在的软件、无处不在的计算、无处不在的"互联网＋"。在手机支付、移动支付方面我们位于全球第一，但是大家想想，最核心的技术是别人的。如果不能从核心技术上做到自主可控——我们不是要搞封闭，但是关键技术要自主可控——如果在这上面不能加大投入，不能下苦功夫去研究，就会出大问题。

三者叠加的经济格局使深化改革受阻，转型步履艰难。什么叫三者叠加？要面对经济下行，是第一个叠加；要保障 2020 年全面建成小康社会，是第二个叠加；第三个叠加是在这个过程中中国经济要顺利实现三大战略转型，即由过去注重规模数量型转向注重质量效益型，由过去引进消化型转向有序走出去、对外扩张型，由学习模仿型转向自主创新型。这三个转型能不能转得过来不仅影响到中国有没有由高速增长转向高质量增长的阶段，而且关系到中国能不能受到世界的尊重。世界是否尊重一个国家不仅仅看其经济总量，经济总量只是第一个指标，其他指标还有能不能保护环境，能不能保护知识产权，能不能使财富相对公平地分配，能不能尊重人权。所有这些都是世界是否尊重一个国家的因素，经济总量只是其中的一个。三者叠加确实给我们转型发展带来很大的压力。

比如面对经济下行，社会主义制度也好，中国执政地位也好，在很大程度上为我们快速的发展提供了很大的支撑。如果我们的经济不能步入良性发展轨道，经济下行不能被控制在一定范围之内，我想将对未来转型发展影响非常大。就我个人的观察，大概有五种因素既相互独立，又相互制约和联系，共同影响中国经济步入良性发展轨道：第一，房地产泡沫；第二，地方债务，官方统计的数据是超过 24 万亿元；第三，经济性改革明显滞后，拉了实体经济后腿；第四，产能过剩；第五，很多民营企业不景气。2016 年，我国的外汇储备由 3.9 万亿美元降到 2.9 万亿美元，减少了 1 万亿美元，其中包含 3000 多亿美元的民营资本。2016 年有 8000 多个高端人士离开中国，很多人是有点成就的民营企业家。

我们首先要保证 2020 年全面建成小康社会，这是党给全国老百姓的承诺。在我看来，2020 年全面建成小康社会最大的难点不是经济总量翻一番，也不是人均收入翻一番，最大的难点有两个：一个是脱贫，另一个是农民市民化。从脱贫方面来讲，我们现在有 3800 多万人还没有解决温饱问题，但这 3800 万人的温饱问题是最低标准，所以脱贫的任务很大。在农民市民化方面，我们现在有 2.8 亿个农民工，有 1.5 亿个是二代农民工。现在深圳、北京、上海、广州四个一线城市的外来人口是最多的，北京有 900 万外来人口，上海有 1000多万，深圳市的户籍人口有 400 多万，常住人口超过 2000 万，广州市户籍人口不到 800 万，常住人口接近 1800 万。如何解决好农民市民化的问题，如何脱贫，是我们 2020 年全面建成小康社会的两个关键性问题。所以我说我们的转型发展面临很大的压力。

第四，改革内在结构协调不足的挑战。

过去更多的是经济改革、行政改革、社会改革、文化改革、生态改革，在我看来行政层面的改革还不足以对经济、社会改革形成强有力的支持。比如我们如何构建一个反腐败的制度框架？如何防止转型错位？过去四十年我们成功地由计划经济体制转向市场经济体制，但是我们没有在经济转型过程中建立起对公权力进行有效约束的制度框架，再加上随着经济社会发展，老百姓对民主法治的诉求越来越强烈，所以从定义上讲结构转型错位导致了中国执政风险的上升。

我们看看习总书记是如何判断的，习总书记在庆祝中国共产党成立 95 周年的讲话中提出了"四大考验"和"四种危险"。哪四大考验？他说我们面临执政考验、改革开放考验、市场经济考验、外部环境考验。我们面临哪四种危险呢？我们面临精神懈怠的危险、能力不足的危险、脱离群众的危险、消极腐败的危险。同时，习总书记提出要应对重大挑战，防范重大风险，解决重大矛盾，克服重大困难。这代表了最高层对当下中国执政风险的总体判断。正如我前面讲的这些问题，改革在某些方面受到比较大的阻力，所以才使我们的执政风险在某些方面不是在下降，而是在上升。

未来改革开放的方向

未来改革开放能不能进一步深入，直接影响到以下四个方面。第一，我们能不能保住过去 40 年改革开放的成果，换句话讲我们的改革开放成果会不会周而复始？第二，未来改革开放的进展、现代化的进程会不会被迫中断？第三，我们是进一步融入世界文明的潮流，还是再一次被世界边缘化？第四，意味着中国正面临一次新的历史性抉择。

在这个判断下，破解难题的方向在哪里？我们如何使中国的改革开放不断地向前推进，能够顺利地发展，能够造福中国所有人民？

第一，当下中国社会有必要启动一次新的思想解放。

正是因为在 1978 年发动了整体高峰讨论，我们才弄清了许多非常重大的问题。过去人们都认为马列主义、毛泽东思想就是检验真理的标准，1978 年整体高峰讨论以后，人们开始认为马列主义、毛泽东思想也是一种理论，它们也要在实践中接受检验。这个判断使我们在 1978 年整体高峰讨论中达成共识，实践是检验真理的唯一标准，没有第二个标准。正是这个实践是检验真理的唯一标准的重大判断确定以后，中国才在那么短的时间内结束了"文革"，走上了改革开放的道路。

第二次思想解放大家都比较了解，发生在 1992 年。1989 年以后中国经济出现过两年的负增长，过去 40 年中国经济平均增长率为 9.5%，这两年是负增长。在这个大背景下，有人开始质疑邓小平提出的以经济建设为中心的主张。邓小平看到他提出的这个路线有可能被动摇——当时邓小平已是 88 岁的老人——于是他就在 1992 年到南方转了一圈，到深圳珠海进行了著名的南方谈话。他在南方谈话中讲了很多话，最关键的是四句话，这四句话在我看来构成了改革开放的第二次思想解放。第一句：基本路线要管一百年，动摇不得。第二句：计划和市场都是经济手段，不决定国家政治制度，资本主义可以有计划，社会主义也可以有市场。过去中国一直认为计划等于社会主义，市场等于资本主义，这个格局打不破。邓小平这个判断出来以后使中国人豁然开朗，原来计划和市场是经济发展的手段，不直接决定国家政治制度。所以 1992 年党的十四大才正式宣布确定建立社会主义市场经济体制。第三句：不改革开放，只能是死路一条。第四句：中国要警惕右，但主要防止"左"。我认为邓小平 1992 年的南方谈话在中国改革开放道路的关键节点再次把中国改革开放推向了新的高潮。

现在我认为我们的改革确实到了新的时代，我们遇到很多的问题，国内国外环境都发生了很大的变化，我们确实需要一次新的思想解放，这次思想解放需重点讨论民营经济、民营企业。

我认为，第一，民营企业、民营经济是中国重要的发展基础。第二，既然计划和市场不决定国家政治制度，而是一个国家发展经济的手段，那么民营和国营是国家发展经济的组织方式，和一个国家的政治制度没有必然联系。第三，我们当年之所以选中市场经济，是因为民营企业是市场经济的重要主体，这就意味着我们承认了民营企业、民营经济作为中国重要发展基础的历史地位。

我们对民营经济的认识是逐步改变的，1992 年认为它是一种补充，1992～2002 年认为它是中国经济重要的组成部分，后来就是要毫不动摇地发展民营经济。习近平在十九大报告中说，民营经济要平等地和国有企业一样使用各种生产要素、要平等地参与市场竞争、要平等地受到法律保护。

这次思想解放更多地应该思考民营经济到底和中国执政基础是什么关系。民营企业贡献了 50% 的税收、60% 的 GDP、70% 的创新收入、80% 的就业、90% 的市场主体。现在有将近 1 亿个市场主体，民营市场主体占了 9200 万个，包括 6500 万个个体户、2700 万家民营企业。这说明民营经济在我国占有重要地位。

第二，全力保障民生，维护社会公平正义。

加大对民生的投入，解决医疗、教育、社保、就业服务、保障性住房五大民生问题。从我个人的观察来讲，我们现在的经济发展水平、经济发展能力已经有所提高，我们应该有计划地、有步骤地把老百姓最关注的医疗问题纳入改革进程。要使老百姓真正从改革中获得实惠，这样他们才能够更加支持改革、拥护改革。

第三，在改革的关键节点要有实质性的突破，要防止改革在某些方面空转。

我们在经济改革层面要建立一个相对被国际社会认可的市场经济体制框架，而不是只有我们自己认可。我认为这个市场经济体制框架应包括以下几项内容。

（1）要尊重市场自身的规律，减少政府不必要的干预。

（2）要完善市场经济的法律框架，为各类市场主体创造公平竞争的环境。

（3）防止欺诈，反对垄断。这种垄断既包括行政垄断，也包括自然垄断，更包括市场垄断。

（4）要遵守国际法以及国际贸易的相关准则。在很多方面我们都采用了国际体系，我们尽量遵守国际上的一些准则和规则，对于我们过去的承诺要尽量地兑现。

（5）政府带头守法，要按照公开、公正、透明的原则，体现公共政策的公共属性。法治国家、法治社会、法治政府，这三者中最核心的是法治政府。法治政府上面是法治国家，下面是法治社会，如果政府自身不能守法，甚至知法犯法，法治社会就构建不起来。

（6）最大限度地约束公权力。遏制权力滥用，严厉打击运用公权力在市场上进行寻租的行为、腐败行为。

政治层面的改革关键要在制度上寻求突破。总结良好的东西，保留成功的经验，并补齐短板。

（1）要把主权在民、以人民为中心的民主法治制度的构建作为我们重要的政治体制改革内容。也就是说，要解决老百姓有序的民主参与问题。

（2）要为公权力构建有效的制度笼子。党的十九大提出"四个全面"，全面从严治党就包括要构建制度笼子，以法制构建制度笼子，管人管权管事。在我看来，这个制度笼子能不能构建起来，能不能构建好，与中国能否长治久安关系重大。

（3）要稳妥处理中国与世界的关系，用好国际环境这张牌。就像习总书记讲的，我们可以自豪，但我们不能骄傲。要认真反思过去我们的一些政策有没有失误，要准确认识中国所处的发展阶段，找准当前历史阶段中国在国际社会中的定位，在某些方面要学会妥协，使国家利益最大化，用更长远的眼光来看待我们在国际上所处的位置。

深圳经济特区对中国改革开放的历史性贡献

陶一桃

陶一桃

深圳大学原党委副书记、纪委书记，深圳大学"一带一路"国际合作发展（深圳）研究院院长，深圳大学中国经济特区研究中心主任，博士生导师，经济特区问题研究专家，享受国务院特殊津贴。长期从事中西方经济思想与理论研究，主持完成多项国家社会科学基金重点项目，主持编撰《中国经济特区发展报告》《中国经济特区史论》《"一带一路"研究》等。

深圳是中国最成功、最典型的经济特区。在中国的改革开放史上恐怕还没有哪座城市能像深圳那样，以其自身的成立预示着一个时代的结束和另一个时代的开始；也没有哪座城市能像深圳那样，以其自身的发展体现、引领整个国家制度变迁的方向，并创造了一种崭新的

富有成效的社会发展模式；更没有哪座城市能像深圳那样，以其自身的不断变革书写社会转型的奇迹，并在创造财富的同时创造新的观念、精神和理念。因此，深圳成长的历史，不仅是一座城市的发展岁月，而且是一个转型国家对制度与发展道路的探索轨迹，以及一个民族寻求富裕的奋斗历程。她以年轻的历史记载着中国40年改革开放的实践，这40年的历程不仅是对以往近半个世纪传统体制的反思与批判，更是对未来中国发展目标与方向的确定；她以40个岁月的历史为转型中的中国提供了许多有价值的思想，然而那些富有冲击力和挑战精神的思想与观念，摧毁的不仅仅是阻碍改革的精神枷锁，更是在传统体制下一直被视为绝对真理的那些"神圣"的东西。

这是我新出版的书里的一段话，是对深圳在中国改革开放历史进程当中作用和历史地位的概括。

深圳发生的巨大变化

我们先看一下深圳今昔的比较。

我们知道深圳的发展历程是从1979年3月宝安县更名为深圳市才开始的。也就是说，在1979年之前，在中国的版图上是没有深圳市的。深圳经济特区则是1980年8月26日才被批复建立的。

20世纪80年代初的深南大道和2018年的深南大道是完全不同的景象。初期它是一条泥土路，现在是一个周边高楼林立、霓虹闪烁，路边树木郁郁葱葱的美丽的现代化城市景观。原来这是深圳唯一一条贯穿东西的道路，经过40年的发展，现在深南大道已经不是唯一一条贯穿深圳东西的道路，但它成为一条具有标志性意义和布满历史足迹的道路。

中英街是我们都熟悉的地方，也是中国改革开放最具有标志性意义的地方。中华人民共和国成立之初，中英街的巡逻人员还是英国的边防军，到了80年代初期的时候已经换成了香港的边防军，90年代和现在的情况与之前完全不一样，各方的边防军人可以友好交谈。这些变化，既说明了香港和内地之间关系的变化，又是改革开放促进祖国繁荣富强的展现。

国贸大厦大家都知道，它三天一层楼的建设速度被称为"深圳速度"。但实际上"深圳速度"最早并不是指国贸大厦三天一层楼的建设速度，而是指深圳大学的建校速度。1982 年春节，邓小平到深圳来，路过深圳大学这个地方的时候，看到了一片工地。他就问时任市委书记的梁湘这个地方在干什么。梁湘回答说，在建一所大学——深圳大学，我们要当年施工、当年建成、当年招生。邓小平没有说话，回到北京以后，6 月份邓小平和老同志有一个茶话会，在那个会上邓小平说深圳在办一个大学，这个大学要当年施工、当年建成、当年招生，可谓"深圳速度"呀。所以说最初"深圳速度"是指深圳大学的建设速度，但是很多人都不知道。1985 年国贸大厦建成后，中央电视台新闻联播报道了三天一层楼的奇迹，并第一次公开提出"深圳速度"，于是人们由国贸大厦的三天一层楼知道了"深圳速度"这个概念。

大家都知道，1995 年 6 月 9 日地王大厦主楼封顶时，它是当时亚洲第一高楼，也是中国第一个钢结构高层建筑。

2017 年盐田国际集装箱吞吐量为 1270.4 万标箱，是亚洲吞吐量最大的集装箱码头。

罗湖口岸是我们最早的口岸。它变迁发展的历程，既是深圳发展的历史，也是香港与内地关系的发展历史。

皇岗口岸是目前深圳唯一一个 24 小时通关的口岸。

相对于罗湖、皇岗口岸，深圳湾口岸可谓美轮美奂、华丽现代。

深圳湾欢乐海岸原本就是一片浅海滩，没有什么东西，深圳人硬是在这里建了一个吃喝玩乐一条龙的主题公园。深圳是一个专门把"无"变成"有"、把自然的东西变成文化的东西、把似乎无价值的东西变成有价值的东西的城市，这或许就是深圳的创造力之所在。

我们知道深圳跟香港一河之隔，香港也有一个罗湖村，两个罗湖村是同一个村的村民建的。香港那边的罗湖村居民是从深圳这边的罗湖村跑过去的，他们思念家乡，所以就在香港那边也建了一个罗湖村。当时"逃港"是很大的社会问题，广东省委向中央汇报，向邓小平汇报的时候，邓小平说人们"逃港"是我们的问题，因为我们穷，所以人们才走，这是不能靠镇压来阻止的，我们要发展经济才能把人留下。经济特区成立以后，"逃港"的现象就没再出现过了。

蔡屋围最早是一片握手楼，脏乱不堪。现在蔡屋围周边是京基100，是繁华而现代的高品位商业圈。京基100也成为深圳市的地标性建筑。

世界之窗是在一片麦田建起来的。现在这里已经是类似迪士尼乐园的主题公园，是深圳的一张文化名片。

深圳大学1983年建校，到2018年只有35年的历史。深圳大学是一个年轻的大学，人们常说一个城市年轻好，而一个大学则是老的好，因为学校需要历史积淀，但是在全球大学校友富人排行榜中，深圳大学名列前茅。尽管这个大学很年轻，但是它培养出了一批奋斗在中国改革开放前沿的，或者说引领社会发展潮流的优秀的民营企业家。如大家所熟知的腾讯集团的马化腾、巨人集团的史玉柱，还有大家可能不太熟悉的江苏红豆集团的周海江，他现在是柬埔寨西哈努克港的中方控股人。

下面我们看几组数据。（1）2017年深圳地区生产总值有2万多亿元，是1979年的11448倍，是2000年的10倍以上，居全国大中城市第三位。经济总量逼近香港特区，超过瑞典、罗马尼亚、奥地利等欧洲国家。增速达8.8%，超过了全国经济增长的平均水平，如果我没记错，深圳连续26年经济增长速度在全国是排第一的。（2）2017年深圳人均地区生产总值为18万多元（按常住人口算），是全国平均水平的3倍，是1979年这座城市刚建成时的300多倍，连续5年超过台湾，与韩国人均GDP基本相等；（3）2017年深圳外贸进出口总额为4149.85亿美元（以全年平均汇率计算），占同期全国进出口总额的10.1%，出口总额连续25年居内地城市首位。

在创新能力方面，深圳依旧位于全国领先地位。每年发布一次的《中国双创发展报告》是一种蓝皮书，是我的团队编写的，是国内唯一一本有关双创的蓝皮书。我们在蓝皮书中采用了联合国创新城市评价指标体系来对深圳创新活动进行评价。在联合国的"三元结构"评价体系里面有 90 多个指标，除了在高等院校和科研机构的拥有量方面深圳落后以外，在其他各项指标上深圳均位于前列。值得注意的是，联合国知识产权组织 2017 年发表了一组数据，按照人均专利发明量来衡量，深圳—香港地区位居全球创新城市第二，第一是东京—横滨地区，第三是我们大家都熟悉的美国硅谷地区。实际上在这里我觉得有一个概念应该引起我们的高度关注，那就是，不是深圳处在全球创新城市的第二位，是深圳—香港地区处在第二位。这说明什么？这说明，香港对改革开放和深圳的发展来说不可或缺。

在政府效率方面，北京师范大学的一些教授做了一个政府效率指数报告，每年发布一次。政府效率指数样板城市有 292 个，在这些样板城市中深圳政府的工作效率是最高的。同时，深圳还是企业家非生产性交易成本支出最低的城市。企业家非生产性交易成本最低意味着什么？意味着企业家为获得项目和一些稀缺资源，用于游说政府官员的时间和花费是最少的，也就是说，相对来讲这个城市的政府廉洁指数是较高的。

深圳经济特区对中国改革开放的历史性贡献

我认为深圳经济特区作为中国最典型、最成功的特区，对中国改革开放做出了四个方面的历史贡献。

第一个贡献就是率先探寻、示范、实践了社会主义市场经济，为中国社会的经济发展贡献了一个崭新的体制，从而为中国社会的改革开放及制度变迁提供了意识形态方面的制度性保障。

为什么说深圳经济特区是中国最典型、最成功的特区呢？我们知道，1979 年 7 月国务院批复的是四个特区，即深圳、珠海、汕头、厦门，1988 年 4 月又设立海南特区，形成了早期的五大特区。之后又批复了上海的浦东新区和天津的滨海新区。它们一起被称为"5＋2"传统经济特区。在"5＋2"传统经济特区当中，尤其是在早期的五大特区中，深圳经济特区是最具活力、勇气和创新精神的。许多"第一"是在这里发生的，许多改革是在这里率先探索的，许多经验是从这里产生并推广复制到全国的。

谈到中国改革开放，有三个历史性的会议是不能不提的。第一个会议就是 1978 年 11 月 10 日到 12 月 15 日在北京召开的中央工作会议，这个会议又被研究中国改革开放史的学者称为"京西会议"，因为是在京西宾馆开的。在这个会议上人们讨论了如何拯救已经濒临崩溃的中国经济，如何改变令人担忧的中国社会现状。广东省在分组讨论时率先提出建立保税区的想法。时任广东省委第一书记的习仲勋向邓小平提出，给广东省一些特殊政策，在广东设立一个类似保税区的地方，先把对外贸易做起来。邓小平说不叫保税区，可以叫特区，但是中央只给政策没有钱，要自己杀出一条血路来。在广东省小组讨论的时候，时任广东省委第一副书记的吴南生说，这个特区可以在他的家乡汕头办，办成功了向全国推广，如果失败了就砍他的头。改革就是需要这样的勇气和担当。同时还有一个赫赫有名的人物，即负责蛇口招商的袁庚。袁庚提出，中央先给他们一些开放性的政策，放宽外汇管制，招商局率先开始对外贸易，如果干失败了，大不了他再回秦城监狱。

从中国改革开放的历史进程来讲，1978 年的京西会议可被称为酝酿改革开放的会议。也就是在这个会上人们开始讨论并思考中国将以什么样的方式由计划经济向市场经济转型，特区的概念被提出来，当时人们还没有想好改革的具体路径，包括决策者邓小平，但改革的决心是确定的。三天以后，就是大家都知道的十一届三中全会，也就是我讲的第二个历史性的会议。十一届三中全会被称为确立中国改革开放的历史性会议。在这个会议上中央下了决心，中国要开始改革开放，以建立特区的方式来实现由计划经济向市场经济的转型。目标、道路都基本确定了。在这两个会议上邓小平同志做了同样标题的报告，那就是《解放思想，实事求是，团结一致向前看》。

中国的改革开放说到底不是简单地从率先发展经济开始的，而是从观念更新开始的，观念不能直接改变社会，但观念能改变人，而人能改变社会。没有创新的观念，没有拥有创新观念和理念的人，就不可能有改革开放，更不可能有一个创新的社会。

第二个贡献是以其自身的发展与成功，为中国实现现代化验证了一条"新道路"——中国道路，从而使中国社会通过非均衡发展战略比较迅速地从普遍贫穷走向共同富裕。

什么是中国道路？中国道路就是指在中国选择创办经济特区这条道路来完成体制转型，实现经济发展。确切地讲，中国道路是一个特定的历史概念，它指的是 1978 年改革开放以来中国所采取的一系列措施和政策及其实现社会转型的途径。

中国道路是相对于"华盛顿共识"而言的。华盛顿共识是指在美国主导下，世界银行为南美和中东欧转型国家制定的社会转型方案。我们知道，20 世纪七八十年代正是前社会主义国家纷纷开始社会转型的时期，如匈牙利、波兰、罗马尼亚、苏联都开始了社会转型。社会转型最重要的原因是前社会主义国家传统的计划经济已经走不下去了，经济发展受到了内在体制与机制的根本性约束，必须要改变现状，必须要进行根本性社会改革，否则只有死路一条。

华盛顿共识的特点是：第一，崇尚完全自由的市场经济；第二，主张政府完全放弃对社会经济的调控；第三，强调改革的迅速性和彻底性。比如，指望国有企业一夜之间完全私有化。当然，华盛顿共识还附带了其他条件，如这些国家在实施改革的过程中，要使用美国提供的贷款和其他的经济援助等。华盛顿共识又被称为"休克疗法"。休克疗法使中东欧一些国家，特别是苏联在转型过程当中面临极大的灾难。不仅社会经济一落千丈，社会秩序混乱不堪，政府权力几乎成为摆设，而且经历了一个相当长的恢复期，社会经济才开始逐渐地走上能够正常运行的轨道。

　　与华盛顿共识不同的是中国道路。中国改革之初采取的是"摸着石头过河"的方法，在试验中改革，在改革中探索。因为谁都不知道由计划经济向市场经济转型这个道路到底应该如何走，谁都不知道社会主义市场经济到底是什么样子的，所以我们要探索道路。采用华盛顿共识的那些国家走的是一条激进式的改革道路，而中国走的是一条渐进式的改革道路。那么渐进式改革道路的特点是什么？第一，它进行的是自上而下的强制性制度变迁。所谓自上而下的强制性制度变迁是指中央政府，或者当时主要的领导人是这个社会制度变迁的发轫者，由中央政府授权进行制度变革，而且中央政府掌控着社会变革、社会转型的整个大局。第二，渐进式改革具有一定的包容性与试错性，把降低改革的风险与成本、防止社会大规模动荡纳入改革的成本中。所以这种渐进式改革在相当长的时期里存在双轨制并行的情况。所谓双轨制并行就是一方面传统的体制还存在，另一方面又在对传统体制进行改革，使适合社会主义市场经济的运行体制逐渐建立。从整体进程上说，社会在不断地改革与深化改革，但并没有完全或者一夜之间把传统体制的东西削弱。在相当长的时间内两种体制在并行运作。在市场经济体系逐渐完善的过程中，传统体制逐渐退位，逐渐被改革。第三，政府是改革的发轫者，同时又是改革进程中首先要被改革的对象。或者说，中国社会强制性制度变迁的过程，就是政府不断用政府的权力来剥夺政府权力的过程，政府自身就是被改革的对象。所以政府的远见卓识、政府的开明程度、政府改革的决心和自我革命的勇气，对于社会的改革来讲是至关重要的。第四，以渐进式改革为路径的自上而下的强制性制度变迁，需要一个不断自我学习和自我完善的政府。

　　从中国改革的实践逻辑中我们可以看到，最初开始的是经济体制改革，经济体制改革到了一定程度以后，我们发现它的深化受到了传统政治体制的制约，于是需要转变政府职能，政治体制改革被提上了议程。随着市场经济体制的确立，我们发现要建立与市场经济体制相适应的社会运行机制，于是社会管理体制与机制改革又作为全方位改革被提了出来。从经济体制改革入手，然后开始政治体制改革、社会运行机制改革，逐渐走向全方位的改革。中国走的是这样的一条路。

在这里要提到第三个历史性的会议，那就是 1984 年在浙江省湖州市德清县境内美丽富饶的沪、宁、杭金三角中心莫干山召开的"莫干山会议"。在这个会议上第一次提出中国城市改革的概念。所谓城市改革就是对国有企业进行改革，这才真正开始了中国城市改革的步伐。在莫干山会议上提出了城市改革的路径，那就是从价格改革开始，确定哪些商品的价格由市场决定，哪些由政府决定，实施价格双轨制。在这之前，传统计划经济下的中国，全部商品，无论是生活日用品还是生产资料，其价格都是由国家统一制定的。由社会所有商品全部由政府直接定价转为实行价格双轨制，这对一个计划经济大国来说，是一个根本性的变化，它在计划经济体系中撕开了一个可以注入社会主义市场经济元素的口子。这个会议又被认为是开启了中国城市改革的一个会议。我个人认为，这个会议另一个独特之处就是参加会议的人。这个会议在中国历史上是很独特的，它是由学者们发起的民间关于改革开放的会议，参加会议的人不论官位论学辈。许多参加会议的人后来成为中国改革开放的实权人物，甚至有的人走上了国家领导人的位置，如王岐山，有的人则成为中国改革开放进程中一直具有相当话语权的学者，如周其仁。因为有这样一批人参加会议，所以能够现实地、有力地、真正彻底地推动中国改革开放的进程。

第三个贡献就是以"先行"的实践与"敢为天下先"的勇气，为推进中国社会改革开放的进程提供了一种新精神——敢闯、创新，从而推动了足以影响亿万人的观念更新的改革，促进了与社会主义市场经济相适应的观念及改革创新文化的形成。

深圳本身就是一个移民城市，它具有鼓励创新、宽容失败、脚踏实地、追求卓越等显著的移民文化特质，而最突出的就是我们说的敢闯、创新的精神品质。可以说，当年一些完全不知深圳这座城市未来将如何发展的人，尤其是那些能够放弃体制内的安稳、敢于到这样一个陌生的正在建设中的城市来闯的人，他们多半是具有冒险精神的人。从理论上说，具有冒险精神的人其自身对风险的承担能力就很大。我们知道，最初的深圳在许多方面实施的是完全不同于其他地方的规则与制度安排。如蛇口是中国最早打破工资制的地方，是最早实行企业无级别制的地方。在那里，无论你之前是处长还是局长，都要从零做起。企业打破级别，没有什么科级企业、处级企业、局级企业，企业的"级别"是由资产的多少决定的，人的"级别"则是由职位决定的，且工资与之挂钩。

深圳这座移民城市所带来的文化与精神的冲击力，是深圳发展的一个很重要的文化原动力。我们知道美国的硅谷60%以上的人回到家里说的是母语，它是非常典型的移民城市，因此硅谷成为世界创新的一个最具有活力的持续的发源地。只有不同文化的相互碰撞，才能够产生奇思妙想。所以移民城市不仅具有冒险精神和冒险偏好，还蕴含着思想与思想的碰撞、观念对观念的挑战、智慧对智慧的启迪，只有在不同文化的冲击和碰撞中才能产生新的思想火花。

应该讲，改革开放40年来，深圳选择了一条正确的发展道路。我们知道深圳市最开始是最低端的出口加工型产业结构，因为当时东南亚"四小龙"产业更新换代，把劳动密集型产业转移到深圳来，这对深圳来讲是淘到第一桶金的方式。但是深圳市政府很快就意识到这并不是深圳可持续发展的一种产业方式，同时深圳本身又是一个资源稀缺的城市，一定要选择一个合适的产业结构和发展路径才能够保证深圳的可持续发展，所以二十年前深圳就提出了"腾笼换鸟"等思路，采取了促进产业结构调整的一系列措施。

从深圳的发展来看，最低端的加工型产业结构使深圳淘到了第一桶金。深圳开始凭借劳动力价格低廉的优势占领国际贸易市场，占了国际贸易的更大份额。

十九大报告中习近平总书记提出，要改变对外贸易的格局。实际上改变对外贸易的格局，首先要改变产业结构的格局。只有产业结构的格局改变了，对外贸易的格局才能慢慢地发生变化。具体来讲，当一个国家最主要的生产要素是廉价劳动力的时候，那么它生产的产品，就会使它在国际分工链条当中处于最末端的地位。假如生产的是高科技产品，出口时拥有核心技术的人会拿到出口销售价格的 60%，30% 左右会被原材料拥有者拿走，不到 10% 的部分或许更少的一部分是廉价劳动力所得。谁拥有的要素价值越高，谁在国际分工链条当中所处的位置就越高。拥有核心技术就会处在国际分工链条的顶端，而如果拥有的只是廉价劳动力，就必然处于国际分工链条的最末端。一个国家在国际上的话语权在一定程度上是由其在国际分工中的地位决定的，其地位又是由所拥有的要素决定的。如果我们仅仅拥有低廉的劳动力，仅仅靠劳动力低廉、商品价值低廉，来占领更大的国际市场份额，来赚取对外贸易顺差，可以肯定地说，这绝不是一个长期可持续发展的经济结构。

当时，深圳领导人和决策者们很快意识到这一点。20 世纪 80 年代末 90 年代初，深圳已经开始提出发展高新技术产业。当时的深圳市政府还是非常了不起的，因为有一批不怕丢乌纱帽的改革型领导人，如时任市委书记的梁湘。1982 年深圳地方财政只有不到 3 亿元，拿出 1 亿元来建深圳大学，并提出了一个至今仍然震撼人心的口号："当了铺子也要办深圳大学"。这才是一个改革者的勇气！今天我们的物质生活已经极大地丰富了，我们的经济总量和人均 GDP 也都相当可观了，但我们依然需要改革开放初期的那种精神、那种勇气、那种我不下地狱谁下地狱的使命和担当。

1992 年深圳已经形成了以民营企业为主体的产业结构。中国国际高新技术成果交易会是 1998 年创办的，1998 年后深圳的产业结构基本走上了以高新技术产业为主体的发展道路。所以深圳现在形成了在全国几乎独一无二的经济结构。这个独一无二的经济结构是什么？那就是四个 "95% 以上"：所有制结构当中 95% 以上是民营企业；高新技术产业 95% 以上是民营企业；研发投入 95% 以上来源于民营企业；发明专利 95% 以上来自民营企业。

深圳还形成了独一无二的 "民营企业 + 高新技术" 的所有制和独特的产业结构。民营企业是深圳经济发展的土壤，高新技术产业是深圳发展的翅膀，"土壤＋翅膀"使深圳能够连续26年保持经济增长的速度一直处在全国首位。在供给侧结构性改革的背景下，深圳并没有面临这样的问题，就是因为它不存在去产能、去库存的问题。所谓的去产能、去库存是指去低端产能和库存，而深圳基本上不存在这样的问题，因为深圳比较早地开始了产业结构的调整，选择了高新技术产业发展方向。

据不完全统计，改革开放40年来，深圳创造了500多个"中国第一"和120多项"世界首创"。土地拍卖的第一个锤声在深圳敲响，股票交易始于深圳宝安，工程招标是在深圳开始的，高校制度改革——实行学分制在深圳大学开始，大学毕业不包分配也是从深圳大学开始的，有很多个"第一"是在深圳这座创造奇迹的城市产生的。

深圳为中国改革开放创造了很多可以复制的经验和制度安排，这是深圳这座城市在中国改革开放的历程当中独特的贡献。从某种意义上来讲，没有经济特区就没有中国的改革开放，因为中国的改革开放始于经济特区。没有经济特区的发展就没有中国奇迹的创造，没有经济特区的创新就没有中国的深化改革，经济特区在中国改革开放进程中是试验田、先锋队，是不断出经验的地方。它既是中国道路的一个真实写照，是中国道路的伟大实践，又构成了中国道路中一个重要的内容。在所有的经济特区当中，深圳经济特区是最成功的一个。很多经验是从深圳出来的。所以我可以讲，深圳对中国改革开放的贡献大于一个城市对一个国家的贡献，它的贡献远远不只为国家所贡献的GDP，还包括对发展道路的探索、对制度变迁路径的探索。对这条中国道路和制度变迁路径的探索，改变着一个国家，引领着一个国家逐渐完成由传统经济体制向社会主义市场经济体制的转型，引领着一个国家逐渐完成从普遍贫穷到共同富裕的发展道路的转变，引领着一个国家走向富强、繁荣与文明。

那么，在改革开放后的今天，深圳经济特区的使命是什么？我认为，今天的深圳担负着探索中国深化改革路径的使命。具体地说，就是探索中国社会如何从政策开放走向制度开放；如何从外向型经济走向开放型经济；如何拓展对外贸易的新格局；如何通过创新驱动使中华民族富强起来；如何走上绿色发展、可持续发展的道路；如何在粤港澳大湾区建设中进一步发挥经济增长极和区域引擎的作用。

第四个贡献就是以率先实现的富裕和引领中国改革开放的成就证明了一个大道理——人的自由发展是社会发展的内容与目标。每一个公民的创造力，既是社会发展的原动力，又是实现中国梦的原动力；深化改革既是中国实现现代化的必由之路，也是实现中国梦的必由之路。

中国的改革开放是从解放生产力开始的，生产力的解放就是对人的解放，也就是对人的创造力的解放。所以改革开放 40 年来，给了农民自由流动的权利，就有了农民工，有了中国奇迹的创造；给了私营企业家自由发展的权利，就出现了像马化腾、马云这样的在引领中国经济发展乃至世界经济发展趋势方面具有相当大影响力的民营企业家。所以当给了最重要的生产要素——人自由发展权利的时候，社会的奇迹就会由于给了人们选择的自由，而获得发展的繁荣，这是一个必然的结果。所以人自身解放的标志不仅仅是富裕，还必然包括拥有权利与尊严；生产力解放的标志不仅仅是获得自由流动的权利，还要有在市场规律与政府的远见卓识下的交换的公平实现、对合法权益的有效保护、机会的事实平等和选择权利的平等给予。没有选择的公平与自由，就没有发展的幸福与尊严。

我们想想，在改革开放 40 年的发展中，让很多人爱上深圳的原因是什么？那就是宽松、自由、便利的社会制度和文化环境。在深圳每个人都可以获得自由发展的机会，无论你是百万富翁还是草根。深圳在前几年推出来的一个改革，即"强区放权"改革，更加显示了深圳市小政府、大社会的发展路径。进一步转变政府的职能，政府只提供包括制度、法律在内的公共物品和公共服务，把更多的权力交给最基层，交给生产者，让要素所有者根据市场规律自己去选择。

中国改革开放所取得的经验具有借鉴意义，因为经济发展是有其共性的。那些新兴市场经济国家与中国都处于发展阶段，我们都面临几乎相同的发展问题。比如都面临处在国际分工链条的末端，都面临未富先老的问题，都面临在发展过程中公共教育和公共医疗供给短缺的问题，甚至都面临经济发展与环境保护的问题。正因为我们面临同样的问题，所以中国道路作为转型国家的一种道路选择是有借鉴意义的。当然国与国之间有不同的政治、文化、历史背景，这又决定了每个国家有自己发展的特殊性。中国道路是可以被借鉴的，但是最终适合自己的道路才是最好的道路。我们说中国能为新兴市场经济体提供关于发展问题的可借鉴的中国解决方案，就在于发展中的新兴市场经济体会遇到很多相同的问题。既然拥有十三亿人口的中国能够以风险相对较小的方式完成由计划经济向市场经济的转型，那么它的很多做法和路径是值得借鉴的，是值得深思和探索的。

深圳经济特区发展和中国改革开放 40 年的历程告诉我们，中国奇迹的创造来自人民的力量。民营企业为中国改革开放、为中国奇迹的创造做出了巨大的历史性贡献。民营企业成为中国经济发展的一个坚实的支柱。许多民营企业家是熊彼特笔下那种真正意义上的企业家，他们不仅仅是为了赚钱去发展，也是为了实现自己的理想去奋斗。正是这样一批人改变了这个民族，改变了这个国家，改变了这个社会。所以民营企业家，对中国社会经济的发展、对中国改革开放的贡献是相当大的，他们应该被写进中国改革开放的编年史中。

深圳要担负起新的时代使命

在深化改革开放的今天，在"一带一路"倡议的大背景下，深圳经济特区还将担负起新的时代使命，那就是为世界提供中国机会，为中国创造世界机会。因为深圳不仅是"一带一路"的节点之一，深圳自身的经济发展水平也决定了它具有相当大的经济辐射力。当初由特殊政策建立的经济增长极所产生的虹吸效应，今天已经发展为巨大的扩散效应，这种扩散效应不仅使深圳在粤港澳大湾区是一个强有力的增长极，也将成为东南亚这一带强有力的一个增长极。在 40 年前中国面临不改革就死路一条的历史抉择的时候，历史赋予了深圳经济特区艰巨而光荣的使命，它担负起探索中国道路的独特使命与任务。改革开放 40 年后的今天，在"一带一路"倡议的大背景下，在深化改革的历史背景下，深圳经济特区应该秉承它几乎与生俱来的敢闯敢干的创新精神，在深化改革当中继续为中国创造出可复制的经验，推动中国改革开放向纵深发展。

深圳的发展是中国发展的一个缩影，深圳的繁荣是中国发展繁荣的一个缩影，深圳成功的道路也是中国道路正确性的一个真实而具有说服力的写照。今天讲起来，深圳人是非常自豪的。因为在中国改革开放的历史进程当中，在这 40 年的天翻地覆的变革中有我们的努力，有我们的脚印，有我们的付出。人的一生是很短暂的，能经历一个国家制度变迁和社会转型的 40 年伟大历程，对一个人来讲是一件非常幸运的事。

最后我想说，一个民族能向后看多远，就能向前走多远。

40 年深圳的蝶变

陈一新

陈一新 ✎

深圳市规划和自然资源委员会副
总规划师，国家一级注册建筑
师，高级建筑师。2001 年获法
国总统奖学金，赴法进修。著有
《规划探索——深圳市中心区城
市规划实施历程（1980—2010
年）》《深圳福田中心区（CBD）
城市规划建设三十年历史研究

（1980—2010）》《深圳福田中心区（CBD）规划评估》等。

深圳是人类城市发展史上的奇迹

深圳已经被世界公认为人类城市发展史上的一个奇迹。对于这个
奇迹我们可以用三个数字来表现：从 1978 年到 2017 年，深圳常住人
口从 30 万人增长为 1200 多万人；深圳地区生产总值从 2.7 亿元增长
到 2.4 万亿元（2018 年数据），即从香港的一个零头飞速赶上了香港

地区生产总值；深圳城市建成区面积从 3 平方千米增长到了 933 平方千米，平均每年新增建成区超过 20 平方千米。深圳速度，是中国近40 年城市化高速发展的实例，也是世界罕见的奇迹。在这里用深圳"蝶变"这个词隐喻深圳 40 年来成功经历的一次又一次蜕变，深圳从农业县变成出口加工区，产业从传统工业、物流业到高新技术产业，再转换为信息技术产业、金融产业和文化产业等，它还在向未来产业探索进军。深圳在不断变化着，传播着快速城市化、现代化的信息，编织着一个关于城市化进程的梦想，实现了人类城市发展史上的一个奇迹。

这个奇迹怎么来的？关键是三个因素，即天时、地利、人和。第一个因素——天时，即 1980 年深圳被划为经济特区。当时首批有4 个城市被划为经济特区：深圳、珠海、厦门和汕头。但为什么只出现了深圳一个奇迹？是因为深圳有第二个因素——地利，临近香港是深圳明显的地利。在过去 1500 多年里，深圳和香港同属一个县，曾名宝安县（又名新安县）。鸦片战争后，宝安县被一分为二，香港大约有 1000 平方千米先后被割据为英国殖民地，剩下约 2000平方千米为宝安县。所以，深圳的历史地理条件决定了我们和香港之间是同宗同族同源，历史文化相通，社会经济也一直有往来。1980 年深圳特区成立后，我们的城市规划建设一直在向香港学习，我们碰到任何问题首先都会思考香港是怎么做的，其次会思考新加坡怎么做的，这是深圳特区规划建设方面最具有直接参考价值的两个样板。第三个因素——人和，有了天时、地利之后，关键的就是人，人是最重要的因素。40 年来，1000 多万名移民都怀揣着梦想来到深圳，通过坚持不懈的努力实现了自己的梦想。特别值得一提的是，深圳历届市委市政府领导都十分睿智，他们高瞻远瞩、真抓实干。早在 80 年代初深圳还是一个非常贫困的农业县时，领导者的眼光就已经瞄准了国际化城市这个远大目标。在几代领导、规划师的引领下，一批又一批移民敢想敢干、富于创新，共创经济产业繁荣，共筑宜居宜业城市。深圳的一张又一张规划蓝图实现了，一个又一个城市建成了，经济产业转型的成功与城市规划建设的成功相辅相成。所以，天时、地利、人和三个因素造就了深圳今天这样的奇迹。

（一）城市 40 年巨变，建设用地从 3 平方千米到超过 900 平方千米

在过去，新安县的县城设在南头古城。由于 1911 年从香港九龙到广州的九广铁路就通车了，这一带对外交往的人流、货流较多，商业经济活动频繁。1953 年新安县改名宝安县；县城搬到深圳墟，今东门老街至罗湖火车站一带，这里形成了县城的核心（以下简称"罗湖中心城区"）。因此，1980 年，深圳特区的城市规划建设从这里开始。本次演讲——《40 年深圳的蝶变》的城市规划故事就从这里开始，深圳特区建设的第一个城市中心也是在这里。

1979 年深圳的卫星影像图显示深圳是一片青山绿水。常住人口 31 万人，其中仅 3 万人（城镇户口）居住在宝安县城（今罗湖中心城区），其余 28 万人为农业和渔业人口。经过短短几年的发展，1987 年深圳人口迅速增长到 105 万人，1997 年深圳人口突破 500 万人，2010 年突破 1000 万人。

深圳城市建设用地从 1980 年的 3 平方千米，增长到 1990 年的 139 平方千米，1995 年增至 495 平方千米，2000 年增至 559 平方千米，到 2005 年为 703 平方千米，2010 年增至 783 平方千米，2017 年则为 933 平方千米。40 年来深圳城市建设用地平均每年以 20 平方千米左右的增速发展，世界罕见。

（二）深港轨道线从一条到三条，从有缝连接到无缝连接

深圳至香港的轨道线，100 多年前仅有一条九广铁路，如今我们已经有三条轨道线通往香港。第二条轨道是地铁 4 号线（龙华线），已与香港通车了十几年。前两条轨道线与香港都是有缝连接的，这条"缝"就是深圳河上的桥梁。即我们到了罗湖口岸或福田口岸后要进行深圳方面的海关边检，然后过 100 多米长的罗湖桥或福田桥，之后再进行香港方面的海关边检，再接上香港的轨道进入香港市区。因

此，深港之间的第一条、第二条轨道都是有缝连接的。2018 年 9 月 23 日接通了从北京到香港西九龙的高铁线，深港两地的第三条轨道线实现了无缝衔接，从福田中心区到达香港西九龙仅需 14 分钟。深港两地总共连通了三条轨道，其中有两条轨道线是近十几年里通车的，这是深圳 40 年来了不起的蝶变。未来可能还有第四条轨道连接深港两地机场。

（三）1986 年建成全国第一高楼，如今已成全国超高层建筑最多的城市之一

深圳原特区内 327 平方千米里面拟开发建设的用地面积约 123 平方千米，这部分基本上是按照城市规划蓝图建设起来的。80 年代规划建设从罗湖中心城区起步，1985 年建成了第一栋超高层建筑——160 米高的国贸大厦，当时是全国第一高楼，超过了北京和上海的建筑的高度。后来在短短几年内，罗湖又建成了一大批高层建筑。

据不完全统计，截至 2017 年 12 月，深圳已经建成的超高层建筑（建筑高度在 100 米以上）近 900 幢。其中，1980～1989 年建成 2 幢，1990～1999 年建成 38 幢，2000～2009 年建成 197 幢，2010～2017 年建成 652 幢。最近 20 年深圳的超高层建筑如雨后春笋般涌现，既说明深圳城市化、现代化过程加速，经济形势喜人，也说明深圳的平均容积率增长很快。

美国的城市理论家、社会哲学家刘易斯·芒福德说："真正影响城市规划的，是深刻的政治和经济的变革。"所以，深圳城市规划蓝图之所以能够实现，关键是因为国家改革开放和经济变革 40 年来卓越的成就。

深圳 40 年蝶变，城市规划的贡献

（一）特区 80 年代初创，组团规划、弹性规划

深圳 80 年代初创时编制的特区第一版总规（以下简称"86 总

规")的特点是组团规划、弹性规划。该规划范围为深圳原特区 327 平方千米，确定了深圳特区未来 15 年（从 1986 年到 2020 年）要成为以外向型工业为主的综合性经济特区。为什么以外向型工业为主？主要是因为我们是比邻香港边境的一个出口加工区，这也是建立深圳特区的一个出发点。然而这个外向型工业区又不能全部做出口加工区，必须要产城融合，所以要建综合性经济特区。所以确定城市性质为：以外向型工业为主的综合性经济特区。

1981 年就提出来以带状多中心组团结构为深圳特区的一个城市构架，而且每一个组团的工业区和居住区要适当地协调，文教体卫都要配备齐全，组团和组团之间用绿化带、河流自然分隔，而且要用公共交通连接起来。用现在的话说就是我们 1981 年就构想了一个职住平衡的低碳城市构架，所以这点说明了规划师和领导非常有远见。"86 总规"运用法定规划的形式确定了特区带状多中心组团结构，并在原特区内规划建设了十几个小型工业区，迅速建立了以传统工业为起点的劳动密集型"三来一补"产业，适应了特区快速工业化发展的需要。如果特区不是带状多中心组团结构，没有每一个组团里面的职住平衡配套，深圳人口规模很难从 110 万人发展到现在的 1000 多万人。所以，组团规划为深圳特区建立了一个弹性规划的架构，对深圳城市规划建设的贡献特别大。

鉴于原特区内不适宜建设的陡峭山地占将近一半，达 159 平方千米，规划可利用的面积只有 168 平方千米，其中拟开发建设用地 123 平方千米，"86 总规"提出到 2000 年深圳特区人口规模为 110 万人（80 万户籍人口和 30 万流动人口）。该规划采用弹性规划的理念，在规划交通流量和市政容量时分别按 1.5～2.0 倍的系数测算，即按照 165 万～220 万人口计算，使特区原人口增长 3 倍时还能较顺畅运行。所以，"86 总规"的市政交通规划是弹性规划的典范。

当时仅在罗湖火车站的周边及沿广九铁路线两侧有一些建筑，其他地方建筑量非常少，以农田为主。在这样的底图上规划出的富有弹性的"86 总规"，成为深圳后来能够成功建设的最好基石。

从深南东路到上海宾馆仅 6 千米长，上海宾馆以西的深南大道是临时道路（仅十几米宽的土路）。1993 年 26 千米长的深南大道全线建成通车。这说明深圳特区 1993 年之前东端的城市建设主要集中在罗湖区、上步区（今福田区），西端的建设在蛇口工业区，两端之间有大片农田和少量民宅。

（二）深圳 90 年代，全域拓展、国际化目标

90 年代，深圳全域规划、拓展空间引领了国际化建设潮流。实际上"86 总规"确定之后，1987 年到 1996 年一直在编深圳第二版总规划（以下简称"96 总规"）。这十年深圳规划的主要目标是——如何跟香港回归工作接轨。因为已经确定了 1997 年香港要回归，离回归只有十年，两地各方面的差距太大了，如何缩小差距，让香港回归以后能够顺利地衔接，是规划要考虑的最重要的问题。因此，在 1989 年就已经开始研究城市发展策略，这个发展策略研究使领导者意识到原特区土地面积太小，未来深圳想要成为国际化大都市，要跟香港接轨的话，一定要把宝安县划进来，扩大城市范围。所以，1993 年宝安县撤县改区，"96 总规"已经把城市用地范围拓展到全市域。"86 总规"仅限原特区，"96 总规"已拓展到全市域，不仅推动了深圳国际化城市进程，而且兼顾了珠三角的协调发展。

"96 总规"对深圳的城市定位也从原来的以外向型工业为主的综合性经济特区提升到了华南区域经济中心城市，这一步跨度很大，即我们要去追赶特大城市了。"96 总规"也把原来的 100 多万人口规模提高到了 430 万人口规模。其实那时我们已经很有信心了，当时深圳人口已经有 200 多万，是"86 总规"人口规模的两倍多。城市规划格局从带状多中心组团结构变为网状多中心组团结构，城市建设开始向原特区外发展延伸。

90 年代，市委市政府大力发展高新技术产业，"96 总规"也很好地适应了产业发展的需求，工业园、产业区在上一版总规中从原特

区内沿深南大道布局，这一版总规拓展了产业空间发展结构，使深圳 80 年代"三来一补"产业成功升级转型，并顺利实现了由传统工业向高新技术产业的转变。深圳培育孵化了一大批高新技术企业，从国有企业到民营企业，产业的升级、空间的拓展较好地解决了原特区城市建设用地紧缺的问题。此外，深圳还建立了以盐田港为主的港口物流产业。

创立于 1999 年的中国国际高新技术成果交易会（以下简称"高交会"），使高新技术成果能尽早进入市场应用环节，为生产和生活服务。2000 年深圳还建立了高新技术成果交易所，使高交会永不落幕。这是深圳 90 年代发展高新技术产业的结果，至 2018 年底深圳已连续成功举办了 20 届高交会。

（三）21 世纪初期，规划引领转型，确定前海中心

进入 21 世纪，深圳开始了改革开放的第三个十年。深圳所处的大珠三角城市发展明显出现了新的动向：2000 年广州启动编制《广州城市总体发展概念规划研究》，2001 年香港启动编制《香港 2030：规划远景与策略》。深圳学习香港，学习国际化大都市，市政府 2002 年启动编制《深圳 2030 城市发展策略》（以下简称"深圳 2030"）。可以说，当时"深圳 2030"在国内城市规划界是比较超前的，因为中国城乡规划法里面规定总规的规划期限一般为 20 年，所以，以往我们总规的期限只有 15 年到 20 年。一个城市 20 年以后、30 年以后的远景展望鲜有实例。2003 年国家提出"科学发展观"，2004 年提出"和谐社会"，这为深圳的发展提供了新思路，深圳经过前 20 多年的快速发展后遇到了瓶颈，不仅土地空间资源紧缺，而且出现了"四个难以为继"。2006 年，深圳市委市政府颁布了"深圳 2030"，并经人大立法，成为国内第一个经过立法的城市发展策略。"深圳 2030"敏锐地预警了"四个难以为继"，并为深圳的未来发展预设了渐进式转型的路径，准确地认识到了前海的重要战略地位，将前海的规划定位从港口物流区转变为城市中心区，改变了前两版总规确定的物流仓储港区的功能定位。

在此背景下编制的深圳第三版总规（以下简称"2010 总规"）及时采纳了"深圳 2030"的结论，确定了"罗湖福田、前海双中心"规划布局，把前 30 年已经建成的罗湖中心和福田中心划为一个城市核心，把未来要建的前海中心作为第二个城市核心。从此以后，深圳所有空间规划、产业政策、城市经济目标都朝着这个方向努力。其实，前海作为深圳体制机制创新的承载主体，无论在经济体制改革方面，还是在社会体制改革方面，都将发挥经济特区的试验田作用。

此外，"2010 总规"研究发现城市可建设用地的绝大部分已经被占用了，剩下的不多了，所以这版总规还及时预测了深圳即将进入存量发展时代，城市规划亟须研究深圳存量发展模式，用句通俗的话说存量发展模式就是城市更新模式。深圳已经较大规模地利用存量土地，对旧工业区、旧村、旧住宅区进行城市更新改造工作，不断探索尝试符合深圳特点的存量发展模式，对合法外用地等进行整村统筹。

"2010 总规"使深圳的城市定位又上了一个很大的台阶。从"86 总规"的以外向型工业为主的综合性经济特区到"96 总规"的华南区域经济中心城市，一直到"2010 总规"的全国经济中心城市，这三版总规跨越了三个台阶，深圳国际化城市建设的目标越来越清晰，路径越来越明确，步伐越来越快。

"2010 总规"合理控制城市规模，到 2020 年城市常住人口控制在 1100 万人以内，城市建设用地控制在 890 平方千米以内。但实际发展情况已经超过这些指标。

深圳在第三个十年始终探索如何突破城市发展瓶颈，同时也及时抓住了世界"科技 + 金融"创新的大好机遇。该时期金融业创新飞跃，"弯道超车"，终于成为深圳支柱产业，深圳形成了"高新技术、金融、物流、文化"四大支柱产业。所以，该时期规划引领了城市产业转型，成功确立了前海城市中心的地位。

（四）　最近十年，海陆统筹规划，成功衔接大湾区

最近十年，深圳海陆统筹进入了新阶段，为深圳实施陆海一体化战略提供了体制机制保障。《深圳市土地利用总体规划（2006—2020年）》获批，围填海工程、深汕特别合作区的正式揭牌，都为破解城市发展瓶颈争取了更大的机遇。

2012 年高水平完成前海综合规划，2015 年深圳前海蛇口自贸区正式挂牌，前海（面积 15 平方千米）和蛇口共同构成广东省自由贸易（试验）区（面积总共 28 平方千米），为培育城市新的增长极奠定了基础。

2012 年以后，深圳城市更新总量已经超过了新增用地总量，土地二次利用速度加快，城市更新是近几年规划建设的主旋律。为重点项目保障空间，推动土地二次开发的量质齐升，拓增量、挖存量，创新"整村统筹"利益共享机制，土地整备工作全面铺开，为城市发展提供了用地保障。

近十年来，深圳更加注重发展文化产业，包括电子游戏、新媒体等。此外，还特别重视深圳高校的规划建设，在引进著名大学合作办学方面已经初见成效。例如，香港中文大学深圳校区、南方科技大学、深圳北理莫斯科大学等相继在近几年招生，市政府还继续规划建设中山大学深圳分校、深圳技术大学等约 10 所大学。

近年来，深圳坚持改革创新，围绕规划、土地、海洋等十大重点领域推动"强区放权"改革。自 2016 年起，深圳市政府实行"强区放权"政策，新的改革创新管理模式正在试行中，城市规划的编制和管理实施也与时俱进，较好地适应了深圳城市快速发展的需要。

近年来，粤港澳大湾区规划已逐渐由战略构想进入实质发展阶段，珠三角九市政府和香港、澳门将深化合作，深圳作为大湾区的中心城市之一，将进一步规划建设创新创意之都，在粤港澳大湾区城市群建设中发挥新的作用。

现在，如果拿深圳城市规划与国内其他城市相比较，可以说深圳

已经走在前列了。因为 40 年来，从规划理念到实际落地，再到在实践中调整提高，深圳城市规划已经走在全国前列，甚至可以说已经受到世界关注。为什么可以如此"大言不惭"？因为近半个世纪以来，全世界范围内能够如此快速建成且能迅速实现现代化的城市寥寥无几。所以，作为深圳的一代规划师、建筑师，能见证和参与深圳规划蓝图变成现实的过程，是十分幸运的。

福田中心区是深圳 40 年蝶变的缩影

40 年来，深圳在政府层面共规划了三个市级中心，即罗湖中心、福田中心、前海中心。福田中心区规划建设历程是深圳 40 年蝶变的缩影。福田中心区 40 年的规划建设历史也是我在深圳市规划国土局工作过程中亲历、亲见、亲闻的历史。借此机会，我跟大家来分享一下。

福田中心区从 80 年代莲花山脚下的一片农田，经过十几年规划、20 多年建设，至今已全面建成了市级行政中心、文化中心和商务中心，且额外建成了交通枢纽中心，超水平发挥了城市规划与交通规划两个专业的优势。我们原来规划时都没敢把交通枢纽中心与行政文化中心、商务中心（CBD）融合在一起，福田中心区这个特例恰恰是 2008 年交通规划师的规划与主管领导的前瞻性理念形成共识的结果。现在看来，我们把行政、文化、商务和交通枢纽这四个中心放在城市心脏位置合并建设，是国内首例。

福田中心区的规划建设历史可分为以下四个阶段。

（一）规划酝酿，征收储备土地

第一阶段（1980～1988）为酝酿阶段：中心区概念规划及土地征收。

福田中心区从 1980 年第一次编制深圳经济特区发展纲要时就提出了莲花山脚下要建未来的城市中心，作为吸引外资的金融贸易商业区。这个金融贸易商业区实际上就是 CBD，只是那个时候国内尚未引进这个词。这是一个非常超前的规划，由于当时在莲花山脚下除了一个岗厦村之外其他基本都是农田、荔枝林和鱼塘，所以说当时是在农田上规划了福田中心区。

1982 年深圳特区社会经济发展规划大纲确定福田新市区中心地段为特区的商业、金融、行政中心。"86 总规"定位福田新市区是未来新的行政、商业、金融、贸易、技术密集工业中心，相应配套生活、文化、服务设施。之后，1986 年福田中心区道路网规划、1987 年福田中心区城市设计、1988 年福田分区规划等分别从中观层面确定了福田中心区道路、景观和土地性质等规划的框架内容。

1988 年政府大力征收福田新市区原农村土地，储备预留发展用地，政府既保留了城市统一规划，有偿、有期限出让土地的主动权，也为深圳多中心城市组团式开发创造了条件，实现了规划前瞻性与土地经济性。

（二）详规定稿，构建道路框架

第二阶段（1989～1995）为探索阶段：确定福田中心区详规，建设市政道路工程。

1989 年深圳市政府首次在国内外四家设计单位中征集福田中心区规划方案。1990 年福田区大规模征地拆迁，中心区有大片空地，除了岗厦旧村和一些临时建筑设施外，其他仍然是农田、荔枝林、鱼塘、河流等。1992 年福田中心区详细规划提出深圳 CBD 功能定位，并提出中心区开发规模高、中、低三个方案，1993 年市政府原则上同意该详规及其方格路网格局，并明确中心区公建和市政设施按高方案（12800000 平方米）规划配套，建筑总量取中方案（9600000 平方米）控制实施。至此，福田中心区详细规划定稿。1993 年完成中心区市政道路工程设计后，顺利开始现场平整、道路施工等"七通一平"工作。至 1995 年，中心区 80% 的市政道路已完工，现场基本形成了主次干道路网。

1995 年，虽然福田中心区开发投资前景尚不明确，但深圳市政府决心已定：加快开发建设福田中心区，将其作为深圳特区二次创业的基地。

（三）公建集聚，引领市场投资

第三阶段（1996～2004）为实施阶段：公建集聚中心区，吸引投资市场，商务办公楼宇兴起。

深圳前 15 年第一次创业成绩卓著，1996 年进入二次创业阶段，深圳政府把福田中心区作为二次创业重点建设基地。1996 年市政府在规划国土局内成立了深圳市中心区开发建设办公室，专门负责福田中心区的规划修改和实施管理工作。深圳市地区生产总值在 1996 年首次超过 1000 亿元，2004 年已突破 4000 亿元，喜人的经济形势为加快中心区建设创造了条件。

市政府对福田中心区采取"先外围后中央"的建设原则，1998 年中心区周边建设已基本完成，区内市政道路工程已成形，大片空地等待投资。这从一个侧面反映了深圳市领导的远见，90 年代把福田中心区留下来，先出让、建设其外围的土地，等条件成熟了再建设福田中心区，这样能使福田中心区的规划建设水平提升到一个更高层次。

2002 年批准福田中心区第二版法定图则，《深圳中心区城市设计与建筑设计（1996—2004）》系列丛书出版，至 2004 年共出版十二本中心区系列丛书，成为中心区宝贵的规划设计资料。至 2004 年，市政府投资的中心区六大重点工程（市民中心、图书馆、音乐厅、少年宫、电视中心、地铁一期水晶岛试验站）陆续建成启用。市场投资商务办公楼的建设也逐渐兴起，金融企业开始瞄准中心区商务办公用地，纷纷申请在中心区投资建设金融总部办公大楼。2004 年以后才把中心区真正建成了一个 CBD。

（四）形成 CBD，四中心融合

第四阶段（2005～2018）为蓬勃阶段：金融产业集聚，实现

CBD 功能，而且将行政、文化、商务和交通枢纽这四个中心都融合在福田中心区。

深圳经过前 25 年规划建设，特大城市的框架结构和经济基础已经形成，特区建设成就显著。深圳处于第三次产业转型阶段。2007 年深圳人均地区生产总值首次突破 1 万美元，标志着深圳从现代化发展的中级阶段进入高级阶段。特别是深圳金融以产业调整为契机，以深港金融衔接为方向，实现了新飞跃，深圳金融业迅速崛起，迎来了福田中心区金融总部办公投资建设的鼎盛时期。2008 年福田中心区已经进入建设金融中心这样一个最鼎盛的时期。2011 年的福田中心区基本建成。2017 年平安金融中心已经建成，标志着福田金融主中心的形成。

福田中心区能够完全按规划蓝图建成 CBD，本身就是一种幸运。为什么这么讲？因为大家知道，深圳原特区很早就有一个美好的规划蓝图，而且及时把集体土地征为国有，90 年代初原特区征地工作完成得较干净彻底。更重要的是，深圳特区一起步就进行了土地使用制度改革，使深圳及时找到了特区建设的资金来源，这样我们才能按照规划蓝图建设特区。在此大背景下，深圳特区二次创业时市政府可以用财政资金把福田中心区建成行政中心、文化中心，但商务中心必须靠市场投资来建设，在 2004 年深圳金融办公总部需求市场第二次高潮来临时，福田中心区还有十几块商务办公用地在政府手里，所以这十几块地全部"招拍挂"出让给金融机构，用以建设金融总部办公楼，这样才使福田中心区真正实现了 CBD 功能定位。

深圳金融办公总部的第一次需求肯定落地在罗湖中心区，它的第二次高潮就应该到福田中心区了。因为中心区规划管理者一直持有储备土地的理念，2004 年以后中心区还有办公用地，所以才及时抓住了这个机遇，弯道超车，赶上了全球"科技 + 金融"的时代。这是福田中心区的幸运，也是深圳的幸运。

福田中心区是深圳 40 年蝶变的一个缩影，中心区从最早的构想酝酿、概念规划到"86 总规"正式确定，然后到详细规划，到城市设计等专项规划设计，直到现在全面建成，是一个非常快速的发展过程。福田中心区的建成依托于深圳全市经济高速发展、三次产业成功转型的大背景下实施的规划蓝图。所以深圳规划也好，福田中心区规划也好，一定会令全世界的规划师都很兴奋、很感兴趣，进而关注它、研究它。

深圳规划经验

深圳建市 40 年来，城市规划已经形成了三个特征：弹性规划、滚动修编、注重实施。深圳三版总体规划成功引领深圳三次产业转型，城市定位跨越"三个台阶"，适应了特区快速发展的需要。

深圳的规划经验及远见，已经得到广泛关注。首先，深圳城市规划在全国是最早建章立制的，1986 年成立了城市规划委员会，让深圳能够在八九十年代一次次成功地蝶变，少走弯路，这是非常重要的一个制度保障。1998 年颁布了《深圳市城市规划条例》，保证城市规划的公开、公平和民主决策。

弹性规划是深圳成功的法宝。比如，"86 总规"在计算市政交通量时都提前留足了空间。当年编制第一版总规时，无论从专家层面还是从领导层面都很难判断深圳未来的人口规模，尽管"86 总规"确定为 110 万人口，但市政交通分别按照 1.5 倍和 2.0 倍的系数进行测算，布局未来市政设施。

超前规划也是深圳城市规划的一个重要特点。例如，福田中心区市政容量就是超前规划的实例。1992 年做福田中心区详规时，特区刚刚成立 12 年，未来特区规模多大、福田中心区规模多大等都很难预测。然而，规划师很聪明，就按照国际 CBD 的规模做一个横向比较，最后提出福田中心区规划规模按照高、中、低三个方案测算，最高方案按平均容积率 3.0 测算（即总建筑面积 1200 万平方米）；中方案按平均容积率 2.3 测算（即总建筑面积 900 多万平方米）；低方案按平均容积率 1.6 测算（即总建筑面积 600 多万平方米）。针对高、中、低三个方案，市领导和规划国土局领导决定中心区地下容量按照高方案建设，地上建筑规模按照中方案控制。因此，福田中心区1993 年地下市政设施按照 1200 万平方米的建筑容量做了道路建设，地上规模在详规中一直按照中方案控制。实际上我们在 90 年代修编中心区详规时一直按照 750 万平方米的总规模分配各街坊各地块的建筑面积，到 2018 年，福田中心区已经建成的建筑面积大约有 1200 万平方米。这是深圳蝶变过程中的一个巧合，也是一个奇迹。

超前规划还体现在深圳轨道交通方面，在这方面福田中心区也是一个典型。1995 年中心区原规划中仅有两条地铁线（1 号线、4 号线），因为当时深圳全市只有地铁一期工程规划，后来地铁二期、三期工程逐渐加密中心区的轨道线网，直到 2008 年高铁站选址福田中心区，才充分体现了交通规划的超前特点。给中心区规划锦上添花，也是深圳城市规划特别值得骄傲的一点。

提前划定基本生态控制线也是超前规划的具体表现。2005 年深圳市政府就划定了基本生态控制线，有效地控制了房地产开发规模的肆意扩大，较好地保护了生态环境。可以说，深圳划定基本生态控制线比全国早了十几年，这也是深圳规划的远见。

深圳城市规划经历了 40 年的蝶变，已经形成了上述好的效果，未来我们的规划应该怎么做？我认为用 12 个字来概括未来城市规划的方向和方法还是比较恰当的，即"抓住不易，随时变易，回归简易"，其中"易"就是"变"。

城市规划最重要的是要抓住两个不变要素：生态系统、市政系统。生态系统是一个城市的生命线，是百年大计甚至千年大计的安全网络。我们一定要好好做规划，负责任地做好、实施好。第二个不变要素是市政系统，城市道路规划建设要树立百年工程的目标，希望道路能够一次到位，切忌每三年或五年修改一次道路或再新翻一遍。只要我们的地下市政管廊或共同沟规模够大，道路就不会经常翻动了。因此，我认为生态系统、市政系统分别是一个城市的自然格局、人工格局，是一个城市文化积累、历史积累的前提。城市规划只有抓住这两个相对不变的要素，并根据社会进步、市场需求随时调整那些可变要素（例如土地功能、平均容积率、公共空间形态、建筑内部功能等都要根据时代的变化、人们生活方式的变化、市场的变化等"随时变易"），才能适应社会经济发展要求，以人为本，创造美好的生活。

"回归简易"，即最后是大道至简。我们要做一个简单的规划、容易实施的规划。什么是简单的规划？就是能够让我们每个人都感觉到这个城市清洁安全、适合步行、交通方便、布局合理、公共空间美好。例如：一个城市既有森林公园，又有市政公园，还有更多方便实用的"口袋公园"；既有完善的公共交通和步行系统，又适度控制小汽车数量。总之，城市规划既要好用，又要好看；既要符合人的需求，也要遵循经济发展规律。

"城市如同语言，是人类最伟大的艺术品。"这是刘易斯·芒福德的经典名言。确实，人类有记载的几千年文明历史，最后能够流传下来的就是城市和语言文字。所有的科技进步、人类文明都要通过这两个载体传承下去，所以城市是人类最伟大的艺术品。我们要使深圳从一个速成的城市变成美丽的城市，要认真做好城市设计，这样才能使深圳从一个速成城市慢慢演变为拥有千年文明的美丽城市。

40年，当你老了

——银发社会的法律保障

林　冰

林　冰

中华全国律协行政法专业委员
会委员，深圳市律师协会家族
财富管理法律专业委员会主任，
深圳电视台"金牌调解员"。
擅长以法律为基础，结合情理
法，综合运用非诉讼技术解决
纠纷案件，尤其是群体性案件。
近年研究家族财富管理，探索
传统文化中的优良因素对和谐社会的促进作用。曾获得中央
电视台"优秀法律顾问奖"。

　　今天我要讲的是当你老了，我们银发社会的法律保障。为什么要
讲这个话题呢？是因为它有一个深刻的背景。今天我们在这里举办讲
座，我们的门外很快就会有绚丽的灯光秀，我们现在是在深圳，作为
深圳人，我们感到自豪。改革开放40年的风风雨雨看起来弹指而过，
大家有没有想过老一代的建设者们为深圳做出了多少贡献，正是因为
他们把深圳建好了，所以深圳才吸引了这么多的年轻人。但是在座的

年轻人，有没有想过你肩上的负担？你看起来很年轻，三四十岁不到，如果你已结婚，你是不是有四位老人了？也存在养老的问题？所以我认为今天来讲这个话题是非常合适的。

如果把深圳的年轻人比作大树，台风过境后，大家觉得倒下的树是哪些？没有根的树，看起来老了的树，还有看起来太弱的、旁边又没有大树为它遮风挡雨的树。我们的人生实际上跟树是一样的，在狂风暴雨来临的时候如果你没有提前构筑一个安全的港湾，或者一道屏障，那么你就跟这棵树一样，可能会断掉，甚至会被台风连根拔起。

今天要讲的内容主要分为四个部分。第一个部分是银发社会已经到来，它不会以你们的意志为转移，它正在加速到来。第二个部分中会讲到我们在这个银发社会会出现什么问题。第三个部分是出现这些问题时我们有哪些法律保障？我是一个律师，法律保障不仅是我关注的重点，我想也会是大家关心的重点。第四个部分是对老年生活和未来的期待。

银发社会已经到来

什么是银发社会？这不是一个学术上的概念，学术上的概念叫老龄化社会。老龄化社会概念是怎么来的？这里要提到两次会议，一次是 1956 年联合国人口老龄化及经济发展会议，这次会议确定了一个标准，即一个国家或地区 65 岁以上的老年人占 7% 以上；另外一次是 1982 年维也纳老龄会议，这次会议提出的标准是一个国家或者社会的 60 周岁以上的老龄人口达到 10%。我们的国家统计局的做法是将这两个标准合在一起。

2017 年我们总共有老年人口 2.409 亿人，占总人口比例达到17.3%。老年人口的比例还在往上升，到 2050 年这个趋势才会变缓。如果这个趋势成为现实，老年人就会压垮年轻人。所以，今天我们的深三代、深二代等年轻人关心关于年老的话题其实是合时宜的。

我们再来看一看日本的情况。网上有传言，说要战胜一个国家以前靠的是战争、瘟疫、自然灾害，现在不需要，现在只要其人口按照这种趋势走，基本上最后就会出大问题，这就是日本的现状。所以日本的经济一直很低迷，这跟其人口政策、人口现状也有很大的关系。

大家觉得美国的养老现状是什么？我们来看一个三分钟短片，大家看一看美国的现状。老爷子女儿很孝顺，送他去医院检查，去检查的时候这个老人身上任何地方都需要治疗，他无所适从，就没接受治疗。后来，他去了养老院，在门口看到养老院的情况以后他转头就走了。这部片子告诉我们，中年人不能承受之重，就是上有老下有小，与中国的现实非常接近。

其实这在我们中国每天也在发生。为什么我们很关心关于老人的事情？因为我们已经有 2.4 亿个老年人，其中失能的、没有行为能力的老年人有四五千万个，这是一个非常庞大的数据。

目前银发社会存在的问题

我们首先从法律史来看古代养老权的保障，中国的养老离不开两个方面。第一，家长制。以前家长制是以法律的形式规定下来的，所以养老通过这种形式解决。第二，孝文化。孝文化其实也是一个法律形式的文化，周朝规定 80 岁以上的老人家里有一个年轻男子可以不用服徭役，即从事无偿劳动，有 90 岁以上老人的家庭可以有两个年轻男子不服徭役；春秋战国时齐国规定，家庭里有 70 岁以上老人的免除一个役丁，有 80 岁以上老人的免除两个，有 90 岁以上老人的全部免除；汉代规定，酒是专卖品，老人可以卖酒，其他人不能卖酒，也就是国家专营的制度由老人来享受；唐代规定父母在不远游，把儒家文化直接引入法典，唐代不准出现空巢老人；宋朝、清朝都有类似的规定。同时，这些朝代也有一些关于养老的规定。

我们现代的养老有四个问题：第一，抚养比不断加大；第二，养老金替代率下降；第三，商业养老不足；第四，养老文化缺失。

抚养比说明的是社会总的负担能力。以前是 3.04 比 1，到 2050 年将是 1.3 比 1。什么意思？1.3 个劳动人口就要供养一个老年人。

我们再来看，养老金的替代率是往下降的，目前是 43%。这样就不能保持现有生活的水平，何况随着年龄增加还会有更多的需求。

另外，社保不足时大家都知道用商业保险来补充，但是商业保险也被很多营销的手段给冲淡了，或者被歪曲了，导致很多人没有买商业保险的意识，也没有这方面的资金安排。商业保险的产品设计也存在很多的问题，大家拿保险当理财产品看，认为这个没有银行利息高，对此保险公司也说不清楚。所以，商业保险跟我们的需求有很大的脱节。

再就是养老文化的缺失。最近几十年，我们的传统文化有些确实被丢掉了，其中一些是关于孝的文化。还有，我们的社会发展太快了，但是文化跟不上。所以，我们的养老文化总体上是不足的，导致了现在的这种状况。

银发社会的法律保障

我们来看之前的三任总理是如何说社保的，朱总理说实际上我们是包不起的；温总理说个人家庭和社会也应当发挥积极作用；李总理说基本保障兜不住，还要进行社会救助，对养老金的正常缺口国家会尽力填充。这说明什么呢？基本的社会保险肯定是要有的，越来越广的覆盖范围会导致它的替代率越来越低。所以既然国家在财力上只能做到广覆盖，那么它就应当给政策。从 2011 年国务院印发《社会养老服务体系建设规划 （2011—2015 年）》，到 2018 年出台养老金中央调剂制度，政府每年都在给政策，但是在执行过程中有很多不同的情况。

我们再来看看深圳的政策。前两年才开始实施的《深圳市民办养老机构资助办法》规定了给养老院一张床位资助多少钱。在平台购买综合安全保障的保险费，以及床位的费用，都由政府来提供，这是最新的规定。还有 2018 年 4 月制定的公办养老机构入驻的轮候制度，这是个很好的制度，因为公办的条件好，要的人多，所以就要轮候。而在执行过程中也会有一些偏差，比如有一些养老院可能拿出一部分进行轮候，大部分进行市场化经营，可能收的钱更多。所以光有好的政策还不够，如果执行上出现偏差，也会让政策打折扣。

我们来看法律保障。宪法有不准虐待老人、要看望老人的规定；老年人权益法对此也有规定；刑法对此也有规定。还有对老年人特别宽松的刑事处罚措施，比如刑法修正案八说到，对 75 岁以上的犯罪老人符合缓刑条件的应当缓刑，一般对于三年以下的量刑应当缓刑，这体现了国家对老年人宽松的刑事处罚措施。还有养老机构的许可办法、养老机构的管理办法等。

我首先想讲养老机构的法律责任。刑事责任和行政责任我不想说，我想重点说一说民事责任。民事责任是每天都会涉及的，也是目前养老机构最困惑的。

民事责任的界限怎么把握？因为偷东西好把握，杀人放火好把握，但是摔伤没有及时救治这个问题就不好把握。

在网上经常会看到这类总结，比如 17 种养老院不承担责任的情况等。你们不要试图把它看明白，因为是看不明白的，其实这个做法犯了两个基本的错误。第一，它试图对一个责任的承担用列举的方式说出来，大家觉得做得到做不到？显然应该是做不到的。第二，说的是不承担责任的情况，法律里面有一个基本的原理，积极的东西好举证，消极的东西一般是不能举证的。就如同我说今天来参加讲座的人有多少，这个好举证；今天没有来参加的是哪些人，你到外面去帮我数一数。我这样一解释，大家就清楚了。网上做这种总结的人根本就不懂法律，如对于不承担责任的情况，他可以说他因为自己一意孤行要去上卫生间摔倒了，他一意孤行要去食堂摔倒了，他一意孤行要来这里听讲座摔倒了。我说这是"神归纳"。

实际上我们对法律逻辑的归纳是有规律可循的。第一，任何的法律关系一定是发生在谁和谁之间的，也就是我们所说的主体。第二，承担责任的方式一般只有两种，一种基于合同，我们叫违约责任，另外一种基于侵权，我们叫侵权责任。

从主体上来讲，第一个是机构。目前办养老院的重要条件是要经过许可，就是要有民政部门的批准。没有经过许可，出了问题是要承担责任的。第二个是机构的雇员。护工有没有相应的资格也很重要，需要护理的病人或者养老院的老年人是有不同的护理要求的。如果护工不符合资格，出了问题是要承担责任的。第三个是监护人和代理人。他把他家的老人送过去的时候隐瞒了一些情况，如老人有癫痫，老人中过风，老人有精神病等。如果他不说，出事了，他就要承担责任。还有一个是监管机关。养老院没有证，出现了事故，你觉得监管部门要不要承担责任？这就叫监管责任。还有第三方，我们在这里就不说了。

主体之间要有合同关系。送老人去养老院，要跟养老院签署合同，合同会约定各种情况。

去养老院的时候一般它会拿出一个东西，叫安全承诺、免责承诺等。这是风险告知，法律是支持这种做法的，进门之前给你看，你同意就进来，不同意就离开，除非是《消费者权益保护法》还有《合同法》里面规定的一些特殊情况，比如免除你的责任，加重对方的责任，才可能使这个免责条款无效。养老院的同志要注意，这种条款不一定就是有效的；送人去养老院的也要注意，你签字的时候要看仔细，签字往往会约束你，因为免责条款如果是双方当事人真实意思的表示，就会受到法律的保护。

刚才讲的是我们之间要签合同，还有一种关系是我们没有签合同。这是不是要承担责任？我在这里摔倒了，两个导演把水洒在这里，搞得我林律师摔倒了。我跟他们之间没有合同关系，我在这个场所摔倒了，他没有履行安全保障义务，形成了侵权。在养老机构和老人之间会有什么？首先是基本的安全保障义务，因为针对不同的对象有不同的设施，因为养老设施有国家专门的标准，即便你的标准符合国家建设的一般标准，但是如果没有符合国家关于养老设施建设的标准，就会存在安全隐患。所以很多由居民楼改造的养老院其实存在很多不符合专门规定的设施。还有故意行为，大家有没有听过把屎涂在老人身上，在养老院侮辱、打骂老人的，都是护工的故意行为。还有过失行为，我们就不说了。

所以我们说关于养老机构责任的法律逻辑，就是从主体是谁出发，考虑他们之间有合同关系，还是没有合同关系，但是是由一个关于安全保障的法律所规定的特别义务导致的，这样就能把逻辑给理清楚。

我们来说一个案例。一个老人生活能够自理，需要二级护理，因为没有安装床挡，后来他摔下去，死了。大家说养老院要不要承担这个责任？没安装床挡，老人摔下来，死了，所以养老院就要承担这个责任。国家对为二级护理安装床挡和紧急呼叫有一些法定要求。我现在假设这个人不是二级护理，而是一个正常老人，养老院要不要承担责任？大部分情况下，如果一个正常的人在普通的床上摔下来，死了，这跟养老院没有太大关系。

刚才说了养老机构的风险，那么我们应该怎样对风险做出防范？我觉得有五个方面。第一，养护合同的体系要健全。如送养的合同、护工的合同。养老院还特别要注意采购合同，采购的设施是不是符合国家标准，建设工程是不是符合国家标准，是不是符合消防的要求。还有食品安全，食品采购是不是符合养老的要求。第二，养护设施要符合规范。第三，养护人员要勤勉尽责。大家一定要注意，只要是在产生服务的关系中，勤勉尽责都是非常重要的一个考量标准。第四，养护行为要合法、规范。养老院要对人员进行关于合法、规范的培训。在一些涉及安全管理的企业中，培训是非常重要的，因为如果出了重大的安全事故，在追究刑事责任的时候就会看你有没有这个行为，而不是仅仅看结果。第五，风险转移。还有一种方式叫作养护责任保险的覆盖。我们知道，现在小孩子在学校里面有一个校园责任险，在养老院发生摔倒等事件的概率比在学校大得多，所以养老院需要责任险去进行覆盖。保险是大数法则，由于养老院不多，基础数据不多，没有办法让保险公司给出一个高保障、低保费方案。但是政府支持养老机构，只要在公共保险平台进行采购，政府都是支持的。当然，除了这个责任险以外，其实养老院还可以买一些意外险、公众责任险，因为它们都只要很少的保费，一旦出了事情可以提供保障。

对老年未来生活的期待

大家说养儿防老有没有风险？生两个、生三个有没有风险？其实也有风险。包括让他们常回家看看也比较难。这一点我觉得最近有些变化，我看到身边很多朋友在周末回家去陪家人，而不是陪朋友，我相信大家也看到了这一点。所以我们国家在关于家的文化上实际上在一步一步地往前走。

现在还有一些新型的养老模式，前段时间关于这个还出现了争议，比如合同能不能得到履行？比如在哪里有养老地？

老年人意定监护。2017 年 10 月 1 日颁布的《民法总则》第 33 条规定了成年人的意定监护。即使我不是老年人，但是我也可以做意定监护。老年人可能面临意识模糊、丧失行为能力问题，如果没有这个规定他只能委托他的亲属，有了这个规定以后他委托不是他亲属的人也可以，我可以让我的朋友、让我的单位或者民政部门作为我的这种监护人。这是因为现在人中风、丧失意识的情况经常发生。有人说立遗嘱。立遗嘱行不行？遗嘱是死后才发生效力。说直接一点就是，你没死但你没意识，这时意定监护就很有用。2016 年浙江就有，据说 2018 年深圳有了第一例。我们假设一个 40 多岁的人，他立遗嘱说万一他发生事故，死亡了，谁来照顾他的小孩，他的财产怎么分配，大家都能理解，这没有问题。但是万一他是昏迷不醒呢？他的其他亲戚全部来了，就很难办。现在有四五千万个老人，他们完全有可能在医院昏迷一年、两年、三年，他们的财产怎么办？所以意定监护是一个非常好的制度，其实有各种病的人应该注意一下这个制度。

还有一个制度是从法定监护到遗嘱监护。还是刚才的例子，假设那个人预判到自己可能出现失能的状态，万一他倒下去了，财产可能由小孩来处理。如果小孩没有处理能力，谁处理？他的监护人处理。由被监护人的父母担任监护人的，还可以通过遗嘱来指定监护人。

还有一个制度。刚才我讲的都是已经实施了的，2017 年 10 月 1 日已经实施了的，现在讲的是没有实施的，但这个一定会实施，叫作遗产管理人。就是对遗产进行管理，类似破产管理人，而不是以前的遗嘱知情人。我觉得将来律师做遗产管理人的概率会很大，因为这只有律师才能做。

商业养老保险。我注意到周围的一些年轻人，已经开始购买商业保险，特别是一些女孩子会买女性重大疾病保险，可见这种意识已经加强了。我会补充一些年金，我算了一下，如果一份年金给我锁定 4 个点，我觉得在利率往下降的趋势下，我锁定 4 个点 20 年，当我退休的时候能按 4 个点回报，我还是愿意接受的。所以商业养老保险也应该有。

《个人所得税法》里面规定，被保险人获得的保险赔付是不征收个人所得税的。这是税收与保险在养老这一块的结合。

最后我想说，莫道桑榆晚，人间重晚晴，我们要始终怀有梦想。

二

文化生活

诗人寒山的世界之旅

陈跃红

陈跃红

南方科技大学讲席教授，人文
科学中心主任，树礼书院院长。
北京大学人文特聘教授、博士
生导师，曾任北京大学中文系
主任（2012～2016），北京大学
校务委员。北京大学中国诗歌
研究院副院长。《比较文学与世
界文学》执行主编。国家社会
科学重大项目"国民语文能力
研究暨测试系统分类建设"首席专家。澳门大学短期讲座
教授，韩国忠南大学交换教授，台湾实践大学客座教授，香
港大学访问学人，荷兰莱顿大学访问学者，中国比较文学学
会副会长兼组织委员会主任。

序　言

在开始今天的讲座以前，我先提几个问题。听完了以后，你可以

想一想，是不是大致明白了以下几个问题。

第一，你知道寒山是谁吗？

第二，你读过寒山的诗吗？

第三，你知道寒山与佛教的禅宗有什么关系吗？

第四，你知道苏州的寒山寺和浙江天台的寒山有何关系吗？

第五，你知不知道，最近一千年，日本和韩国等亚洲国家对寒山非常崇拜？

第六，你是否知道，曾经的所谓美国"垮掉的一代"，也就是 20 世纪 60 年代的美国前卫青年，为什么特别喜欢中国的寒山？

第七，你是否了解，在 20 世纪美国的大学校园，寒山的名气甚至比李白、杜甫还要大？

第八，你是否知道，20 世纪美国有一个非常著名的小说家写了一部有名的小说《法丐》，以及他为什么要专门献给寒山？

好啦，现在让我们出发，开始一次认识寒山的旅程。

寒山是谁

关于寒山，我敢肯定在座的诸位听众基本不熟悉。但是在公元 10 世纪，也就是在唐代，不少人知道他，甚至在今天的日本、韩国等，寒山都是非常有名的诗人，是一位赫赫有名的禅宗大诗人。奇怪的是，在中国，在正经的官方文学历史记载中，关于寒山的内容却非常少。更奇怪的是，到了 20 世纪 60 年代，在美国，尤其是在美国东部的大学和美国西部加州大学系统，寒山的名气一夜间变得非常大，成为当时学术和文化思潮的热点。

那么寒山究竟是谁呢？有限的史料告诉我们，真正的寒山其实是公元 8 世纪时期的中国唐代人，又称"寒山子"。他大部分时间生活在今天浙江天台一带的山里面。不过，他其实不是天台人，也不是南方人，他是陕西咸阳一带人。这里有他的诗集，是最近几年中华书局出版的《寒山诗集》，他一生中写了 600 多首诗，流传下来的有 300

多首。我们关心的是，作为一个曾经生活在公元 8 世纪，隐居在浙江天台的诗人，他为什么长期以来在中国没有名气，在国外却非常有名？他的诗歌在中国历代的诗歌总集、诗歌选集，甚至唐诗三百首中几乎没有出现，很多喜欢中国古典文学的人也没有听说过寒山这个诗人。可是你到国外问问，尤其是到日本、韩国了解一下，他在信奉佛教的人群中名气可真不小。

五四时期，胡适先生在他的《白话文学史》里面提到过寒山，而且把他作为一个现代白话诗的鼻祖来进行推广和宣传，郑振铎先生在他的书里也热情介绍过寒山。但是很快人们便忘记了，五四时期的文学周期很短，现实问题很多，人们顾不上寒山。

通过研究，可以大致了解寒山这个人。他应该经历了三个时期：儒生期、学道期和入禅期。

从少年到 35 岁这个时期，他居住在陕西咸阳一带，这个时期我们可以称为儒生期。这个时期寒山的人生目标就是考中科举，可是他总是考不中。所以他很快走上了当时中国知识分子的老路，那就是出仕不成，便去学道求仙，追求另一种永恒。大约 35 岁以后，寒山就离开了他的故乡陕西咸阳一带，可能一方面是为了学道，另一方面是为了躲避当时的安史之乱。不管怎么说，反正他终于来到了南方。

也就是说，唐代安史之乱前后，寒山从北方到了今天的浙江，在浙江天台山一带待了下来。他认真学道，学道就是想炼丹，想长生不老。从 35 岁到 40 岁，寒山基本上就在始丰县（今天台县）的某个地方修炼道术、炼丹，他想当神仙。

当时的天台山一带，既有佛教的寺庙，也有道教的道观，所以人们把这个天台山，就是今天的天台县一带，称为道源佛宗之地。所谓"道源"就是道家之源，"佛宗"是说这里有佛教一个重要的宗派，后世称为"天台宗"。天台宗在中国有不小的门派势力，但是它最大的影响是在日本，它是日本很大的佛教门派。

寒山在天台山一带学道，可是学了 5 年道，并没有长进，于是他就不学道了。大家想，从少年到 35 岁是儒生，35 岁到 40 岁学道，

40 岁之后竟然发现一样也做不成，这人生也忒没趣了，无论兼济天下，还是独善其身，都找不到感觉。那怎么办？还有一条路，那就是皈依佛教，图个内心澄明，比较合乎寒山口味的是回归佛教的禅宗，做个自由自在的和尚。

自 40 岁皈依佛教以后，他始终是一个禅宗和尚。他这个和尚不是我们说的那种坐在寺庙里敲木鱼、参禅打坐的和尚，他从来不待在寺庙里面，甚至也不点香剃头，更不守禅宗规矩。这回你该想到同样的和尚还有谁了吧？不错，很像那个经常出现在影视剧里的济公和尚，甚至比他还过分，因为济公和尚喜欢管人间闲事，寒山却懒得管，他只是写诗。寒山就这样在天台山的森林里面度过了余生。他不时四处走走，穿林攀岩，不时在树叶上、岩石上写诗，然后东游西逛，参禅学佛。关于他什么时候圆寂的，历史上完全没有记载，于是后世就编出了许多关于他的传说，有的说他活了 100 多岁，不过我完全不相信，根据古代人的生活、医疗条件，活过 60 岁就很了不起了，那时候都说"人活七十古来稀"嘛，要活 100 多岁，很难！

另一个传说是关于"天台三圣"的。据说当时天台山除了他还有两个禅宗和尚，一个叫拾得，一个叫丰干，他们三个人是朋友。寒山是北方去的，拾得是他在路上捡到的一个弃儿，于是寒山就给他取名拾得，但是他又养不起，就把拾得交给了国清寺里的另一个和尚，这个和尚名字叫丰干，丰干是管做饭的，是烧火和尚，丰干就把拾得安顿在做饭的厨房，拾得在和尚们的厨房里面慢慢地长大，他的任务也是在厨房烧火。不管怎么说，寒山就在这个地方安顿下来了，他和拾得、丰干关系处得不错，互相帮衬。他自己在森林里面东游西逛，拾得在食堂里烧火做饭，丰干管理做饭的僧人。每天在这些僧人吃完饭以后，拾得就将剩菜剩饭用竹筒子装起来，过一段时间寒山就来了，拾得就把这一竹筒剩菜剩饭交给他，他就拿着走了，过一段时间又回来了。"天台三圣"的故事就慢慢传开了。

寒山这个时期的形象特点如何呢？书里和图画上显示，他没有像样的衣服，也没有像样的生活，在森林里走来走去，都快变成一个野人了，可是他在不断地写诗。《大藏经》里记录，他走在山野间，布襦零落，面貌枯瘁，以桦皮为冠，曳大木屐，或发辞气，宛有所归，归于佛理。后来日本的很多画像里有他的形象，基本上就是这种样子。他每一次来找拾得取剩菜剩饭的时候，总是不安分地制造事端，国清寺的和尚非常不喜欢他，他们要把他赶走，可是寒山沿着庙里面的走廊边走边闹，和尚们就拿大竹板打他。有记载说，他在廊下徐行，或叫噪凌人，或望空谩骂，和尚不耐，常常以杖逼逐，他就翻身拊掌，呵呵而退。现在的我们看到古人也有这种行为，会感觉特别有趣、特有个性吧？

寒山诗的风格：白话加哲理

长期以来，寒山的诗歌在正统文学界非常不流行，中国历代文人都不喜欢，所以也不会选编他的诗歌。那我们今天怎么来看寒山的诗歌呢？当我们读他的诗的时候，就会发现，他的诗歌始终有自己的特点，虽为白话却有哲理，难怪五四时期一代文人要说他写的是白话诗。他的诗歌通俗易懂，又含有教育意义。寒山非常自信，他说他的诗歌是："下愚读我诗，不解却嗤诮；中庸读我诗，思量云甚要；上贤读我诗，把著满面笑。"今天看来，就是白话诗加哲理诗的感觉。

这里有一首他的诗："猪吃死人肉，人吃死猪肠，猪不嫌人臭，人反道猪香；猪死抛水内，人死掘土藏，彼此莫相啖，莲花生佛汤。"最后两句就有哲理意义了，意思是人和猪都不要相互吃了，滚水里面也会长出莲花来，这是佛教的一个寓意。

寒山有些诗写得也充满了深刻的哲理，比如说这一首诗："吾心似秋月，碧潭清皎洁，无物堪比伦，叫我如何说。"怎么样？与"菩提本无树，明镜亦非台，本来无一物，何处惹尘埃"很是相像吧，他讲出了所谓的诸法空相、人生无相这样一种感觉。所以我们可以说，寒山的诗的确有比较深刻的象征和比喻意义。

寒山诗的这些特点，决定了他在中国诗歌史上没什么地位，因为它太直白、太抽象、太哲学化了，这些恰恰不是中国诗歌的传统强项。中国古典诗歌讲究的是意境和意象，讲究营造出来的感觉，当然也讲究杜甫式的沉郁顿挫，讲究李白式想象的气象万千，而寒山的诗没有这些特点。可见寒山的诗属于另外一路，这一路不受传统儒家的影响，更多是受到道家的影响。比如当时天台山有一个著名的道士徐灵府，就编了最早的《寒山子诗集》。到后来喜欢禅宗的老百姓纷纷把它作为参禅的工具，后来著名的禅宗大师曹山本寂也编过《对寒山子诗》。所以有人曾经说过下面这句很有意思的话，即"家有寒山诗，胜汝读经卷"。

寒山在日本：一个人们非常喜欢的禅宗大诗人

在中国，寒山的诗没有什么地位，多在禅宗和老百姓当中流行，在儒家文化和文学传统中，则少有人提及。但是在日本就不一样啦！早在唐代，寒山的诗就通过遣唐使者和商人流传到了日本，而且寒山在日本很快就成了一个大家非常喜欢的大诗人。

寒山的诗歌选集、全集、总集等，在日本有几十个版本流传。今天我们国内所用的版本，也主要来自日本和韩国。我这里给大家看的这本《寒山诗注》，底本用的就是日本宫内厅收藏的最早的国清寺版本。瞧瞧，12 世纪国清寺的版本，在中国已经没有了。我们今天所见的寒山画像，许多也是来自日本的国立博物馆和私人收藏家。

寒山不仅在日本的文学界、诗歌界受欢迎，在日本的艺术界也非常受欢迎。我曾经去过日本的国立博物馆、艺术画廊和寺庙，还去过韩国的寺庙，去参观的时候常常能找到以寒山为题材的绘画，那个一头乱发、长得像个儿童、破衣烂衫、穿木拖鞋、手持画卷和诗稿、拿着破竹筒或者大荷叶的中国小和尚，看上去超酷。日本作家写过以寒山为题材的小说，譬如近代小说家森鸥外的代表作《寒山拾得》。日本艺术家甚至在 20 世纪五六十年代于美国办了寒山的绘画展览，促进了不少美国民众对寒山的了解，甚至也包括凯鲁亚克这样的垮掉的一代的作家。

日本人为什么特别喜欢寒山呢？我想至少有以下几个原因。

第一，宗教方面的原因。我们知道佛教始创于印度、尼泊尔，后来传到中国，在中国产生了具有本土色彩的佛教，我们叫禅宗。禅宗这样一个宗派在中国的流行不算太广泛。但是它很快传播到了朝鲜半岛，当时朝鲜半岛的高句丽、新罗、百济三个国家，都有相当一部分帝王带头信奉禅宗。然后禅宗经过这些路径传播到了日本，在日本逐渐发展，形成了日本禅宗这样一个大流派。寒山诗歌在这样的禅宗气息中，就自然而然地被接受和传播。

第二，日本诗学传统上的原因。在日本，充满禅意的诗歌是一大诗歌流派，而且很多著名的诗人本身就是禅宗大师，譬如西行法师、松尾芭蕉等人。因为有这样的诗学传统，所以对寒山的禅意诗歌特别看重。

第三，日本的审美传统。日本人喜欢于平淡中见深意，喜欢静寂和简略到极致，如枯山水。意境追求上的静寂、幽玄、物哀可以呈现其美学的特征。李白的瑰丽想象、杜甫的沉郁顿挫等，在日本是不大流行的。日本人讲究空灵，讲究禅意，于是寒山的诗歌就成了他们喜欢的东西。

此外，还有语言的原因。毕竟汉语是他们的外语，读白居易的诗比读杜甫的诗容易得多，寒山的诗就更加白话一些了。

一个民族在接受外来民族文化和文学的时候，一般是根据自己的需求来选择的，并不是根据其本来的地位和名气。比如《赵氏孤儿》这种历史故事、《好逑传》这种才子佳人小说，在中国文学中影响很一般，但在国外影响很大。《赵氏孤儿》在法国、意大利还被编成了歌剧和交响乐，像伏尔泰这样的著名人物都非常喜欢，可是他们不懂得欣赏屈原，也似乎认识不到李白、杜甫的价值，这就是跨国家和跨文明的文学接受的特殊性。

其实除日本人外，韩国人也特别喜欢寒山。我们在韩国的佛教寺庙中常常会和寒山的画像迎面碰上。韩国接受中国的寒山，这特别容易理解，它在语言、文字、宗教、传统、文化以及诗学等各个方面，都与中国有剪不断、理还乱的关系。

二战后，寒山在美国风行一时

进入 20 世纪中叶，远隔重洋的美国人为什么又会突然喜欢起寒山来了呢？当然有其原因。要知道其间的理由，你一定得了解那个时期美国的社会文化特点。

在经历了二战的战火和法西斯文化的入侵之后，西方的传统、西方的哲学、西方的逻辑、西方的价值观都受到了严重的怀疑和挑战。欧洲人和美国人都开始怀疑，那些自亚里士多德以来、自耶稣基督以来所形成的西方文化和价值传统，为什么会带来这些灾难？为什么最后会发展到屠杀 600 万名犹太人，会出现奥斯威辛集中营现象？为什么几亿人口、几十个国家会卷入世界大战？

战后的 20 世纪五六十年代，西方青年一代普遍陷入迷茫，这种迷茫导致了他们要思考出路，寻找新的精神寄托。当时整个世界似乎都走向了左翼，走向了对当时比较流行的非西方思想的追求，国家要独立、民族要解放、人民要革命成了趋势。还有印度支那的战火、日本的左翼运动、韩国的光州事件、巴黎的"五月风暴"等。那个时期的整个文化充满了反抗体制、寻找救赎、追求自我的特征。在这样一种形势下，美国社会也形成了一代青年，被称为"垮掉的一代"。这一代青年已经不太对西方主流文化感兴趣，而是批判主流文化，他们反抗这个社会的方式就是学习和实践一些非西方的东西，比如我们今天熟悉的披头士乐队也是这么来的。这一代人在美国要寻找新的精神寄托，他们找到了些什么呢？有的找到了佛教，有的学习瑜伽，有的找到了甘地，崇拜拉美的格瓦拉。与此同时，他们也找到了寒山，而且是通过日本这一桥梁。20 世纪 60 年代，日本文化借助经济腾飞向西方传播，对寒山的小说、诗歌的翻译，关于寒山的画展也都跟着跑到美国去了，慢慢地寒山也在美国流行起来。

　　由于冷战、封锁、不开放，中国真正的文化走不出去。于是一时间在美国人的心目当中形成一个印象，好像东方文化的代表只有日本文化，这是很糟糕的现象。从 20 世纪五六十年代一直到 90 年代，我们出国以后，在欧洲的艺术馆、图书馆里面看见的，大量被称为东方文化、亚洲文化代表的作品，竟然都是日本的文学、文化和艺术。这个局面今天正在改变，但我们还需要进行更多的努力。譬如在卢浮宫、大英博物馆里面，都陆续单独设有日本人出钱建的日本文化展示空间，那里面介绍的基本都是日本的绘画、日本的文学、日本的传统等。东洋文化一时间变成了亚洲的代表，这是严重的文化误读。今天我们要做什么？我们需要努力还原真相，但我们也要意识到，一个国家的文化推广，在某种意义上说，几乎是和国力增加正相关的，你要是没有能力去推广自己，那么你就会被别人逐渐忘记和误解。看看，连我国的寒山也被当成日本的寒山来推广，这多么令人悲哀。总有一天，这些历史的误会会被澄清。

　　寒山在美国一开始流行，美国青年一代就认为寒山太像他们自己了。美国所谓的垮掉的一代中有几个著名的人物，其中一个诗人叫加里·斯奈德，这个斯奈德非常厉害，他在美国青年一代中具有很大的影响。还有一个写了小说《在路上》的作家，叫凯鲁亚克。他们是美国五六十年代垮掉的一代青年的偶像和代表。斯奈德在他翻译的《寒山诗集》的序言当中写到，他自己受到了寒山画展的震撼，他说寒山和拾得的穿着、乱发、狂笑成为后来禅宗画家特别喜欢描绘的对象，他们已经成为不朽的人物，而在今天美国的穷街陋巷当中，你是会和他们撞个满怀的。他说在美国到处都会碰到"寒山"，其实他说的不是寒山本人，说的是美国这一代垮掉的青年，寒山不过是他们的形象代表。

　　那个时期在美国的常春藤大学里，比如哥伦比亚大学，常常可以看到一些留着长头发，戴着大耳环，光着脚，手里拿本寒山诗集，在校园里东奔西跑的年轻人。你去问他，他会告诉你，他崇拜寒山，他读过寒山的诗。台湾有个著名的诗人叫钟玲，他走在美国大学校园的路上，问美国的大学生"你读过加里·斯奈德翻译的寒山诗吗？"美国的学生一定会说"当然"。"你喜欢吗？""是的，我喜欢。""为什么喜欢？"美国大学生的回答常常是"因为寒山是一个披头士"。呵呵，一个 1000 多年前在中国写诗的疯疯癫癫的禅宗和尚，竟然成了 20 世纪 60 年代美国大学生的偶像，有了一大堆美国前卫青年粉丝，各位听众，你们不觉得这很有趣吗？

寒山的诗歌在美国也有很多的翻译版本，最出名的有三个版本。一个是亚瑟·韦利翻译的，一个是华特生翻译的，还有一个就是加里·斯奈德翻译的。翻译数量最少的就是加里·斯奈德的版本，只翻译了 24 首，但是正是这 24 首在美国非常流行。小说家凯鲁亚克非常崇拜斯奈德，觉得这人太厉害了，认为他就是美国的寒山，于是拜他为师，向他学习。后来凯鲁亚克除了写了《在路上》之外，还写了一本小说，名字叫《法丐》，其意思是类似达摩祖师那样的得道的乞丐，内容是凯鲁亚克在生命历程当中如何向斯奈德学习，然后他又追寻斯奈德的足迹，斯奈德当时到日本学习中国的禅宗，学习日本文化，其实是学习中国文化。

凯鲁亚克留在了美国，没去日本，他没事了就到处追寻斯奈德的影子和精神。他把寒山当作斯奈德，寻找寒山就是寻找斯奈德，他到高山上、森林里、伐木场的林地里寻找寒山。在这本书里面，扉页上写着"献给寒山"。前些年好莱坞有部大片在中国放映的时候被翻译成《冷山》，这就很有问题，人家编剧和导演都知道寒山，这电影也是献给寒山的，应该翻译成《寒山》才对嘛。想想看，一个美国最时尚最前卫最流行的垮掉的一代的小说家，写了一部小说叫作《法丐》。这部小说是他仅次于《在路上》的代表作，他却将这部小说献给了 1000 多年前生活在天台山上的唐代禅宗和尚，这多么有趣啊！西方人写书一般都要献给某一个人，首先当然是献给自己的妻子、情人，献给自己的母亲、父亲、兄弟姐妹，或者自己的老师。但是很少有人会献给一个自己从来没见过的中国小和尚，这就足以体现当时美国青年一代大学生对寒山是如何的崇拜了。

当然了，寒山在美国的流行和在日本的流行是很不一样的。前面我们说过，20世纪60年代，由于经历了二战和西方文化的危机，美国青年需要寻找精神依托，于是他们找到了佛教，找到了格瓦拉，找到了瑜伽，他们也找到了禅宗，找到了禅宗也就找到了寒山。换一种说法，他们是从寒山那里看见了自己的影子，看见了自己文化中缺乏的东西。于是，古老的禅宗通过寒山映射到了西方现代的文化之中，映射到了垮掉的一代的身上，成了他们的偶像。这种情形，在学术上被称为"寻找他者"，即寻找一个替代的镜像。不过，镜像毕竟是镜中之像，最后总要转过头来看自己，因为镜像不是真实的东西，那是你想象的精神形象替代物。所以，这个西方镜像中的寒山不是中国文化中真正的寒山，而是他们想象中的寒山。禅宗就这样进入了美国的流行文化，而这个流行文化要通过寒山看见自己。事实就是这样，所以热闹一阵子，最后还是要回到自身。

你看看，小说《法丐》中，凯鲁亚克去山里寻找寒山，他想呼唤寒山现身。小说中这样描写："在群山里我呼唤寒山的名字，没人应我，突然我似乎看见那个难以想象的中国的小流浪汉，在他饱经风霜的脸上，是一片冷然的幽默。"这不是真实生活中的寒山，也不是古代的寒山，甚至不是斯奈德，而是凯鲁亚克心目中的垮掉的一代。所以他说，他看见寒山站在浓雾当中，竟然高喊一声："滚，你们这群心贼。"

我们今天该如何理解小说的这种描写呢？这究竟是一个什么样的形象，是寒山，还是斯奈德？实际上，这个形象你已经分不清楚是谁了，小说把寒山、斯奈德、垮掉的一代、凯鲁亚克整合到了一起。这是一种超越历史和现实的特立独行的精神形象。在六七十年代的美国，知识青年们认为最高的生活境界，就是冷然地观察这个世界。在小说里，作者问大学生们为什么喜欢寒山，他们回答："他很酷！"（He is cool！）"酷"这个词其实不是今天的发明，而是美国常春藤大学的学生评价寒山一类冷然幽默的形象和生活方式时常常使用的词。没想到，到了今天，竟然变成了中国和其他东亚国家的流行词。其实，所谓"酷"，真的不是某些表面的东西，譬如染发、穿破洞牛仔裤，酷是一种骨子里的批判精神，是对传统的反抗和对前卫的追求，是骨子里对社会的一种精神挑战。

进而言之，看看最近 100 年的美国，美国人追捧的时代英雄始终在不断变化。早期人们欣赏西部英雄，可是到了 20 世纪四五十年代，他们喜欢隐身于街巷的群众英雄，小说《了不起的盖茨比》里就对此有所体现。他们隐身在地铁和高楼里面，看上去像一个乞丐般默默无闻，但身上充满了智慧和批判精神，所以叫作"群众英雄"，寒山就是他们心目中的群众英雄。西方现代文学里就有大量的这种形象，如卡夫卡笔下的变形人。那些著名作品里面的形象都体现了青年一代的迷惘，他们在寻找意义，他们在寻找价值，可是他们在当时的社会找不到，他们的实践就是反抗、放纵、追求性自由，甚至吸毒，然后就是和社会格格不入。到最后，就是到别的文化里面去寻找替代形象，于是就有了格瓦拉，有了甘地，有了寒山。

这一类英雄经过了越战，经过了美国非常悲观的时期。之后又出现了另外一种英雄，我们叫他们失败的英雄，大家如果看过《第一滴血》就知道这是什么样的英雄了。最后，直到《黑客帝国》《阿凡达》等电影中高科技英雄的出现，美国才在 21 世纪初开始重建自信。

中国和世界视野下寒山的意义

一句话：对于不同文化之间的共同性和差异性，需要用一个互补的观念来考虑，也就是中国古人所说的"和而不同"！

寒山，作为一个禅宗文化语境下的唐代诗僧，他的顿悟、棒喝，还有他的孤寂、自我精神上的追求，是一个时代的影子。从这个意义上来说，我们可以领悟到，当你在说一个时代的人的价值观的时候，当你在讨论一个时代的文学观和形象观的时候，所有这些关系都并不是我们所想象的独立的时代文化现象，而是和世界、历史嵌合在一起的，古代和现代也常常是交叉在一起的。寒山和日本、寒山和美国、寒山和凯鲁亚克、寒山和斯奈德、寒山和垮掉的一代，其关系都是需要超越时间、超越空间来理解的。东方的寒山和西方的斯奈德、中国的寒山和整个时代的氛围都联系在了一起。

我们在阅读的时候，我们在理解的时候，应该把世界视为一个整体来考虑，来比较，我们应该把不同文化之间的共同性和差异性，用一个互补的观念来考虑和认知，也就是以所谓的"和而不同"去包容和梳理这个世界。我们从这些作品里可以感觉到的东西，永远都不是用一个简单的价值判断就可以看透的。

很有意思，在这里恰恰可以用"寒山"这个词来进行理解，寒山是一个人吗？是，又不是。可是寒山姓啥？你不知道，我也不知道。寒山代表一本诗集吗？好像是，但诗集又不是寒山自己命名的。寒山是一个象征吗？也不是。所以，寒山唯一可供我们依托的只是那块在浙江天台山下、国清寺旁边的一个大石头，有点类似贾宝玉的通灵宝玉。可是今天这块石头与1000多年前那块叫作"寒岩"的石头是同一块吗？我觉得肯定不是。

今天，天台这个地方很美，天台山也很美，国清寺很好玩，现在修得非常漂亮，山上的道观也修得非常漂亮，那里的风景可以说在中国都是一流的。可是要去找那块石头的话，你肯定是找不到了，就算找到，肯定也是后人搬去命名的，以便给旅游的人找个寄托，找个拍照片的背景。

然而，生活是不好随便命名的，长期以来，我们始终在思考心中的价值方向和缺陷。在精神上进行追求并追问的时候，你不能老是把自己局限在一个固定的文化模子里，也不能把自己局限在一个固定的文化时空里，如果老是这样看问题，你的价值判断就会很低、很简单。我们不能说，寒山在中国没有李白、杜甫这样的地位，就没有自己的价值。同样，我们也不能说寒山在美国大受欢迎，在日本大受欢迎，就用这个来批评中国人不重视寒山。人家有缺陷，人家有需求，于是人家就找到了寒山。同样，我们之所以需要学习西方的文化，学习西方的经典，也是在根据中国的需求去学习。比如我们喜欢看雨果的小说，可是你知道在法国雨果的各种作品中地位最高的是什么吗？不是小说，而是诗歌。雨果首先是个诗人，然后是戏剧家，最后才是小说家。可是我们中国人理解雨果只能从小说开始。就好像你喜欢俄罗斯的契诃夫，因为他是位短篇小说家，但是在俄罗斯，人们最喜欢的还是他的戏剧。文化之间的交流、文明之间的选择的这种错位性，恰恰是因为各自的文化需求不同。从这个意义上讲，一般单一文化的价值判断是不能用来考察世界级别的经典的，正如寒山在自己的诗歌里所说的，"人问寒山道，寒山路不通"。

在寒山的诗中，诗、山、人、心、生活方式完全嵌合在了一起，古代的场景和现代的场景融合到了一起。由此来看我们中国的诗学，我们追求的中国诗学文化的最高境界是什么？就是物我合一，主客合一，天人合一。对于寒山，你可以做无数的跨时空理解和认知，做那种直抵人心的最高的认知。从这个意义上讲，在世界的语境中学习自己的文化、以跨文化比较的眼光来看待自己的文化是非常重要的。

还有一个疑问，那就是，为什么寒山在浙江天台有影响，在全国却影响不大，反而是苏州的寒山寺谁都知道？说起来这很有趣，苏州的寒山寺在南朝以前，不叫寒山寺，后来莫名其妙地就成了寒山寺。没有任何历史线索和证据可以证明这个苏州的寺庙与寒山有真正的关系，到目前为止，肯定是没有。要说有，就只有一个传说，一个民间流传的故事。那故事说，寒山、拾得、丰干这三个人是朋友，寒山在天台一带学道的时候，与一家人的关系很好，他家里有个女儿，对寒山很好，这家人就把寒山当作未来女婿了。可是，不知怎么回事，似乎拾得也喜欢上了这个女孩，于是，为了朋友寒山就跑掉了，跑去了今天的苏州一带。拾得知道之后，就离开天台去找寒山，在苏州两个人相见了，他们一起在苏州参禅修炼，成为寺庙的住持。于是人们就把这个寺庙叫作寒山寺，苏州的寒山寺就出名了。这就是一个由老百姓编出来的故事，可是民间故事的力量太大了，编出来的故事居然让苏州的寒山寺天下闻名，变成了一个历史和现实中的存在物，而那个历史上真实的寒山和他的生活所在地天台山，倒是不知不觉地消隐了。尤其是那位叫作张继的唐代诗人写了一首《枫桥夜泊》，姑苏城外寒山寺的夜半钟声一敲响，想不出名都不行了。

我们由此发现，一个写诗的禅宗和尚加上关于他的一些传说，竟然带动了这个世界 1000 多年来东西方好些个国家的文化交流，带动了这个世界的文化发展，发展出了假作真来真亦假的寒山寺和千古留名的"夜半钟声到客船"，也带出了日本的禅宗文化和美国的垮掉的一代文化，还发展出了我们今天都知道的和合文化，以及远近闻名的苏州寒山寺和越来越出名的天台寒山文化。我们应该怎样来看待这些东西呢？又如何来理解和认知我们的文化呢？文化不应该简单地分成传统的和现代的，古代的和今天的，外国的和中国的。其实在人类文化的整体结构层面上，只有一个东西最重要，那就是，我们作为人的精神需求！

走进全域旅游新时代

朱　虹

朱　虹

江西省人大常委会副主任、党组副书记，江西省委常委会原委员、原副省长。北京大学电视研究中心特聘研究员。中国传媒"十大思想人物"。多次担任国家电影华表奖、电视剧飞天奖、文艺星光奖、"五个一工程"奖评委。著有《社会主义意识形态论》《奥运与广电》《风流江西》《当代中国精神文明研究》《论宣传思想工作》《广播影视业：改革与发展》《广电政策与未来走向》等。

大家知道，去年（2017 年）我们召开了党的十九大。十九大最大的特点是标志着中国已经进入了中国特色社会主义新时代。那么，对于旅游业来说，就是进入了全域旅游新时代，这是跟以往完全不同的地方。

习近平总书记在视察宁夏的工作时明确指出，发展全域旅游路子是对的，要坚持走下去；李克强在去年和今年（2018年）两次的政府工作报告中明确提出，要大力发展全域旅游，创建全域旅游示范区；今年3月国务院办公厅发布了《关于促进全域旅游发展的指导意见》，对各地的全域旅游发展提出了明确的要求。

今年中国的旅游日是5月19日，今年中国旅游日的口号是"全域旅游，美好生活"。我们现在的任务是要贯彻落实党中央、国务院的决策部署，保持旅游业快速发展的良好态势，推动转型升级，加强优质供给，努力补齐短板，最终把我们的国家建成处处可旅游、时时皆可游的全域旅游目的地。

全域旅游的定义和特点

全域旅游跟过去的旅游不一样，它是把特定的区域做成完整的旅游目的地，进行整体的规划布局，实行统筹管理，一体化营销，全区域、全要素、全产业链发展，实现旅游业全域共建、全域共荣、全域共享、全民参与、全面满足游客需求的模式。发展全域旅游，就是要使旅游业向全社会、多领域、综合性方向迈进，让旅游融入经济社会发展的全局。从原来的单个景区变成现在整体的旅游目的地，而且它跟整个经济社会发展融合在一起，已不再是旅游业一个行业的事情。

全域旅游跟过去相比有六大特点。

第一，管理的统筹性。旅游不仅是旅游部门的事情，而且是全社会的事。为什么说是全社会的事情？要怎么管理呢？我们以往把管理的职责都交给旅游局，现在国家重点组建旅游发展委员会，各个地市都成立旅游发展委员会，目的是把跟旅游业相关的部门都纳入旅游发展委员会，比如交通厅副厅长、国家发改委副主任、财政厅副厅长，这些都跟旅游业相关，这些部门的副职挂职旅游发展委员会委员，随时可以协调相关的领域，这叫管理的统筹性。全面创新管理体制机制，切实做到全局谋划、全要素动员、全资源整合、各部门联动。

第二，产业的优势性。旅游业成为区域经济发展的自助产业，全域旅游地区的旅游业应该达到当地经济贡献率的 15% 和就业贡献率的 20%，这是基本要求，否则谈不上全域旅游。

第三，发展的融合性。旅游与各个产业、社会的各个层面是相互渗透、相互促进的，而不是旅游业的孤军奋斗。

第四，供给的丰富性。旅游不仅仅限于过去意义上的景区景点，观光、体验、购物、休闲、娱乐、健康等统称为旅游产品。

第五，互惠的便利性。要满足区域范围内旅游无处不在、无时不有的特点，必须从观念、方式等基础方面创新，提供全时空、多方面、快旅慢游式的旅游服务。"快旅慢游"是我提出来的，主要意思是，人们去旅游点参观，在路上的时间很短，而在旅游景区待的时间很长，就是有东西看。

第六，目标的共享性。就是通过全域旅游的发展，不仅要让人们生活所在地成为经济强、百姓富、山川美、文化新的锦绣家园，还要实现群众精神、素质整体提高，让游客满意度大幅提升，从而实现人的全面发展。

发展全域旅游的大好时机

有人问，既然全域旅游这样好，为什么现在才提出这个方针，而以往不提？当然，发展全域旅游是需要一定条件的，过去不提，是因为条件不具备，现在条件已经逐渐具备，所以开始提这句话。

2017 年，国内旅游人数多达 50.01 亿人次，比 2016 年增长了 12.8%，全年实现旅游总收入 5.40 万亿元，比 2016 年增长了 15.1%，大大超过经济的增长速度。大家知道，现在经济增长速度通常是在 6.5% 和 7% 之间。

自驾游游客、散客现在占游客总量的 70%，这跟以往完全不一样，以往完全是团体旅游。而且以往的城市休闲公园、主题公园、电影院、休闲娱乐场所和经典山水旅游、精品乡村旅游等，已经不能满足群众的需求，在节假日更是如此，群众对这方面的意见比较大。每次一到节假日的时候，游客看到的都是人头，看不到景区景点。像我们的一个景点平均每天有 20 万人，这是什么概念呢？比如想开车去看油菜花，路上就堵车了，前面走不动了，不看了退出来行不行？不行，后面的车已经拦住了。我们实际上没有满足群众的需求，群众希望我们提供更多优质的产品。

为什么说我们现在条件具备了呢？主要体现在八个方面。

第一，人民群众休闲时间明显增多。现在我国法定休假日是 115 天，这还不包括年假、探亲假等福利休假。一些特殊人群——妇女、儿童、老人的假期时间更多，比如，一些省份出台了新规定，女职工产假可以延长至一年。粗略统计，一个大学生一年的假期为 180 天，一年 365 天，休息时间占了一半。而且随着人口老龄化，老年人剧增，他们有充足的时间去旅游，现在老年人已经成为我们国家旅游人群当中增长最快的一部分。政府预计，2020 年中国超过 60 岁的老年人有 2.4 亿人，这个数字很大。我看到很多韩国的老年人到我们这里来旅游，我就问他们为什么都这个时候到我们这里来，他们说因为韩国发起了一个叫孝顺的活动，要求儿女必须提供钱，而且要亲自带父母到外面去旅游，这就是孝顺。这一个活动，就把许多韩国人弄到中国来，这个量还是很大的。

另外，从 2016 年开始我们专门制定了政策，暑期可以实行 2.5 天小长假，从星期五的下午开始放假，只要后面把工作量补齐就可以，有 11 个省推出了 2.5 天小长假。国民休闲时间的增加是全域旅游的一个必备条件，旅游必须有钱有"闲"，没有"闲"是没有办法出去旅游的。

第二，人民群众的收入水平提高。按照国际上的一般规律，当人均 GDP 超过 3000 美元，旅游需求就会出现爆发式增长。1978 年，我们国家人均 GDP 是 225 美元，2000 年是 949 美元，到了 2017 年，达到 8836 美元，广东省人均地区生产总值则达到 11940 美元。全民收入水平的提高，是全域旅游的一个前提条件，因为出去旅游是要花钱的，没有钱谈不上旅游。

第三，全域旅游的基本条件已经具备。经过多年的努力，国家的旅游管理体制初步完善，顶层设计科学，景区逐年增多，仅 5A 级的景区全国就有 240 家。现在的公路纵横交错，航空、高铁、船舶逐年增多，旅游业态逐步丰富，依法治理快速推进，旅游从业人员素质提高，游客满意度逐年提升，这些都说明我们的基本条件已经具备了。

第四，旅游成为人们新生活方式的一部分。当物质生活达到一定程度以后，人们必然要产生精神方面的一些需求。一些大城市人口集聚的问题层出不穷，比如汽车拥堵、水质量不高、风沙过大，导致人们都倾向于外出旅游。在节假日期间，北京基本有一半人到外地去旅游。这为旅游业发展提供了很好的客源条件。

大家知道，网上流行一句话，即"世界那么大，我想去看看"，年轻人即使辞职也要去旅游。所以一到休息日，很多人希望能够到外地去呼吸一点新鲜空气，体验新的生存状态。旅游逐渐像吃饭、穿衣、走路、锻炼一样，成为人们不可或缺的新的生活方式的一部分，成为一种习惯性的选择。

第五，旅游业逐步成为爆发性增长的行业。近年来旅游业出现高速的增长。比如，像江西这样的省份，旅游人次和旅游收入的增长率通常为 20%～30%，比江西的经济增速高得多。旅游业收入占地区生产总值的比重达到 11.36%，旅游业作为一个难得的强劲元素，以近乎裂变的方式发展，一再给我们创造惊喜。再比如，广东省旅游业对地区生产总值的贡献率是 15.1%，对社会就业的综合贡献率为 19.5%，旅游业完全可以媲美中国的房地产业，它拉动了从交通到城市基础设施，再到各种服务的全面提升。今年春节期间，全国共接待游客 3.86 亿人次，同比增长 12.1%；实现旅游收入 4750 亿元，同比增长 12.6%。这些具体数据都说明，旅游业现在非常火爆。

第六，旅游业成为国民经济的重要支柱。我们以往抓经济主要靠三个方面——一个是投资，一个是出口，一个是消费，叫"三驾马车"。现在是投资增长乏力，搞对外贸易原来是我们挣钱的主要方式，现在越来越受到贸易保护主义的制约，像特朗普搞中美贸易战，现在又搞中欧贸易战，所以卖东西也是越来越困难；传统的汽车、家电等行业的发展都接近上限，正在或者即将出现天花板。旅游消费不同，经济社会越是发展，对旅游的需求就越大，可以无限拓展，成为消费的永动机。现在，旅游业已经成为国民经济战略性支柱产业和人民群众更加需要的现代服务业。

第七，旅游成为脱贫致富最有效的途径。所谓的旅游，一般是发达地区的富裕人口向欠发达地区流动，因为你到乡村搞旅游，城里人就会到乡村去花钱，在这个过程当中，财富不知不觉地实现从富者到贫者的转移。还扩大了就业，拉动了投资和商品交流，开阔了当地人的眼界，增加了旅游从业者的收入。旅游综合拉动性强、受益面宽，是最好的富民产业和扶贫利器。我们原来常讲农村最穷的地方叫穷山恶水，现在穷山恶水就是青山绿水，恰恰是旅游的优质资源。

比如广东这个地方，有一个县叫大余县，大余县有一个煤矿古道，古时候从广东去中原地区都从这个地方走。这个地方原来是一个"世界钨都"，现在钨已经挖不出来了，现在搞旅游，收入就很高。

江西庐山市，有一个美龄泉。因为蒋介石当初住在山上，宋美龄喜欢到山下泡温泉，所以叫美龄泉。这个地方做温泉疗养挺好的，一到冬季来的人特别多。我们到这吃一顿饭得等很长时间，就问服务员怎么搞的，她说所有年轻人都招完了，现在正从外县招人呢。搞温泉旅游服务，解决了当地人就业的问题。

广东东莞有两个人是搞医疗卫生的，他们组织单位的人到婺源去旅游，看了以后觉得那个地方不错，就买了一些房子，现在做了六处民宿，叫雨水谣，做得挺好。他们说，这个地方好，反正我到广州买房子也要花几百万元，现在我花几百万元就把这几个问题解决了，自己又可以在这里休养，帮人家外地游客安排住宿、吃饭，还可以赚点儿钱。

第八，旅游业成为"一带一路"的重要内容。旅游是国家外交的组成部分。2017 年，中国出境游人数超过 1.3 亿人次，占全球出境旅游总消费者的比例超过了五分之一，而入境旅游者达到 1.43 亿人次，国际旅游收入为 1300 亿美元。我们国家的出境人次和旅游消费排世界第一，没有其他的国家能够匹敌。与各地区和合作组织不断加强合作，旅游外交成为国家外交的重要内容，成为元首签约的重大项目，并且促进中国电视节目在海外落地，有力地推动了"一带一路"建设，为欧亚大陆的共同发展注入了强劲动力。以往电视节目在国外落地非常困难，外国人不帮我们落地，现在他们要把他们的国家定为中国人的旅游目的地，那我们提一个前提条件，即我们的电视必须要落地，有的中国人不懂外语，要看自己家乡的电视，作为前提条件，他们现在只好答应我们让电视节目在国外落地。现在中国电视节目在全世界 130 多个国家落地，很大程度上是靠旅游推动的。

综上所述，现在是我们提出全域旅游的最佳时期，这个工作意义重大、难度很大、挑战迫在眉睫、机遇稍纵即逝、发展时不我待，所以，我们要倾尽全力、开拓创新、把握特色、积极推进。

制约全域旅游发展的主要因素

第一，对全域旅游认识不足。一些地方发展旅游的意识较为淡薄，认为旅游业与工业相比体量小、投入周期长、回报慢、对地区生产总值和财政的贡献都不大。因为一些地方干部，只看地区生产总值和财政收入增长多少，所以有的同志积极性不高。其实，旅游是富民产业，是大家都认可的，能让老百姓普遍富起来。像江西婺源，它在全省的地区生产总值和财政收入都是靠后的，但是，老百姓的存款量在全省排第一。比如，有一个老百姓把自己的房门打开给人家参观，当地政府就给他补助 400 元，他在里面卖当地的旅游商品不用交税，所以收入是很高的。

再一个顾虑是经济，因为政府对金融管得比较严，资金问题难以解决，有些同志有畏难情绪。而想要大力发展旅游业，就必须有更大的投入。

第二，旅游的空白点比较多。我们以往做的是一些非常有名的景区和景点，有一些是新开发的景区或景点，但还有相当一部分是我们没有开发的。江西出了一个名人叫陶渊明，陶渊明的《桃花源记》实际上写的是桃花源，桃花源就是他的家乡庐山市。现在全国号称桃花源的地方有 40 多个，被评为星级以上景区的有十几个，但是江西的桃花源，没有被打造出来。另外，有一个太乙村，抗日战争时期，蒋介石曾到过这个地方，发现这个地方不错，他就自己到这里盖了一个房子。后来，还有 18 个国民党的将军，包括当时湖南和湖北的省长都曾住在这里。这是很好的旅游景区和景点，但是没有被打造出来。这种空白点很多，如果能打造出来，对我们实现全域旅游是一个很大的补充。

第三，基础设施有一些落后。现在有一些景区的发展规划、交通、厕所、索道配套建设比较薄弱，餐饮、住宿、休闲、购物的场所档次不高。有的旅游产品开发水平低，特色不鲜明，产业链条单一，休闲型、体验型、娱乐型消费项目不多，一些地方主要还是凭门票进入，与市场化、产业化、现代化、国际化的要求相去甚远。

第四，品牌知名度不高。很多地方没有做出品牌，或者没有打造出品牌来。做品牌，应该说难度是非常大的，比如，你说你多好，你要举例子说明，跟黄山比、跟张家界比，你究竟有什么优势？

旅游口号非常重要，我们要做旅游，首先要做品牌。一般来讲，首先要拿四个东西出来：一个是旅游口号，一个是旅游歌曲，一个是旅游画册，一个是旅游电视宣传片。没有这些的话，谈不上做旅游品牌。但是，要做好旅游品牌很难，旅游口号既要简洁、朗朗上口，还要便于记忆。你看，我们现在有一些品牌的口号都叫大美，如大美青海、大美新疆，都是一样的，怎么体现出特色？有的旅游口号确实让人一听就记住了，影响很大，但有自己的缺陷，比如我们有一个城市叫宜春，旅游口号是"一个叫春的地方"。这个口号一出来，好多人都记住了，原来不知道这个地方的，现在都记住了，但是专家认为这个口号不行，原因是提高了知名度，却降低了美誉度。降低美誉度，也是不行的，大省的广告是不能那么做的。旅游经济就是一个眼球经济，游客记不住它就不可能去，不去就不知道它的好。

第五，缺乏龙头企业。放眼看去，整个中国最大的旅游企业就是港中旅，但是跟美国最大的旅游企业相比，它大概是人家的五十分之一。内地小的旅行社特别多，六七个人搞个登记就能把你带出去旅游，大的企业很少。所以，在市场竞争当中，如果主体不行，只靠政府来推动是不行的。

第六，入境的游客太少，尤其是在我们内地的一些地方。国家做了统计，到中国来旅游的，一般会去四个地方，第一个是北京，主要是外国政要都要到这里来开会；第二个就是上海，上海是搞商务的，世界 500 强企业最多；第三个是杭州，杭州经常举办国际大型会议，如 G20 峰会，还有国际大型展览；第四个就是西安，西安有兵马俑，像克林顿、萨科奇都是先到西安，然后再到北京的。

广东省入境游的游客数量是很大的，去年是 3647 万人次，江西省只有 188 万人次。但是，广东省入境旅游人次当中，主要还是来自中国香港、澳门和东南亚地区的人数比较多，世界一流发达国家的人数比较少。

第七，体制机制不完善。现在我们有一些旅游主管部门对旅游业缺乏强有力的协调统筹，管理模式不便捷，有时候一个地方、一座山有三四个市在管，它们互相打架、扯皮，一片水也是三四个县在管，叫一水多治。这些问题久拖不决，管理机构重叠。景区的经营机制僵化，职工干多干少都一样，所以难以调动职工的积极性、主动性和创造性。

第八，服务质量较弱。比如，零费团队，强迫游客去购物，欺诈，卖假冒伪劣商品，时常遭到投诉、曝光。

另外，旅游人才短缺现象严重，特别是懂经营善管理的经纪人、品牌传播人才、金牌导游人才等非常紧缺，旅游服务质量受到很大制约。

发展全域旅游的基本路径

那么，怎样才能走向全域旅游？发展全域旅游，重点是要用点、线、面勾画出全域旅游的新画卷。

点是基础。就是要建设好传统景区。现在有一种错误观点，既然搞全域旅游，那就是我们原来搞传统景区搞错了，因为不是搞一片，而是搞一个。但是，一片也得有核心，也得从初级的景区开始，所以，全域旅游不是否定原来的旅游景区建设，相反，它需要原来的景区景点作为支撑。同时，要开发好新型景区，加快旅游空白点的建设。

建设传统景区就是要将长城、故宫、秦始皇兵马俑、黄山、庐山等老品牌景区打造成世界知名、国内一流、辐射全国的龙头景区，加大珠海长隆、九寨沟等新型开发景区的品牌创建力度，打造桃花源、太行山等一批优势明显和开发潜力比较大的旅游空白点。

线是关键。所有游客到一个地方去以后不可能只看一个点，必然要看一条线，因为他们出来一回不容易。所以必须要把相关景区用线串起来。江西在北京卖旅游风景线卖得最好，先到三清山，它被联合国称为太平洋西海岸最美的花岗岩、山岳型景区；再往前走不远到婺源，婺源是中国最美的乡村，是搞乡村旅游的；再往前走一个小时就到了景德镇，它是搞文化旅游的。另外，还有漓江游、阳朔游等。

广东前不久专门到江西去做了推荐，主要推荐四条旅游线，精品线路叫浪漫海滨游、欢乐亲子游、红色文化游、寻味美食游。

总之，没有线路，光靠某一个景区或景点不可能把旅游业发展好。

面是目标。就是要将点、线连成片，在点、线的基础上，打造多个配套齐全、产业链完整、规模效益大的旅游产业集群。比如，在20平方千米的范围之内，开发20多个相互连接的旅游产品，从而实现旅游资源、旅游观光休闲地的全覆盖，最后扩充到全社会，走向全域旅游。点、线、面最终会走向全域旅游的新阶段。

发展全域旅游必须实现六个转型，因为推进全域旅游是我国现阶段旅游发展战略的再定位，是对传统旅游的一次全方位的升级，必须在过去成功做法的基础上，实现六个转型。

第一，实现旅游资源由单个景区分散开发向综合目的地整体开发转型。

第二，实现旅游时间由旺季向全季节转型。

第三，实现旅游方式由观光为主向休闲、度假、观光并重转型。关于这一条有同志有不同意见，说不要再把观光旅游提出来，我们今后就搞休闲度假。但是观光是引子，要是没有观光这个东西，人们就不会去，去了以后，才谈得上在里面住和休闲。

第四，实现旅游收入由以门票收入为主向产业综合经济转型。比如，西湖停售门票已经十年，现在游客增长率是 252%，收入增长率是 483%。一方面它不再收门票，另一方面它对整个景区进行综合性打造，包括对商业线路、店铺，交通线路、站点等都重新进行了规划，规划了以后，去的人都有消费，所以收入比原来大大增加。这是中国今后搞全域旅游的一个方向，不能靠票价来解决问题。

第五，实现由围墙内的治安管理向全社会依法管理转型。

第六，实现由少数部门单位管理向全社会力量共同管理转型。

全域旅游的战略布局

经过多年的发展，旅游业已形成了多种业态，我们最重要的探索表现在六个领域，即山水旅游、红色旅游、乡村旅游、温泉旅游、商品旅游、演艺旅游。这些旅游业态是推动旅游业快速发展的制胜法宝。

第一，山水旅游。大家知道，中国人对山水有独特的情结，所以我们讲中华民族的象征是长江、长城、黄山、黄河，这四个中有三个是山水。山水应该说是旅游业发展的主体部分，起步早、规模大、亮点多、品牌响，在各省旅游产业当中地位较高。很多名山大川是大家旅游的首选目的地。

第二，红色旅游。红色旅游是李长春同志提出来的，应该说这些年在全国的发展效果很好。因为中国共产党有自己的发展历程，所以，旅游也有一条线路，即从韶山——毛主席出生地，到党的第一次代表大会的会址嘉兴南湖和上海，后面到了井冈山，然后到赣州，然后到延安、西柏坡。

第三，乡村旅游。对于乡村旅游，我们过去确实已经做过很多工作，因为乡村地域辽阔，旅游资源丰富，广阔的乡村既是名胜古迹又是田园风光、民宿风景的富集地。现在，中国城市人口已经超过了全国总人口的50%，但是大量的国土面积还是集中在乡村，所以，应该说乡村旅游的空间和市场潜力都非常大。另外，脱贫攻坚是实现绿色崛起的重要抓手。发展乡村旅游，最重要的是转型升级，因为原来档次太低，现在城里人到农村去旅游虽然要看那里的风光，要呼吸新鲜空气，但住的待遇也不能低于城市的水平。

第四，温泉旅游。温泉旅游现在异军突起。以前，冬季是旅游淡季，近年来由于温泉旅游适合冬季，有效弥补了冬季旅游吸引力不足的短板。温泉旅游产业链长、重游率高、拉动消费指数高，并能提供更多的就业岗位，是一个优质项目。目前，全国的温泉宾馆、温泉景区、温泉综合体有2000多家。

第五，商品旅游。现在商品旅游发展的速度很快，全国每年都有关于旅游商品的博览会，各地投入大量资金开发旅游商品，工艺品类、绿色食品类、非物质文化遗产类旅游商品都获得了很大的发展。

旅游商品，要创意独特、外形美观、质量优良、价格适中、携带方便。因为游客要带走，不方便携带的商品没有人愿意买，所以很多旅游商品应运而生。比如，陕西的一种加湿器，那个加湿器上面有个佛头，从不同的角度看他都对着你，它运用了最新的光学原理。比如朝珠耳机，朝珠上面带着耳机，体现了古代的风格。又比如，1000年前的古瓷片，以前给皇上烧窑时因为不像现在这样用气体和电烧，控制不了火候，经常烧坏，所以每次都要多烧，烧完了以后哪怕只选10 件，其余的也都必须打碎，留下的碎片以往都是用于修道路的。商家把瓷器碎片弄出来用东西打磨，用铂金做挂件，给它一个证书，说是明朝或什么时候的，有的是一个美女，有的是一株花，现在卖得挺好，甚至几千块钱一个。

江西做的一个旅游商品叫扶手富贵。为什么叫扶手富贵呢？"扶手"的谐音是"福寿"，"富贵"就是指牡丹花，牡丹花又叫富贵花，这是给英国女王做的 80 大寿的礼品。现在卖给世界各地的人，好多人开始买这个东西，因为它是吉祥的象征。还有嵇康杯，嵇康杯大家可能都知道，网上都看到过，是个喝茶的杯子，明朝的皇上画的，拍卖了 2.8 亿元，现在商家把它做出来，几百块钱卖出去，这个效果也很好。

旅游商品的成功开发，逐渐推动旅游收入由以门票收入为主向综合收入转型，使旅游购物成为旅游经济的重要增长点。

第六，演艺旅游。经过多年的挖掘和推动，按照主体清晰、创意新颖、制作精良、有国际视野的标准，现在全国已经有旅游演艺项目300 多台。比如"宋城千古情""刘三姐""长恨歌""寻梦龙虎山"等一大批高水平、有特色、有市场、有影响的旅游演艺项目。旅游演艺项目，不要求每一个东西都是创新的，但是每一台演出必须要有亮点。比如，"寻梦龙虎山"，它的做法跟所有其他的旅游演艺不一样。我们以往做的演艺只有两种形式，一种是在房间里面坐着看；第二种做的是实景景区，以实景做背景来演艺。但是"寻梦龙虎山"甩开了这两种方式，它是一边走一边看，走的过程中两边都在进行表演，这就是你看的内容，走到水旁你就下水，下水以后坐在船上继续看。

通过演艺旅游来增加旅游人次，延长旅游时间。为什么要这么做？因为你只要晚上到这儿看了这个节目就走不了，就必须在这里睡觉，在这里睡觉是要交钱的，第二天早上你还要吃饭。只观光的话看完人就走了，既没有吃饭，也没有住宿，这个项目就挣不到钱了。

大力推进"旅游＋"

实现处处可旅游，不是说人人点火、村村冒烟，全省全市什么都不干，只干一件事——旅游，那是不行的。因为我们国家的经济是由多种形态组成的，真正来钱快的还是工业，不搞工业肯定不行，不搞农业也不行，所以都要搞。我们提出不搞人人点火、村村冒烟，而是百花齐放，使旅游与方方面面相结合，大力推进"旅游＋"，走进旅游产业，由小旅游向大旅游转型，由低端向高端升级，推动旅游业与其他产业的深度融合，形成新的旅游点和业态。

第一，"旅游＋网络"。首先推进智慧旅游，通过网络和手机实现全球营销、全球揽客、全球传播。主要的旅游消费场所实现在线预订、网上支付，全面解决吃住行游购娱。所有的场所实现免费 WiFi、通信信号、视频监控全覆盖，从旅游业的领导者到景区景点的工作人员都主动拥抱网络，用新型技术加强管理、拓展市场、赢得效益。

现在各个地方都在推进这一点，当然有的地方做得好，有的地方做得差。现在创 5A，以往都是北京派人来检查你达没达到，现在不需要检查，首先用手机来看买你这里的票方不方便，然后定吃和住的地方，把这些事情做完以后我不要了，我退，看你态度好不好，态度不好的话一票否决，根本不需要人来检查，你这个 5A 根本就不达标。完全实现了智慧旅游、智慧考核。

第二，"旅游＋文化"。文化是旅游的灵魂，旅游是文化的载体。旅游者越来越注重对文化的体验和享受，从原来的单纯看景点向品文化转变，希望在旅游的过程中获取审美情趣和精神愉悦。文化和旅游的融合是世界旅游发展的大趋势和旅游先进地区的成功经验。旅游与文化的融合程度越高，旅游品位就越高，旅游吸引力就越大，旅游经济就越发达。

现在许多文化场馆，比如博物馆、纪念馆、美术馆、艺术馆，都是最好的旅游产品。现在很多文化产品变成旅游产品后是效益最好的。

比如剑桥大学国王学院，徐志摩的《再别康桥》现在已经成为剑桥的一景。因为这首诗写得太长了，不可能把它全部刻到石头上去，只把"悄悄的我走了，正如我悄悄的来；我挥一挥衣袖，不带走一片云彩"刻上去，这是最后的两句话。这个地方为什么要做这件事呢？因为这个地方跟深圳一样土地太少，要盖房子，于是要砍一棵柳树，后来一个学生就写了一封抗议信，说柳树不能砍。什么原因呢？徐志摩诗中有两句话讲的是这棵柳树，那河畔的金柳就是"夕阳中的新娘"，你把这棵柳树砍掉，"夕阳中的新娘"就没有了，这引起了重视，因为这说明这首诗影响还挺大，于是就用石头做了这两个东西。这两个东西摆在这个地方一年收入 1000 多万元，当然主要靠中国游客支撑，中国游客都喜欢跑去看这个，在这个地方照相是需要交钱的，不是你想去就能去的，这就是简单的文化产品。

到了俄罗斯，要看看新圣女公墓。俄罗斯不仅有文化名人，像普希金、契诃夫，还有最著名的芭蕾舞女王。她的墓做得非常好，它把逝者的灵魂跟她的墓碑完美结合，芭蕾舞女王跳舞最经典的镜头镶嵌在上面很漂亮。赫鲁晓夫的墓地上面有一个大理石，一半是黑的，一半是白的，表明这个人的功过各占 50%。中国王明夫妇的墓也在这个里面。它把这些名人的墓都集合在一块儿就成了很好的旅游景点。

应该说文化旅游投入少、效果好，而且令人旅游完了以后印象深刻，不会忘记，能够讲出故事来。不是这个石头长得像蛇，我们就说巨蟒出山，这个石头长得像个美女，我们就叫东方女神，人家的碑确实有内涵。

第三，"旅游 + 城市"。搞城市旅游，应该是世界各个国家的惯例。比如我们中国人去旅游，人家问你最近到哪里旅游了，你说到法国去了，那没去过巴黎算旅游吗？到英国肯定要去伦敦，到美国要去纽约和华盛顿，到俄罗斯必须要去圣彼得堡和莫斯科，这是基本的。在我们中国也是一样，外国人来旅游也是首选北京和上海。

为什么城市旅游比乡村旅游更火？最重要的原因是，它有五个方面的优势是农村没办法比的。一是区位优势。城市一般都位于比较中心的位置。二是交通通达性比较好。一般其汽车、火车、飞机相对通达。三是住宿条件、接待条件相对好。因为五星级的饭店基本集中在城市里面。四是购物环境比较好。大商场一般都集中在城市。五是信息服务比较好。WiFi根本就不需要提，肯定是全面覆盖。因为有这些优势，所以城市旅游是今后发展的大方向。

我们下一步要倾尽全力把城市打造成旅游的首选地和集散中心，这是我们发展的方向。要把中心城市放在更加重要的位置，要妥善处理好城市改造与历史文化和生态环境的关系，精心打造富有时代特色、地方特色和文化特色的历史文化街区和标志性文化建筑，规划和开发好城市及其周围的景区景点，不断完善交通网络体系住宿条件，增加中心城市和周边地区的景区景点数量，提升中心城市的魅力和吸引力，使中心城市成为外地游客必去必看必游的目的地。

第四，"旅游＋工业"。工厂也是很好的景点。我到美国去看可口可乐工厂，它专门搞了接待室，这个是要花钱进去的，进去以后会发现它没有亏待你，你会觉得花这5美元是值得的。进去以后不仅有可供照相的场景，它还把全世界100多个国家与可口可乐相关的东西都放在那里面，你把杯子放上去就可以接着喝。它是搞工业旅游，把工厂的历史也说明了，最早是谁发明的，谁搞了这个配方，我们怎么把它向全世界推广的，它讲了以后你会觉得很受启发和教育。

深圳的华为、中兴实际上都是很好的景点，它既不会影响工业的发展，又会开辟出旅游线路。包括飞机生产、光伏生产、汽车生产、陶瓷生产等都能做成工业旅游。工业基础较好的城市应该创建国家级的工业城市旅游度假区，推出一批特色工业旅游示范基地和示范点，推出一批质量过硬的工业旅游商品。

第五，"旅游＋健康"。随着人们健康观念的转变，健康产业与旅游业的融合发展，从小众化市场开始走入更多人的视野，成为旅游事业的新宠。被称为长寿村的广西巴马县，今年游客络绎不绝；瑞士的养颜美容旅游风行一时，就是打羊胎素，据说可以变年轻，好多人都去打了。所以健康旅游大有前景。

第六，"旅游＋体育"。以参与和体验为主的"旅游＋体育"方式越来越受欢迎，市场潜力无限。每一个旅游门类都有相对稳定的粉丝群体，有一些赛事安排在旅游景区举办，可以带动旅游景点的消费。

比如打乒乓球，中国会打乒乓球的有 9500 万人，中国约有 14 亿人，平均每 15 个人中就有一个人会打乒乓球。如果你搞乒乓球旅游，在这里举办比赛，来旅游的人次就上升了。

还有国际马拉松赛、龙舟大赛、高山帐篷节、汽车拉力赛、漂流等，这些旅游项目都可以促进人们的身体健康，满足人们的需求，丰富人们的休闲旅游体验。

加快旅游发展的重要举措

第一，深化体制机制改革。党委和政府是发展全域旅游的责任主体，领导要亲自推动，这个是中国特色，跟外国不一样，要先搞个领导小组，因为这涉及方方面面，所以必须有人来协调。建立可促进持续旅游的旅游自理机制，强化旅游部门的职能，明确各相关部门的责任，而且要加强全域旅游的相关立法。原来我们只有一部法律，即《中华人民共和国旅游法》，每一个省只有一个条例即《旅游管理条例》。但我们还要有一些单项的条例，比如对于导游要有一个导游管理办法，对于游客利益的保护要有一个游客权益保护条例，这很重要。如果做好立法工作，依法办事，我们就能把旅游业整治好。而且我们要建设旅游公安局、旅游法庭、旅游市场管理分局，建立健全旅游部门和相关部门联合执法、旅游标准化建设和考核激励等工作机制。

第二，加强基础设施建设。要有高标准的规划、差异化建设、联动式发展，加快制定全域旅游的总体规划，大力推进多规合一。现在我们每一个部门都搞一个规划，这些规划互相之间没有衔接，所以我们要搞全域旅游必须要考虑其他规划的调整。

比如各地旅游景区建立标准化的标识、标牌、停车场、游客服务中心等，实现"一路三道一平台"等基本配套设施建设。"一路"就是景区公路，指的是从高速公路一直到旅游景区，其中最后的一截路大概都是一千米，原来没有接通，现在这个必须要接通；"三道"就是索道、栈道、游步道。栈道是什么呢？一般旅游景区比较危险的地方必须要做栈道，没有栈道看不到最好的景点，不好照相。还有游步道，没有游步道就没有办法走路。很多山是很高的，如果人要爬上去需要几个小时，尤其是老年人，现在旅游的主力军逐渐变成老年人，要给老年人提供适合他们旅游的一系列具体措施，索道就是其中之一。"一平台"，就是观景平台。

建好旅游数据中心，推动交通、银行、出入境、公安旅游等数据信息共享，构建全域旅游的科技统计指标体系，实现旅游保障体系的全覆盖。

第三，加强品牌宣传。要继续抓好"四个一工程"，提升品牌形象，将重点景区整体打包。运用全域旅游建设的新成果，实施多媒体运营，策划一系列影响大、美誉度高的营销推广活动，使品牌的知名度、美誉度和影响力不断攀升。不断提升旅游整体品牌形象。

第四，壮大市场主体。发展全域旅游需要更多的资金，需要通过市场化的运作积极引入民营资本和社会资源。引导金融机构强化全域旅游的融资知识，支持本土旅游企业的发展壮大、上市融资，积极吸引外来大企业参与旅游开发，设立产业基金，鼓励民间投资，支持众筹、众创等融资方式，调动人民群众参与旅游发展的积极性，鼓励广大青年学生投资旅游、创业致富。

第五，开展国际营销。走向东南亚等传统的市场和欧美新型市场，组团赴境外重点科研市场开展系列宣传营销，邀请驻华大使进行考察，邀请境外旅游机构、媒体、旅游达人、相关企业代表参加重大旅游活动。

深入挖掘中华民族具有全球性的文化符号，打造一批具有本土特色、受到国际认同、符合境外旅游需求的项目。我们同时要积极引进和转化与旅游相关的国际标准、先进技术、管理经验、服务模式，提高我们国家旅游的国际化水平，跟国际接轨。

第六，提升服务水平。游客满意度是检验旅游工作的根本标准，这是习近平主席提出过的。我们现在把游客满意度作为检验旅游工作的根本标准，要强化对旅游市场的整治，建立健全游客投诉处理机制，建立旅游经营争议系统，设立旅外赔付基金。

推进旅游市场监管工作的规范化，在重要的时间节点、关键时期开展专项治理活动，采取联合执法、实地检查、听取汇报、质量检查相结合的方式打击严重干扰旅游市场的非法行为，不断提升游客中心、景区景点、宾馆饭店的服务质量。

旅游业的竞争最终体现为人才的竞争，要积极做好人才的引进和培训工作，因为最美的风景还是人。我们现在发现旅游方面出事故的一个重要原因是人的素质不高。

中国古诗词与心理调适

陶 林

陶 林

精神医学主任医师。深圳市心
理咨询师协会会长，市计划生
育协会常务副会长，中国陶行
知研究会青春期教育专业委员
会主任，深圳市婚姻家庭研究
会副会长。曾任深圳市计划生
育服务中心主任，康宁医院副
院长。主编"青春健康丛书"、
《中小学性教育》等教材。在《中华精神科杂志》《中国心
理卫生杂志》《医学与哲学》等刊物发表论文40余篇。

为什么要重视心理咨询工作？

实际上我们国家非常重视心理咨询的工作。习近平总书记2016
年在全国卫生健康大会上提出："要加大心理健康问题基础性研究，
做好心理健康知识和心理疾病科普工作，规范发展心理治疗、心理咨

询等心理健康服务。"在之后很短的时间内国家卫计委和中宣部等 22 个部门联合发表了一个很重要的文件——《关于加强心理健康服务的指导意见》，这个发出来以后我们就知道大家应该干什么了。国家提出要重点关注五类人群。第一，要普遍开展对职业人群的健康服务。第二，对儿童和青少年进行心理健康教育，教育也是心理健康服务的一类。第三，关注老人、妇女、儿童和残疾人士。第四，要重视特殊人群的心理健康。特殊人群很复杂，包括很多种，比如有的出现违法、违纪行为，甚至有的受到了各种伤害，已经有了严重的心理问题；或者某些专业的人，比如深圳大量的政府资金用于关注和帮扶外来流动人口。他们在深圳工作，小孩留在家里，小孩在家就叫留守儿童，他们在这里想家里的孩子，可以说深圳是全国在关怀留守儿童和外来流动人口方面做得最好的城市。以上都是特殊的人群。第五，加强对严重精神障碍患者的帮助和服务。这是医院——比如康宁医院，即深圳市精神卫生研究所——的工作。

这个工作为什么要做？国家领导人说了，要加强心理方面的工作，说明我们有这样的困难，有这样的问题。就算你没有病，我们生活中的压力也很大，购房压力、婚姻压力、恋爱压力、子女压力、就学压力、就业压力等都很大。医院的问题也很大，这么多的人有病，医院发展再快都跟不上社会医疗的需求，我们现在有心血管病、脑血管病、内分泌失调、糖尿病，以及艾滋病等很多问题，还有各类肿瘤，它们都困扰着我们。还有一个问题是我们社会很快地进入老龄化社会。什么叫老龄化？60 岁以上的人超过总人口的 10%，65 岁以上的人超过总人口的 7% 就叫老龄化。实际上 2000 年中国就进入了老龄化社会，2005 年 65 岁以上的人占总人口的 7.69%，已经超过了 7%。2020 年 60 岁以上的人将占总人口的 20%，应该叫更老龄化或者叫严重的老龄化了。那么我们如何应对老龄化社会？如何照顾老年人？太多问题需要我们去研究。

我们的社会在改变，我们的服务功能也在转变，其中心理健康是一个很大的问题。

我们现在看一下，只要人的精神压力一大，焦虑、抑郁、愤怒、恐惧，甚至内疚、挫败感、羞耻感就都来了，人只要压力一大就有很多的心理问题。我们现在经常在网上看到关于吵架的信息，有的人因为一点小事打得不可开交。表面上他们是打架，严格来讲可能有各种各样的压力，促使他愤怒，可能一件小事情，甚至因为吃顿饭、停个车就大打出手，这往往跟精神压力有关。

另外，现在有很多真正的精神疾病或者心理障碍也影响了社会。如神经症，患病率为 12% ~ 26%；抑郁症，一个人一生中可能得抑郁症的概率是 10% ~ 17%；现在由于社会竞争压力大，出现了很多问题，人格方面有问题的占 10% ~ 13%。我们看现在对酒和药物的依赖，也可以叫成瘾，其患者差不多能达到总人口的 2%；焦虑障碍患者差不多占 5%；心境障碍患者占 4.06%，主要指前期抑郁、不开心、不快乐；老年痴呆患者占 5.56%。因此我们要关注心理健康。

婚姻也是个大问题，据国外研究，婚姻出问题很多时候与压力有关。压力大了夫妻关系就容易不好，这是很重要的问题，实际上是心理卫生方面的问题。北上广深是经济最发达的城市，应该讲其离婚问题也排在前四，当然这也很正常，因为经济越发达，各方面问题就越多。实际上，压力越大，精神卫生方面的问题也越多。

我们说影响人类健康的有四大因素。第一，生物遗传。就是一个人身体好不好、得不得病、能不能长寿跟遗传有关。因为遗传是父母决定的，不是我们自己决定的。第二，环境因素。空气质量、水质量等，那由国家领导、市领导说了算，环境保护，人人有责，但主要不是我们说了算。第三，卫生保健服务。严格来讲跟城市的发展有关。以上三个我们都不重点讲。第四，生活方式。日子怎么过，这是我们能够决定的，生活方式是我们唯一能决定的跟健康有关的方面。我们的重点要放在这里。

诗词可以用于心理咨询

现在我们国家的心理治疗很发达，尤其在心理咨询师这个职业出现以后，各个学校、机关都很关心心理治疗。其实大家学的主要是西方的心理治疗理论。在差不多应用了 30 年西方心理治疗理论的时候，我们其实也在反思一个问题，我们中国的文化在心理治疗中应该起什么作用？我们要不要有自己的心理治疗理论呢？所以很多有识之士提到心理咨询、心理治疗工作应该逐渐地本土化，把我们自己文化的优势与西方的一些文化、观念、心理治疗理论相结合，我们应该有自己的东西，而不能完全照搬。因为西方心理治疗理论与我们东方文化有很大的差异，比如，简单地说，中国人做什么事都是群体观念，比如衣服好不好看，我问张三、李四，说我今天这件衣服怎么样？大家说不好，我就换了；外国人没有这个习惯，他问自己就行了，他们讲究个性化或者个人主义，而中国讲究集体主义。另外宗教背景不同，中国人中信宗教的毕竟是少数，尽管道教、佛教对我们都有影响，但笃信道教或佛教的人占比很小；西方很多国家大部分人信教，比如基督教、天主教、伊斯兰教等。宗教文化对人的影响是非常大的，西方心理学几乎都跟西方的宗教有千丝万缕的联系。我们的文化背景也不同，比如西方人做了错事会感到内疚，要找一个地方忏悔；我们中国人做错了事会不好意思，我们有羞耻感，觉得让别人知道后会没面子，所以我们跟西方的文化是完全不同的。另外，中国历史悠久，说起来中华历史有 5000 年，能说清楚的也有 3000 年；美国建国才 200多年，美国人不谈历史，所以这方面明显不同。他们要谈科学，我们要谈文化。另外，西方在心理咨询方面有很多理论，我们的引进往往具有滞后性，如对于精神分析，现在很多中国人还没开始，还没学会，我们一学就从头学起，这也有很大问题，从一开始就落后了几十年，新的东西又不一定适合我们，所以引进的理论既有滞后性，也有不适应性。我们如果生搬硬套西方的心理学理论，就会产生一些问题。

我们前面讲到有很多心理问题，如果人人都靠社会上的心理咨询师、心理医生，比如在深圳如果我们都去康宁医院，可能再建 5 个康宁医院也不够用。实际上我们还要想怎么能够自救，或者自己帮助自己，这样才能够更好地加强我们的心理健康工作。大家知道如果是正规的心理咨询，可能一次要几百块钱，长期咨询要花一笔很大的费用，这也是个大问题。另外，我们国家已经明确要以心理健康科普教育工作为主。我们今天讲的主要是能不能靠自己的力量、靠挖掘本国的各种文化潜力，让我们少得病，拥有健康的人格或者预防心理疾病的出现，这才是我们的目的。如果你已经有严重的心理问题了，当然要到精神疾病专科医院去看病，现在的大医院，甚至中型医院都有心理医生，他们救治问题相对严重一点的病人。但是我们希望挖掘个人成长的潜力，真正能够做到自己做自己的心理医生。

美国现在最著名的人本主义心理治疗师卡尔·罗杰斯就强调，我们每个人都有无限发展的潜能，这种潜能有助于我们适应社会，他说咨询师主要是促进个人的成长，他把这个看得最重要，另外，心理咨询师要站在求助者的角度来看问题。这种理论是现代的心理咨询理论，我觉得这种心理咨询理论，包括我们现在很流行的悦纳自己、接受自己其实谈的都是这些理念，但这些理念或观点在我们国家的古典诗歌里面比比皆是，只不过我们并没有把这些古典诗歌当作跟心理有关的文学作品，我们只是把它们当作背诵对象，当作文学作品。

应该讲汶川地震给了我启发，也就是说有机会来把诗歌用一下。这是汶川地震的时候，给一个小孩做心理咨询用的。其实这个孩子的事情很简单，她是一个中学的学生，地震以后她的同学有的死亡了、有的受伤了，她的母亲本来是一名公共汽车的售票员，地震的时候汽车正好行驶在两个大山中间，一地震两个山就合拢了，她的妈妈就没有了，遗体根本就找不到。因为她的母亲跟父亲早已离异了，她的父亲又重新结婚了，也生了小孩。她母亲也改嫁了，她跟母亲到了一个新的家庭，这个继父家中没有其他小孩。现在家中只有继父，失去母亲以后她自己就不知道该去哪里住了。跟她继父住？继父家只有继父一个人，如果去跟亲生父亲住，他家里又有一个男孩，比她小一两岁，就很尴尬。当时因为我们的工作很紧张，就把很多案例用这种诗歌、顺口溜的形式记录下来，在那种情况下也能够把自己的情感表达出来。如"帐篷门外美少年，天生丽质苹果脸；为何不见青春笑，答案一双茫然眼；父母离异父走远，随母嫁入新家园；母为汽车售票员，地震之时正当班；顷刻之间山合拢，可怜生母未生还。"我觉得诗歌可以叙事，可以把一个事情记下来。诗歌至少可以用于心理咨询案例的记录，文字很简洁，事件又很清晰，如果当时没有记录这些，可能就回忆不起来了，现在也忘掉了。

我们在云南为地震灾区的干部做心理减压，关于心理减压我们做了很多，我觉得最有效的是一个参与式的活动：畅想你 90 岁的时候会干什么。这种畅想能够让很多人暂时摆脱他们的现实生活。人们都有一些现实的痛苦，甚至很多参加培训的干部自己也有亲人死亡，有房屋倒塌，却还要照顾普通灾民，他们实际上存在多重压力，但是，在畅想 90 岁以后什么样时，他们喜上眉梢，有的人说子孙满堂，有的人说要旅游、摄影，有的人说喜欢喝咖啡，找个小店一待，过过小资生活，马上脸上的表情都变了。其实让我印象最深刻的就是我们现在说的"诗与远方"，这有些类似陶渊明的"心远地自偏"了。等你有了诗歌其实就能摆脱现实生活，你能把现实的情感与生活剥离开来，从压力中解脱出来。可能我在这儿想的是在撒哈拉大沙漠旅游，想的是在非洲大草原拍摄动物，其实我现在还没吃饭呢。但是这个可以分离开来，诗歌就有这种让人摆脱现实疾苦的作用。

我有一个理想是做心理咨询的本土化研究，关于心理咨询如何本土化，我思考了一个问题：引进西方的心理治疗只有 30 年历史，在30 年以前中国人有心理问题怎么办呢？那时候中国人没有心理问题吗？不可能，一定有。那怎么办呢？古代什么人最容易有心理问题，我觉得一个是怀才不遇的人，一个是被贬官的人，这类人的生活比较凄苦，他们会怎么办呢？后来我就发现对陶渊明、白居易、苏轼等人来说，诗歌是最有用的。

实际上心理咨询的定义很简单，心理咨询是通过人际关系达到的帮助教育和促进成长的过程。能够帮助教育和促进成长的诗歌自然也可以叫作心理咨询诗了。

今天是个很特殊的日子，9 月 9 日，是我们的伟大领袖毛主席逝世42周年纪念日。关于毛主席的诗词，应该讲在我们那个年代几乎人人都会背诵很多，我们的伟大领袖不仅是一位政治家、军事家，还是一位诗人。毛主席在1975年，也就是去世的前一年，因为白内障很严重，看不清东西，需要做手术，毛主席跟身边的工作人员说把岳美缇演唱的岳飞的《满江红》这个唱片找来，在音乐声中，毛主席进了手术室，《满江红》陪他做完了这台手术。你想毛主席是一个军事家，指挥过那么多的战斗，他做白内障手术的时候为什么一定要听《满江红》呢？因为我们的诗词是能唱的，就好像我们唱"红军不怕远征难，万水千山只等闲"那样，唱完这首词就有斗志，这说明诗歌本身有调适心理的作用。我们说这是诗歌很重要的功能。

很多人都知道柳亚子这个人，这个人很有文化，孙中山执政时期他做过国民党的中央委员兼秘书长，但他反对蒋介石，支持共产党。他1926年认识了毛主席，他对毛主席是非常崇敬的。解放后党中央就把他请到北京来，共谋大业。但是他来了以后，有点小小的意见，说："开天辟地君真健，说项依刘我大难。夺席谈经非五鹿，无车弹铗怨冯骥。头颅早悔平生贱，肝胆宁忘一寸丹！安得南征驰捷报，分湖便是子陵滩。"他的确很有才华，用的都是典故。冯骥，战国齐人，他投靠孟尝君田文。田文门下食客分三等：上等坐车，中等吃鱼，下等吃粗饭。冯骥列下等，曾弹铗自歌"食无鱼"，"坐无车"。柳亚子借这个典故发牢骚，说自己怀才不遇，但忠于革命，结果现在好像安排得不太合适，至少没车。其实他跟毛主席是好朋友，就写了这首诗给毛主席。后面的"分湖便是子陵滩"，意思是说他家乡的分湖就相当于我们说的富春江，即天下闻名的隐士严子陵归隐的地方。毛主席一看这个人有点想法、有些牢骚，就给他写了一首诗。"饮茶粤海未能忘，索句渝州叶正黄。三十一年还旧国，落花时节读华章。牢骚太盛防肠断，风物长宜放眼量。莫道昆明池水浅，观鱼胜过富春江"。"饮茶粤海未能忘"，是说毛主席在广东搞农民运动讲习所的时候就认识他，说没忘在广州喝茶。"索句渝州叶正黄"，是说在重庆谈判的时候是他向毛主席要诗歌，毛主席就把《沁园春·雪》给他了，他拿去一发表，当时的社会影响很大。"三十一年还旧国"，是说三十一年后又到北京了。"落花时节读华章"，是说"你"写的这个诗"我"在看，说他文章写得很好。但毛主席后面就是劝他了，"牢骚太盛防肠断"，中国人气生大了都拿肠子和胃说事，此句是说不要太发牢骚；"风物长宜放眼量"，意思是社会的发展要往前看；"莫道昆明池水浅，观鱼胜过富春江"，意思是不要小看北京的昆明湖，观鱼远远胜过富春江。毛主席用富春江代替柳亚子老家的分湖，因为从隐居角度来看富春江名气更大。其实是劝他不要闹情绪，以国家和民族利益为重，为国出力。毛主席一写这首诗，柳亚子马上就高兴了，毛主席既挽留他又劝他，让他留下来开开心心地工作，可谓给足了面子。柳亚子高兴了，在很短的时间内又写了 100 多首诗。

我想诗歌在古代和近代能用于人际交流，是非常高雅的一种劝慰方式。毛主席劝柳亚子要看得开，为中国努力，而不是为个人努力，追求有车有房太狭隘了。我觉得这是教育，也是鼓励，当然也是心理咨询了。毛主席最喜欢岳飞的《满江红》，经常写"怒发冲冠"，很多地方现在都有这种石刻。

另外一首心理咨询诗写的是六尺巷的故事。六尺巷说的是清朝的时候，安徽桐城县的当朝宰相张英家里想修院墙，就把院墙往外边扩一扩，他往外一扩，旁边邻居叶秀才就不高兴了，说本来两家中间应该有一条小道，应该是分开的，你将两个墙弄在一起，路没了，这不应该。一边是宰相家，有点仗势欺人；一边是秀才，懂得道理，干脆一纸状书告到县衙去了。衙门要公事公办，结果张英家人觉得这事不好办，就赶快给宰相写信，张英接到信以后就写了四句诗，也就是一首七绝："千里修书只为墙，让他三尺又何妨。长城万里今犹在，不见当年秦始皇。"这就是一首典型的心理咨询诗，第一，写封信只为墙，那么老远来不写点正经事，张英定位这是小事，言外之意是不要用小事烦我；第二，告诉你解决办法，让他三尺，主动点；第三，长城也是墙，咱们家那个墙也是墙，国家的墙是大墙，抵御外部侵略，咱们家的是小墙，有大墙的人秦始皇都没有了，我们家还争那么点小墙有什么意思？这就叫心理治疗，这就叫转变认知。家人一看宰相写了诗，就给对面的秀才看，说宰相说了让三尺，叶秀才一看，既然宰相都通情达理，不仗势欺人，主动撤三尺，我也撤三尺，于是就变成了六尺巷。这看起来是一个很小的诗歌教育，实际上是如何处理人际关系，是一种心理咨询上的认知转变的技巧。我们很多人想不开，要不然就仗势欺人，要不然就打得两败俱伤，其实对谁都没有好处。

对于心理咨询诗可以做出一些分类。第一，情感宣泄型：能够表达情感，能够把不良情绪宣泄出来，我们说疏导、宣泄或者情绪表达是最重要的，因为所有的痛苦都通过诗歌表达或发泄出来了，说出来了也就不难受了。第二，情感支持型：我要给朋友写诗，朋友痛苦，我写诗安慰，这就叫情感支持。第三，认识改变型：我们刚才说的毛主席的诗歌，以及与六尺巷有关的诗歌是让你转变观念，想得开就不难受了。很有名的一个心理学家叫贝克，他有一个病人不能去游泳，贝克就说"哪天我领你去游泳池一趟可以吗？"他说"看看可以"。结果到了游泳池转了一圈后，就能游泳了，你们说为什么呢？他之前不敢去游泳，是因为他心想"我这身材还能去游泳，那不是丢人现眼吗？"结果他到游泳池一看，老的、少的、胖的、瘦的，什么样的都有。"他们都敢游，我还怕啥呀？"就解除了恐惧。这就是转变了认知，转变了观念。如果你在家，不去游泳池，你以为外面都是模特，其实不是这样。所以转变认知观念很重要。

现在社会上多数人能吃得饱，能穿得暖，我们为什么不满意呢？原因是我们没有给自己定义要过什么样的生活，闲适生活，或者有点小资情调的生活，只要不是奢华的生活，其实都是容易满足的。做生意时，你就想与马化腾、马云相比，这很难，成为普通的小商人比较容易。多数人要有一个定位，闲适的生活是比较容易实现的，拥有奢侈的生活可能有一定的困难。

有的时候爱情会出问题，其实爱情也可以拯救，古诗词里面涉及爱情的特别多。当然，还涉及健康、养生等。还有涉及鼓舞斗志、战胜困难的，我们面对困难的时候特别需要它们，像在地震灾区或者有了疾病等，就需要励志的诗歌类型。我们需要自我警示，很多人会犯各种错误，包括有的人贪污了国家的钱，如果看古代官员的诗歌就会有警示作用，人家早就说了这个问题，我觉得这也是一种廉政教育。

中国传统文化里面有太多这种东西，而且我们的诗歌有个最大的优点，即没有文化冲突。很多人小时候都学过"床前明月光，疑是地上霜"。学说话就是学这些，大家都有这种基础，越是中老年人这种基础越强。另外，诗歌本身就是一门艺术，即使没有解决什么心理问题，也会使你提高一些文化水平，至少也会让你很高兴，因为诗歌能让人愉快。最近很多电视台在做诗歌类节目，很多人看，其实就是这样，他们背诗歌就是在学知识。另外一个特点是能弘扬我们的传统文化，我们应该热爱自己的文化。诗歌老少皆宜，从一两岁的小孩一直到七八十岁的老人都没问题，不同年龄的人学不同的诗歌，我觉得这个很重要。另外，诗歌具有很好的审美性，学诗歌不局限于学诗，也能学人，也可以使诗画融合在一起，因为诗歌是一门艺术，我们可以把它画出来，把它说出来，把它朗诵出来。

古诗词的心理调适功能

经济学家厉以宁非常了不起，现在是北京大学社会科学学部主任，是著名的经济学家。他最早在"文化大革命"中受冲击，后来他最早提出股份制改革，此后又提出充分发展民营经济，现在看来这些都是非常明智的。他提出这些观点的时候，很多人都反对他，你看他写什么诗，到湖南君山这个地方喝茶，厉以宁感悟道："茶中极品有银针，三次升浮三次沉。世上谁人无挫折，任凭起落自宽心。"这就叫心理调适了，不管是起还是落，不管是宠还是辱，"我"都不怕，"我"想得开，只要"我"做的事是正事就可以了，这是他在自己鼓励自己。要不然天天痛苦怎么办？好不容易有一个为国为民的学说，一说出来大家都挖苦你、讽刺你、打击你，甚至让你靠边儿站。

坚持真理，我觉得这个最重要。他 1988 年写的这首诗，现在还健在，88 岁了，要有这种心态才能长寿。我们说仁者寿，一是做好事，二是开心快乐，开心快乐的人免疫力高，免疫力高就不容易得病，尤其不容易得肿瘤。所有郁闷、痛苦的人免疫力都会下降，免疫力下降之后什么病都容易得。

有一个典故是关于陶渊明的酒的。那个酒用现在的话说好像是客家米酒，里面有一些渣子什么的，需要过滤。古代男人也是戴头巾的，他拿下头巾来把酒往上一倒，滤了酒直接就开喝了。另外一个典故是他天天带着一把古琴，但这个琴没有弦，别人问他："你琴没弦不能弹，你天天拎着它干啥呢？"他说："但得琴中趣，何劳弦上音？"这多高妙，意思是你要真正懂得这个琴，还用弹吗？你要是真懂弹琴的人，那么什么曲子都在琴里了，还需要弹琴吗？还有，由于他不为五斗米折腰，归隐了，不劳动了，不当官了，没钱了，重阳节也没有酒喝，用现在的话说只能泡"菊花茶"了。有菊花茶，有无弦琴，有头巾，那他必定就是陶渊明了。陶渊明写了一首很有名的诗，即《饮酒》（其五）："结庐在人境，而无车马喧。问君何能尔，心远地自偏。采菊东篱下，悠然见南山。山气日夕佳，飞鸟相与还。此中有真意，欲辩已忘言。"说得太好了，"我"在闹市盖了房子，可是"我"不觉得吵闹，也没觉得有车水马龙的喧嚣，这是为什么呢？心远。一个人心远就相当于住在清净的山林了。为什么呢？因为你心远，你能把自己的内心与现实分开。"采菊东篱下，悠然见南山"，陶渊明把在乡村自食其力的耕作生活写得这么美，写得这么妙，让后人为之叹服。我们说学陶渊明不是学他不为社会工作，不是学他有官不当。那么，现在学什么？现代人要学他不纠结，在现有的生活条件下，不富裕，甚至有一点点经济窘迫，依然能够快乐地生活，这是很难做到的，尤其是当过官、有文化的人。如果你是现代中国第一文学家，让你放弃工作回家种地，你能受得了吗？能受得了的才叫高人，受不了的就是俗人。

梧桐山有一位老先生，这个老先生原来是一个画家，现在 95 岁了，在梧桐山把一个铁皮房改成一个画馆，并住在里面。我们来看他怎么想的。"结庐在人境，定居梧桐山。铁屋当画馆，耄老住其间。山居虽漏雨，空气还新鲜。问君何能尔，书画养天年。"完全照着陶渊明的诗翻写下来，但他写的不是那个事。现在他说"书画养天年"，"我"天天这么过就行了，只因有这种心情才能活得长久。这个先生原来是齐白石和徐悲鸿的学生，中央美术学院毕业的，现在不是靠卖画为生，而是过潇洒的日子，所以我们说一个人的精神境界才是最重要的。

现在我要说白居易是最值得我们学习的人了。白居易真正做了诗仙，这是皇帝说的，唐宣宗说："缀玉联珠六十年，谁叫冥路作诗仙。浮云不系名居易，造化无为字乐天。童子解吟长恨曲，胡儿能唱琵琶篇。文章已满行人耳，一度思卿一怆然。""童子解吟长恨曲，胡儿能唱琵琶篇"，就是说小孩都知道长恨歌，而且连少数民族的小孩都会唱《琵琶行》，说明这首诗歌流传得很广。白居易很有趣。刘禹锡被贬官后回到长安的时候，他当年的进士朋友说要安慰安慰他，这么多年回来不容易，我们看什么叫心理咨询。白居易先作了一首诗：

> 怪君把酒偏惆怅，曾是贞元花下人。
>
> 自别花来多少事，东风二十四回春。

意思是：你是贞元年间考上进士的，我们大家在一起，结果二十四年后你才回来。白居易说完以后，张籍又说："从来迁客应无数，重到花前有几人？"说那么多人被贬出去，回来的并不多，重新回到这里赏花的能有几个人？你还算是不错的。这就是中国人说的劝慰，其实就是心理咨询。张籍接着说："刘郎不用闲惆怅，且做花间共醉人。"说不用愁了，咱们好好喝酒。元稹又继续说："算得贞元旧朝士，几人同见太和春。"意思是：我们都是贞元那个年代的人，现在将被贬官和不被贬官的进士全都算上，还有几个人活到现在，还能在大（太）和年间赏花呢？那时候很多考上进士的人年龄都很大了，很多被贬官的人都回不来了，也有的因病过世了，你现在能回来那就是胜利，活得长就是胜利。中国诗人水平太高了，而且是当场作的。前面劝你喝点酒吧，不要愁了，之后跟你说与别人比你能回来就不错了，后面说不光跟贬官的比，把朝廷上当官的人都算上，你这么长寿也算很了不起了，这么一想就开心了。刘禹锡最后说："二十余年作逐臣，归来还见曲江春，游人莫笑白头醉，老醉花间有几人。"说不要嘲笑"我"了，你看这么老还能花间醉的也没几个人吧！把活得长当作开心快乐的事，这就变消极的心理为积极了。

中国人一直有比上不足、比下有余的说法，关键是你要会比。比上不足，年轻人好好学习，好好努力，大展宏图；老了的时候，你不能研究比上不足，咱们需要比下有余，要开心快乐。比下有余，是说我们要快乐，但快乐不等于不努力，不等于不进步，我经常说比下有余仍进取，比下有余是为了快乐。

我们说白居易是一个比下有余的专家，是最会比下的。他是怎么比的呢？如："食饱惭伯夷，酒足愧渊明。寿倍颜氏子，富百黔娄生。""食饱惭伯夷"，说吃饱了他就跟饿死的伯夷比；"酒足愧渊明"，说喝点酒他就跟陶渊明比，因为陶渊明经常喝不起酒；如果比长寿，他已经60多岁，比颜子长寿多了，孔子的得意门徒是颜渊，最有道德，只活了32岁，白居易想这个人怎么活得这么短，与他一比就快乐了；最后是比富，跟谁比呢？跟黔娄比，这个人很有文化，可就是不当官，以百金聘他也不去，他晚年去世的时候家里很穷，穷到一个被子遮住了头就遮不住脚，遮住了脚就露出了头，太穷了。白居易是这么比的，比一个人好已经很不容易了，现在比四个人都好，所以心情就更愉快了。这些人都不是一般的人，陶渊明是一流的文学家，饿死的人是炎帝的后代伯夷，颜子被称为亚圣，黔娄是古代不慕虚荣和金钱的隐士，全是名人。但是，白居易都拿自己的长处与这些人的短处比。这么一比，他就觉得自己已经很好了，已经很不容易了，其实这就是心态，要懂得心理调适。

我们每个人都要珍惜自己的健康，包括年轻人、中年人，我不太喜欢听到英年早逝的消息，我觉得一个国家、一个学校培养一个人很难，结果我们很多人都没能做完自己的事业。一方面一个人要响应国家号召努力工作，另一方面不管是国家干部，还是其他人，都要重视自己的身心健康，多活十年就多给国家服务十年，多活二十年就多替国家工作二十年。要懂得健康，懂得健康不是说"什么时候我抽点时间"，这是不行的。我很喜欢及时行乐，及时行乐不是纸醉金迷，不是糟蹋自己，而是说你平时就要抽一些时间来娱乐、放松自己，不能攒到一起。

生前不欢乐，死后有余赀

白居易说得好："五十已后衰，二十已前痴。"他的意思是五十以后就老了，二十年前还在青春期成长阶段。"昼夜又分半，其间几何时？"昼夜各占一半，还剩下多少时间呢？"生前不欢乐，死后有余赀"，如果现在不追求快乐，死后剩下那些钱干什么呢？小沈阳说"眼睛一闭没了"，剩下钱给谁呀。幽默是幽默，其实也含有人生道理。我们不是说要把钱花光，而是说应该把及时行乐看成促进身心健康的重要途径，每周要锻炼，每周要有一些放松，要有一些家人团聚的时间，要搞一些娱乐性的活动，其实这都叫及时行乐，我指的是健康的快乐方式。

另外，我觉得白居易很会想得开，比如当不上宰相，他说跟他一起的六个大学士里面有五个都当上宰相了，他心里多少有点郁闷，但是自己会安慰自己，他说"通当为大鹏""穷则为鹪鹩"，因为大鹏成功当然好，但是成为大鹏的少，不成也要好好过日子，也要心情愉快。他说"穷通谅在天，忧喜即由己"，说能不能发达估计在天时地利人和，不完全由自己说了算，但开不开心自己能说了算。他说"身作医王心是药，不劳和扁到门前"，说得很好，如果自己身心健康保持得好，就像自己把自己的病看好了一样，"和"是一个医生，

"扁"也是一个医生，这都是他那个年代最出名的医生，我们更知道扁鹊的名字。还有，一个人的生活方式什么样才是最好的？"适"是最好的，"人心不过适，适外复何求"。现在也是，一个人不能总是跟别人比，那个不重要，关键在于你自己的生活方式是什么，适合自己的才是最重要的，所以我是觉得"适"的生活方式不偏不倚，适合你自己，懂得这个，你心里就不难受了，我们经常是在跟别人攀比的过程中使自己痛苦，但是你不一定要成为别人，应该知道什么是适合你自己的。他给刘禹锡写了一首诗："与君俱老也，自问老何如。眼涩夜先卧，头慵朝未梳。有时扶杖出，近日闭门居。懒照新磨镜，休看小字书。情于故人重，迹共少年疏。唯是闲谈兴，相逢尚有余。"他说自己现在越来越老了，看东西眼睛也花了，跟年轻人接触越来越少，跟老年人觉得还有话说，闲谈还可以，但是有一点点心情不太好。刘禹锡就说："莫道桑榆晚，为霞尚满天。"这是鼓励老年人的最经典的一句话，几乎无人不知道，这在国际上就叫积极心理学。如果你认为老了很难受，走路又不行，眼睛又花，那你就错了，多少人年轻的时候都想活到能花眼那一天呢，颜子要多活好几十年才能到这个年龄。

心理学常谈赞美。白居易晚年定居在东都洛阳，与裴度为友。裴度平定藩镇有功，任宰相，封晋国公，人称裴令公。他因提携后辈得到称颂。他在洛阳建了一个很好的房子，取名绿野草堂，门前种了很多花。白居易就经常去，白居易写了一首诗："绿野堂开占物华，路人指道令公家，令公桃李满天下，何用堂前更种花。"用我们现代的话讲，就是会夸人，会赞美人。白居易的意思是你培养了那么多的才俊，那么多的国家栋梁，已是桃李满天下了，那才是真正的花朵，你的门前还种什么花呢？

白居易这个人很会研究心理问题，尤其是身心关系。他做了三首身心对话的诗，《心问身》："心问身云何泰然，严冬暖被日高眠。放君快活知恩否，不早朝来十一年。"心问身说："你感觉怎么样呢？冬天盖着暖和的被子，迟迟不肯起床。我让你快活，你知不知道应该感谢我呢？你已经十一年不用上朝了。"《身报心》："心是身王身是宫，君今居在我宫中。是君家舍君须爱，何事论恩自说功。"身对心说："你是主管我身体的君王，我身体只是你心灵的家园，你的家园当然你要爱惜，还说什么报恩与有功。"《心重答身》："因我疏慵休罢早，遣君安乐岁时多。世间老苦人何限，不放君闲奈我何。"心重新对身体说："因为我懒惰，提前休官了，所以你得到的安乐时间多了，这个世界上老而辛苦的多如牛毛，如果我不让你休息，你又能够怎么样呢？"其实白居易自言自语就是要突出自己休官早，让身心得到愉悦和正确的选择。

我们讲积极的心理学。苏东坡被贬到广东，天天吃荔枝，写了很有名的诗，如："罗浮山下四时春，卢橘杨梅次第新。日啖荔枝三百颗，不辞长作岭南人。"苏东坡被贬官到惠州，他在荔枝树下吃荔枝，还写了这首诗。本来唐朝杨贵妃吃荔枝，让人快马加鞭地运送荔枝到西安，吃荔枝是最奢侈的生活了，可是苏东坡诗里写在惠州一天吃三百个荔枝，真是气死人了，还说不回宋朝都城开封了，就当岭南人了，要将荔枝吃个够。广东人认为吃荔枝上火，常说"一颗荔枝三把火"，听起来很像"日啖荔枝三百颗"，这是将广东话当普通话听了。

最有意思的是他从海南的儋州被赦免，从海南回到中原，要到常州，中途经过金山的时候他说自己："心似已灰之木，身如不系之舟。问汝平生功业，黄州惠州儋州。"这是何等幽默，谈了自己的痛苦经历，以及被贬谪的三个地点。他一生中被贬的时间很长，在黄州写"大江东去浪淘尽"，到惠州吃荔枝，再到海南岛的儋州成"五无"人员，最后才回来，本来是最倒霉的三个地方，却被他写成立下丰功伟绩的地方。苏东坡说"我"就去了这三个地方，深入了解后会发现苏东坡是多么幽默。

我讲一下苏东坡这个人有多好吧。当年，皇帝给他钱让他去常州赈灾，正好赶上除夕，他就告诉所有官员不要下船，而是在船上过年。为什么？他说："我们还带着赈粮款，一旦下船，全州所有的官员就要陪我们，不能跟家人过年，老百姓要是再出来迎接就更过不好年了，不要下船去，就在船上过夜，第二天早上再登岸。"当晚写下："多谢残灯不嫌客，孤舟一夜许相依。"多么感人，常州人因此非常敬爱苏东坡。我觉得我们应该学他的爱国爱民、不屈不挠的精神，包括对国家文化事业做出的贡献。受过这么多苦，却没有一句怨言，这更是心理健康的象征，苏东坡没有埋怨皇帝，也没有说自己命苦。为什么他能活这么久，还写出了这么多美好诗篇？因为他正直、善良、豁达，有乐天派的人格，用现在的话说就是懂积极心理学。

现在全世界都在鼓励学习积极心理学，就是学人物、学故事、学经典，不探讨病和疾病模式，而探讨健康的人应该怎么生活。要学陶渊明，要学白居易，要学苏东坡，就是要学他们这种人。陶渊明有自由意志、独立思想，能苦中作乐；白居易达则兼济天下，穷则独善其身，能知足常乐；苏东坡忠肝义胆，才华横溢，能以苦为乐。他们呈现的健康心理学思想和行为都是能够超越时空的，是中华民族乃至全人类的宝贵精神财富。

谈了半天美德，我们再谈点关于爱情的。大家都知道破镜重圆的故事，我们说这个故事很简单，一个公主跟一个文化人结婚了，破镜重圆家喻户晓。南朝陈国后主陈叔宝的妹妹乐昌公主与丈夫徐德言害怕在战争中失散，约定以破镜重圆为接头暗号。建安（今南京）失陷，乐昌公主因为貌美如花被赐给杨素，杨素是文武全才。为兑现承诺，她活了下来。每到正月十五她都让家人持镜在外叫卖，第三年贴身仆人到街上卖镜，带回了另一半铜镜和一张便签。熟悉的字体写着："镜与人俱去，镜归人未归。无复姮娥影，空留明月辉。"杨素一看都过节了，公主怎么不开心呢？原来都是挺开心的，今天不对劲儿，手里拿两个坏镜子在玩什么？公主就跟他说了，告诉他这个镜子的故事是怎么来的。杨素很开明，说："既然这样让用人请他来，我们请他吃饭。"这么老远来的，找了三年好不容易找到，一边是前夫，一边是现任丈夫，这个女人坐在中间，说啥呢？不知道怎么说。

你们看中国古人的智慧，不是现在的一哭二闹三上吊，那就没啥文化了，人家就作诗说："今日何迁次，新官对旧官。笑啼俱不敢，方验做人难。"人家不说话，把这个球推给你们，你们看怎么整吧，"我"很难办，这边一个前夫，这边一个现任丈夫，你说"我"要哭、要笑都不对，要笑，这个前任不高兴了，要哭，现任丈夫不高兴了，好像"我"又旧情萌发，不知道怎么办，一句话"啼笑俱不敢，方验做人难"。要说还是前夫好，前夫一看杨素这么厉害，又有钱，人又英俊，他们过得也挺好，马上就表态，原来约定好的破镜重圆就是要见面，现在看"你"比以前过得还好，"我"就放心了，说能够相见，心愿已足，哥们儿就撤了。一看人家这个态度，高风亮节，好人就容易影响好人，杨素一想是因为战争把这个国家给灭了，国家灭了，当年的鸳鸯就分离了，因为她漂亮就归"我"了，现在前夫找来了，既然你们俩这么好，破镜重圆这个故事又这么感人，你们两个人又这么通情达理，前夫首先表态"我"可以让给你，那也是因为爱情感人，希望她能生活得好，杨素就说破镜重圆了，你们两个还要继续过，穷没问题，拿一笔费用给你们，毕竟也是"我"的妻子，要让你们过得很好，还有你们家原来被没收的财产，现在全部归还你们。回去以后所有的人，用现在的话讲是天天采访、沟通、交流，苦不堪扰，后来他们隐姓埋名。整个隋朝灭了，他们活到唐朝，后来老了，据说是一起过世，一起被埋葬了。但我觉得真的感情要成人之美，这是爱情里面很高尚的觉悟。我们现在的社会经常谈爱情、谈婚姻，应该讲我们更应该懂得在爱情里面如何做，宣传那些美好的、忠于爱情的、成人之美的文化而不是有嫉妒心的文化。我们中国古代有这么了不起的人，如果杨素说那个国家都是"我们"打下来的，让他滚蛋，把他杀了，也就是一句话的事，你想他们为什么能够这样？是因为人的美德、人的文化。成人之美为什么能够成为千古佳话？正是因为不容易，如果人人都能做到就不能成为佳话，因为不容易做到才需要我们做，才需要我们去努力，这才是真正爱情的方向，我觉得这是很不容易的，是难能可贵的。

　　我希望以后喜欢诗歌的人，能够在你们的工作中发现可以当作心理咨询诗的诗歌，当然不限于古典诗词，现在的爱情诗歌也有很多能够起到帮助人的作用。希望大家共同努力，把心理咨询诗挖掘出来贡献给社会，为我们社会的心理健康服务。

"伦理巨变"与我们的生活

周志强

周志强

南开大学文学院教授，博士生导师，中文系副主任，《中国图书评论》执行主编。中国文艺评论家协会理论委员会秘书长，人大复印报刊资料《文化研究》编辑委员会副主任，天津美学学会会长。主要从事文艺美学、中国大众文化与现当代文学研究。著有《阐释中国的方式：媒介裂变时代的文化景观》《这些年我们的精神裂变》《大众文化理论与批评》《汉语形象中的现代文人自我》等。

今天我们的生活发生了巨变

今天我们的生活发生了巨变，但是我们自己并不知道，我们感觉不到这种变化。历史稍微长一点，我们就能感觉到这个变化非常明

110

显。特别是现代人产生了与古代人不一样的伦理情感，比如思念，比如爱情。

有人说爱情自古就有，不是的。作为现代社会的独特情感现象，爱情是工业社会或者工业文明的产物。过去为什么没有爱情呢？爱情是需要一些条件的。英国有个学者写过一本书，叫《亲密关系的变革》，这本书告诉我们要想产生爱情这样一种新的伦理，第一个条件是要有现代交通。为什么？因为现代交通可以把你带离你的村落，让你进入一个陌生人的社会。第二要有纸币系统，纸币系统可以让任何一个人有独立核算的能力，而不是依靠家族或者依靠其他人。第三个更有意思，说出来大家肯定会大吃一惊，是避孕术。谁都想不到避孕术对爱情是多么的重要。我告诉大家一个数字，在 1852 年之前大概有 42 亿人，那时候人的平均寿命只有 40 岁左右。谁拉低了人类的平均寿命？小孩与女性。现在的医学，尤其是抗生素让人类的健康得到保障，在很多发达国家人的平均寿命达到 84 岁。真正受益最多的是女性，因为在统计当中发现 1852 年之前非正常死亡的女性当中有 44% 死于分娩。当一个女人被生育死亡的阴影笼罩着，她会和你做情感的周旋吗？不会的，那时是没有爱情的，你们见一个面就要定下来，甚至不见面也要定下来。什么是爱情？你可以随时更换恋爱的主体，女人可以自由地作为一个恋爱主体和你谈恋爱，和你交往，然后还可以把你抛弃，这个是需要条件的，这个条件就是避孕术。

本着这样的思想来看今天中国社会个人的生活发生的变化。改变的原因有很多，可是这几年来在我看来值得一提的是互联网。

我们今天从一首诗来谈起，从这首诗中可以看到非常有趣的态度的改变，这是一首非常经典的诗，作者叫作徐志摩。我们今天讲的诗是徐志摩最有名的《再别康桥》。我们来看 PPT，在这首诗中我列举了几个有趣的事。第一个是诗，第二个是网友对这首诗的注释。有个网友对这首诗做了崭新的理解，使这首诗变成了歌颂江洋大盗的诗。"轻轻的我走了"，你看是高手，不想别人发现他走掉；"正如我轻轻的来"，来的时候蹑手蹑脚，难不成是雅贼；"我轻轻的招手"，还有同伙呢，招手一块儿；"作别西天的云彩"，说明他是晚上出来，白天不安全；"我挥一挥衣袖"，与同伙打暗号；"不带走一片云彩"，不留蛛丝马迹，好习惯。这首诗的本意和这个解读形成了鲜明的对照，这让我们看见了什么？看见了两种完全不同的对待主流语言、对待主导性文化的一种态度。在很多时候主导的、主流的东西，在过去有一定的所谓主导性或者支配性，而网络提供了大家自由使用语言的空间，所以在互联网时代我们发现人们建立了一种新的沟通和交往的渠道。过去我们要想跟别人沟通是很难的事情，即使是写书信，也是用规规矩矩的、正儿八经的语言，而网络打开了个人表达情感和思想的另一种方式。

网络带来了崭新的伦理巨变，我这样讲似乎有点不负责任，好像我们把伦理巨变都归因于网络，我告诉大家不是的，网络和伦理巨变并不是因果关系。在我的理解当中，这个世界上一共有四种关系。第一种关系是因果关系。没有你的爸爸肯定没有你，这是因果关系。第二种关系叫结构性关系。今天请我来做讲座，我和你们是结构性关系，你们是我的听众，我是你们的演讲嘉宾。这个世界上还有第三种关系，即没有关系。没有关系也是关系，在几十亿、几万亿光年之外的东西和你有关系吗？没有关系，这也是关系。第四种关系叫选择性亲和关系。这个词更复杂，哪里来的？不是我发明的，德国著名的社会学家马克斯·韦伯提出新教伦理跟资本主义之间就是一种选择性亲和关系，类似夫妻关系，你们俩之前不认识，一旦认识了就会纠缠在一起，偶尔碰到一起会相互地激发。互联网跟我们的伦理巨变就是第四种关系。

关系的改变带来了我们当今生活中四个领域的重大变化。任何一个时代的社会都由四个领域构成。哪四个领域？第一个领域是个人生活领域，第二个领域是政治领域，第三个领域是经济领域，第四个领域是文化领域。

首先，我们的经济领域发生了重大的改变。这个改变是什么呢？简单地说是欲望消费在崛起。过去我们消费是因为需要，今天我们消费不是因为需要，而是因为想要。欲望的经济开始慢慢取代需要的经济，成为未来国家中占支配性地位的核心经济。比如，美国就不是一个以需要为经济核心的国家，中美贸易战的一个趋势有可能是中国也要从生产"需要"的国家，转向生产"想要"的国家，向概念消费、概念经济的国家转型。

其次是我们的政治领域。这个问题说起来更加复杂，比如我们新的社会形态的兴起、小镇社会的出现。网络改变了我们的空间结构和人与人的感知，促成了新的文化和社会族群，其影响力和文化生产力不可小觑。

最后是我们的文化领域。我们的文化领域发生了很大的改变，这个改变主要是在网络时代、新媒体时代整个艺术的形态发生了改变。

第一个改变是今天的艺术作品的规模、数量空前的庞大。比如1900 年以前，我们国家的长篇小说一共有大约 3600 部。今天我们的长篇小说有多少呢？现在能在网上免费下载的长篇小说有 42 万部，我们 2017 年长篇小说的产量达到 24000 部。

第二个改变是不仅规模发生了变化，单篇的长度也发生了变化。今天的网络小说能达到多长呢？一个石家庄的网络小说作家，已经写了 3000 章了，还没写完。在过去有这样长的小说吗？没有。

第三个改变是在性质上发生了变化。过去的文学艺术是一个艺术家受了感动，他带着这个感动创作出作品，然后你读了它又受到感动。托尔斯泰曾说："写小说简单极了，我只要把当时感动我的东西写出来让你看，那不就可以了吗？"现在的文学艺术的改变在于数据库艺术的出现。什么叫数据库艺术呢？就是大数据可以知道某个年龄层、某个特殊群体独有的情感消费、文化消费的欲望，然后通过调用数据制作产品，让你去喜欢它。

很多公司的网络作品都是这样做的。如公司给你一个定位，让你负责 28～35 岁城市"剩女"的文化消费。然后给你一个数据，上面写着 28～35 岁，这个年龄段的女性喜欢什么样的男主人公的名字，喜欢什么样的结尾，喜欢什么样的跳转方式，喜欢什么样的故事情节。你只需要把它们拼在一起就可以了。

第四个改变是这种艺术不是由你去消费它，而是它去控制你。比如 2013 年之后的韩剧就是很好地使用了情感大数据的作品。韩剧被称为"粉红色牢房效应"。什么叫粉红色牢房效应？心理学实验发现，如果把有暴力犯罪倾向的人关到粉红色的牢房里，他的攻击性就会降低。因为粉红色有暗示的作用，粉红色会让人降低攻击性。在这里韩剧的暗示效应是什么，通过研究你喜欢什么样的情节，喜欢什么样的旋律，喜欢什么样的色调来控制你的感情。过去韩剧是通过卖植入广告，2013 年之后你看韩剧还有植入广告吗？几乎没有了。韩国的电影免费给中国人看。它卖美学的标准给你，它改变你对美的看法。韩国服装设计师的身价因此突增百倍，韩国整个的装饰、创意产品在亚洲市场排前两位，这是它的美学经济。

生活伦理的变化

现在我们就重点谈谈生活伦理的变化。我们今天的主题就叫"伦理巨变"，这个变化主要体现在哪些方面？第一个就是跟着互联网长大的一代人，他们创造了崭新的生活伦理；第二个就是不仅仅是年轻人，所有人都在使用互联网，创造了崭新的伦理文化；第三个就是年龄大的人，中年人，看待自我和世界的伦理观念发生了变化。

我们先来讲新的一代跟着互联网长大的人——"90 后"。

我先给大家讲个故事，从中你们会深刻地感觉到这一代的伦理情感观念的巨大变化。中国研究大众文化的学者中谁研究得最好？我个人认为是陶东风教授，他原来在首都师范大学，现在调到了广州大学。他有一次在课堂上讲大众文化，突然有个学生说："陶老师你没有资格跟我们讲大众文化。"这个话说得太没道理了，在中国陶教授没有资格讲大众文化，那谁有资格讲大众文化？陶教授问他："为什么你这么说？"学生说："我就是大众，你了解我们的文化吗？你连我们使用的词都不懂。"于是非常有趣的一幕出现了，这个学生在黑板上写了几个词，让陶教授说这些词是什么意思，"屌丝""土肥圆"等。很多他不知道是啥，回去一查，发现这些词有的甚至很恶心。他大吃一惊，写了一篇文章说："我当年上大学的时候我跟我的老师是有代沟的，可是我现在跟我的学生没有代沟，为什么？因为我们不是两代人，我们是两种人。"这个说法虽然很幽默，却恰当地说出这两代人在情感生活中对世界的理解的不同。

我告诉你们我原来当老师，给本科生上课时，下了课最喜欢本科生围着我问问题，我就像帝王般地告诉他们这个告诉他们那个。我现在上本科生的课，一下课赶紧跑，就怕被他们逮到，尤其是怕被女生逮到，她们有时候会问得你脸红心跳，有的时候她们表达的很多东西在我们看来很难接受。

比如我告诉我的一个学生，我是金牛座。金牛座的特点第一个是倔强，第二个是好吃。谁也想不到我的学生说："老师，想不到你也是个吃货。"这明明是侮辱我嘛，"吃货"在我的理解中是什么意思？是无能。可是我的学生用很恭维我的态度说我是一个吃货，在这里"吃货"这个词的内涵被改变了。

有时我也会遇到一系列很有趣的现象。布置完课堂作业，我在教室里溜达，一个女生的桌子上面摆着一本书，我拿起这本书念了一下题目"一场风花雪月的事"，这个女生特别乖地说："老师，你不要念得那么销魂好吗？"我默默地放下，默默地走开了，假装什么都没有发生。

有的时候讲课遇到一些奇怪的问题。我讲大众文化的双重性，什么是大众文化的双重性呢？大众文化表面上会符合主流文化的要求，但是有时候会在背后颠覆它。有一首歌很典型地体现了这一特点，这首歌叫"妹妹找哥泪花流"。这首歌的歌词体现的是革命文化，它的旋律是爱情文化。它的歌词是讲妹妹找哥。为什么找哥？哥哥参加共产党了，她爸爸被地主打死了。妹妹找哥哥回来干什么？斗地主。可是它的旋律是什么呢？它的旋律唱的不是亲妹妹和亲哥哥，它的旋律和唱法是那个妹妹和那个哥哥。在这里旋律背叛了歌词，这首歌表面上符合主流文化的要求，背后又颠覆了主流文化。我每次给大家听前两句"妹妹找哥泪花流，不见哥哥心忧愁"，都会暂停，我问同学们这是什么歌，同学们说这是情歌。

乱伦文化在我这个年纪的人看来是绝对不能接受的，可是现在网络上竟然还有这样的一种文化，有微色情的文章，也有相关的影视作品。这在过去我们是不能想象的，新的一代的伦理观念、生活观念确实有很大的变化。

比如京东发现，它的含酒精饮料在新一代的消费当中下降了80%以上，大量的年轻人不再饮酒。过去什么叫大学？大学里面是有小酒馆的，有喝醉的男生，弹着吉他哭泣着说抛弃他的女生，现在大学里面已经没有小酒馆了。同时不买房的一代也开始出现，人们对工作的态度发生了重大的变化。

性爱观念的变化更是令人吃惊的。2013 年"90 后"进入高校以后，新华社跟几家媒体做过调研，有 55% 的"90 后"大学生认为可以接受无婚姻的性行为。在中国某中心城市的调研当中发现，大学聚集区每月避孕套的销量突破了 70 万支，2013 年时这个城市的高校聚集区大学生只有二三万人。

另外一个有趣的现象提醒我们一种变化迫在眉睫，那就是新的伦理文化。今天我们面临很多新的伦理文化。有哪些新的伦理文化？

比如"腐文化"。年轻的女孩子喜欢两个男性之间的暧昧的生活、暧昧的情感。可能你不愿意接受这个东西，但是"腐文化"已经悄悄地进入我们普通人的生活伦理当中。有个电视剧叫《琅琊榜》，你们看过吗？《琅琊榜》80% 以上都是男人和男人之间的对手戏，只有不到 20% 是男女之间的对手戏。在过去电视剧当中有这样的结构吗？没有。你看《琅琊榜》是看的权力争斗，你女儿看《琅琊榜》看的是什么你知道吗？比如《大侦探福尔摩斯》这部电影，我从小看福尔摩斯，我真的不知道福尔摩斯和华生还有那么一层关系，一个导演告诉我今天的电影、电视剧如果不加点"腐"就卖不出去，我深以为然。

再比如"丧文化"。什么叫"丧文化"？就是很丧。你到一个店里面，那个店布置得就跟殡仪馆似的，柜台就跟骨灰盒似的，你买一次茶就跟死了一次似的。"丧文化"是年轻人抵抗生活的单调、无聊和同质的一种态度。

除了这些新的文化之外，我们发现其实我们这些并不年轻的人也在伦理的巨变当中受了感染和影响，自己都察觉不到的。我举个例子，十几年之前我在南开大学的一个学生告诉我一个事情，她是一个同性恋，她告诉我要毕业了，最大的困难是怎么告诉她妈妈她其实是有女朋友的。在今天出现了同样的情况，一个妈妈经过了 36 个小时的痛苦挣扎，给她的女儿打电话说："只要你快乐，就可以了。"我们对这种问题的态度也渐渐宽容了。

网络语言也发生了很大的变化，"新"这个词早已没有意义。我有一次开车带着我的几个学生到北京开会，我的车有车载蓝牙，我的电话连上，一来电话全车的人都能听到。电话一响，一接通，就听到"亲爱的你在哪呢？"我全车学生的脸都绿了。为什么？说话的人是个男的。其实给我打电话的是北京舞蹈学院的满教授，中国非常著名的舞蹈家，我们是忘年交，他比我大很多，他知道我去北京开会，他请我吃饭。"亲爱的"这个词完全没有了我们那个时代或者年轻时候的感觉。我们生活在一个新的文明时代，不得不面临一些新的环境，网络的交往是跨年龄、跨单位、跨班级、跨宿舍的。高校里面越来越多的年轻人毕业之后返校，他们吃饭的时候一桌一桌的不一定以宿舍为单位。

今天这种复杂的、多样化的，甚至我们意想不到的情感交流方式的出现，是我们所说的伦理巨变。

伦理巨变引出的一些话题

前面讲的这些伦理巨变在某种意义上是我们所面对的一种现象，如果进一步往深处去探讨，我们发现这些伦理巨变也会引出值得我们总结的一些话题。

第一，我们今天讲的伦理巨变中一个比较重要的方面，是被我称为"新自恋主义"的现象。新自恋主义和自恋主义是不一样的，我们首先说说什么是自恋主义。

我们发现有很多人有这样一个东西——自拍杆，无论到哪里都会自拍。为什么会有自拍？这个事情让我困惑了很久。有一次故宫展出一个文物，即《清明上河图》，《清明上河图》好多年才展览一次，见了光以后它需要睡眠很长时间。我选择了最后一天去，我9点钟第一个进的故宫，进去以后一看有六列纵队。我问保安他们是怎么来的，保安说昨天晚上都没走。一对年轻人看完《清明上河图》出来，我听他们聊天后立刻明白了自拍是怎么回事。女孩子问男孩子怎么样，男孩子说位置不错，光线不好。他们干什么去了？拍照去了。原来自拍是把自己看成无价值的人，要把自己和有价值的东西捆绑在一起。

自恋主义凸显出来的是这些年个人价值感的消失，表面上到处都是自己，到处都是自我的存在，到处都在刷存在感，但刷存在感本身恰恰说明我们生活的无价值。

我的一个朋友是知名的学者，按说应该有价值感，但是他经常拿着手机给我们看照片，说这是他去欧洲在马克思墓前的照片，这是在巴尔扎克墓前的照片。我觉得他的价值不应该是跟某个名人墓的合影，他的价值应该是有一天别人拿着照片说这是在他墓前的合影。

自我价值感的消失，使自恋主义变成了情感中心主义，变成了徘徊于当下，不愿意承认未来，看不见未来有创造感、有价值感的生活的伦理。

今天又出现了新自恋主义，典型的新自恋主义形象是"佛系青年"。怎么理解"佛系青年"呢？简单地讲，"佛系青年"就是妈宝，现在很多年轻人一切都是妈妈说了算：找什么男朋友、女朋友，妈妈说了算；找什么工作，妈妈说了算；上什么学，妈妈说了算。因为一切都交给妈妈，所以他们是没有自我的，他们是无所谓的。佛系的背后是对生活缺乏主张的一个有趣的标准：没有主张，随大流，吃饱了算，遇见谁就是谁，我干什么都行。

这种新的伦理情感态度，构成了我今天讲的"新自恋主义"。传统的自恋主义至少还讲感情、讲爱、讲轰轰烈烈的爱情故事，今天的自恋主义讲什么都无所谓，一切都可以。过去学生挂了科要死的心都有，现在的学生挂了科就问老师明年还能考吗。

我们所讲的新自恋主义其实是把自己改变世界的冲动变成了什么都改变不了的无奈，我给这种态度取了一个名字叫"小民主义"。

我给我的学生讲中美贸易关系，学生说跟他们没关系；我给他们讲，中国未来会面临一些什么样的挑战，他们说"老师，这跟我们没关系"；他们认为找什么工作也没关系，怎么样也能吃上一顿饭吧。

我们大学毕业的时候毕业留念册上写的是"好儿女志在四方"。现在谁还讲"鹏程万里""祝你事业成功"，每年我看我学生的毕业留念册上写的都是"珍惜当下，感恩当下"，或者"把握好自己的生活"，或者"找一个好归宿"。

我一个朋友的孩子考上了南开大学的硕士生，她是个小姑娘，她妈妈领着她来见我，说"老师，你能指导一下我的孩子吗？"我就问这个孩子："你未来的人生规划是什么？"这个孩子还没说话，她妈妈先说："啥人生规划，就是找个好工作，嫁个好老公。"问男生也是这样，就是找个好工作，娶个好老婆。人生没有对未来的期许，没有创造感，其实这种生活是很可悲的。

新自恋主义是对生活的妥协，今天最大的妥协就在于我们只能看到油盐酱醋茶，再也找不到富有创造性、让我们的生活有价值的东西。

一个韩国女生在中国过年，四个同学的妈妈问了她一些问题，如"你多大了？""有男朋友吗？""想结婚吗？""什么时候要孩子？""喜欢男孩还是女孩？""要几个？"这个女生对记者说："我非常奇怪中国妈妈怎么了，没有一个人问我未来的职业，我要有什么样的生活，我要怎么样改变我的未来，全都是生孩子。"在这里家庭伦理被突出了，家庭中心主义是新自恋主义真正的背景。

第二，我称为"情感偏执狂"。伦理巨变另外一个有趣的现象就是越来越多的人把情感看得非常重要，一切都是放在情感的层面上讲。

什么叫情感偏执狂？就是越来越多的人不再相信除了感情之外的其他伦理价值。我们都知道早年有一个电影和小说反映的是革命加恋爱的故事，尽管这个小说在文体上、在内容上有它天真的方面，但至少是对那个时代人们理想的一个表达，人们希望自己的私人生活跟社会的集体生活融合在一起，每个人所向往的不仅仅是创造自己小生活的美好，更重要的是创造大生活的美好。今天我们发现这种革命加恋爱的模式消失了。即使在红色电影、电视剧中，情感的价值也被突出了。简单地说，今天的人们除了讲述情感的故事之外，不会讲别的故事，除了用情感来代替和掩盖现实生活的真正矛盾之外，不会寻找新的、别的解决矛盾的方法。

今天的红色电视剧就有这样的情节。我有一次看一个电视剧，这个电视剧演的是地下党的工作，其中有一个女生，我还没看完这个电视剧就知道这个女的要死。为什么？我摸出规律来了。在今天的革命剧中女生都是要死的，可是在我小的时候革命剧中都是男的要死，男主人公死了，创造了一种理想主义的崇高感。今天的电视剧都是女主人公死，创造了爱情失落的悲凉感，因此今天恋爱加革命的故事发生了变化。

更有意思的是另外一个变化，大家可能都看过《欢乐颂》这个电视剧。《欢乐颂》的核心主题是用情感的关系来掩盖人与人之间的政治、经济关系。在一层楼里面住着几个分属不同阶层的姐妹，这个电视剧暗示我们，人与人之间的阶层差别小于人与人之间的情感差别，只要姐妹情深，就算贫富不均，那又有什么差别，又有什么关系？在这里情感和道德被看成这个社会的核心主题，却忘记了马克思主义反复强调的政治、经济才是社会根本的东西。

在今天的电影、电视剧和伦理生活中，越来越多的人愿意用消灭矛盾的方法来掩盖矛盾的存在。有一个电影叫《夏洛特烦恼》，它暗藏着一个主题：无论你是穷还是富，都有可能遇到今天这样的困境。但是这个电影不愿意延展这个主题，这个电影的结尾告诉我们如果陷入了精神困境，把夫妻关系变成母子关系就可以了。所以在电影的结尾中，男人对他的老婆的态度是丈夫对妻子的态度吗？那是儿子对妈妈的态度。他老婆切菜他也抱住他老婆，他老婆上街他也抱住他老婆。越来越多的人认为只要情感问题解决了，生活一切都可以了。我告诉你，所有的情感问题绝不是由情感自身造成的，这个世界的问题也不是用情感可以解决的，这个世界的矛盾必须回到现实的层面上才能真正解决。

我们来看这样一个有趣的情感偏执狂的个案，那就是前几年非常兴盛、这几年还存在的穿越文化。如果你真的穿越回过去是没办法活下去的，但是穿越剧创造了非常浪漫的穿越生活，这是一种典型的情感偏执狂文化。

（1）丛林法则被想象的情感逻辑所替代。比如有一个穿越剧，结构是一个女孩被多个男人喜欢，呈现一种反男权式的规则。好多女生幻想自己穿越到古代，八王爷、四王爷、十六王爷都爱我，最后我搞定了八王爷，安抚了四王爷，然后十六王爷跟我回到了现代，拿回了两件古董。这个穿越剧的背后是女孩子希望用情感的规则对抗历史的政治规则，就好像在八王爷与四王爷的君位之争中，有了你的爱情之后，冷酷的宫廷斗争就变得温情脉脉，大家就会都遵循情感的逻辑，而不再遵循那种你死我活的丛林法则。

（2）穿越文化体现出复杂社会控制感衰落的后遗症。现代社会的特点是控制能力越来越弱。吉登斯说现代人有一种特点叫预先失败。什么叫预先失败？就是我还没做这个事就假设我自己不会做这个事。可是穿越剧体现了一个有趣的特点，你只要学点中学的知识，加一点你对历史的了解，你就可以改变历史。一个女孩子穿越到古代，她学了一点化学知识就发明了火药，她炸开了一个墓道，整个历史被她改变了。

穿越剧把创造一个以自我为中心的情感乌托邦作为目标。在这里，它用情感的方式来取代历史，用情感的矛盾来掩盖政治、经济的矛盾，这就是我所说的情感偏执狂。

这种情感偏执狂还有另一个有趣的现象，就是我们所说的新穷人的时代。今天我们讲新伦理给人们带来了巨大的变化，新自恋主义下人们未来感的消失，情感偏执狂使人们对真实处境的认识能力下降。但是有意思的是，我们一旦回到真实的生活层面就会发现，我们常常陷入一种新穷人的困境。

改革开放 40 年来中国取得了伟大成就，我们解决了 10 多亿人的吃饭问题。但是也出现了第二个问题，你的收入可以支付需要消费，但是不足以支付欲望消费。什么叫欲望消费？就是满足你的价值欲望的东西，比如奢侈品、苹果手机。在这里新穷人不是指传统意义上的穷人，而是指受高消费、欲望化消费的焦虑所支配，满足自己欲望消费能力有限的穷人。过去"白领"是一个正面词，什么叫白领？城市当中富余的人。现在"白领"的意思改变了，什么叫白领？买完米，买完面，买完水，买完电，交完房租，钱没了，这个月工资白领，你可以维持生活，但是你想多要一点其他东西很难。

这种新穷人的欲望被高高挑起，可是满足欲望的机会比我们想象的要少得多。于是新穷人不是丧失基本生活保障的穷人，而是无力获得殿堂购物所激活的成功者地位的穷人，他们饭量不大，足以存活，工资上涨，却不能提供价值的实现感。于是我们的伦理观念就出现了一种被抽象性压抑的状况，这个概念非常好玩，从理论上讲现代人都会遭遇一种"抽象性压抑"，总觉得自己活得不快乐。曾经有一个学者在一本叫作《社会学的想象力》的书中提到过："总是有些东西让我们沮丧，可是我却找不到令我沮丧的原因，现在来看抽象性压抑就是这个有趣的原因。"

什么叫抽象性压抑？法国学者斯皮瓦克研究了一个有趣的现象，他说男人现在有越来越多的机会谈论女人，比如有封面女郎，她们的身体充满着男性的欲望，但是男人因此变得不快乐。为什么？因为男人遭遇了抽象性压抑，就是任何男人都可以拥有观看封面女郎的机会，但是永远不能拥有这个女郎。有人说我家产600亿元，包她七八个。那你也是包的这个模特，你依然没有得到那个封面女郎。世界上最好吃的汉堡在哪里？在海报上。海报上的汉堡色彩鲜艳，让人垂涎欲滴，感觉咬一口就把未来全给吃下去了，可是你吃到的任何汉堡都跟海报上的汉堡几乎没有任何关系。在这里我们发现，我们今天的伦理文化越来越多的是挑起一种高涨的欲望，但是现实生活满足这个欲望的可能性没有我们想象的那么大。

打开电视可以发现，现在的日常生活在电视剧中是如何呈现的。去年有一个电视剧叫《好先生》，男朋友给女朋友打电话很平常，关键是在哪儿打、用什么打，电视剧中男主人公在私人飞机上用卫星电话打。更有意思的是我们发现在电视剧中，我们看得见的生活都是别墅、洋房，辉煌得不行，而油盐酱醋茶和菜市场这些东西已经消失了，到处都是4S店、高档咖啡厅、高档社区，以及令人望而生畏的摩天大楼。

不断地有人用文化来生产我们的欲望，但是满足这个欲望的能力在逐渐地降低，这就造成了伦理生活当中非常有趣的现象。一是增强你的一种无名的怨恨情绪，就是莫名其妙地怨恨，莫名其妙地愤怒。甚至会出现一种"踢猫模式"的愤怒。什么叫踢猫模式？老板训斥了你，你回家的路上踢了一只猫，其实那是老板的情绪在你身上的复制。二是增强你对某个东西的莫名其妙的眷恋。比如有人特别地喜欢旅游，疯狂地旅游。什么叫旅游？有个网友说得特别好，就是从自己生活够了的地方到别人生活够了的地方看一看。或者疯狂搜索价值，或者把不是自己价值的东西当成自己的价值。抽象性压抑正在影响我们看待世界、理解世界的基本方式。在这里，我们出现了一种叫作"伦理退化症"的现象。

弗洛伊德发现了一个很有趣的现象，即任何一个成年人在他一生中的特殊时刻会回到童年的生活经验里来处理他的生活。比如年轻人活得很理性，突然谈恋爱了，我们就会发现恋爱的男女朋友之间总是会出现这样的关系，要么是母子关系，要么是父女关系。拥抱、撒娇、么么哒，这都是童年经验，你在父母那里的童年经验在你恋爱的关键时候再次出现在你的身上。弗洛伊德管这个叫"退行"。

今天我们的伦理生活出现了一种伦理退行的现象，我们竟然会回到童年的时代，用我们天真年代所相信的那个价值，来看待我们今天所面对的各种矛盾。比如我们相信只要改变人和人的情感关系，就能改变人和人的社会关系，我们甚至相信只要改变道德就能改变这个社会。

伴随着这种伦理退行，出现了一些非常有趣的现象。比如有个人的微信公众号叫"同道大叔"，他的公司 2016 年融资 2 亿多元上市了。只有几个人的小公司，能够融资几个亿，这在传统的经济当中是不可能的，但是他做到了。同道大叔怎么做到的？他的微信公众号主要是发关于星座的文章。同道大叔的星座文章有几个特点：第一个特点是萌，全都用很萌的漫画来表达，萌是一种不愿意承认身边有丛林法则的态度；第二个特点是简明清晰，提供一种全景知识的幻觉。什么叫全景知识的幻觉？我举个例子你就明白了。我爸爸 2005 年去世了，他去世的最后几年脑子都不清楚了，可是他坚持看新闻联播和天气预报。有次看完天气预报我问我爸明天下雨吗，他说不知道。我说不知道你看它干吗。这是为什么？他看了新闻联播和天气预报，才能让自己产生这样一种感觉：我没有被这个世界抛弃。这就是全景知识幻觉。我每天早上起来要看新闻，我不看新闻就会觉得被生活抛弃了，但其实我不看新闻也没有被生活抛弃，尽管如此，提供全景知识幻觉是现代人生活中非常重要的一环。同道大叔就是这样做的，他提供的是我教给你简单的方法，你就能对付这世界的一切复杂的幻觉。比如摩羯座不能不知道的 30 个处世原则，对付天蝎座上司的 12 个有效方式。你突然发现你的生活简单极了，因为你的上司就是天蝎座，有 12 个办法，一个月用一个，一年刚好用完。其实这些都是虚假的，可是你却愿意用这种想象出来的、还原到童真这样的伦理关系来掩盖社会关系。

面对生活伦理的巨变，我们应该怎么做？

第一，在今天我们要重新反思马克思主义所讲的公平政治问题。为什么很多时候我们不敢承认现实生活中存在的真实问题？因为长期以来公平都被掩盖了。习近平总书记在十九大报告中讲房子不是用来炒的，房子是用来住的，这句话符合非常经典的马克思主义原理。马克思主义告诉我们衣食住行是人的基本需要，这个东西你不能垄断。所以重拾公平是重新认识生活的一个方式。

第二，今天我们也需要讲一点忠恕之道。现代社会的竞争使得人们越来越觉得好像别人的存在就是对自己的存在的威胁，但其实现代社会的根本特点是没有别人就没有你。各位有没有想过，你穿的衣服是你自己做的吗？你手里拿的手机是你自己制造的吗？著名的社会学家告诉我们，现代社会是一个用机械团结来取代有机团结的过程，过去人与人的关系是靠血缘维系的，现在是靠对他人的需要维系的，你要提供别人需要的东西，别人提供你需要的东西。这些年有些人的忠恕之道丢失了，比如这个车稍微慢了一点，你在后面就按喇叭，恨不得你先走；电梯里的人还没出来你就往前冲。我在国外待时间长了，学会了人和人见面要微笑，我在电梯里面看到新上来的人也会微笑，回国发现我一笑别人不敢上来了。

第三，是在文化表达方面，我们要敢于说出真正的生活经历，敢于说出习近平总书记所讲的人民生活的矛盾。我们今天的有些文化是假的、是虚的，我称为"傻乐主义"，那是用来欺骗我们的。很多时候道德和情感的矛盾被夸大了，真正的矛盾被掩盖了。所以今天创造中国人的经济美学，才是真正增强我们文化自信的重要方式。

当然，我们所讲的伦理的巨变并不是一个固态的过程，也不是一个结果，看待他人和看待自己的生活方式的变化带来的有可能是整个社会的变化。有的时候我们会觉得自己对待自己的态度和自己对待家人、朋友的态度的一次小小的改变，有可能是整个社会大的变化当中的一个晴雨表。思考和观察我们自己的伦理生活，其实也是思考整个社会的问题。在某种意义上，理解伦理的变化是和理解我们整个社会、整个世界的变化紧密联系在一起的。

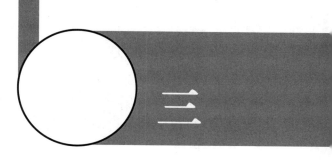

三

经济科技

德国经济繁荣的秘诀

胡　琨

胡　琨 ✎

德国哈勒大学经济学院教授资
格候选人，中国社会科学院欧
洲研究所经济研究室副主任、
副研究员，中德合作中心秘书
长。主要研究领域：欧洲金融
与货币体系、产业与地区结构
转型、德国经济体制、德国外
交与中德关系等。发表学术论
文数十篇。

社会市场经济如何在德国确立

从 2012 年第一季度到 2016 年，我们可以看到德国经济增长水平
一直高于欧元区平均水平。但是在 1999 年的时候，德国还被英国
《经济学人》杂志称为"欧洲病夫"，那个时候的德国跟现在是不可
同日而语的。德国经济的轮回，跟德国特有的社会市场经济的模式是

密不可分的，但是为什么同样一个经济模式，在不同的时期有不同的绩效表现？这个问题无论对于理解德国，还是对于理解中国改革开放以来，尤其是 2008 年到现在的经济现象，我个人觉得都是相当有意义的。社会市场经济的核心就是竞争秩序。

我们现在讲社会市场经济如何在德国确立。一种市场经济模式或者市场经济体制并不是凭空产生的，在德国也是。二战结束以后，德国战败，前途未卜，选择哪一种经济制度是当时大家热烈讨论的问题，想建立起一个自由、民主、繁荣的国家，到底是走计划经济的道路还是走市场经济的道路，当时大家是有争论的。德国实行过两次短暂的市场经济体制，在 1918 年到 1933 年实行过短暂的市场经济，这期间德国遭遇了痛苦的超级通货膨胀以及世界经济危机导致的大萧条，这些痛苦的回忆让德国人觉得市场经济不是好东西，给他们带来的只有痛苦。1933 年希特勒上台之后实行了类似计划经济的经济制度，取得了巨大的成功，加上苏联在建立之后有 20 年突飞猛进的发展，使得当时德国人对计划经济相当有好感。很多德国人习惯了物资短缺，所以他们宁愿相信富有远见的官员，也不愿意相信市场这只看不见的手，他们认为市场这只看不见的手会带来太多不安全感、太多不确定感，他们觉得精英官员可以搞定一切。

当时的联邦德国有两个主要的政党，一个是社会民主党，通常被认为是民主社会主义的代表，当时他们比较倾向于所谓的中央统制经济和计划经济；另外一个是基督教民主联盟，他们的政治纲领偏右。战后初期不仅是社会民主党，就连基督教民主联盟多多少少都受到了社会主义经济思潮的影响。在这样一个背景之下，德国建立市场经济其实是面临很大的挑战的。我们也知道从 1947 年 3 月冷战开始，美国就按照西方的模式重建德国；1947 年 5 月 29 日，西方就在后来被称为联邦德国的军事占领区域签署了协议，在苏联之外的德国建立一个相对独立的管理委员会。当时，尽管社会民主党拥护中央统制经济和社会主义，但是在美国的支持之下，基督教民主联盟夺得管理委员会中专门负责经济政策的经济管理处主任职位。社会民主党为了表示抗议，就放弃在整个管理委员会中担任职务，这个举措严重削弱了社会民主党对未来走向的影响力。

1948 年 3 月 2 日，无党派人士艾哈德被选为第二任管理委员会经济管理处主任。他在社会市场经济的口号下对当时实行的统制经济进行改革，也因此被称为"社会市场经济之父"。随着改革效果显现，社会市场经济被基督教民主联盟所拥护，并被写入了 1949 年 7 月 19 日颁布的党纲，成为该党经济政策准则。战后基督教民主联盟长期执政，从 1949 年一直执政到 1966 年，这也是德国所谓的经济奇迹年代，这就使得社会市场经济这个理念深入人心，导致 1959 年 7 月 19 日，社会民主党也在他们的纲领中宣布接受这个理念。从此以后，社会市场经济就成为德国社会普遍认可的经济模式，这是社会市场经济作为理念在德国确认下来的大概路径。

什么是社会市场经济

到底什么是社会市场经济？它跟社会主义、统制经济，或者我们看到的计划经济还有其他的市场经济有什么不同？社会市场经济最初是在阿尔马克的《市场统制与市场经济》这本书中提出的。要强调一点，德国的新自由主义，跟我们现在讲的新自由主义有本质区别。我这里讲的德国新自由主义更多是在 19 世纪末到 20 世纪初，德国的很多学者对古典自由主义产生的一些问题进行反思，然后在这个基础之上得出的思想成果。德国新自由主义有两个方向：一个方向是反思自由主义，他们从这个角度出发反思放任自由经济；另外一个方向是从国家干预出发，他们觉得国家干预有问题，从这个角度出发开始往右反思。也就是说，他们其实从问题的两端往中间走，最后殊途同归。德国新自由主义最早可追溯到 19 世纪下半叶关于社会政策的讨论，那时在整个西方国家资本主义比较流行，所以就开始反思需不需要有一个社会政策来为市场经济中竞争的失败者兜底，并提出是不是要进行必要的干预。因此，在 1932 年德国社会政策的年会上自由干预主义被提出，这被视为德国新自由主义建立的标志，对德国战后起关键作用的新自由主义有两个流派：一个叫社会新自由主义，一个叫弗莱堡学派。

社会新自由主义者基本上从反思自由主义出发，但他们也反对无序和过多的国家干预，他们主张应该在强大国家支持下建立和维护一种广泛的兼顾市场经济和民主的秩序，同时也受到基督教的强烈影响。他们不仅需要通过经济政策落实竞争原则，通过竞争原则实现经济增长，确保物质需求得到满足，还要实施所谓社会政策，满足教育、家庭、文化、伦理的需求，也就是我们所说的如何把蛋糕分好。在这个秩序中经济和社会目标是并重的，社会目标虽然是一个终极目标，但是只有市场经济才能为它提供可靠的竞争和保障。所以在他们的理念中社会政策是目的，经济政策是手段，但是社会政策不应该与市场经济有所冲突，而应该遵循绩效原则和辅助性原则，使它们朝着有利于市场的方向发展，是促进而不是阻碍市场竞争。

这里提到的绩效原则和辅助性原则以及后面将要提到的消费者主权，是市场经济的核心原则，这也是我们在日常生活中容易产生深刻体会的，我后面会详细阐述。

另外一个学派叫弗莱堡学派，它产生的背景是纳粹时期国家对经济的干预相当强烈，因此该学派的出发点就是反思国家对经济的干预，捍卫市场经济，同时反对没有规制的市场，所以主张建立一个有运作能力、合乎自然本质的经济秩序来保障市场经济的有效运行。学派成员不但要通过经济政策来落实绩效原则和消费者主权，确保市场实现完全竞争，也就是建立竞争秩序，同时国家应该避免直接干预经济过程。他们把经济现象分为经济秩序和经济过程，从这个角度切入实现社会财富增长和个人自由。他们对国家干预有着极大的警惕性，认为国家干预经济过程会从根本上危及经济绩效。同时，也认为没有规则的社会会危及市场本身，所以他们认为国家应该在区分经济秩序和经济过程的基础上避免直接干预经济过程，而应该专注于落实秩序。他们也关注社会问题，但更多的是认为社会问题并不是凭空产生的，而是源于经济竞争的不完全，只要实现了市场经济的完全竞争，就可以使社会危机迎刃而解。也就是说在他们看来，社会问题并不是需要专门解决的问题，只要把竞争秩序保障好了，社会问题就会迎刃而解，秩序政策本身就是最好的社会政策，即只要把蛋糕做大，而且按照符合理性的方式做大就不会出现社会问题。就此而言，弗莱堡学派认为经济政策本身就具有社会性。

我们来看一看两个学派的不同。社会新自由主义发源于19世纪下半叶，所以其出发点是反对自由放任经济；弗莱堡学派产生于纳粹时期，更多聚焦如何反对国家干预。社会新自由主义认为社会政策是必不可少的市场工具，弗莱堡学派认为能促进完全竞争的就是最好的社会政策。

但是两个学派都主张国家负有优先创建和维护一个确保完全竞争的市场经济秩序的责任，也就是说，通过好的竞争秩序来实现自由和经济绩效，所以被统称为"秩序自由主义"。所谓绩效竞争和绩效原则，即市场竞争的对象不是政府关系，不是银行关系，而是绩效，即我的产品是不是比你的更好，是不是比你的成本更低、更物美价廉；在这个竞争的过程中，决定竞争成败的不是哪一个官员，而是有没有消费者买账。辅助性原则是指政府的干预不应该影响市场的运行，只有在国民没有办法自救的时候，政府才有必要出手，即国家的保障当个人的工作不能解决基本的温饱问题时才会起作用。这样就确保国民不能好吃懒做，因为如果自己都不努力尝试改变自己的命运，没有人会去帮你改变，这样就促使所有企业和个人参与到经济竞争中去，他们只需要专注于生产出更物美价廉的产品，因为这是在竞争中胜出的唯一方式。这个时候，就不需要刻意去促进、推动创新，创新已成为企业的一种本能，因为需要通过创新生产更好的、更符合消费者需要的产品，所以在这个时候辛勤劳作和不断创新，成为一种本能。经济政策只要遵循这个原则，就能充分发挥德国国民的勤劳和创新精神，这是一个必然的逻辑，而不需要专门制定针对创新的政策。政府的补贴，在这个时候是多余的，甚至会破坏辅助性原则和绩效原则，大量的财政资金会被企业骗取。所以，德国经济政策在过去的五六十年里，基本遵循社会市场经济理念，这是德国经济复苏的根本原因。如果在某些体制下，个人和企业是否赚钱取决于是否有各种关系，那劳动和创新就变得多余，社会的资源就会浪费在一些没有意义的事情上面。我觉得这应是德国经济体制的一个根本逻辑。

但是我们也知道，这种秩序自由主义要在战后社会主义理念盛行的德国得到普遍认可，无疑面临巨大挑战。在这个背景之下，社会市场经济之父们创造性地提出了"社会市场"的概念，即我们这个社会市场体制是"社会"的，不是"不社会"的，我们这个经济模式是很人性化、很有人文关怀的。这个富于创造性的社会市场经济术语借此把德国老百姓的疑虑化解了。阿尔马克认为就服务于共同利益、满足社会正义和诉求来说，经济政策并不一定会实现社会公平和社会和谐，因此，他主张还是要通过一定的社会政策和过程政策，来实现社会目标。他寻求以一种市场经济为基础，兼顾个人自由经济增长和社会安全的社会秩序，同时又跳出了社会新自由主义的教条，主张社会秩序并不是一成不变的，应该在坚持市场自由和社会平衡的前提下，与不断变化的社会环境相适应。因此，阿尔马克一面引入相应的社会政策来应对德国浓厚的社会主义思潮挑战，同时，面对德国物资严重短缺的状况，他克制过度的社会政策要求，而专注于建立和维护经济秩序，因为这个阶段首要的目的是发展经济，至于更广泛的社会政策可以在社会发达后再说。德国市场经济体制的引入跟我们的改革开放有很多类似的方面，在实用主义理念下，社会市场经济从一开始就是建立在市场经济之上的各种理念的混杂，包括社会新自由主义、弗莱堡学派、社会主义和基督教等，还有不断延续和开放的经济制度，在这个框架下不同立场的人可以各取所需。我们讲的社会主义市场经济也未尝不是一个这样的形态。

因此，社会市场经济作为一种具体的社会经济模式，其政策实践持续处在力量博弈之中。除了强调这些政策必须跟市场相适应之外，对如何实行政策以及政策之间的关系是什么，众人也没有一个比较清晰的思路，所以从一开始社会市场经济就不是严密和既定的方案。但是社会市场经济理念本身并没有偏离秩序自由主义的根本立场。因此，市场经济秩序才有可能增进人民福祉。市场经济秩序最为根本，是所有经济秩序的基础。获取和确保各项福利最有效的手段是竞争，竞争秩序本身就是社会性的。社会市场经济之父们认为通过竞争可实现人人富裕，即实现共同富裕，而实现这一目标的手段就是市场经济，在这一点上大家是没有分歧的。要强调的是，社会市场经济不是市场经济和中央统制经济的第三条道路，它是注重社会特殊类型的市场经济，它实施与市场经济相适应的政策，在这个制度中，借助竞争秩序实现的增长是社会福利的基础，关键的一点是，增长政策永远优先于社会政策，并在这个理念指导之下优先建立和维护确保市场完全竞争的秩序。它的经济政策遵循经济理性和社会关怀的原则，面对不同社会环境的挑战应该优先建立和维护市场竞争秩序，然后再辅以必要的过程政策和社会政策来提高经济绩效和社会自由。任何政策都应该遵循辅助性原则，以使它们朝着适应而不是破坏竞争的方向推进。简而言之，能否坚持市场竞争秩序是社会市场经济的一个核心标准。

德国社会市场经济的实践

我们考察德国战后的经济政策，需要有一个准绳，即从 1948 年一直到 2018 年，它的经济政策是否坚持了市场竞争的原则。

德国战后分为几个阶段，我们先来讲第一个阶段，即从 1948 年到 1966 年。建立和维护竞争秩序是社会市场经济理念落实的关键，要达成这个目标首先不仅仅是经济政策的问题，还要在宪法中确定一系列原则，并且这些原则应该对市场上的所有参与者适用，包括币值稳定、保障完全竞争、开放的市场、自我负责和承担义务，还有经济政策的连贯性和稳定性。在这个背景下，德国在基本法中，把跟这些理念相符合的一系列原则写进去了，然后就剩下如何应对各种因素导致的竞争限制。竞争限制不仅仅是市场上形成的垄断，还包括来自国家方面的干预。对于市场的限制，具体来讲，即关注价格，因为价格是市场配置资源的关键。计划经济之所以在很多方面相对于市场经济而言存在缺陷，是因为市场上瞬息万变的信息主要通过价格反映，计划经济缺乏这一机制，所以价格稳定是市场经济健康运行的基本保障。因此在这个市场经济的模式中，应该实施价格稳定导向的货币政策。自由竞争的限制也是形形色色的，比如有些企业在市场上具备一定的支配地位，还有行政权力对市场的限制，如各种管制、补贴，还有过度的社会福利，打个比方，如果从出生到死亡都有国家管着，谁还会去竞争？此外，财政政策也是重点，财政收支不仅会影响物价水平，还会影响绩效竞争，所以在社会市场经济的理念中，要确保财政支出不足以干预经济过程。因此从整体上来讲，稳定的货币政策、基于辅助性原则和克制的社会政策，还有平衡导向的财政政策，是社会市场经济领域中最重要的几个方面。

现在来谈谈社会市场经济如何在德国具体落实。1948 年 3 月 1 日，德意志各州银行成立，也就是我们今天看到的德国央行。一方面，对德国央行发行货币设置了程序和界限，即货币流通总量当时不能超过 100 亿马克，最多可以增加 10 亿马克，通过法律限制联邦银行滥发货币的行为。因此德国央行有两个重要的特点，一是它只受法律约束；二是货币政策的首要出发点是价格稳定，只有在价格稳定的前提下，才能够为经济政策提供必要的经济辅助，这个理念最后也被欧洲央行所引用。

与此同时，开始向市场经济转变，陆续出台很多法规，例如放松价格管制和终结商品供给制。当时德国物资短缺，东西极贵，为了防止价格上涨，就采取了价格冻结的方式。美国占领军为了维护局势的稳定，规定价格是不能随便调整的，如果调整价格必须要得到盟军同意。但是价格冻结一旦取消，初期东西很少、钱很多，以前虽然东西看上去很便宜，但是买不到，现在价格上去了，即使有卖的也买不起了，价格的上涨就会激励生产，生产扩张就会增加商品供应，供应增加之后，价格就会慢慢降下来，进入一个良性循环，这是一个过程，在这个过程中改革者要承受极大压力。

改革其实是一件相当有挑战的事情。为什么历史上很多改革不成功？因为改革的初期必须有阵痛，你的对手会不会以此做文章，你的盟友会不会丧失耐心，这都是极大的风险。

此外，德国还实行了很多其他措施，比如放松经营管制、反垄断和稳定汇率，减少对经济的直接干预，促进从生产到消费各个领域的自由竞争。1957 年《联邦法》和《反限制竞争法》出台，完全竞争制度化了，社会市场经济的核心竞争秩序在德国得以巩固。在贸易自由化的推动下，德国的出口相当强劲，1950 年德国货币政策处于两难境地，价格和汇率没有办法同时保持稳定。德国政府采取的措施是让马克升值，因为贸易顺差巨大，意味着产品有竞争力、有优势，适当的升值，不但会增加产品的附加值，而且会产生产业升级的动力，同时，又能保障国内价格稳定，这个时期联邦政府把国内的价格稳定视为优先目标。

与此同时，社会政策也逐步推行，如向战争受害者提供救济，兴建住房，设定最低工作条件，重建养老、失业、工伤与医疗等各类社会保险，发放补贴金和社会救助款。可能我们很多听众会觉得德国的工会是一个很正面的因素，其实在经济政策中工会并不只是发挥正面的作用，因为过度的福利和保障会损害辅助性原则。但总体上来讲，德国在此期间价格稳定，竞争秩序在这个阶段达到了巅峰，德国经济在 1948 年之后就进入了一个所谓经济奇迹年代。

社会市场经济制度本身就是一个开放的制度，所以它也出现了一个异化的阶段。实施过程政策也需要政府干预市场，过程政策是稳定经济运行的必要补充，而艾哈德认为稳增长政策是没有必要的，他对过程政策的态度极其保守，所以他没有办法应对经济周期下德国经济的滑坡。艾哈德认为只要确保竞争秩序，采取货币政策和信贷政策以及一些很保守的政策就可以不受经济周期困扰。但是这是不太现实的，因为随着战后重建工作的结束，经济开始下行，包括石油危机的冲击，艾哈德没有办法适应这种变化，就没有办法阻止德国经济陷入衰退，他因此下台，然后社会民主党成为执政党。

1967 年德国出台了一些新的政策，一方面，使人们认识到国家在借助经济秩序实现经济增长之外，有必要通过过程政策和社会政策来确保竞争秩序和经济环境的稳定，即稳增长政策；另一方面，稳增长政策的成功加强了社会民主党政府调控经济的信心，因而没有对稳增长政策的范围和过程做出明确规定，在这个财政政策的支持下，稳增长政策不断加强干预，而且选民也希望有更多的福利，所以在政治逻辑和选民诉求下，社会福利不断地膨胀，这些变化使绩效原则和辅助性原则受到了限制，完全竞争没有办法得到保障。值得一提的是，这个时候的政策变化已经完全违背了稳增长政策的理念，同样也忽视了维护市场竞争秩序。

这个时期，德国马克不断受到国际投资资本的冲击，要确保马克汇率稳定，挑战巨大，最后导致德国外汇市场在 1973 年 3 月 11 日直接关闭，德国联邦银行因此重新获得了货币供应权力。重新获得货币自主权后，它的货币政策不断受到社会民主党稳增长政策的影响，一直摇摆不定，加上财政政策不断扩张，不合时宜地出台了涨工资政策，通货膨胀率也是一路走高。这个时候会提到一个问题，作为央行到底应该干什么，太多目标就是没有目标，如果一个央行要承担很多职责，就很容易失职。这一时期的德国经济，价格稳定和完全竞争都没有办法得到保障，竞争秩序受到损害。社会市场经济理念在当时甚至被大家认为是过时的，在一些其他因素的影响下德国经济增长相当乏力，通胀率也很高，失业率不断攀升，社会福利开支也在不停地增加。从这个角度讲，稳增长政策不能过度。

1982 年基督教民主联盟重新挑战，一方面重新赋予价格稳定优先地位，另一方面通过减税、改革税制缩减社会福利，减少市场管制，来促进市场竞争。在这一系列政策的影响下，德国开始重新焕发活力，经济复苏，出口和经济总量开始强劲增长，失业率又开始降低，1983 年整个经济指标开始上行，社会开支也开始缩减，也是在这个时候，即两个德国统一的时候，社会市场经济作为一个经济秩序被写入宪法，成为共同的经济秩序。

社会市场经济的回归之路必定不可能是坦途，很多因素都在阻碍市场竞争和经济增长，亟须进一步改革，但是两德统一导致的冲击使德国开始实施强有力的国家干预，拖累了经济发展，1990 年到 1999 年经济又慢慢开始往下走了，这是一个很清晰的脉络。

停滞不前的经济导致社会民主党上台，当时的总理叫施罗德。他的口号是什么？叫支持市场经济，但非市场社会，这个本身就是对社会市场经济的清晰表达。但是，他这个改革的阻力是很大的，也就是在这个时候"欧洲病夫"的帽子被戴到德国头上。他最终以个人政治生命为代价，在极大的阻力之下推动了德国战后力度最大的一个改革方案，在回归社会市场经济的道路上迈出了决定性的一步。这个改革很重要的一个方面是削减福利，以前在德国看病拿着保险卡就可以，随便开药，引入这个改革之后采取了一个措施，即你要看门诊就得交门诊费，一个季度 10 欧元，区区 10 欧元就解决了德国民众动辄看医生的问题。施罗德虽然下台了，但是改革措施被之后的基督教民主联盟所继承。我们可以看到，2003 年以来德国物价稳定，财政赤字和福利不断缩减，竞争秩序逐渐得到恢复。2007 年以来德国能承受住国际上的各种冲击，是与坚持回归以竞争为核心的社会市场模式密不可分的。

2008 年世界经济的衰退，对德国有重大影响。2008 年德国经济还延续了 2007 年的增长势头，但到 2009 年德国经济就衰退了 5.1%。德国如何应对的呢？因为这个冲击首先来自金融市场，德国在 2008年 10 月通过了《金融市场稳定法》，建立了一个最高限额为 480 亿欧元的金融市场稳定基金，这个基金由新成立的联邦银行管理局来管理，以帮助金融机构克服流动性困难。德国的反应之所以这么迅速，也是因为它很早就做出判断，此次次贷危机所造成的损失相当于德国银行业 7.63 万亿欧元的总资产，这完全在它承受范围之内，并不是系统性风险，而只是暂时性的流动困难。由于德国反应及时，次贷危机的冲击并没有在银行体系中引发连锁反应，截至 2015 年底，这个基金总共向 10 家银行提供了 203 亿欧元的各种救助。在保证了金融市场稳定之后，它就开始理顺实体经济。联邦政府通过了保障就业、振兴经济的方案，包括 15 项经济措施，主要是为了防止金融危机对实体经济造成更严重的危害，这是德国战后历史上最大规模的稳增长计划，叫"德国就业与稳定计划"，规模是 500 亿欧元，方案主要包括公共投资、提供企业信贷和减少财政支出。因为核心的原则是保障竞争秩序，所以政府的干预不能破坏竞争秩序。德国用来稳增长的经费占国内经济总量的 1.5%，但效果确实相当明显。就此而言，稳增长政策并不应该用来发展经济，而只是为经济有机发展提供缓冲。所以德国经济很快重新走上正轨，面对危机，坚持市场竞争原则，自然就走了出来。

经济政策不应该偏离增进人民福祉和促进社会公正，这是社会市场经济的核心主张。国家应该优先建立竞争秩序，再辅以稳增长政策和社会政策，同时，任何稳增长政策和社会政策都应该维护竞争原则。简而言之，在这个模式中，借助竞争秩序实现增长，增长政策优先于分配政策。在市场经济的诸多条件下，德国经济政策的主要改革任务之一就是维护价格稳定和完全竞争，维护竞争秩序。德国战后的经济实践，一方面，在借助竞争秩序实现经济增长之外，需要建立必要的稳增长政策和社会政策，从而从根本上保障这个根本秩序；另一方面，过度的国家干预和社会保障，会损害竞争秩序和经济活力。所以说，社会市场经济的核心一是完善竞争秩序本身，二是确保稳定。

当然我们要注意到，稳增长政策和社会福利不能回归得过度。同时，稳增长政策的缺失，也会影响整体经济环境的稳定，这也是一个负责任的政府需要考虑的问题。对于任何一个政府来讲，在把握稳增长的度时，一方面要确定经济稳定运行，另一方面不能损害市场配置资源的竞争原则，这是经济政策的一个核心问题。

卫星导航与北斗应用

蔺陆洲

蔺陆洲

中国科学院光电研究院导航创新应用联合实验室常务副主任。中国卫星导航系统管理办公室国际合作中心项目主管，全图通位置网络有限公司首席运营官。主要研究方向为卫星导航和商业航天，长期负责北斗卫星导航系统的国际合作与应用

推广工作，组织实施了突尼斯、泰国、巴基斯坦等国的中阿、中泰、中巴北斗/GNSS 中心建设，主持和参与多项国家级和省部级北斗重大科研项目和示范工程的论证和实施。编辑和出版了"天基丝路"等航天国际化书系，在《卫星应用》《国际安全研究》等核心期刊发表论文多篇。

航天活动中的卫星导航

卫星导航是航天活动的一个重要领域，涉及 70 多个学科，包括

信号体制、卫星星座、地面系统、卫星平台、卫星载荷和用户终端的设计研制等任务。因此，卫星导航系统的建设应是一个复杂的系统工程。

从用途来分，可以分为军用航天和民用航天；从是否载人来分，可以分为载人航天和无人航天；从轨道高度来分，可以分为低轨航天、中轨航天和高轨航天等。为了便于感知和介绍，我将航天活动简单分为四类，以使大家对卫星导航在航天活动中的位置具有更加宏观和清晰的认识。

第一类是运载火箭。因为航天活动的前提是使用运载火箭将航天器发射到预定的轨道上面，在商业航天中我们称之为发射服务。当然，运载火箭的技术与弹道导弹技术是高度类似的，既可以军用，也可以民用。

第二类是人造地球卫星。人造地球卫星大概有三种：第一种是通信卫星，第二种是遥感卫星，第三种是导航卫星。

第一，通信卫星。通信是目前卫星提供的最主要的服务，根据美国航天基金会的统计，通信收入大概占了目前卫星应用行业总收入的80%。卫星通信的直接应用就是卫星电话，与一般我们地面移动通信与地面基站通信的方式不同，卫星通信是地面终端和卫星之间的通信，所以它可以不受地域的限制且能实现全球覆盖。另外，卫星也可以提供电视广播服务，在国内偏僻的山区和类似北美这类地广人稀的地区，还有像印度尼西亚这样的岛国，地面有线通信的建设成本很高，卫星通信是更为有效和便捷的手段，所以卫星通信是国家的重要基础设施。

第二，遥感卫星。利用非接触式探测的技术都可以称为遥感，我们最熟悉的卫星遥感方式就是摄影。自冷战时期开始，进行军事侦察就是卫星重要的应用领域。目前，卫星遥感已经广泛应用于国土资源普查、海洋环境调查、气象预报，正在向城市智能化精细管理、城乡建设规划、自然环境保护等方面延伸。

第三，导航卫星。导航卫星将卫星作为平台，播放导航信号，为地面提供定位、导航、授时服务。卫星导航系统由于需要卫星组网才能够运行，因此是一个非常复杂的航天工程。这是本次讲座我们重点介绍的内容。

第三类是载人航天。载人航天作为有人参与的航天活动，对航天任务的安全性有着极高的要求。我们大家所熟知的东方号、阿波罗计划、国际空间站，以及我国的神舟飞船、天宫实验室，都是载人航天活动。

第四类是深空探测。一般离开地球轨道的航天活动，我们都可以称为深空探测，深空探测基本是太空科学的研究领域，例如月球探测、火星探测等。

总的来说，航天活动涉及的领域非常广泛，卫星导航是航天活动中的一个重要部分。

卫星导航系统的定位原理

现代卫星导航系统的定位原理基于解析几何的基础概念，在一个坐标系里面如果已知三个点的坐标，即三个点的参数（X，Y，Z），另有一个未知点，但是如果得到已知三个点分别到未知点的距离，即可求出未知点的坐标参数，这就是现代卫星导航系统的基本原理。

首先，如果我们把地球想象为一个坐标系，卫星运动具有一个特点，即卫星围绕地球的固定轨道运行，那么在确定时间后可以准确掌握它的坐标。

其次，如果在卫星上搭载高精度的原子钟，就可以获得卫星的准确时间。目前，我们国家自主研制的原子钟，可以达到 2000 万年误差 1 秒，所以它的技术精度是非常高的。

最后，我们还知道无线电波在真空中以光速传播，从卫星发射无线电信号到接收机收到信号之间有一个时间差，时间差乘以光速就可以知道接收机和卫星之间的距离。

因此，如果我们的接收机能够收到三个卫星的信号，就可以计算出自己的位置。还有一个问题是卫星上面搭载了高精度的原子钟，所以能够掌握准确的时间，我们自己的接收机没有原子钟所以无法获取高精度的时间，因此需要将时间也作为一个未知量，再引入一颗卫星的参数进行计算。也就是说，需要接收四颗卫星的信号才能准确定位我们的位置。

卫星导航系统

在我们熟悉的 GPS 之外，我们要先建立 GNSS 的概念，即 Global Navigation Satellite System，全球卫星导航系统。因为凡是能够提供导航、定位、授时服务的卫星系统都可以称为全球卫星导航系统，只是每个国家建设的系统有所不同。美国建设的全球卫星导航系统叫全球定位系统，即 Global Position System，GPS；俄罗斯建设的叫格洛纳斯系统，即 GLONASS；中国建设的叫北斗卫星导航系统；欧盟建设的叫伽利略系统；日本和印度也正在建设自己的卫星导航系统。所以，目前有多套全球卫星导航系统在同台竞技。

（一）美国的全球定位系统

美国的全球定位系统是世界上最早运行的卫星导航系统。美国在20 世纪 50 年代就开始了相关技术的研究工作。1958 年建成的子午仪卫星导航系统是供美国海军使用的世界上第一个卫星导航系统，它是根据多普勒原理进行定位的，这就造成它的定位时间很长，较快的定位时间可能需要几十分钟，缓慢的定位甚至可能需要一到两天，而且定位的精度也不太高，可能偏离几千米。但是由于该系统的用户是海军，舰船的速度不快，海域面积也大，这样的定位时间和精度基本能够满足海军的需要。但是对于地面的人员、车辆和速度很快的飞机则不适用，也就无法满足美国陆军和空军的需求，因此美军在子午仪系统的基础上联合开发了现在我们所熟知的 GPS 系统。

GPS 在 70 年代经历了多方讨论和设计，在 80 年代逐步开始建设，并在 90 年代最终建成，提供服务。当然，在系统的建设过程当中经历了很多的曲折，其中最大的问题就是经费。由于卫星导航系统需要组建由 24 颗卫星构成的星座，卫星数量众多，卫星研制、生产、发射、部署、调试和系统维护的费用即便对于财大气粗的美国来说也不小，所以美国国会要求削减经费，最终从 24 颗卫星减少到 18 颗卫星。但是 1990～1991 年发生的海湾战争是 GPS 的一个翻身仗，因为 GPS 在海湾战争中展示了巨大的使用价值，可以说是海外战争的出色表现拯救了 GPS。首先，GPS 在军事行动上协助完成了部队的指挥和控制，帮助多国部队克服地形困难，轻松穿越了沙漠，完成了沙漠盾牌和沙漠风暴行动，打败了伊拉克的军队。甚至当时很多美军士兵都写信回家，要求帮他们购买民用的 GPS 接收机。其次，GPS 对精确制导武器的导航。在 GPS 的指引下美军的战斗机、轰炸机和巡航导弹准确地摧毁了目标。电视放映出的美国导弹在 GPS 的引导下准确击中目标的画面，对美国公众产生了强烈的震撼效果，普通大众切身感受到了卫星导航系统的实用性和先进性。经过 1991 年海湾战争的实践后，美国国会马上通过了原 24 颗卫星的规划，使得 GPS 最终建成，并在 1995 年正式向普通大众用户提供服务。

GPS 的卫星星座由 24 颗卫星组成，分布在 6 个轨道面上，这样的星座构型可以保证在世界的任何一个地方都能够接收到至少 4 颗卫星的信号。

美国在 1995 年初步建成 GPS 后，从 1998 年即开始论证并启动了 GPS 的现代化进程，不仅对卫星，而且对系统的信号体制、地面的运控设备、用户终端等部分，进行了系统的现代化改造和升级。目前，第一个阶段的任务已经完成，GPS 的卫星已经基本是 R 型和 M 型的新一代卫星，到 2024 年将要完成 block Ⅲ 型卫星的更替，卫星平台性能将更加优秀，信号的抗干扰能力将更强，服务的精度也会提高。

美国长期以来都在积极地推动 GPS 的应用，特别是面向普通大众的应用。

第一，GPS 早期执行选择可用性政策，即 SA 政策，目的是在未来保证军事应用的优先性，所以通过人为干扰民用信号的方式，增加 GPS 的定位误差。在 SA 政策下，GPS 的定位误差为 100 多米。但是由于俄罗斯、欧盟和中国卫星导航系统的建设，GPS 面临越来越大的竞争压力，2007 年布什总统发表声明，美国完全放弃了选择可用性政策，停止干扰以后 GPS 民用信号的定位误差从 100 多米提升到 25 米，使得 GPS 整体民用信号的性能有了质的提升。

第二，GPS 修改了出口控制政策。早期美国认为 GPS 接收机应该是军用品，至少是可供军用和民用的两用品，两用品的出口不仅需要美国商务部的许可，还需要得到美国国防部的许可，有很长的审批流程和烦琐的出口控制清单。但是在 2000 年以后美国积极地鼓励民用 GPS 产品的出口，将其由两用品划归为一般商品。因此，目前美国 GPS 的芯片、板卡、终端设备、运行系统等相关产品的出口量占总产量的 50% 以上，海外市场的扩展对美国 GPS 厂商的发展起到了重要的促进作用。

第三，美国积极利用国际组织推动 GPS 的应用。首先，在联合国的框架下设立了全球卫星导航系统国际委员会（ICG），将很多导航议题纳入该委员会的框架进行国际协调，通过多边机构的形式来规制其他卫星导航系统的发展。其次，美国导航协会（ION）每年召开年会，吸引各国的导航专家和学者参会，通过学术会议，美国可以引领导航技术的发展方向。此外，美国还由商务部牵头，联合国防部、空军、交通部等，在美国进行专题宣讲，主要介绍 GPS 的性能、特点，鼓励美国的厂商研制 GPS 设备。在海外则动用各类渠道资源进行推广。前期重点在美国的盟国，像在日本成立了 GPS 产业委员会，并召开宣讲会和推荐会。后期，美国也注重发展中国家的市场，在巴西、中国等国家也举行过很多的会议来推广各类产品。

总的来说，美国对 GPS 的应用推广非常成功，很多人直接将 GPS 当作卫星导航的代名词，这种观念已经在大众的印象中根深蒂固。

（二） 俄罗斯的格洛纳斯系统

格洛纳斯（GLONASS）是俄语"全球卫星导航系统"的音译。苏联和美国自 20 世纪 50 年代在冷战的环境下开展军备竞赛，均研制了自己的卫星导航系统。苏联早期的卫星导航系统也是供苏联海军使用的，也存在定位时间长、定位精度低的问题。为了满足空军的需求，苏联也在 70 年代提出建设一套自己的全球卫星导航系统，但是这套系统一直到苏联解体都没有完全建成。其原因主要有两方面：一是苏联计划经济体制的低效运行使得它在资金预算方面存在较大的困难；二是苏联技术水平的限制，一方面是卫星的设计研制水平，另一方面是电子元器件的设计研制水平，这使得 GLONASS 的卫星寿命比较短。导航卫星要组网才能运行，因此卫星较短的寿命使得系统无法组网并运行。直到苏联解体后，1996 年俄罗斯才建成 GLONASS 并投入使用。但是 1996 年以后俄罗斯面临严重的经济困难，导致无法及时研制和发射新卫星，在轨的卫星数量不断下降，在 2000 年左右整个系统只剩下 7 颗卫星，完全无法提供服务。

按照 GLONASS 的设计，卫星分布在 3 个轨道面，每个轨道面有 8 颗卫星和 1 颗备用卫星，这样的轨道设计非常科学，使用效率最高。同时较大的轨道倾角使得系统在高纬度地区的使用效果较好，更利于系统在俄罗斯、加拿大等国家的使用。

2000 年以后随着油气价格的上涨，俄罗斯经济强劲复苏，在庞大的财政预算支持下，俄罗斯 GLONASS 开始逐步恢复运行。2001 年卫星数量达到可用状态，而且新的 M 型和 K 型卫星也在进行更新，以保障整个 GLONASS 提供持续稳定的服务。目前，俄罗斯也在积极地推动 GLONASS 的现代化，新一代的 KM 型卫星预计将在 2020 年发射入轨，提供服务。

俄罗斯的 GLONASS 其实和美国的 GPS 几乎同时起步，但是普通大众很少了解 GLONASS，其应用推广困难的原因主要有三个。第一，由于卫星在轨数量达不到运行标准，GLONASS 无法稳定地提供服务，因此限制了大众的使用。第二，俄罗斯导航设备的厂商从苏联的计划经济军工体制转型到市场经济体制，卫星导航接收机的研制厂商和相关配套单位较少，而且都是国有企业，它们主要生产军用产品，民用产品存在体积大、重量大、种类少的问题，普通大众大都不愿意使用，终端产品的缺陷限制了 GLONASS 的应用推广。第三，GLONASS 早期采用频分多址（FDMA）的信号体制，造成设备体积较大、功耗较高，在使用中存在一些不便，这也影响了早期的应用推广。

俄罗斯也在积极地推广 GLONASS 应用，其特点是主要依靠政府的行政力量。

首先，俄罗斯与美国、中国、欧盟开展兼容与互操作协调。所谓兼容与互操作，就是多个卫星导航系统之间的导航信号要相互兼容，减少干扰。同时，不同卫星导航系统的导航信号能够共同使用。俄罗斯通过与其他卫星导航系统的国际协调与合作，保障了 GLONASS 与其他卫星导航系统的兼容性，奠定了应用推广的基础。

其次，俄罗斯利用关税手段，要求进入俄罗斯的接收机或使用卫星导航的设备必须支持 GLONASS 的应用，并对不支持 GLONASS 的设备和产品征收高额关税或禁止进口。

最后，俄罗斯通过政府项目的方式来推广 GLONASS。俄罗斯以车辆应急呼叫系统（ERA-GLONASS）为牵引，要求所有在俄罗斯出售的车辆都安装该系统，该系统可以在车辆发生事故时将相关信息进行报告。同时，俄罗斯也模仿美国导航协会，每年举办莫斯科导航论坛，邀请专家和学者参加，并举办商业展览。由于条件有限，其应用推广的重点集中在苏联的加盟国，特别是白俄罗斯和哈萨克斯坦。

（三）欧洲的伽利略卫星导航系统

欧洲和美国关系紧密，可以直接使用美国的 GPS，但是联合起来的欧洲出于对独立、自主、可控的需求，需要通过大型航天项目凝聚欧洲各国并推动其科技的发展，所以欧盟在 20 世纪 90 年代末就开始研究并论证建设卫星导航系统，到 2001 年前后正式开始伽利略卫星导航系统（以下简称 "Galileo 系统"）的建设。中国也曾经积极地参与 Galileo 系统的建设。

Galileo 系统的卫星星座也是由 3 个轨道面组成，共 30 颗 MEO 卫星，它的卫星数量更多，而且轨道的高度更高，使得其卫星分布具有更好的几何结构。Galileo 系统是一套民用系统，主要是向普通大众提供服务，因此设计了多种服务，具有广阔的应用前景。

Galileo 系统采取逐步发展的方式。首先建立了增强系统，增强 GPS 的信号，积累了相关经验；之后逐步开展独立系统的建设。前期由欧盟决策体制负责，其系统建设进展比较缓慢，但是从 2015 年开始 Galileo 系统进入了一个高速发展的时期，截至 2018 年已经有 18 颗卫星，具备了最基本的服务能力。而且从 2004 年开始，欧洲全球导航卫星系统局从信号体制、卫星平台、终端设备等多个方面开展了对 Galileo 系统的优化，使其现代化程度更高。

Galileo 系统的应用推广进展较为缓慢，主要原因是系统前期的建设滞后。系统建设滞后的原因在于：第一，欧盟内部对 Galileo 系统建设主导权的争夺；第二，外部压力造成欧盟合作进展的困难；第三，资金筹措困难。作为一个民用系统，Galileo 系统早期计划通过 PPP 的方式，由政府、私营公司和民间社团一起建设。但是由于卫星导航系统收益不明确且建设周期较长，资金问题长期得不到解决，最后只能通过政府投资进行建设。虽然 Galileo 系统面临众多困难，但是其在应用推广方面进行了富有成效的工作。首先 Galileo 系统在全球建了很多中心，例如巴西的拉丁美洲中心、越南的东南亚中心，通过伽利略中心开展技术合作，调研当地市场。此外，Galileo 系统通过欧盟科技框架计划支持了很多重点项目，在合作国当地开展终端生产和应用推广等导航下游产业工作，欧盟国家主要负责芯片、板卡、软件等高附加值的设计工作，形成了有利于欧盟发展的产业链布局。因此，虽然 Galileo 系统的建设进程较为缓慢，但是从系统的设计、星座的组网规划、信号体制的设计、产业链的结构搭建、国际合作渠道的建设等方面来说，其未来的发展不可小觑。

（四）日本的准天顶卫星导航系统

日本的准天顶卫星导航系统（QZSS），首先是作为增强系统，提高 GPS 在日本地区的服务性能，因此 QZSS 在任何时候至少有一颗卫星在日本的上空提供增强服务。之后以现有的卫星为基础，逐步将增强系统扩展成由 7 颗卫星组成的完整区域卫星导航系统。

（五）印度的区域卫星导航系统

印度卫星导航系统的建设方式与日本类似，早期建设 GPS 辅助静地轨道增强导航系统（GAGAN），主要是提高 GPS 在印度洋周边的服务性能，之后逐步对系统进行扩展，构建印度区域卫星导航系统（IRNSS）。

（六）韩国的卫星导航系统

韩国 2018 年 2 月在《第三次航天开发振兴基本计划》中提出，要建设一个由 7 颗卫星组成的区域卫星导航系统，即韩国卫星导航系统（Korean Positioning System，KPS），计划在 2021 年进行地面测试，2022 年进行卫星导航核心技术研发，到 2034 年正式提供服务。

目前，整个国际卫星导航系统的格局是几大系统同台竞技，市场竞争异常激烈。全球卫星导航系统的格局，2017 年以前简单来说是 GPS 一家独大，2017 年以后 GLONASS 恢复运行，中国北斗卫星导航系统提供区域服务并加快发展，欧洲 Galileo 系统建设加速，日本、印度的区域导航系统进展迅速，系统间竞争日益激烈。从现实中具体使用的角度来说，一套卫星导航系统已经足够，处于安全性和备份的考虑，两套卫星导航系统已经完全能够满足全世界的应用需求，因此卫星导航系统的竞争可以形容为"数一数二，不三不四"，只有排名靠前的两套卫星导航系统才可以得到大范围的使用，之后的卫星导航

系统在民用市场几乎没有空间。我国北斗卫星导航系统的目标就是
"保三争二"，争取提供比其他卫星导航系统更好的服务。

中国的北斗卫星导航系统

我国北斗卫星导航系统的建设采取了三步走的策略。第一步是在
1994 年立项，到 2003 年建成，这就是北斗一号系统。北斗二号系统
从 2004 年开始建设到 2012 年完成，北斗二号系统是一个区域系统，
向亚太地区提供服务，这是第二步。目前我们正在进行第三步，建设
北斗三号系统，北斗三号系统是全球系统，将扩大北斗系统的服务范
围，为全球提供导航、定位和授时服务。这就是中国建设北斗卫星导
航系统"先区域后全球"的思路。

中国在 20 世纪 70 年代就开始了对卫星导航的研究，但是七八十
年代国家的综合国力无法支撑开展系统建设，同时也面临既没有经验
又没有技术储备、资金困难、专业人才不足的问题。因此，北斗一号
的主要任务是完成技术验证，储备专业人才，为系统未来的发展积累
经验。北斗一号系统由两颗卫星实现定位，叫双星定位。在卫星上并
不搭载原子钟，而是通过卫星将接收机的信息转发到地面运控站进行
计算，再将位置信息返回接收机，因此北斗一号更类似卫星通信系
统。这种有源定位的模式使得定位时间较长，而且用户数量有限，并
且失去了无线电隐蔽功能。但是综合考虑我国当时的环境和条件，北
斗一号是一套成功、有效的系统，而且在系统层面实现了通信和导航
的一体化，奠定了北斗系统未来发展的基础。

北斗二号系统从 2004 年开始建设，它不是对北斗一号的简单延
续，而是既有延续又有创新。延续的地方是保留了地面卫星测距、短
报文通信的特色功能。创新的地方就在于将原来有源定位的模式改为
无源定位的模式，即接收机只要收到北斗卫星信号就可以进行定位和
导航，不需要再进行信息的回传，扩大了系统的用户容量。

目前，北斗三号系统正在逐步开展建设，通过不断发射中圆地球

轨道（MEO）卫星的方式，将北斗系统扩展成一个覆盖全球的系统。最终北斗三号系统的星座将由 33 颗卫星组成，同时将与 GPS、GLONASS 等其他卫星导航系统开展兼容与互操作，提供具有更优性能的服务。

北斗系统由空间段、地面段和用户段三部分构成。空间段主要是指卫星平台，地面段主要是指地面的运行控制站，用户段就是各种北斗的接收机，包括专业设备、智能手机等终端设备，用户段也是与大家关系密切的部分。

北斗系统具有独特的卫星星座设计。一般的卫星轨道分为高中低轨三种，低轨指 200 千米到 2000 千米，离地球比较近，这个轨道比较适合遥感卫星拍摄照片使用；中轨指 2000 千米到 20000 千米，这个轨道比较适合导航卫星使用；20000 千米以上是高轨，高轨主要由通信卫星使用，比如 36000 千米的地球同步轨道，与地球表面的位置相对静止，特别适合通信卫星传输数据。

北斗系统的星座设计非常独特。GPS、GLONASS 和 Galileo 系统的卫星均使用中圆地球轨道。北斗二号系统却是由 5 颗地球静止轨道（GEO）卫星、5 颗倾斜地球轨道（IGSO）卫星和 4 颗 MEO 卫星构成。这样的卫星星座是从众多的设计方案中优选出来的，可以在卫星数量较少的情况下尽快提供区域服务，因此我们只用了 14 颗卫星就建成了世界上第三套能够提供服务的卫星导航系统，保障了系统的建设速度，而且为系统后续的发展预留了空间。当然这样的星座构型也会对系统的应用产生一定影响，在低纬度地区因为可见卫星数目更多，定位精度和应用效果会更好。

北斗卫星的设计和研制。第一，北斗卫星实现了卫星的组批生产。因为传统卫星数量有限而且互不相同，只能叫研制卫星，不能叫生产卫星，带有科研的性质。北斗系统同一型号卫星的数量众多，可以实现大规模的卫星组批生产。提高卫星的质量、工艺和技术，有利于对卫星生产成本的控制。第二，新一代的北斗卫星利用一体化的设计思路生产。传统的卫星按照系统思维进行研制，分为结构、热控、姿轨等多个分系统，各分系统研制完成后进行总装集成。但是这样会造成分系统部件的重复和浪费，并且会增加卫星的重量和体积。新一代北斗卫星采用一体化的设计思路，以功能链的概念代替了分系统的概念，提高了卫星的可靠性，降低了卫星的重量和体积，也极大地降低了卫星的生产成本，提高了我国卫星产业的竞争力。

对于美国 GPS 而言，可以利用其遍布全球的军事基地建设地面设施，实现对系统运行情况的监测。但是对北斗系统而言，一方面利用星间链路、激光雷达等先进技术提高北斗卫星的自主导航能力；另一方面在利用中国境内地面监测设施的基础上建设了 iGMAS，通过国际合作的方式对北斗系统进行监测，该系统还可以对 GPS、GLONASS 等系统的运行状态进行监测。

北斗还在建设增强系统。卫星发射的导航信号传输距离较远，在传播过程中会受到太阳活动、空间天气、地面天气的影响，接收机本身也会产生一些误差，因此，进行高精度导航定位的时候就需要修正量，即先找到一个参照点，将接收机收到的信号与参照点收到的信号进行比较。参照点的准确坐标在之前已经掌握，因此可以通过对照的方式修正接收机的坐标，从而实现更高精度的定位。增强的方式可以分为地基增强和星基增强。通过建设地基参考站的方式，可以建设北斗地基增强系统，在一定的范围内实现实时厘米级、事后毫米级的定位。对于民航客机而言，其对卫星导航定位系统的完好性有很高的要求，需要通过卫星播发增强信号。目前已有美国的 WAAS、加拿大的 CWAAS、欧洲的 EGNOS、俄罗斯的 SDCM 等增强系统，北斗的星基增强系统正在按照符合国际民航组织要求的标准开展建设。

未来北斗应用的重要发展方向是组合导航。因为卫星导航是众多导航方式中的一种，需要同无线电导航、惯性导航、天文导航、激光制导等方式进行组合，提供具有更高精度的导航服务。目前，比较流行的方式是惯性导航和卫星导航的组合，因为惯性导航精度较高、抗干扰能力强但维持时间较短，卫星导航则具有全天候、广覆盖的特点，可以对惯性导航进行修正，未来将有更加广阔的应用前景。

中国卫星导航系统管理办公室在 2016 年发布了名为《中国北斗卫星导航系统》的白皮书，对北斗系统的建设、政策都有详细的介绍，大家可以从国务院新闻办公室的网站下载。目前，北斗的主管部门正在制定导航条例，将通过立法的方式保障北斗的发展，让大家更好地使用北斗。

北斗卫星导航系统的应用领域

国防是北斗最重要的应用领域。传统作战的时候遇到的最大问题就是有限的战场感知能力。指挥人员不能准确掌握部队位置，交战后对部队下命令和进行控制困难，敌友识别困难。卫星导航在军事领域的应用有三个方面：一是提供部队调配、指挥和控制的基础信息；二是帮助实现智能化敌我识别，提高作战的效率；三是可以引导新型的高精度的制导武器准确地摧毁目标。因此北斗对军事作战发挥了巨大的作用。

北斗在交通运输领域具有广泛的应用。比如在铁路管理方面，早期的铁路调配非常困难，需要通过电话、信号的方式来管理。在运用北斗以后，可以实时掌握车辆的位置，实现高效率的管理，提高铁路运力。另外，在公路交通方面，大众最直接的感受就是网约车，用户的位置信息和车辆的位置信息都是基于卫星导航系统提供的。我们目前的导航软件在电子地图的基础上也需要配合卫星导航系统才能进行应用。

北斗在海洋渔业领域也有很好的应用。首先，北斗可以为船舶在海上的导航、航线的设定提供更好的服务。其次，由于海上通信困难，北斗短报文在渔业方面可以大展身手。传统海上通信依靠海事卫星电话，设备价格和通信价格对收入有限的渔民而言非常昂贵。目前，渔民使用北斗短报文，因为农业部很早就将北斗设备列为农机产品予以补贴，渔民的购买价格不高，可以以很低的费用向家人、朋友发送 120 个以内的汉字进行联络，这是一种低价高效的海上通信手段。在此基础上还开发了很多商业模式，例如将捕到鱼的信息提前发送到商家，减少了港口交易的时间，降低了交易成本，产生了很好的经济效益。

北斗在测绘领域也有重要应用。传统的大地测量依靠全站仪，是非常费时耗力的过程，并且受到地形、环境、天气等多种因素的限制。限制利用北斗高精度接收机进行测绘，结合无人机等遥感技术，可以实现高效的测量，采集信息可以迅速数据化，不受地形的限制，效率极高，解决了大量的测绘困难。目前，我们的电子地图越来越好用，精度不断提高，信息也愈发丰富，这都要归功于北斗的快速发展。

农业领域也在应用北斗，精准农业是北斗的典型应用。在我国黑龙江、吉林、辽宁、新疆等地的大型农场都要依靠拖拉机进行耕种。依靠人力驾驶拖拉机耗费很大精力且工作效率不高。现在，北斗高精度导航定位和自动驾驶技术结合，拖拉机可以按照预设路线准确完成耕种任务，降低了工作强度，提高了工作效率。无人机植保、喷洒农药也需要北斗的高精度导航定位作为应用基础。此外，病虫害的信息采集、土壤监测等也在北斗高精度定位的基础上开展，方便了对土壤的监测和病虫害的防治，提高了农业的生产效率。

民用航空也是北斗应用的重要组成部分。民航客机航线的设置、飞行过程中的导航都需要依靠卫星导航来实现。传统的民航客机需要依靠复杂的地面雷达设施来导航，工作效率较低且存在安全风险。随着北斗卫星导航系统的完善和多卫星导航系统的综合应用，可以逐步替代复杂、烦琐、成本高昂的地面系统，保障飞机的适航性和安全性。未来在卫星通信技术的发展下，类似马航 M370 客机失联这样的事件可以得到更好的解决。

防灾减灾领域是北斗发挥其应用特点的重要领域。利用北斗卫星导航系统可以快速确定灾害发生的位置，同时利用北斗的短报文功能将这些位置信息和灾害情况一并向外界传播。北斗防灾减灾应用在汶川大地震的救援过程中发挥了重要作用。因为地震发生以后，所有基础通信设施都被损坏，救灾人员在灾区无法同外界进行常规通信，而北斗短报文是终端设备直接与卫星进行通信，不依赖地面设施，因此可以使用北斗短报文将灾区情况通报给抗震救灾指挥部。所以北斗在防灾减灾、应急救援领域有非常重要的作用。目前民政部已经为全国各个防灾减灾中心配备了大量的北斗应急救灾设备。

北斗应用在环境保护领域也发挥着重要作用。我们为了研究和保护动物，比如藏羚羊、金丝猴，可以在这些动物的身上捆绑北斗的定位终端，这些终端能够将动物的位置信息记录下来并报告回来，这样我们就可以知道动物的迁徙路线、生活区域和习性。比如我们在修建铁路、公路的过程中可以绕开动物的迁徙路线，或给它们在路面下预留一些用于迁徙的涵洞，还可以预测物种种群数量的变化情况，这些是对动物保护的应用。另外，利用北斗终端和相关的传感器可以监测环境，比如可以掌握水文信息、污染情况的变化，在各类环境信息叠加北斗时空信息之后，可有效提高环境监测效率和保护效果。

另外，北斗的应用将对未来商用航天的发展发挥重大作用。航天器在外层空间的测控和运控是非常复杂的系统工程，在航天器上安装北斗终端以后，可以把昂贵的航天器测控设备转变为基于北斗卫星接收机的设备，对于卫星的位置和时间等相关信息可以通过北斗终端进行监测，为未来的商业航天提供节省成本的解决方案。

北斗在电力和金融领域也有很广泛的应用，其中主要是提供高精度时间的授时应用。在金融信息系统和电力传输系统中，时间是非常重要的因素，时间同步是信息系统的基础，为整个信息系统提供标准统一的高精度时间，对电子金融系统的运行和电力的调度至关重要。这类信息系统要求时间同步精度达到毫秒级，甚至微秒级。北斗卫星安装了高精度原子钟，这就使得地面的信息系统不需要购买和调试昂贵的原子钟，只需要利用北斗授时接收机就可以享受高精度原子钟提供的准确、统一的时间。

北斗在大众休闲娱乐领域也有广泛的应用。特别喜欢使用北斗的是广大驴友，因为登山爱好者在户外游玩时，通信存在较大困难，我们从新闻中也经常能够看到驴友失联、遇害、无法求助的情况。大量户外游玩和作业人士目前都配备了北斗终端，可以在通信不畅的地区将自己的位置信息和情况报给相关人员，并与他们保持联系，北斗为大众的出行安全提供了重要保障。

北斗的创新应用也正在扩展，例如对卫星导航反射波（GNSS-R）的研究和应用。卫星导航反射波就是将卫星导航当作卫星遥感来使用。卫星导航信号在地面遇到介质时可能会发生反射，比如大楼的玻璃幕墙、平静的水面等介质，这样的反射信号对接收机造成了干扰，使得接收机不能准确判断卫星到接收机的第一径信号，我们将这种现象称为"多径效应"，也就是多个路径的信号到达接收机。传统卫星导航应用需要利用导航信号测距，因此多径效应一直是卫星导航准确定位需要排除的干扰因素，大部分研究是在解决多径效应的干扰问题。但是在研究中发现，不同介质对卫星导航信号的反射有所不同，比如干燥的土地和湿润的土地反射信号有区别，平静的水面和有风浪的水面有区别，通过建立导航信号的反射模型可以反演推算出该区域的情况。目前，全球有多套卫星导航系统，具有全覆盖、全天候的特点，传统卫星的主动遥感只能识别较小区域的情况，而且时间分辨率和空间分辨率不足。利用卫星导航反射波技术，可以以被动遥感的方式掌握一定范围内的情况，例如海面浪高、风速的情况，或者土地湿度、积雪厚度的实时数据。关于卫星导航反射波的研究目前正在全面开展，未来将产生重大作用。

记忆精神健康和神经科学的未来

周　强

周　强 ✎

北京大学化学生物学与生物技术学院教授，北京大学创新药物研究中心主任，深圳市孔雀团队带头人，深圳市细胞生理学重点实验室主任。主要研究方向为神经系统重大疾病的机理研究与新药研发，通过电生理与显微成像手段在神经递质传导、突触可塑性、神经网络

功能等层面研究老年痴呆症、抑郁症与精神分裂症的生物学机制与药物治疗。在 *Nature*、*Science*、*Cell*、*Neuron*、*Nature Review Neuroscience* 等国际一流学术刊物上发表论文30余篇。

脑科学越来越受到人们的重视

今天跟大家讨论关于脑科学的问题，首先我们讲一个问题，就是

159

为什么脑科学这么重要？脑科学对于大多数人来讲有点玄乎，许多人不太能摸得着它的边界。

2013 年，美国开始实施脑计划，它是一个脑图谱方面的工作，主要是看神经细胞之间的连接是怎么样的。学者们认为如果知道神经细胞之间是怎样连接的、哪些神经细胞之间有联系，我们就能够知道大脑怎么工作，这是一个比较简单的想法。之后欧盟也推出了脑计划，侧重于研究人类，通过对人类的研究，特别是借助人工智能方面的研究，对大脑有更深刻的理解。大家可能知道中国的脑计划应该很快就会推动了，投入将非常巨大，是 200 亿～300 亿元人民币，而且有中国特色。我们要做的相对于美国和欧洲来讲会多很多，包括认识脑、模拟脑、保护脑、开发脑，我们将在多个层面对大脑进行研究。

我们现在处于变化速度非常快的世界，重大事情不断发生。很多人感觉生活的压力很大，这种压力可能包括养老的压力，也包括孩子入学费用的压力，还包括房价一直往上升、股价不断往下跌的压力。就是有很多不确定性，就是对于自己的生活往哪个方向走、这个世界往哪个方向走，没有把握。有些人可能还不完全担心生活的不确定性，可能还担心其他的，比如人工智能发展非常快，我们哪天是不是工作就没有了，因为人工智能、机器人会替代我们，或者人工智能发展非常快，是不是哪天人类会被它消灭掉。同时，还有些人感觉到现在各种各样的 IT 产品对我们的生活影响越来越大，你会发现小孩子的朋友圈是在手机上而不是现实中，人际关系越来越疏远，等等。

同时，我们也可以感觉到虽然大多数人觉得压力越来越大，但是有些人还是活得不错的，有些人甚至活得比以前更好，几家欢乐几家愁。这是什么道理呢？我们总是说世界变化大、压力大，你的小心脏承受不了，我想跟大家说的是，其实承受不了的不是你的心脏而是你的大脑。对于快速发展的世界，对于迅速变化的环境，你的大脑承受不了。承受不了会发生什么事情呢？生病。大脑方面的疾病还真的不好治。身体方面的疾病,如心脏病,过去这几十年有非常大的改善。比如四十岁以下的人得心脏病,现在可以控制得非常好。如果心脏有了问题,搭一个支架可能就解决了。又比如艾滋病,年纪大一点的朋友可能会记得,在 20 世纪 80 年代初,对于艾滋病人们真的是谈虎色变,如果得了艾滋病,几个月、几年后就会死掉。但就在前几年艾滋病被宣布为慢性疾病,就是说带有这个病毒,但是可以活着,甚至活得还不错,甚至寿命也不会受很大影响。这真是一个非常大的本质性的改变。

为什么对这些疾病的治疗会有这么大的改变?因为我们对这些疾病的本质,以及什么东西引起这些疾病有了非常全面的认识。比如我们认识到血管会在什么情况下改变、堵住,我们怎么样控制艾滋病的病毒并把它杀死。对这些方面有了很好的认识以后就可以很好地控制疾病。但是对于大脑来讲,比如老年痴呆症,没有好的治疗办法,没有有效的药物。自闭症也是同样的情况,现在得抑郁症的人越来越多,据估计有 16% ~ 17% 的人是有抑郁症的。一个人一辈子平均来讲会患有一次严重的抑郁症。有的人的抑郁症对药物有反应,有的没反应。所以这是我们面临的一个很严重的问题。

精神疾病不仅不好治,它的费用,包括治疗的费用、照顾的费用,都非常高。这里举的例子是关于精神疾病的,是来源于美国的数据,预计到 2030 年的时候,精神疾病的治疗费用、照顾费用加起来大概是 6 万亿美元。这可能会让大家有点吃惊。为什么会是这样?这还是西方的数据,你看看西方人,6 个人里头就有一个是精神疾病患者。而且 4 个患者里有 3 个人在 24 岁以前就会得精神疾病。这说明什么呢?当他们的人生刚刚开始走向灿烂,刚刚开始开花的时候,他们就丧失了工作能力,不能够融入社会,不能够跟家人有正常的沟通,这对于他们个人和家庭来讲都是很痛苦的事情。

有些人讲,我们早点预防,我们早点发现、治疗。这说起来很简单,但做起来很困难。怎么找到这些病人?在什么时候进行治疗?我们并没有很有效的办法做这个事情。这就是为什么精神疾病对人类影响非常大，这也适用于其他大脑疾病。

大多数的动物是有脑的，有大脑、小脑，比如最小的像虫子一样，大概 5 厘米长。另外，小鼠的大脑是比较平的，但是人的大脑有很多沟，使大脑的面积增加了很多，让我们可以存储更多信息，可以做更好的判断。虽然大脑很复杂，但是理解大脑在一定程度上并不那么困难，因为大脑有一定的分区，不同的脑区有不同的功能。这些功能最早的时候是怎么被发现的呢？是 19 世纪的时候有一些病人有奇怪的表征、很典型的变化，于是有医生把这些病人的症状仔细记录下来，等病人去世以后他们会做解剖，发现这个病人哪一部分脑区可能有损伤，或者哪一部分脑区不见了，通过这样的积累，我们开始认识到各脑区的功能。为什么你闭着眼睛摸脸的时候会知道是哪里，因为你大脑中有一个图谱可以把这个位置确定下来。

我要跟大家特别强调的是前额叶这个脑区。这个位置为什么重要呢？因为这个脑区跟我们的很多精神活动有关，跟我们做决定有关。很重要的一点是，我们发现很多精神病人这个脑区的功能和结构是有变化的。所以这个脑区是人很宝贵的东西，也是决定人为什么是人，而不是动物的一个很重要的因素。

大脑是由很多神经细胞组成的，神经细胞千姿百态。它们拥有各种形状，有的有斑点，有的是圆的。心脏和肺的细胞就比较简单，没有那么复杂，没有那么多分支和形态。自然界真的很神奇，这是科学，是很精准的东西。神经系统就长这样，我们只是把它画下来。但同时也给你一种感觉，它像艺术品一样，真的很精细、很有规律、很完美地存在着。

可能大部分人知道我们的大脑传递信号时使用的是电信号，因为电信号非常快。我们看到一个东西马上做出反应，你和我说一句话我马上有反应。如果这个信号的传递过程很慢，这件事情是做不成的。怎么样可以检测到电信号？可以戴个帽子，帽子上有很多电极，粘在颅骨上，电信号可以通过图谱传输出来，可以有很多通道记录信号，有些时候这些通道的信号很一致，有些时候又是不一样的。我们可以对这些信号进行分析，从而知道不同的脑区在做不同的事情，这是一个对大脑功能的非常简单的分析。你可能觉得这种分析有点太粗糙了，因为我们看到的是一个整合后的信号，我们看不到具体的信号。有两位德国老先生，在20世纪80年代的时候做了一个非常重要的技术上的贡献。他们发明了一个办法，就是用一个玻璃电极，在大脑活细胞上进行电生理记录，从中可以看到每个神经细胞放电的时候是什么样的。

电刺激下的神经细胞的反应是千姿百态的，有的放电频率很高，而且一直不间断，有的放电频率是非常低的，有的又是间歇性放电的，一会儿放一下，也有的细胞开始没有反应，后来拼命放电。这些数据告诉了我们什么呢？除了我们刚才看到的形态方面的千姿百态外，在电活动上也可以是千姿百态的。这些发现同时给我们提出了一个问题，现在神经科学家还没有解决这个问题，就是我们大脑内有这么多种细胞，有不同的长相、不同的放电模式，它们在干什么？我们并不十分清楚。对于几种主要的神经细胞我们有比较清楚的了解，但是对于其他的不是很了解。这就回到刚才我们提到的一个问题，为什么神经系统会这么复杂？因为它的细胞本身已经很复杂了，同时它一定有一些功能是我们现在还没有很好地意识到或者开发到的。

记忆和老年痴呆

现在我们讨论记忆。记忆为什么重要？因为每一个人之所以是自己，在很大程度上是因为记忆。记忆有两种，一种是对事实的记忆，比如走过的路、认识的人、读过的书、记住的东西，这是关于事实的记忆。另外一种记忆也是非常重要的，就是一种感情性的记忆，比如你小时候的梦想、过去发生的事情对你情感方面的影响，不管是让你高兴的还是不高兴的，不管是你实现的还是正在努力实现的，那些可以让你在感情上产生一种共鸣或者反应的事情，对你来讲记忆都非常深刻。所以从这个层面上来讲，记忆决定了你是谁，决定了当一个事情发生的时候你会以什么方式去反应，这一点非常重要。

谈到关于记忆的研究，我们一定要谈巴甫洛夫。大部分人可能听说过巴甫洛夫，但是大多数人大概不知道其实巴甫洛夫原先不是神经科学家。令他出名的成就、令他获得诺贝尔奖的研究是关于消化方面的。巴甫洛夫知道狗吃东西的时候会分泌消化液，他注意到当狗听到饲养人走过来的声音的时候，就开始分泌消化液了，于是他推断说狗一定是因为之前的经验，知道饲养人走过来就代表有吃的，所以它就开始提前准备。所以巴甫洛夫就做了一个重要的决定，他要去研究神经系统。

我们来看巴甫洛夫的研究。当每一次摇铃之后马上给狗食物，这只狗慢慢就会认为铃声代表食物要来了，所以你下次只摇铃不给食物的时候狗也会分泌唾液。这个实验告诉我们，狗经过这个训练，会把铃声和食物相互关联起来，也就是狗在形成记忆的时候是形成一种相关性。相关性为什么这么重要？是因为我们可以通过相关性预测未来。比如你看到有闪电，你就知道很快雷声就会过来，这是一种相关性，就像狗听到铃声就知道食物会来。如果你知道明天的股票会涨会跌，今天就可以决定是买还是卖。当事情还没有出现的时候，如果通过我们的经验、记忆知道有什么事情将要发生，那我们就可以提前做出决定。比如你听到声音后知道老虎要来了，就要赶快躲起来。

记忆还有一个很重要的特性，就是它是在不断更新的，记忆并不是一成不变的。之前有一个很著名的实验，一件重大事情过去十年之后你回想一下，二十年后再回想一下，与当时的记忆对比之后你会发现，对于同样的一件事情，你的记忆是在随着经验或者时间不断改变的。这是记忆的一个很重要的特征，就是与现有的想法保持一致。心理学认为如果你对一个事情有几种不同的看法，比如你今天这样想，明天那样想，那么会被认为精神有问题。所以一致性对于一个人将来怎么做决定是一个很重要的因素。你经历的事情、走过的路都在不断进行调整，对于你将来会怎么做、会有什么行为都有直接的影响，不是说这个事情发生了就过去了，而是这个事情在你的大脑里会留下印记。

最近几十年关于神经科学的一个重大进展，就是对记忆功能的生物学机制，特别是我们下面将要讲到的可塑性有了深刻的理解，让我们更清晰地认识到为什么大脑可以发生改变。在这方面有一个重要的人物，就是加拿大的一位神经科学家，他叫唐纳德·赫布，他提出了一个很重要的观念，他认为如果两个神经细胞总是同时放电，它们之间的连接就会增强。我们假设有一个神经细胞 A 和一个神经细胞 B，开始的时候这两个神经细胞的关联性不是很强，A 放电很多次，B 只放电一次。但是在学习和记忆形成的时候，会发生什么呢？A 和 B 互动，或者关联性增强。赫布认为这种增强是由于神经细胞之间的连接增强了。神经细胞的连接发生在什么地方呢？会发生在一个特殊的结构上，叫突触，是一个很漂亮的小小的结构，它有一个像脖子似的结构伸出来，上面有一个圆一点的突出的"头"，是两个神经细胞相连接的地方。如果再放大一点电子显微镜下两个神经细胞连接的地方，可以看到 A 是突触前的细胞，B 是突触后的细胞。一个是发射信号的，一个是接收信号的。在这个地方两个神经细胞可以进行交流。最近这些年一个最大的进展就是，人们意识到神经细胞相连接的地方——突触的可塑性，即它是可以变化的。这个变化有两方面：一方面是功能，它可以增强也可以减弱；另一方面是结构，这个结构可以变大，也可以变小。这是一个动态的实验，如果我们给一个高频的刺激，即可以引起学习和记忆的刺激，那么突触很快就有明显的增大，这个结构的改变，开始是比较小的，后来会变成比较大的。就好像我们把一个信息存在一张 CD 或者一个硬盘上。记忆的结构性的变化，可以解释为什么有些记忆可以存留很久，因为它可以留下非常长久的标志，比如结构的变化。

谈到记忆，我们就会谈一点关于老年痴呆的问题，因为在老年痴呆中记忆是很大的问题。可能大家对老年痴呆的理解是会丧失记忆，开始是记不住做了什么事情，记不住药放在哪里，或者记不住家在哪里，后来就记不住亲人，最后都记不得自己是谁了。所以为什么说老年痴呆是可怕的疾病，因为失去的是记忆，甚至是自我，这个人就等于消失了。

经过多年的研究，老年痴呆正好跟记忆形成是相反的过程，开始突触很大，存有信息，然后突触变小，有些信息就没了，最后这个突触消失了，相关的记忆就全都没有了。这样，从结构上我们开始理解老年痴呆到底会发生什么事情。很多朋友可能知道老年痴呆是老年朋友面临的非常重大的疾病，如果你活到八十五岁或者更高龄，就有50%的可能性得老年痴呆，所以对老年人来讲这是一个很普遍的疾病。

我国现在有一千万人被诊断为患有老年痴呆，占全世界老年痴呆患者总数的 1/4。既然是老年疾病，那么跟老龄化社会有很大关系，中国已经进入老龄化社会。老年痴呆患者的照顾费用很高，因为他们生活不能自理，而且很多老年痴呆患者情绪不好，需要不断更换照顾他们的人，照顾费用巨大。我觉得我们最应该关注的问题，或者最让大家关心、纠结、不安的问题就是我们现在没有有效的药物可以用于治疗，也没有有效的办法可以用于治疗，平均来讲六七年后病人就会去世。这是非常严峻的现实。

从核磁共振上看，老年痴呆患者大脑的活性降低了很多。这是为什么呢？老年痴呆患者的大脑中有大量的细胞死亡，正常人的脑，非常丰满，而且有非常匀称、漂亮的结构，但老年痴呆患者的脑是缩小的，有很多空洞，因为有很多神经细胞死掉了。这就是记忆会丧失、功能会丧失的原因。现在我们已知道细胞死亡有两个诱因，一个叫作 plaque，还有一个就是神经间的 tangle。过去几十年内科学家做了大量的工作，就是想降低这两个诱因的密度。如果能控制 plaque 和 tangle，是不是就能够解决老年痴呆问题？现在看来还不可以，至少降低 plaque 是不行的，有可能这个靶点是不对的。

老年痴呆是一个非常复杂的疾病，不是说我昨天发生了什么事情，比如我脑部受创伤了，今天我的记忆就退化了。它的发生发展需要一段很长的时间，一般认为是十几年甚至几十年。现在的看法是，你到了六七十岁或者八十岁得老年痴呆，问题可能已经在你年轻的时候或者至少中年的时候就已经发生了。这些问题包括代谢的问题、心血管的问题、糖尿病的问题、高血压的问题等各种各样的问题。这些问题最终会引起什么？会引起神经细胞功能的改变，神经细胞的死亡，神经细胞之间的连接的消失。就像我们的老祖宗讲的，所有问题开始看起来不是关于脑的问题，但是最后有可能都会变成关于脑的问题，我们最后付出的代价或者我们看到的就是脑的问题。比较形象地来说就是在老化的过程里细胞变得越来越小，细胞的连接变得越来越少，最后你就消失了。这个听起来确实是比较让人揪心的。

我们刚才讲到，当记忆形成的时候，神经细胞之间的突触会发生变化。如果是这样，一个问题是我们能不能看到记忆，找到这个记忆存在的地方，如果能找到，能不能控制这个记忆，能不能决定要哪个记忆或者不要哪个，或者进行修改。仔细想想，这个问题确实不好办，因为人的大脑皮层有大概一千亿个神经细胞。有多少突触呢？大概有一百万亿个。打个比喻，突触就像海沙那么多，你怎么找到这些东西？而且每个都这么小，你怎么控制它们？

关于突触，有一些科学家考虑的一个问题是，会不会有一些细胞，如果我们找到它们，就可以发现记忆存在哪里了？我们不一定要去到具体的小的突触层面解决问题。比如将小鼠关在笼子里，给它电击一下，它会感觉到很可怕，下次把它放到同一个笼子里，它就会僵直不动，因为它记住了这个事情。将来这些细胞再被激活或者活性升高的时候，小鼠就会觉得被电击了，很可怕，或者说它的恐惧记忆就会被唤起。在脑子里留下的印记就是细胞的改变。

用一个简单的通俗的讲法，我们可以想象脑子里有各种各样颜色的细胞，每种颜色的细胞代表一种记忆，如果你激活红色细胞，你的红色记忆就出来了，激活粉色的，粉色的记忆就出来了，我们只要控制某个细胞，就可以控制记忆，这就是我们想做的。我们可以有效地剔除某些记忆或者抑制某些记忆。能不能做这个事情？很多时候我们苦思冥想，突然就像门打开了，或者灯一亮。在这个情况下，解决的办法还真是用光照。你为什么能够看到东西？因为你的视网膜对光敏感，光照过来，细胞上有一些通道被激活，然后细胞活性上升。所以有些科学家在想，如果我们把这些光敏蛋白表达在神经细胞，然后用光照一下就可以把这些神经细胞激活了。如果这些神经细胞同时又是印记细胞，是不是可以把相关记忆取出来呢？在记忆形成的时候，如果我们用一个分子生物学的办法，让这些被激活的细胞形成印记细胞，然后用光照一下，只有印记细胞有反应。这时候你不需要把小鼠放在那个笼子里，用光一照，小鼠就会感觉：不得了，我又要被电击了。

　　一个小鼠在它的笼子里，笼子里没什么其他东西，它没什么事干，很悠闲，大部分时间在梳理它的毛。小鼠的头上有一根线，这是根光纤，我们可以通过光纤把光照在印记细胞上。光照一下，小鼠马上不动，光一直亮，小鼠就一直不动，等光灭了之后，小鼠马上就开始动了。这个现象告诉我们什么呢？当我们用光激活印记细胞的时候，由于印记细胞是跟恐惧记忆相关的，便可以把恐惧记忆重新唤起。这种唤起是有特意性的，只有用光照的时候，小鼠才会把这个记忆重新唤起。这就证明我们刚才所讨论的，从原理上来讲是可以做的事情，我们可以特意地唤起一个记忆。

　　回到我们刚才讲的关于老年痴呆的问题，在大脑老化的时候记忆会丧失，我们有没有可能把记忆找回来？有些科学家做了个实验，证明从原理上来讲这是可以的。他们先给小鼠做了个训练，就是关于恐惧的记忆，小鼠学会了，刚学会时它被放回到遭受电击的笼子里，它的身体会僵直。大家想象一下，记忆上面好像有一个标签似的东西，比如笼子、环境因素，当你顺着这个标签一搜就把记忆搜出来了。现在，科学家认为在老年痴呆发生的早期，记忆可能还在，但是标签和记忆之间的连接没有了，你搜不出来。这样的话，我们就直接激活这些细胞。

科学家就是这样做的，用光直接去激活这个细胞，小鼠的记忆就被唤起了。但只是在早期的小鼠中可以。如果再过几个月，小鼠的病更严重的时候，这个事就做不成了，因为这个记忆已经不存在了。我们刚才讲过，如果记忆细胞本身都死掉了，那么这个记忆是没有办法找回来的。所以找回失去的记忆这个事情是可以做的，但前提是这个记忆一定要存在。

我们再讲讲记忆的消除。每个人可能都会有一些记忆不想留在脑子里，这些记忆有可能是天灾，有可能是人祸，也有可能是其他一些不堪回首的记忆。我们有没有可能把这些记忆除掉，以后不再唤起？这在小鼠身上也是可以做的，就在记忆形成，即印记细胞形成的时候，用分子生物学的办法让它表达一个蛋白，这个蛋白的表达会把印记细胞杀死，这样跟记忆有关的细胞就没有了。这时候你再把小鼠放回笼子里，小鼠就没有任何反应，因为它的记忆已经不存在了。所以这个事情是可以做得到的，至少在小鼠身上可以做得到。

有可能大家觉得这个东西听起来挺有意思，但是真的能够做得到吗？我们刚才所讨论的都是在记忆还没有发生的时候，用一些办法把印记细胞标记上，或者进行消除，或者进行控制。但是，如果我现在已经活到五六十岁，想把我二十岁时候的记忆进行改造，怎么办？我能不能逆向地找到这些记忆，然后再去改变呢？这个事情是不容易做到的，或者至少我们现在还没有办法做到。

另外还要考虑一个问题，一个记忆是好还是坏，比如跟女朋友分手，伤心得不得了，你要将所有关于她的记忆都除掉。过了几天以后，她跟你和好了，那你怎么办？过去美好的记忆都没有了，能不能拿回来？以前有个电影还真的讲了这个事情，很有意思。如果你改主意了怎么办？是不是更好的办法不是把它消除掉，而是抑制住？即想要的时候唤起来，不想要的时候抑制住，这样做就会给我们更大的灵活性，而不是什么事情都做得很绝对。

所以，我们现在有一些很好的工具，可以做一些很有意思的东西。为什么我跟大家讲光遗传的方法，因为它是目前神经生物学中最热门的、最多人用的工具，它可以做一些很有意思的东西。但是，怎样用到人的身上特别是用到病人身上，现在还不知道，还有一条很长的路要走。

关于精神疾病

刚才跟大家讲的都是相对来说看得见、摸得着的。记忆可以感觉得到，可以被唤起。下面来讲一些玄虚的，可能不是看得见、摸得着的，也就是精神疾病。精神疾病越来越可能是看得见、摸得着的，而不是玄虚的、没有理论解释的。

现在给大家说两个人，一个人是美国历史上臭名昭著的连环杀手泰德·邦迪，这个人到底杀了多少人，我们不知道，因为有些没办法确认，但估计是三十几个人，这个数目是很大的，他最后上了电椅。另外一个人是英国最杰出的神经外科医生之一。我现在问大家的问题是，连环杀手和这个杰出的神经外科医生之间有什么关联、共性？这个共性就是当压力非常大的时候，这两个人都非常的沉稳，甚至压力越大，他们越稳，越不慌，越可以集中精力。就是说他们非常冷血，没有情感。连环杀手为什么杀了很多人都不被抓，因为他每次作案的时候都非常仔细、小心，所以很难找得到他杀人的证据。这个外科医生说他做手术的时候，不把病人当作人，而把他们当作物件或者机器，没有任何情感地做手术，因为如果他有情感参与，这个手术就做不好了。

我要讲的是什么？就是精英和精神疾病患者，或者变态者，可能只是一线之隔。有时候同样一种能力，可以让你成为杰出的外科医生，也可以让你成为杀人狂。

约翰·纳什是博弈论的鼻祖，电影《美丽心灵》讲的就是关于他的故事。另外一个是杀人狂，他杀了77个人，因为他听到上帝对他的召唤，要他杀死穆斯林，所以他就做了这件事情。这两个人有什么特点？都是精神分裂症患者：一个是科学天才，有非凡的创造力；另一个走火入魔。

为什么有的精神分裂症患者有非凡的创造力？创造力或者联想力的本质是什么？按乔布斯的说法，创造力就是把一些不相关的东西联系在一起。精神分裂症患者跟我们正常人肯定有点不一样，我们觉得没有什么关系，但他们可以看到联系。他们可以产生非凡的创造力。但也会把一些不相关的事情联系在一起。比如你不小心踩了他一脚，一般人都会觉得是经常发生的小事，但他们会觉得你是不是痛恨他们，是不是跟他们过不去，他们会把这些事情放大，增大相关性。

我们大多数人不会遇到这种很极端的杀人狂、连环杀手或者杰出的外科医生。大多数人更关心的是像抑郁症这样的问题。我刚才讲16%～17%的人会有抑郁症，一辈子里平均会得一次严重的抑郁症。从临床的表现来讲，是反反复复的折磨，经常是开始的时候状态/情绪还行，然后会低落一阵子，然后又上升，又掉下去，不断地折腾。其实正常人的情感应该不断地波动。如果你是一条线，那么你的生活就很没有趣味或者有可能精神不是太正常。关键的问题不是这些情绪/状态的波动，而是一旦下去以后它上不来。所以从临床的角度讲，你感觉到日子不好过，感觉到心里不舒服，如果明天你就没事了，那不是抑郁症，如果两个礼拜你还是那种感觉，甚至越来越差，就有可能是抑郁症，你可能要去看医生。

谈到抑郁症，还有一点大家需要知道，所有人都有可能得，有些人可能比另一些人的可能性大一些。美国一个很有名的喜剧演员叫罗宾·威廉姆斯，演过很多很好的戏，很有才华，他老的时候得了抑郁症。也有一个有意思的现象，有一部分或者相当一部分喜剧演员实际上有严重的抑郁症，也许他们从事喜剧工作的目的是想让自己快乐一些。

不管是伟大的政治家、伟大的科学家，还是像尼采这种狂人，大部分得过抑郁症，所以是否得抑郁症跟你的才能没有特别大的关系。我想强调的一点是，老年人得抑郁症的可能性很大，这是很多老年朋友需要注意的。

神经科学任重道远

近代心理学发现了一个有趣的现象，抑郁或者焦虑的产生很有可能跟你的感觉有关，就是事情可控不可控，对自己的前途、将来发生的事情有没有一种掌控的感觉。这里给大家举一个例子。拿几个月大的小猴子做实验，把小猴子分成两组，一组小猴子想吃什么就吃，想喝什么就喝，随心所欲。另外一组小猴子可以吃到或者喝到同样多的东西，但不是在它们想得到的时候，所以一组想做什么事情可以控制，另外一组是不可以控制的。等小猴子长大一些就测试它们的不同能力，比如让它们去新的环境，看它们的适应能力怎么样，去不熟悉的环境看它们是喜欢探索还是因为害怕而喜欢待在一个地方。猴子跟人是一样的，是群居动物，所以猴子害怕分开，你把它跟其他猴子分开的时候看它是不是焦虑、害怕。科学家发现吃喝随便的这些小猴子的适应能力、探索行为和分离应对能力都比不可控的小猴子强得多。在座的有些是父母，大家可以想想这是什么意思。我们的孩子长大的时候，我们要给他们稳定的感觉，使他们对自己做什么事情和未来有一种可控的感觉。这样的话，一个天真的小孩子长大以后可能会变成一个比较自信的或比较调皮的，但是精神比较健康的大孩子。

在这个过程里，还有一个很有趣的发现，跟大家一起分享。这种可控性的感觉会让我们应付未来可能发生的负性事件时有很好的免疫力或者抵抗力。这个实验是怎么做的呢？把小鼠关在一个笼子里，夹它的尾巴，它就动，它动的时候会不小心碰到一个杆子，我们就停止夹尾巴。经过几次以后小鼠就明白，如果你把它放到笼子里，它碰一下这个杆子，尾巴就不会被夹了。或者说，小鼠知道它的行为是可以控制未来的，让某些事情发生或者不发生在它身上。现在把小鼠分成两组，一组是可控的，一组是不可控的，不可控的小鼠再怎么折腾都要被夹。然后看小鼠恐惧记忆消除的快慢，就是把小鼠关在笼子里电它一下，再放回笼子里时，一开始它会恐惧，放几次以后没有再电了，小鼠就觉得没事了，这个事情已经过去了，或者说它对恐惧的反应消除了。对可控的小鼠而言，这种恐惧、不好的记忆或者负性的事件很快就过去了。但是对于不可控的老鼠而言，大概要一辈子的时间才能走出这个阴影。这个也是大家可以仔细想的，就是说如果你能让自己或者你的孩子增强自信或者提高对环境、未来的可控能力，那么你们会有更高的能力应付将来生活里出现的负性事件。

为什么以上这些过程会发生？是因为我们大脑的可塑性，我们的大脑会根据环境和我们的经验不断改变。这种可塑性为什么重要？我们可以想象一下，在我们祖先生活的年代，比如石器时代，生活很简单，工作也非常简单。看我们现在生活的环境，有高楼大厦、汽车、各种各样的压力、各种各样令人紧张的事情，但是我们人类也没有灭亡或者活得不好。为什么人类可以在短短的几千年里发生这么大的变化，还可以适应得不错？是因为我们大脑的可塑性。

这里给大家讲一个故事来证明大脑可塑性到底有多么强。有一个年轻人叫作大卫，是一个美国人，这个人在成长的过程里有严重的注意力和认知功能障碍，他没有办法跟人交流，所以没办法上学。严重到什么程度呢？二十岁的时候说不了一个字，所以你可以想象是什么样的情况。但是大卫是很幸运的，因为他有一个对他不离不弃的好母亲，这个母亲总相信能够找到办法把他治好。他母亲找到国际上研究大脑可塑性的权威人士迈克。迈克看了一下，说这个病他可以治，他发现大卫的听力正常，但进行听觉分析的能力有严重问题。而迈克正好是做与听觉有关的科学研究的，所以他给大卫训练，每天一个小时，两个月以后开始有效果，三个月以后迈克可以跟他父母进行简单的对话。几年以后，他已经可以跟正常人相似，当然不可能完全变成正常人。我们可以想象，二十岁的时候一个字也说不出来，经过这种训练，增强大脑的可塑性，真的可以变得跟正常人很接近，就说明大脑真的是很厉害，有很大的潜力。所以现在神经科学要做的就是把这种潜力发挥出来，让大家可以更好地利用。

虽然讲了这么多进展，但我之前讲的神经科学还面临很多很艰巨的任务和很大的困难。举个简单的例子，对精神疾病的诊断，我们现在很大程度上还是依靠行为学的判断，比如我最近不开心，我总是觉得生活没有什么太大意思，医生说可能有点抑郁了。你说我总是担心这个，担心那个，可能有点焦虑；总是看到一些别人看不到的东西，有幻听幻觉，可能患有精神分裂症。这些是行为的改变，是医生根据你的主诉来判断的。这个做法有什么问题吗？一个问题是这个判断做出来的时候一般已经是重症期了，就像癌症的晚期，解决办法也不是很多了。另一个问题是这些变化可能不是哪一种疾病特有的症状，有可能是很多种疾病都有的。这说明目前在精神疾病的诊断方面，一个重要的问题就是我们不太清楚这个病是什么，我们看不到哪些神经细胞死掉了，哪些脑区域有了明显的变化。

回到我开始跟大家讲的，对于诸多疾病特别是精神疾病，我们分不清谁是朋友、谁是敌人，敌人和朋友之间肯定有相互可换的关系，所以这是一个非常重要的我们需要解决的问题。从治疗角度来讲，你去看一个精神医生，他给你开药，你可能得了抑郁症了。你吃药两个礼拜，如果病情好转就继续吃，如果不好再换种药吃，反正也不能确定你到底有什么病。如果你用药时间太久，有可能有副作用，但有一部分药物对别人没有副作用。

精神疾病药物还有一个特点，就是药物的浓度和它的效果不是线性的关系，只是在中间浓度时效果最好。这个特性很麻烦，因为你需要控制给药的剂量，而每个人又不一样，无效也可能是剂量不对。

随着我们对科学的认识、对大脑的认识的深入，我们对精神疾病要重新定义一下，不是根据行为，而是根据你大脑里的变化，特别是功能方面的变化。有三种不同的精神疾病，有的大家很熟悉。比如唐山大地震以后有些人受到刺激，精神出现 PTSD 情况；有些是社交焦虑，比如有点害羞，不太喜欢社交场合；有一些是特定恐惧症，比如害怕蜘蛛、蟑螂。虽然这三种病的表征不太一样，但是其患者脑子里的变化可能是相似的。这个发现进一步提示我们将来的诊断和治疗很有可能不是按照行为的改变，而是根据大脑的改变。如果我可以确定你的哪些脑区有变化，哪些大脑活性有变化，例如通过核磁共振影像学观察到，我就可以做相对精准的治疗，例如用经颅磁刺激给大脑加一个磁场，把磁变成电，引起大脑内电活动的改变。有没有效果呢？可以戴上一种帽子测一下脑电的变化，进行判断。这个方法有可能实现我们一直想做的精准治疗或者个体化治疗。将来我们可以实现实时检测到你大脑里发生的变化，最好这种变化同时也伴随着行为和功能的改变，那我们的治疗目的就达到了。

刚才说到精神疾病里特别重大的疾病，比如老年痴呆、自闭症，对此我们还没有很好的药物和诊断。因为我的团队有些人是研究老年痴呆的，我们经常困惑，为什么在小鼠身上很有效的药物，用到病人身上就没有效果？这也是现在没有有效的药物的原因之一。此外，模型的不合适是另一个问题。还有可能是治疗的时间不对，小鼠治疗的时段在疾病早期，但是我们不能把早期病人准确诊断出来。所以，对重大疾病来说很重要的一点是早期诊断，就像癌症一样。如果诊断晚了可能真的没有办法。早期诊断以后就可以进行早期干预，这样至少可以把病程延迟，达到良好的治疗效果。

在这个过程里除了新的认识以外，我们也会看到一些已经知道的事情，比如关于情感的事情、情绪的稳定等，这些都很重要。我们发现对于老年人来讲，如果既有痴呆，又抑郁，那么痴呆就会发展得更快。所以老年人的精神健康是非常重要的问题。在这里提提麻将的重要性，或者说是有中国特色。我相信麻将是很重要的，特别是对于大脑的健康，你要动脑、动手，然后大家一起玩儿。亲情是很重要的，大家不要小看亲情。对老年人的关怀、照顾，可能大家还没太意识到，但从科学的角度我们确实可以看到它的重要性。

结合起来，我想跟大家讲明白一个道理，希望让大家相信神经科学非常重要，因为神经科学会决定人类的未来。人类将来往哪个方向走，活得好不好，可能跟神经科学的发展有很大的关系。这里想举焦虑症的例子来讲，通过对神经科学的理解，我们对人的本质有一些更深刻的认识。焦虑是什么？是警觉的信号。我到一个环境，过去在这个环境里发生了不好的事情，所以我比较警觉。这可以说是生活的印记，比如这个环境可能出现老虎，你意识到早点跑掉就能保命。在过去的年代，这种危险信号是来了就走了，几分钟的事儿，你或者被老虎吃掉或者跑掉。现在我们面临的问题是，压力、变化这些引起焦虑的主要因素无处不在。我现在问大家一个问题，人脑是不是适应这种高强度、不断的刺激？我不是说我有答案，但是人脑可能更适应过去的那种环境，即压力比较小的环境。

刚才谈到可控性的问题，如果可以控制我们的环境、行为与未来，是不是我们的日子真的就会很好？你可以控制你的血压，控制你的血糖，你有七情六欲，我现在给你一片百忧解，你整天都很快乐。人的激情、自发性、冒险精神都没有了。你愿意做一个失败的英雄而不是一个精致的利己主义者也不行。问题是，这样的话我们还是不是人呢？我们是不是就变成一部部机器，只是冷冰冰、硬邦邦地做事情？与此相关的问题就是，我们要考虑这个世界的发展。是不是让我们人类变得更加冷血、更加封闭？是不是这样的人反而活得更好？他如果对周围的事情没什么感觉，天塌下来他照样吃喝，这样的人是不是在未来世界会活得更好？这是我们需要考虑的问题，就是我们在向哪个方向发展。

过去我们都讲自然选择，自然会决定哪些东西是有利的，就让它们存留下来。这是达尔文最有名的适者生存理论，是种被动的状态。如果大家看过《未来简史》，就会意识到现在人已经足够强大，他要成为神，他要掌控自己的命运，他要决定自己的未来。作为一个神经科学家，我想知道的问题是大脑现在是不是我们的累赘？因为大脑毕竟是生物性的东西，在有些方面我们干不过机器。阿尔法狗一次次证明人脑在有些方面确实不行。将来人存在的优势和空间到底在什么地方？这个问题我是没有答案的。我希望与大家一起来思考一个问题，这个问题就是经过这么多年，特别是最近几十年迅速的发展，我们手里现在确实可能掌握着这么一把万能钥匙，这个钥匙使我们可以做任何的事情，可是我们现在不能够确定的，科学不能够告诉我们的，是这把钥匙打开的到底是哪个门，是通向天堂还是地狱？对于这个问题，科学是没办法解决的。

走进我国载人航天

朱枞鹏

朱枞鹏

研究员，现任中国航天科技集团有限公司第五研究院空间实验室系统总设计师。主要从事载人航天器研制工作。历任载人飞船总体副主任设计师，研究室副主任、主任，总设计师助理，副总设计师等职务。先后参加了载人飞船方案设计、"神舟一号"至"神舟五号"载人飞船研制、"神舟五号"和"神舟六号"飞船总体技术工作，主持了货运飞船综合论证，主持完成"天宫二号"空间实验室系统研制工作。荣获中国人民解放军科学技术进步奖、国防科学技术奖、中国载人航天突出贡献奖等多个奖项。

为什么要搞载人航天？

谈起载人航天，首先大家最关心的就是我们为什么要搞载人航天，也就是搞载人航天有什么意义。一提起载人航天，首先就想到航天事业的先驱，就是俄罗斯的伟大科学家齐奥尔科夫斯基。他说地球是人类的摇篮，人类绝不会永远躺在这个摇篮里，而是会不断探索新的天体和空间，人类首先将小心翼翼地穿过大气层，然后再去开发、利用太空。对于人们到太空以后会遇到什么样的挑战，那时候人类还是未知的，所以他这里用到"小心翼翼"。载人航天已发展了这么多年，我们掌握了相关的人类进入太空、在太空长期驻留的技术以后，应该说目前我们可以开展很多的活动。

因为无垠的太空有着浩瀚的空间和无尽的资源，它激发了人类的探索精神，寄托了人类美好的梦想。大家知道我们今天的生活实际上跟航天息息相关，包括我们现在手机上的导航，我们平时的通信，看电视、广播、电话、气象预报，对地球资源的勘探和环境的监测。航天跟我们人类世界应该说已经密不可分，我们已经离不开航天，它已经深入我们生活的每个方面。

太空也像海洋和网络一样，是一个新兴的战略资源，也是各个国家，特别是各个大国争夺的焦点。太空日益成为争夺的焦点，因为它是战略的制高点，关系国家的安全和发展。

人类社会的发展历史也表明，凡是在新的活动领域占据先机和优势的国家，必然赢得发展上的战略主动。从陆地到海洋，再到太空，哪个国家占先机的话，哪个国家往往在各个方面都是占主动的。杨利伟是第一个进入太空的中国人。但是我们不仅要进入太空，还要在太空生存更长的时间，这样我们才可以在太空做更有意义的事情，让中国始终在世界载人航天领域占有一席之地。我们要实现中华民族伟大复兴，要成为一个世界强国的话，载人航天这块应该说是具有很大的战略意义。

另外，我们搞载人航天也涉及研究人类本身，包括地球本身，因为前不久去世的伟大科学家霍金就提过：我们从哪里来？又将去往哪里？当然这个"我们"是指人类，就是人类到底是怎样来到这个地球，以后又将去往哪里？这应该说是一个关乎人类未来的很高深的研究问题。要回答这个问题，我们就要探索宇宙，了解宇宙空间，从它的诞生到它的发展趋向。

前不久我看到香港一位教授发表了一篇文章，他说我们现在为什么要去火星呢？就是因为地球的寿命到目前是 38 亿多年，由于地球的地壳演化非常剧烈，38 亿多年的过程中，它发生了多次火山喷发，以及和其他小行星的撞击，另外还因为大气层里有氧，对地球表面的侵蚀比较大，所以我们在地球上已经很难找到 38 亿多年前地球到底是什么样的形态。因为经过 38 亿多年的剧烈演化，地球应该说是面目全非了。但是火星不一样，火星从它诞生的那一天开始，基本上没有发生什么剧烈的变化，基本上它的形态是非常稳定的，火星的寿命跟地球的寿命也差不多，也是同时期产生的，宇宙大爆炸后形成太阳系，包括地球、火星等。所以人类到火星以后，可能会发现一些地球早期的痕迹。这对人类认识生命的诞生，包括生命的演化，是非常有意义的。

载人航天的一些基本知识

一说起航天首先会想到航空，航空航天应该说关系非常密切。航空主要是在大气层里面飞行，航天是在大气层以外，它们实际上是对高度的区分。关于这个高度，目前国际上通行的是 100 千米，就是离地球表面 100 千米以上的就是太空，在太空飞行就是航天。太空主要有六种环境特点。

一是大气密度很低。100 千米以上的太空，是什么样的状态呢？它主要是真空的，基本没有大气。

二是高低温变化剧烈。我们知道在地球上因为有大气层的保护，所以太阳光不是很强烈，一旦进入太空以后，太阳光是非常强烈的。有太阳照射的地方，温度会在 100 摄氏度以上。太阳照不到的地方，温度马上会下降到零下 100 摄氏度。

三是失重。失重什么感觉呢？人会一下子飘起来，像气球一样飘浮在空中。

四是宇宙辐射。恒星有非常强的射线，这对人体有伤害，对一些材料还有侵蚀作用。

五是原子氧。在太空氧是以原子态存在的，原子氧对金属、非金属材料都有腐蚀作用。

六是存在微流星。主要是来自宇宙其他星体的飞到地球的碎片，当然它们有大有小。这些微流星的速度非常快，最快的可达到每秒几十千米。一旦撞击到航天器就会产生灾难性的后果。还存在一些航天器碎片，因为从 20 世纪 50 年代发射人造卫星以来，好多航天器失效，甚至有些航天器发生爆炸，所以会产生一些碎片，它们会长期在太空飞行，不会落入大气层。这些碎片速度也非常快，我们的航天器进入太空以后，一旦和这些碎片发生撞击，也会危害航天员的安全，危害航天器本身的安全。

我们要开展航天飞行的话就要面对这六种环境特点，就是说我们必须要克服这六种环境特点的影响。搞载人航天就是要充分利用太空和载人航天器的特殊环境，开展一些微重力条件下才能开展的科学实验，开发太空极其丰富的资源。将来我们可能会到月球、火星等行星和小行星上去，这些星体上存在很多宝贵的资源，我们可以开发出来为人类所利用。

因为航天是一个大型工程，一般要搞航天的话主要需要五大系统：运载火箭；航天器系统，航天器又包括轨道器和返回器；测控系统，包括地面和太空之间的通信联系；发射场；着陆场。

包括卫星在内的一般航天器的基本功能有结构、供电、姿态和轨道控制、遥控遥测、推进、热控、数据管理。我们不管开展什么样的航天活动，航天器都必须具备这几项基本的功能。载人航天器因为有人在上面，所以还要有一些特殊的功能，主要是环境控制和生命保障。维持生命必须要有氧气，另外，人类呼出的二氧化碳必须要去除。还有对温度和湿度的控制，特别是对微生物的控制，因为人进入太空以后是在相对封闭的空间里面长期生存，这个封闭的空间里面还有微生物，包括我们发射的时候从地面带上去的，这些微生物在一个有氧和有湿度的环境下生长繁殖非常快，这些微生物可能不仅对人体的健康造成危害，甚至可以把一些金属材料吃掉，所以我们搞载人航天必须要对这些微生物进行控制。另外，还有对有害气体的控制，因为有些非金属材料会释放出有害物质，尽管浓度非常低，但长期作用于人体，会对人体产生损害。我们还要保障航天员的生活，包括衣、食、住、卫生、娱乐。另外还有健身，因为人在失重情况下，要是不锻炼的话，肌肉功能会很快衰退，所以必须要锻炼，比如跑步或者做一些力量训练。还有航天医学的保障，因为人在太空如果要飞很长时间，难免会头疼脑热，会得一些小病，我们在太空可以做一些治疗。还有就是载人返回，人在太空不管驻留多长时间，最终还是要回到地球。一种返回方式是飞船模式，像神舟飞船、联盟号等。飞船返回时最后着陆是靠降落伞。还有一种返回方式就是航天飞机，像美国的航天飞机。航天飞机可以落在机场的跑道上。

载人航天始于 1961 年，苏联航天员加加林乘"东方一号"完成太空飞行任务，标志着载人航天时代的开始，到今天已经有五十多年了。

我国载人航天发展的历程

我国在 20 世纪 70 年代也曾研究过载人航天，当时美苏冷战，阿波罗登月。后来由于 70 年代我国的经济实力、科技实力还非常弱，周总理就说我国的载人航天还是留给后人吧，他们这代人可能做不了这个事，所以 70 年代弄了一段时间就停止了。1992 年，中央专委会议确定了我国载人航天"三步走"发展战略，第一步是发展神舟飞船，1999 年神舟飞船上天；第二步是建立空间实验室，为第三步建立空间站进行先期的技术验证。经过不懈努力，中国的载人航天取得了辉煌的成就，截至 2018 年一共进行了 5 次无人飞行任务和 6 次载人飞行任务，先后有 11 名中国航天员进入太空，圆满完成了第一步和第二步任务。已突破掌握载人天地往返、太空出舱、空间交会对接、组合体运行、航天员中期驻留、在轨维修、推进剂补加等载人航天领域重大技术。从全世界来看，难度最大的主要是这几个方面，目前只有美国、俄罗斯和中国掌握了这些关键技术。掌握了这些技术以后我们才能建立空间站，甚至可以到月球、火星上去。

进入太空的 11 名航天员中，大家最熟悉的就是航天英雄杨利伟，他是 2003 年乘"神舟五号"第一个进入太空的中国人。目前我们已圆满完成了 11 艘神舟飞船和 2 艘天宫飞行器、1 艘天舟货运飞船的飞行任务。

第二步第一阶段主要是出舱，因为人要进入太空环境，要面临真空、高低温，还有宇宙强烈的辐射，必须要通过特制的舱外服来进行保护。我们要开展很多科学实验，包括进行航天器的维修，进行一些大型的空间设施的建造，都需要航天员出舱进入太空，这时就要穿着特制的太空服。

后来我们发射了"天宫一号"，主要是为了掌握交会对接技术。"神舟八号"是无人的。"神舟九号"和"神舟十号"是有人的，同时我们还进行了自动交会对接和手动对接，其技术难度是非常大的。手动控制的意义就是在自动控制发生故障的情况下，人可以去驾驶飞船。而且在太空还开展了科普教育，当时的转播非常精彩。

"神舟十一号"上去后，我们还开展了在轨的维修技术实验。通过人机协同在轨维修实验，将来我们舱外的维修就不一定需要人去，因为航天员出舱的代价还是非常大的，我们将来可以在外面安装一些灵巧的机械手，可以用机械手去做一些操作。

另外，"天宫二号"还做了一些动植物的培育，如太空养蚕，因为中国是丝绸大国，所以我们在太空研究一下蚕在太空的吐丝结茧过程。另外，我们还进行了蔬菜的培养。

随着"天宫二号"空间实验室任务的完成，我国已进入空间站时代，就是说我们第二步已经走完了，已进入第三步。计划于 2022

年前后建成空间站。我国空间站的任务是突破和掌握航天员长期在轨技术。另外，空间站的规模会更大，我们会开展更多的科学实验。因为空间站长期载人飞行，所以必须通过载人飞船和货运飞船，进行乘员往来和物质补给，包括航天员的消耗品，还有一些科学实验设备，另外推进剂消耗完了以后我们也要补给。

此外，我们还将单独发射"巡天"光学舱，与空间站保持共轨飞行状态。大家知道美国人搞了一个哈勃望远镜，拍了大量的宇宙照片，大家在网上都可以找到。美国人有航天飞机，通过航天飞机对哈勃望远镜进行维护，我们没有航天飞机，主要是依靠空间站。将来我们要发射一个"巡天"光学舱，上面也会装一个对天空进行探索的望远镜，开展类似于哈勃望远镜进行的对宇宙的探索活动。

空间站工程是 2010 年 9 月中央批准实施的，我国空间站工程的战略目标是：在 2020 年前后，建成和运营近地空间站，使我国成为独立掌握近地空间长期载人飞行技术，具备长期开展近地空间有人参与科学技术实验和综合开发利用太空资源能力的国家。在国际上，俄罗斯是最早搞空间站的。国际空间站由美国牵头，有 16 个国家参与。中国是第三个，我们独立地开展空间站研究。

我国空间站主要由核心舱和实验舱 I、实验舱 II 组成，同时前后有一个载人飞船和货运飞船对接，对它进行补给。它的建造过程首先是要发射一个核心舱，核心舱主要是对空间站进行控制。之后再发射实验舱，对接以后再转位，构成一个 T 字形。现在我们的空间站还具有扩展的能力，将来可以开展国际合作。

我们的空间站设计的技术水平还是非常高的，包括供电的功率重量比、并网供电的能力、载荷重量比等都很高。另外，我们的空间站的信息技术也很先进。

载人航天未来的发展方向

下一步我国载人航天，包括世界的载人航天，应该朝哪几个方向发展？各个国家也在研究，目前达成共识的主要是两个大的方向。

一是利用掌握的载人航天技术拓展在轨服务。什么叫在轨服务呢？将来人进入太空以后，要体现人的作用。今后会在太空建造更大的空间设施，这些大型设施很难用火箭一次性发射，必须要在轨分批次发射组装，有人参与组装肯定难度相对低一些，如果完全靠自动化，难度会更大一些。特别是一些高价值的大型设施，因为它们的造价很高，如果出现故障，那么人会上去维修，像哈勃望远镜就是最典型的例子，它出现了故障以后，航天员上去维修，它又继续发挥作用，经济价值也非常高。还有就是科学研究和应用，主要是体现载人航天的应用价值，包括开发一些空间的新材料，利用微重力环境可以制造一些产品。

二是瞄准更远的目的地。就是我们可以去月球，可以到一些小行星上去，到火星甚至更远的地方去。我们为什么要到这些地方去呢？主要是为了体现人类的探索精神。随着自身经济能力和技术能力的不断提升，我们人类探索的空间范围会越来越广。

"探索浩瀚宇宙，发展航天事业，建设航天强国，是我们不懈追求的航天梦。"这是习总书记说的一句话。航天梦也是中国梦的一个组成部分，党的十九大报告里面也专门提到建设航天强国。这也体现了党和习总书记对航天事业的高度重视。航天事业是引领人类未来的事业，未来我们还将开展在轨服务和深空探索。我们的步伐绝不会只是走到空间站就停止，在探索宇宙的征程上会走得更远。

C919 大型客机的故事

刘　斌

刘　斌

航空史学者，报告文学作家，
中国作家协会会员。报告文学
代表作品有《逐梦蓝天：C919
大型客机纪事》（入围中国
2017 年度好书）、《中国适航报
告》、《中国报告文学名家 12 人
访谈录》、《从深圳起飞——南
航深圳公司发展纪实》、《雪域
横起通天路——拉萨贡嘎机场建设纪实》。

国产大飞机 C919 首飞成功

2017 年 5 月 5 日，中国第一架拥有自主产权的国产大飞机 C919
在上海浦东首飞成功，标志着中国向商用飞机迈出了第一步。2008
年 5 月 11 日，承载中国商用飞机研制、生产的公司——中国商用飞
机公司成立。

2014 年 5 月 23 日，习总书记到中国商用飞机公司进行视察。习总书记在视察的过程当中，有一番很重要的讲话，对所有商飞人乃至全国的民航人来说是非常令人振奋的。他的讲话有这样几层意思，有些也是他的原话。第一个意思，中国大飞机经过了几代人的努力，是我们的国家意志、民族意愿，我们一定要搞大飞机。在十九大报告当中，习总书记总结近年来的中国重大科技成果的时候也提到了大飞机。第二个意思，中国大飞机走过了艰难、曲折、坎坷的道路，现在是万里长征又一步，他没有说新一步，而是又一步，这个含义是很深刻的。第三个意思，中国这么多年来，一直认为造不如买，买不如租，现在我们要花上千亿资金自己研造，这就是给我们一个定心丸，要靠自己来造，不再去买了，也不再去租了。第四个意思，怎么造，一是靠所有的研发人员，二是靠全国人民来支持。最后，当时正好是马年，习总书记一口气说出五个"马"，祝大家一马当先、万马奔腾、龙马精神、千军万马，最后祝马到成功。

今天我就中国大飞机这个话题集中来谈一谈大飞机的有关故事。我主要分三部分来讲：第一部分是中国大飞机的研制历程；第二部分是中国大飞机是中国制造，是拥有中国自己的知识产权的产物，它也是中国工业化进程的一个标志，我们要在这方面有自信；第三部分是我所看到的大飞机建造当中的一些人物故事。

中国大飞机的研制历程

大飞机梦是中国梦的一部分，这句话也是习总书记讲的。习总书记在中国大飞机的问题上有 128 条指示、批示。为什么？大家都知道，航空工业是高端制造业的"王冠"，而发动机是所有飞机的"心脏"，也是王冠上的明珠。实现大飞机梦的道路是很艰难曲折的，我们中国人其实早就有飞天梦。中国开始真正做飞机是在一百多年前，也就是我们广东一位很有名的人士冯如，他是广东恩平人。他在一百二十多年前东渡美国，开始动脑筋做飞机，制造了冯如一号、冯如二号。最后回到广州，他亲自设计，亲自制造，亲自飞行，这个精神是中国航空人的精神。但是不幸，因为飞机试飞失误，最后殉职。但是他是我们的榜样，为我们留下了很宝贵的精神财富，就是中国人一定要飞天。所以他被追认为"中国航空之父"。

冯如之后的这一百多年，中华民族经历过苦难深重的岁月，中间也有飞机制造业，但是一直是满目疮痍。一直到新中国成立，我们的航空工业才有了一些起步。我们可以回忆一下 1949 年在国庆大典的时候飞过天安门广场上的那 17 架飞机，都是从国民党那儿接收过来的，而且飞机远远不够，飞过去以后又重新绕到通县，再重新飞。好像有很多，实际上只有 17 架。就是在这样的情况下，中国航空工业从 1951 年开始起步，成立了专门的工作组，后来慢慢地发展到中国航空部，一直到现在的中国航空制造集团。

民航起步时没有飞机，怎么起来的呢？是原来国民党的中国航空公司和中华航空公司，这两家公司响应号召，从香港北飞到天津，这样我们才有了中国民航。这对我们来说是非常振奋的，而且是永不能忘怀的。

中国的航空史按学术研究分类的话，有中国军用航空发展史、中国民航发展史、中国大飞机发展史。还有很多分支，是一些很具体的，我就不详细讲了。历数中国航空发展史，大家可以知道，从国民党那里接收过来飞机，然后我们进行修理、使用，直到 1956 年我们才有了第一架中国的教练机。毛主席当时非常高兴，专门写了嘉奖令。

后来我们在苏联的援助下，开始按照苏联的一套搞，然后我们慢慢地又有了自己的运 5、运 7 等一系列飞机。毛主席的伟大之处在于他不是做教条的指示，不是在发号施令。在航空工业部门请示他的时候，说航空工业部门的人都是打仗出身，怎么搞？毛主席说你们先学楷书，再学草书，就是说你们开始要当学生，要一笔一画地向苏联老大哥学习，然后你们再龙飞凤舞地发展自己。这句话影响很深远。所以我们的航空工业部门就开始全盘搬照苏联的标准、规则、机型设计、制造工艺等。

但是发展到一定程度了，关系有了变化，逼着我们自己搞，所以我们就迫不得已开始自己搞了。这时候还是毛主席给我们鼓劲、打气。其实搞"两弹一星"的时候毛主席就说过，就是穷得卖掉家当，也要搞"两弹一星"，也要搞航空。当时有两条路，一个是搞"两弹一星"，一个是搞飞机，但是当时迫于国际形势的压力，最后都去搞"两弹一星"了，飞机暂时放下。在这种情况下，我们的"两弹一星"发展了，飞机滞后了。发展到一定程度后，形势又变化了，然后国际形势变化，要准备打仗，还得要武器，后来我们又搞了"杀手锏工程"。所以为什么毛主席那么硬气，不是嘴硬，是手里有东西、有武器。后来我们的歼敌机、轰炸机等系列飞机陆续搞出来了。航空工业领域的那些老前辈多少年以前都是蹲在深山里面、沙漠当中，真是贡献了青春。由于他们的奉献，才有了我们强大的国防、强大的航空工业。

发展到一定程度以后，1970 年他到上海视察，跟上海当时的几个领导人谈话，几个领导人还不断地给毛主席汇报，说上海搞了什么先进的纺织工业，还拿着小圆珠笔说你看我们的小小圆珠笔多精致。毛主席拿那个小圆珠笔转了一下，就即兴说了一句：你们上海基础这么好，怎么不搞飞机呀？你们要搞飞机。这说明毛主席确实是深谋远虑的，对飞机也是情有独钟的。因为他看到周总理在 1964 年出访的时候，坐的是苏联的飞机，他就让造自己的飞机。所以毛主席这个话一出口，大家就开始落实，就变成了 708 工程。

大家都知道运 10，运 10 是中国大飞机研制的第一次伟大实践。大家有机会到上海去的时候，可以到上海浦东商飞组装基地去看看，那架飞机和 MD－82 飞机都摆在公司的广场上，广场前面树立了一个寓意非常深远的纪念台，叫"永不放弃"，造型像个火炬一样。这个火炬熊熊燃烧，就是形容我们中国人追求航天梦、追求大飞机梦的热情永远不会熄灭，永远不会停止，永远不会改变。

现在，中国航空工业的成绩是斐然的，大家从国庆庆典，还有"九三"大阅兵中都看到了天空上隆隆飞过的机群，那些机型就充分显示了我们航空工业的发展和实力。我们的大型运输机运20，改装的预警机，后面加油机，还有轰5、轰6、轰7这样的巨型轰炸机，以及歼10、歼11、歼15，最近又有了歼20隐形机。这是军机这块的发展。

在民机这块，其历程可以归纳为"三起两落"。第一起就是我刚才跟大家介绍的运10。中间还有"一起"大家可能不太知晓，因为出于保密，很多史料到现在还没有完全解密，叫AE100。它的代号意义是中国要造一架在亚洲起码能够领先的飞机，100 就是 100 座的，属于干线飞机。中国航空工业一直在发展，在造军机的同时也不断地研制民用飞机。但是，迫于当时的条件，只能造一些螺旋桨飞机，比如运5、运12等小型飞机，一直到运7，运7是支线飞机。螺旋桨跟我们现在出差经常坐的空客和波音飞机是两个概念。螺旋桨飞机是短线飞机，是支线的。当时有一些有识之士，如院士、科学家，不断地给中央写信，给最高领导人写信，建议我们一定要搞大一点的飞机，因为有这样的实力了。所以刚才我讲中国大飞机的第二次起步就是 AE100，它就是在这种呼声当中起来的。

那个时候中国的大飞机都是代表国家意志的，是具有战略意义的，都是领先于国家的工业化发展步伐的，所以高层都是非常关注的。在第二次起步的时候，政府是非常支持的，当时的国务院领导非常支持，而且直接把总理基金 100 亿元都划给了中国航空工业部，直接说你们先用这 100 亿元进行研制。但后来为什么流产了，下马了？因为国际环境的变化，当时想走技术合作的道路，所以有点一厢情愿。波音公司发了话：你中国花多少钱，我也不跟你合作。所以现在也是，美国人的骨子里有自己的国家利益，我们中国人也有自己的立场，也不会轻易放弃我们的利益。所以，谈判来，谈判去，最后跟空客谈成了，但是空客要价很高，它要38%的股权，我们只能占百分之十几。另外那些怎么办呢？后来又跟韩国、印度尼西亚等几个国家谈融资问题。因为投入不是一个小的数目，现在买一架飞机至少要2亿元，但是你要研制，需要很多基础的条件、基础的设备、基础的建设，没有上百亿元、上千亿元，是起不了步的。而且它的周期又很长，一般研制一架飞机要九年时间，九年才能叫它飞起来，还不是成功投入商业运营。所以当时谈来谈去最后没谈拢，总理这100亿元基金在那儿积压的时间太长了。等换届以后，新的领导人在咨询这个事儿的时候，说大飞机搞得怎么样了，一汇报还在谈，还停留在图纸阶段。当时我们国家正发生了1998年长江洪水，香港那边在闹金融危机，国企正在改制，很多人要下岗，需要资金的地方太多了。所以当时的领导人说：把100亿元撤出来。所以，这100亿元又从中航工业划回了国务院，这是我们的"二落"。这次下马的原因就是国际环境，我们太弱了，人家强国不跟我们合作，一些国家谈融资的时候出尔反尔，中国人不屈不挠，是不会轻易放弃的。所以有识之士又不断地上书，国家也非常重视，进行各种会议的论证，当时从科技部、国防科工委一直到航空工业部，不断地讨论、论证。这样的论证是中国继长江三峡和青藏铁路之后的第三次，其内容也可写一本书了。这次论证里面的故事也非常多，方方面面的意见也很多，但是结论只有一个：一定要搞中国的大飞机。

　　集中起来，关于中国大飞机的论证有四个焦点。一是中国要不要搞大飞机，最后大家统一了意见，要搞，为了国家战略、国家利益、国家发展，我们一定要搞。二是搞干线飞机还是搞支线飞机，干线飞机就是100座以上的。支持搞支线飞机的人认为我们搞不了大的，国家实力、技术都有限，先搞小的，搞支线飞机，这是一种观点。三是在哪儿搞，有两个观点。一个是在上海，上海有运10的基础，生产线、人才都在。另一个是在陕西阎良，陕西阎良是中国的航空城。为什么建在那里呢？因为那里比较隐蔽，所以当年苏联援建的时候就考虑选在那边了。另外，还有两个地方也在积极争取，一个是广东珠海，另一个是四川成都。为什么成都也争取呢？成都是中国四大航空基地之一，是"四大飞"之一。西安飞机制造公司、成都飞机制造公司、哈尔滨飞机制造公司、沈阳飞机制造公司，合起来叫"四大飞"。争来争去，最后，国务院统一开国务会议，就把它定在上海。将来有些零部件、系统的器件要从海关进来，上海在对外交流、进出口贸易方面有优势，而且原来也有飞机的制造基础，平台还在，有技术积累，人才也都还在。

"三起两落"的第三起是什么呢？第三起是先搞一个支线飞机。2002 年，航空工业方面的有识之士不断地请示、要求，既然国家考虑形势，我们不搞干线飞机，我们先搞支线飞机，所以就写了个报告。当时国防科工委和科技部的几个领导也一致说搞支线可以，我们国家地域辽阔，少数地区的交通不发达，支线飞机是在 800 千米航程之内，非常适用。这个报告说动了当时的国务院总理朱镕基，朱镕基也顺应民意同意了。这个项目当时就敲定了，2002 年上马，但是资金远远不够。航空工业怎么筹备资金？用它自己的一些产值，职工的奖励、基金什么的那几年都没发，都集中起来搞研制。这个项目被列为"国家重点科技项目"之一。上马之后，这型飞机叫 ARJ21 - 700，已经研制成功。另外经过了严格的试航取证，并且交给成都航空公司进行商业运营，取得了成功。现在已经交付了五架，就是说它可以载客了，有航线了，有航班了，可以盈利了。这是中国第一型喷气飞机，虽然是支线飞机，但是它标志着我们中国有了自己的飞机。习主席还写了贺电，这型飞机现在运行良好。

这里还要梳理一下，中国大飞机其实现在有三个型号，现在一说大飞机就是 C919，其实它前面还有个 ARJ21 - 700。后面我们要跟俄罗斯合作，2017 年跟俄罗斯签约，要搞 C929。C929 是宽体的，是两个通道，三种座位，最多的要坐 330 人，五年以后要研制成功。所以我们中国大飞机事业的前景是非常喜人的。

我说"三起两落",刚才讲的一个是运 10 落下来了,大家不要计较是谁让它下马的、谁把它扼杀的,这些都没有意义,但是你要记住运 10 是中国人搞大飞机的第一次伟大实践。第二起是 AE100,最后也落下去了。第三起就是我刚才说的 ARJ21 - 700,这个起来以后就没落下去,现在一直往前走,最后出现了 C919。C919 的出现也比较简单、直接,它在 2006 年被立为国家重大专项,经过重大论证以后确定了。然后温家宝总理题字了,要中国大飞机飞上蓝天,早日翱翔。2006 年开始预演,2008 年中国商飞体制改革。经历了艰难、曲折和坎坷后,2017 年终于首飞成功。这是比较振奋人心的,国家投资也是巨大的,但是它建立了平台,建立了设施。我们有很多的国家重点实验室,有五大中心:研发中心、组装中心、基础研究中心、试飞中心、客服中心。北京又搞了一个研究中心,这个研究中心是研究二十五年以后智能飞机的机构,从国内外吸收了最顶尖的人才。

所以归纳起来,中国大飞机"三起两落",一直到现在的成功,确实让人瞩目。集中讲一个问题,就是要坚信中国道路,坚信中国大飞机道路,这是不可动摇的,是令人鼓舞和振奋的,它在中国的工业化进程当中树立了一个标杆。与大飞机有关的科学技术集中了多个学科、多门学问。比如搞发动机,你材料工程跟不上,你的材料不能耐 2000 摄氏度的高温,谈什么发动机?

C919 大飞机是中国制造

当时也有很多人问,说那个大飞机就是一个壳,那个发动机、内部的一些系统都是国外的东西,怎么解释?我们把它定义为拥有中国自主知识产权、中国制造,是理直气壮的。我们可以从以下几个方面来讲。

整个飞机是我们自己设计、构思的,里边的各个系统怎么来组合是我们自己决定的。中国大飞机就像我们自己的孩子,我们中国人来给它起名字,我们有这个权利。

为什么叫 C919？C 是商飞的英文缩写；中国人比较信数字，中国数字里面，9 是最大的；19 是座位，最多 190 个座。C919 就是这样来的。

刚才说发动机不是我们中国制造。世界上的航空工业全部都是专业化生产，波音也是在进行自己的整体构思以后组装的，也不是它自己能做发动机。做飞机发动机的国际厂家只有几家，第一家是美国的通用，第二家是美国的普惠，第三家是英国的罗罗，第四家是美国通用和法国一家公司的合资企业。C919 用的就是这家合资公司的发动机。另外，国际上制造飞机的通行惯例是主制造商加供应商这样一个模式。供应商有成百上千家，但是主要的供应商提供内部的飞控系统、导航系统、通信系统、环控系统、动力系统，这些都要各制造商、供应商来和我们共同把它组装起来。这是国际惯例，是通行的。不是说连一个螺丝钉都得由一个工厂搞定。C919 的螺丝钉也不是上海生产的，是哪儿生产的呢？是济南一家公司生产的。这就说明这样一个道理，国际的惯例是主制造商加供应商的模式。

还有，有人说我们是外壳。其实这个外壳也是我国的专利技术，这个外壳分成机头、前机身、大翼、中机身、后机身、尾翼、水平尾翼、垂直尾翼。这是一家公司生产的吗？不是，是多个飞机制造厂家分头生产的。机头是成都做的，前机身是西安做的，大翼也是西安做的，中机身是丰都做的，后面那些是沈阳做的，最后组装。波音公司的总裁也说：能够把飞机这些零部件组装起来，就是了不起的成功。他说要是不相信这句话你来把这些配件组装试试。没有国家敢试的，它没有这些技术。我在这里也是给大家宣传中国品牌，要我们有自信，C919 就是中国制造。

这里面就有一个大家比较关心的问题，即中国制造将来安全不安全？飞机制造和飞起来有这样几个程序，首先需要研发，研发之后还要制造、组装，制造、组装以后要进行试航验证，试航验证之后拿到那个证，才能交付运营。不是飞机制造出来了、飞起来了，就成功了。飞起来只是第一步，3 年 6 架飞机要按照国际标准进行 1200 多个项目的实验、试飞。这个是由谁来做呢？要由中国民航局试航司来进行审查。对 ARJ21－700，民航局进行了 12 年的严格审查。从它的原材料进口到系统的引进，一直到最后的试飞，民航局已经审查了12 年。

大飞机制造当中的一些人物故事

大飞机里面的人物故事太多了，飞机是机械的，但人是活生生的。大飞机的制造历程实际上是人在里边活动的，跟人的命运紧密相关。这里主要讲两类人物——科学技术人员和试飞员。

总设计师叫吴光辉，我采访吴光辉的时候他根本没有太多时间，他一直在现场。他下面有九个副总工程师，各管一个系统或两个系统，他负责整体的排兵布阵。他很励志，从小就热爱科学，他小时候是一个小发明家，在初中的时候就拆装收音机等小玩意儿。他出身农村，考大学不知道报什么，他问他姐夫报什么志愿，他姐夫说"你爱搞这些小摆件，另外将来你学点技术也有饭碗"，他就报了南京航空航天大学。在南京航空航天大学他一待就是 38 年，军机、民机的很多型号他都研究过。他工作非常扎实，而且每天工作，基本没有休息时间，根本顾不上家里。我见过他两次，第一次他满头黑发，就是七八年以前，再见到他就已经满头白发了。他是操心太多了，日夜操心。

其他九个副总工程师和大量的工程设计人员也都是这样。其中有一个搞强度的老工程师，他说飞机要有一定的强度，要做各种实验，它最大压力下不会损坏的那个界限点要找出来。这个老人是陕西人，非常朴实，考大学的时候也不知道报什么学校，然后来了个通知书，说他被西北工业大学五系录取，然后请他到三专业报到，也就是飞机制造系结构强度专业。他在这个专业上一干四十年。他家在阎良，人在上海，两边跑。后来那个总经理非常感动，因为进上海有一批指标，就让他赶快写个申请，把家搬过来，这边给他一套房子，他付一半费用就可以了。然后他说不着急，他住着挺好的，回家跟老伴儿说总经理关心他们，叫他搬到上海去。老伴儿也挺朴实，说："去上海干吗，都找不到路，在陕西天天吃肉夹馍挺好的，回到上海还有肉夹馍吗？"两个人就没去，现在还住在西安一个居民楼的三楼里面。180平方米的上海房子不要，上海户口不要，他说他在阎良方便。因为他是强度专家，一方面大飞机需要他做强度实验，另外阎良有很多军机的强度实验也需要他进行。所以我们要讲奉献，他是我们的楷模。

再就是飞行员们。飞机造出来得试飞。没有经过验证的飞机你去飞，冒险不冒险？肯定是冒一定风险的。我心目当中有两个值得敬佩的飞行员，一个是 ARJ21 - 700 的首席飞行员赵鹏，还有一个是赵志强。

赵鹏现在是中国航空试飞研究院副院长，民机研究部部长，1972年生人，博士、研究员、飞行员，非常出名。从北京航空航天大学毕业以后，他说自己就爱飞行，哪儿能飞去哪儿。本来要留北京的，他说要去阎良，就去了，一待就是 20 年。ARJ21 - 700 的首飞是他，他飞得非常出色。他是国际试飞员协会亚洲区的第一人。这次 ARJ21 - 700 在冰岛进行大测风实验，就是飞机要经过的十级大风考验，飞机要在十级大风当中平稳安全地落地，不至于被风吹倒。他是地面总指挥。上面还有飞行员，飞行员叫赵志强。赵志强是局方试飞员，这个人也特别了不起。他非常沉着、镇定。在飞大测风的前一天晚上，我想去看看他的心理情况怎么样，我说"咱俩聊聊"，他说"刘老师不用聊，我知道你想问什么"，他说"咱俩去喝杯啤酒吧"，他非常轻松，非常镇定。第二天上飞机的时候，他非常从容，飞得特别好。在加拿大温莎飞冰雪实验的时候也是他，最后他勇敢地把握住机会按照实验条件完成。这两个飞行员都接受了习总书记的接见，这是他们的荣誉。他们在成长过程当中的那种奉献精神值得我们学习。

我们要教育孩子，让他们从小爱科学、爱航空、爱大飞机、爱这些勇敢的试飞员，长大之后好为国家多做贡献，像接力赛跑一样，把中国的大飞机事业传承下去。

四

文学艺术

旅行中的文学课

卢　桢

卢　桢

南开大学文学院副教授，中国现当代文学专业教研室主任。研究方向为中国当代文学、旅行文学与文化。曾获天津市"文艺新星"等多个奖励，入选天津市宣传文化"五个一批"人才，天津市作协签约作家。承担国家及省部级科研课题多项。曾游历 80 个国家，近 300 座城市，开设旅行专栏若干。在《文艺研究》《中国现代文学研究丛刊》《文艺争鸣》《南方文坛》等刊物上发表学术论文百余篇，出版著作7 部。

借这次讲座的机会，我想与大家分享"旅行中的文学课"。实际上，这是我给学生上文学类课程的一个很有意思的视角。当我介绍一位作家、分析一部作品的时候，我就尽量把在旅行中拍摄到的或搜集到的与这些文学信息相关的资料，结合这些作家自身的旅行经历与大家进行分享，这样可以加深学生对文学作品和作家的理解，让课堂生动起来。就我们今天这个讲座来说，其实我更愿意与大家交流关于旅行的一些理论和想法，特别是如何从文学的角度看待旅行，设计自己的文学旅行。所以如果为这个题目"旅行中的文学课"加个副标题，我想就是"打造属于你的文学旅行"。

首先我们聊一聊旅行和文学的联系。我接触过很多年轻的学生朋友，当问到他们的爱好是什么时，基本上大家的回答就是三种，旅行、文学、音乐，特别是旅行和文学几乎成了每个人的人文理想。我可以没有时间去旅行，但我愿意保持一颗说走就走的心；我可以没有精力去阅读，但我不放弃任何一次与文学大咖和那些闪光的文字相逢的机会。古人说"读万卷书，行万里路"，到了今天的消费时代，旅行与文学构成了中国人休闲想象的内容核心。什么是休闲想象呢？它就是现代人对自己在非劳动及非工作时间内各种"玩"的方式的想象。我可能暂时不能走出去看看，不能沉下心来读书，我也许并没有实际地产生休闲行为，但是我始终保持一个信念，就是旅行和读书这样的休闲行为必然与我有关，一旦有了机会，我就会参与其中，这就是休闲想象。很有意思的是，这种参与感是发生在此刻的，但实际上，这种参与行为还没有发生，这其实就是关于休闲的一种想象，是现代社会人们心理的一个新特点。以前我们必须要参与到休闲方式中，比如参与真实的旅行、真实的体育运动、真实的阅读，才能求得身心的调节与放松，达到身心愉悦。现在人们通过对休闲的想象，就能够获得一种精神上的舒缓，至少是慰藉。这其实和现代旅行的本质是分不开的。

我们再来说一说旅行的历史，个人的旅行很难说从什么时候开始，也许从这个山洞走到对面那个山洞，就是原始人的第一次旅行，这无法界定。但旅行的另一种组织模式——团队游，也就是所谓的"跟团"，是可以考察的。从团队游的历史来看，它兴起于古罗马帝国时期，那种为精英设计的、以娱乐或增长文化见识为目的的旅游形态便颇具规模。中世纪末期，威尼斯出现了定期去基督教圣地的观光旅游团。1840 年左右是西方社会开始兴起大众观光旅游的重要时刻。1841 年，英国的通济隆旅行社（Thomas Cook）安排了世界上第一次包办式旅游，这标志着旅游已经开始占据了人们的空闲时间。但是旅游的人是谁呢？主要是英国的产业工人。在 19 世纪，资本家频频组织工人去旅游，以"假期旅游"的方式提高被雇用者的工作效率。他们为工人阶层建立起一种"幻觉"：仿佛现实工作中的种种矛盾都是"非真实"的，而追求旅行带来的消遣体验才是生活的旨归。这样一来，工人便将他们对劳资矛盾的关注转移到对下一次旅行的期待上，生产中的紧张关系由此得以疏解。这就与今天很多人关于旅行的休闲想象建立了关系，它们很相似，很多忙于上班的人经常畅想着，要离开他们平时工作和生活的地方，触碰那些不同于日常生活中所有感受的愉快经验，身体和心灵总有一个在路上。即使现在的公司不再组织这样的旅行，这些人也会主动选择合适的旅行产品并加入其中，或者采取自由行方式，这也是我们现代人参与旅行的一个内在驱动力。要换个环境，调节身心，追求新奇，到别人已经习以为常的地方去发现自己还未曾见过的景色，去品尝陌生之美。

从追求"陌生之美"这个意义上说，旅行与文学何其相似。我们一起来看一看文学和旅行有哪些交集。

首先看文学。什么是文学？根据一些理论书上的定义，文学是人类用来表达思想、抒发感情的一种艺术方式。它可以表达感情、增长知识、诠释历史，文学是审美活动，具有形象性、真实性、情感性和符号性这四个特征。

再看旅行。旅行是通过地理迁徙阅读世界、增长见闻的游览或娱乐活动，它涉及政治、经济、文化、历史、地理等各个领域。很有意思的是，世界旅游组织还特意说旅行是某人最少离家 55 英里（88.5 千米），它要有一种地理迁徙的含义在里面。

对比两个定义，我们就会发现，文学与旅行都强调对人文历史的审美，对景物和人文形象的关注，对代表性符号的解读，当然最重要的就是充分调动内心的情绪，参与到文学行为或旅行行为中。一个是阅读书中人生，一个是游览大千世界，文学与旅行构成了一个人开阔心胸、增长见识的非常重要的两个向度。

在旅行和文学的定义中，我们找到了两者的相似性，那么用文学的方式来旅行，就涉及文学与旅行的对应点。我先给大家推荐一个作家，我非常喜欢他的著作，这个人是阿兰·德波顿。他的代表作名为《旅行的艺术》。在书中他说："如果生活的目的在于追求幸福，那么，除却旅行，很少有别的行为能够呈现这一追求过程中的热情和矛盾，旅行可以表达出紧张学习和辛苦工作之外的另一种生活意义。"我理解他的意思，这就是我之前一直强调的休闲想象之于人内心的调节功能，旅行所具有的对现实生活的超越性，可以使很多人得到解脱与放松，甚至获得精神转化、生命张扬般宏大的意义。

既然旅行非常重要，我们如何经营自己的旅行呢？这里我就特别强调一种旅行的方式，那就是文学旅行。文学旅行不是新生事物，而是自古有之。从公元 4 世纪开始，去意大利的那不勒斯朝圣诗人维吉尔的墓地就成为意大利文化由来已久的传统。1374 年，文艺复兴之父——意大利诗人彼特拉克去世后，他位于阿克瓦的墓地也成为文学圣地，朝圣者络绎不绝。近现代的文学旅行主要发生在英国，英国文学旅行始于对作家墓地的观光，后来发展到作家故居游，一个代表性事件是 1769 年 9 月 6 日到 8 日，斯特拉福德莎士比亚诞辰周年纪念活动成功举办，标志着近代文学旅游的诞生。直到今天，英国都是世界上文学旅行开展得最丰富的国家，在全球十大文学旅游目的地里，英国的伦敦、斯特拉福德、爱丁堡位列前三。英国文学旅行热潮也影响了欧美，进而辐射到全球。

可以说，这种旅行方式在西方比较成熟完善，甚至有相对应的很多线路，但在中国还属于正在探索的阶段。如果给文学旅行下一个定义，可以发现很多人做过这方面的努力和研究，斯夸尔就认为它是通过"游览与作家或作品相关的地方"体验文化的过程，沃森主张通过参观与作家和作品相关的地方，品味文本及探究两者之间的相互关系。按照我个人的理解，文学旅行就是以寻访与文学相关的具有特殊意义的地点或场所为动机的旅行形式，以文学为本位，围绕作家生活地或文学发生地进行的游览活动。

我们回过头想一想，关于中国人旅行的段子很多，如上车睡觉，下车拍照，回家一问，啥都不知道，或者哪儿的大妈旅行团买光了那个城市的 LV，围绕这些问题的讨论不绝于耳。我们在座的各位其实都会有这样的思考，那就是什么才是有意义的旅行呢？我觉得，旅行的意义并不完全在于纯粹摆脱自己的生活，到一个完全与自己经历的现实无关的地方去放松自己的身心，或者去别的国家蹦迪、喝酒等，旅行的意义当然也不完全在于购物，虽然购物对很多人非常重要。旅行的意义有很多，但应该是基于现实生活的，是对自己现实生活、现有知识的一种审美性拓展，所以我并不会强调文学旅行是最高大上、最有意义的旅行。但它对我来说，的确拓宽了知识视野，也让我从对文学先贤的追慕和探访活动中，获得了旅行休闲与现实生活之间的对话。追求未来经验的旅行可以反哺我们的日常生活，提高我们的文学感悟力和理解力，这是文学旅行之于我的意义。如果在座的朋友想去进行一场文学旅行，应该关注哪些标志物，也就是景物符号呢？我认为至少有三类。

这就是文学旅行的核心景观，分成文人故居（或文学博物馆）、文人墓地以及文学发生地。第一个景观很好理解，文人故居旅行无论是在国外还是在国内，都比较热门，甚至一个文人故居可以成为当地旅游产业的文化支柱。比如我们去绍兴旅行，鲁迅的百草园早就被游客挤破头了，去海宁可以寻觅徐志摩的故居，诺贝尔文学奖获得者莫言在高密的旧居也变成了博物馆，很多高考考生去那里，希望作文写得好。

从历史上看，文人故居成为游览重点，甚至被改造成博物馆，这起源于英国。对游客来说，我们在参观故居的过程中，会尽量收集那些值得迷恋的物品，以此来满足我们对作家的神秘化想象。比如在英国小镇斯特拉福德，莎士比亚的出生地，人们普遍会去寻觅莎士比亚坐过的椅子、用过的书桌，认为既然大文豪写出了《罗密欧与朱丽叶》，写出了《哈姆雷特》，那么这些书桌就不再是简单的书桌了，它也成为文学的一个组成部分，甚至经典文学就是在这些木头上面诞生的。因此自 18 世纪 60 年代起，斯特拉福德就有了最早用于商业目的的文学旅游纪念品——莎士比亚椅子的小模型。

通过参观像莎士比亚这样的文人的故居，我们还可以探寻他们的生活轨迹，验证我们关于大师们生活的种种想象。观看他们以前住过的房子，就是观看他们发射生命强光的源头所在。我举个例子，英国中部小镇霍沃思保留了勃朗特三姐妹的故居。像夏洛蒂的《简·爱》、艾米莉的《呼啸山庄》都是中国读者非常熟悉的作品，她们姐妹的英年早逝，让我们这些"粉丝"唏嘘不已。带着对她们的朝圣之情，我们走入屋子的客厅，有个别家具是复制品，大部分保持了当年的状态，我一眼就看到了客厅右侧的一张沙发，因为写《呼啸山庄》的艾米莉就是于 1848 年 12 月 19 日下午 2 点在这张沙发上病故，终年 30 岁。看到这张沙发，看到桌子上三姐妹曾经玩过的那些士兵模样的木头小人，突然就有一种穿越感，童年三姐妹吵闹争执的画面、夏洛特在这里模仿大人跳舞的画面、艾米莉弥留之际在沙发上的画面一股脑涌入我的脑海，一下子就拉近了我和她之间的心灵距离。我之前所有的阅读和现在看到的景象产生了对话，我的记忆一下子被激活了。

从某种程度上说，文人故居也是文人作品的一部分。故居是一种活化石，从这些建筑物能看出作家的倾向和个性，它本身就是一件艺术品。作家住过的房子，也有他们的心灵或生态展示。文人故居不仅是文艺作品的创作地，保留了文人与其故土的纽带和渊源，最终也成为文学记忆的历史物证。我们以英国文学家、设计师威廉·莫里斯的故居为例，1863 年莫里斯与女友相恋，并决定在 1864 年结婚，由于转遍整个伦敦都未能找到一栋自己喜欢的房子和家居装饰，建筑师出身的莫里斯与几位志同道合的朋友合作，动手按自己的标准设计家居用品，以装饰屋子，这座住宅被命名为红屋。红屋是英国哥特式建筑和传统乡村建筑的完美结合，摆脱了维多利亚时期烦琐的建筑特点，以功能需求为首要因素，自然、简朴、实用。这也是威廉·莫里斯新工艺美术思想的第一个现实作品。从威廉·莫里斯生活的时期开始，也就是从19世纪中期起，英国作家故居呈现博物馆化的倾向，英国对文人故居加大了保护和修建的力度，以彰显其整体的文化品格。

此外，作家写作的时候，会不经意把自己所处的环境渗透到文字之间。我们如果置身其中，便有利于进一步领会他们的作品。2017年我去英格兰湖区寻访波特小姐的故居，她是风靡世界的儿童绘本《彼得兔》的作者。在日记里波特小姐曾经写道："有一种生活适合一些人，另一种生活适合另一些人，而我适合田间农场。"波特小姐热爱英国的乡村，而林语堂也说过，世界大同的理想生活就是住在英国的乡村，这和波特小姐的理想一样。波特小姐的家位于英国北部湖区的一座山丘上，她所创作的几十部彼得兔题材的故事，描写的都是她推开窗子就能看到的风景，而且有趣的是，很多故事（如猫太太和老鼠的故事）的背景就是她自己的家。所以我要说，故居不仅留存了文人的生活印记，同时故居本身就是文学的重要意象，参与到文学作品之中，这是它的魅力。

我们再看第二个标志物——墓地。中国人目前还没有广泛意义上的墓地旅行这样的习惯，但我们来到墓地旅行的发源地欧洲就会发现，墓地旅行恰恰是文学旅行中最重要的一部分，奥地利作家斯蒂芬·茨威格在参观托尔斯泰的墓地之后写下了著名散文《世间最美的坟墓——记1928年的一次俄国旅行》，他将托尔斯泰墓视为在俄国所见到的景物中最宏伟和感人的。虽然作家的墓地很简单，但是他认为这座墓地强烈震撼了每一个人内心深藏着的感情，保护作家得以安息的唯有人们的敬意，而没有任何别的东西，作家的墓地应该成为人们瞻仰伟大灵魂的圣地。甚至在英国，是因为先有了文人墓地旅行的兴盛，才出现了故居游和博物馆游，这和我们预想的那种先看人生前的住所再关心死亡相反。

世界上最集中的文人墓地位于英国伦敦，即威斯敏斯特大教堂里的诗人角。1400 年，写《坎特伯雷故事集》的作家乔叟被安葬在这里，成为第一位长眠于此的英国作家。1599 年，埃德蒙·斯宾塞也被安葬在此，为英国墓地旅游拉开帷幕。17 世纪，诗人角已经成为外国旅游者到访伦敦的必去之地。时至今日，120 多位作家、诗人、艺术家安息于此。诗人角已化身为英国文学旅游的重要符号，对到英国进行文学旅行的人来说，这块纪念墓地必定是他们的驻足之地。

现在很多中国人游览巴黎时，也会特意去拜谒一些墓地。巴黎市内的公共墓地有两块，一是拉雪兹神父公墓，二是蒙帕纳斯公墓。前者埋葬着王尔德，以及文豪莫里哀、巴尔扎克、普鲁斯特等，后者则埋葬着萨特、波伏娃、杜拉以及波德莱尔等文人。很贴心的是，巴黎这些墓园都做了旅行地图，给游客提供了很充足的信息。王尔德的墓地是其中最热门的文学地标，按照王尔德诗集《没有秘密的斯芬克斯》中的意象，他的墓碑被雕刻成一座小小的狮身人面像，碑身上满载粉丝的涂鸦——口红、爱心和各类留言。有两件事与此相关且颇为有趣。一为听闻，因为崇拜王尔德而亲吻他墓碑的女人过多，所以墓地管理员不得不定期清洗墓碑，如同擦黑板一样。二为亲见，一个胖胖的女孩拿手机屏幕当镜子认真地涂抹口红，然后深情地把"印章"盖在玻璃罩上，这一定是王尔德的忠实信徒。墓碑的碑石上堆满了地铁车票，这是巴黎人的习惯，他们喜欢将车票轻轻地放在先贤的墓碑之上，以此表达祝福。这已经成为欧洲非常流行的文学圣地。

再让我们走进波斯大诗人哈菲兹的墓地，墓园位于伊朗设拉子城西北的哈菲兹大街上。他生活在 14 世纪的波斯（1320～1389），这个年代正值中国的元末明初。诗人用诗歌的形式歌颂人世间的所有美好，歌唱美酒与自由，赞美人与人之间的真挚情感。诗句往往触及美好的主题，因此当地人甚至用他的诗句来占卜算命。我就遇到过一位老人，他在哈菲兹的墓地外面托着一堆卡片，卡片上面站着一只小黄鸟，老人招呼我过来，说是可以让小鸟替我占卜。我觉得很神秘，也很有趣，便给了他一点钱。占卜的过程很简单，老者冲小鸟吹了声口哨，小鸟就迅速从卡片中叼出一张，老者捏着卡片，把它轻轻递到我的手心上，我一看上面是几句波斯文，完全无法理解。老者显然知道我看不懂，便用简单的英语介绍给我听，他让鸟儿随机抽取的竟然是一张张写有哈菲兹诗句的卡片，每张卡片或者每行诗都预示着你未来的人生运势。那么我抽到的这几句诗是什么意思呢？老者继续蹦着简单的单词：你将拥有天堂的美酒和美人。这就是诗句的意思。

每当夏天的时候，这里每天晚上都会用灯光、音响做出特效，让人们在哈菲兹的唱诗旋律中聚会。我们看，诗人的坟茔不像我们想象的那样阴森而寂寥，相反，如同哈菲兹鼓励人们去做的那样，后世的追随者们从伊朗各地来到这里，他们在拜谒诗人陵寝的同时，更像在参加一场盛大的聚会，享受着"现世"相聚带给他们的欢乐。大家会围坐在墓石周围，每个人都要亲自抚摸雕刻在上面的文字，那是哈菲兹的两首"伽扎尔"，这种抒情诗朗诵起来韵律优美、高亢明亮、婉转悠扬，如同夜莺的鸣叫一样。一些女孩子干脆从包里拿出零食，分发给一起来的朋友。或者是有备而来的一家多口，母亲在陵墓旁的小水池边摊开花布，把果干、开心果和糖果一一放上去，供玩耍之余的孩子们取用。在这里，墓地成为聚会的所在，成为欢乐的象征。

纪伯伦的墓地建立在黎巴嫩北部小镇卜舍里的一个山洞里；乔伊斯的墓地雕塑就是作家最传神的姿态；简·奥斯汀的墓地在一座教堂里，神圣的教堂竟然用《傲慢与偏见》的插图作为墙壁上的装饰；聂鲁达的墓地就在他家的院子里，正对着太平洋，因为诗人生前最喜爱大海……这些墓地强烈震撼着我们，墓地不再是简单的埋葬尸骨的悲情场所，而是我们可以近距离地与作家交流、与作家对话的一种契机。用穆旦的一句诗来说，正是"再没有更近的接近，所有的偶然在我们间定型"。死亡不是失去生命，而是走出了时间。

最后一个标志物是文学发生地。前面我们谈到过艾米莉·勃朗特，如果去过她的住所，从她的住所一路向西行走，就会发现连绵的山丘上长满了石楠，而石楠的尽头是沼泽和旷野，附近有一所石头房子，这就是激发艾米莉写《呼啸山庄》的原型，也就是我们所说的文学发生地。去文学发生地旅行，可以激发我们重新在现实中审视经典文学，甚至产生一种亲身经历文学经典塑造过程的独特感受。比如济慈写《夜莺颂》时的那棵大树现在还立在他家前院，诗人不在了，树还在，诗还在，这种感受很有趣。

根据我自己的阅读经验，我还想请大家关注一下乔伊斯笔下的爱尔兰首都都柏林和狄更斯笔下的伦敦。乔伊斯在他的不朽名作《尤利西斯》中对都柏林的城市风貌进行了详尽描述，使这部作品被称为"都柏林旅行指南书"。乔伊斯曾说过，如果都柏林城毁灭，人们可以根据《尤利西斯》重建一座一模一样的城市，这话并非夸大。走进奥康内尔大街上的游客中心，可以领取各种免费的城市地图，其中有一张独一无二的"尤利西斯地图"。图上充满大量"JJ"符号，应该是詹姆斯·乔伊斯姓名的缩写，它代表布鲁姆在那一天中走过的重要地点。比如，这趟旅程的起点位于地图北边的 7 Eccles 大街，《尤利西斯》主人公布鲁姆的家就位于这条街上。从这里开始，你可以按照作品的描述，用正常的步速从贝雷斯福德广场出发，走到蒙乔伊广场西端，然后像作品人物一样"迈着悠闲的步子先后挨近了圣乔治教堂前的圆形广场"径直穿过去。很多时候，你与作品人物踏着一致的节奏，便觉得作品与生活，文学与现实的边界开始变得模糊不清，你也真正进入了《尤利西斯》，深入了布鲁姆的大脑。

继续按图索骥，你会发现都柏林街道的地面上经常镶有一些印着文字的铜板，这些铜板如杂志般大小。俯身一看，有的上面写着："他从托马斯经营的丝绸店前经过。"对照《尤利西斯》，才会发现原来都柏林的每一个角落，都有"他"——布鲁姆的足迹。虽然这是一个虚构的人物，但他串联起的都柏林，包括那家丝绸店，都是真实存在过的，难怪乔伊斯声言可以通过他的书复原一个都柏林。不经意间，我发现一家药店里陈列着乔伊斯的大幅画像，一看它的招牌才恍然大悟，这座看似有些破旧的石头建筑就是布鲁姆购买香皂的斯威尼药店。今天，你仍然可以在那位眼睛里充满诗意的店员小姐那里付五欧元，买下一块"列奥波德·布鲁姆"用过的长方形柠檬肥皂。所以在都柏林走的路程越远，就觉得自己离乔伊斯越近。乔伊斯用布鲁姆的脚步将都柏林铭刻在文学的纪念碑上，而我们则像布鲁姆一样，从清晨走到夜晚，穿行在自己为都柏林写下的字里行间。

狄更斯在作品中出神入化的描写，向世界介绍了伦敦的风貌。我们游览伦敦时，会发现一个奇特的蓝牌子。英国很多建筑上都有一面"蓝牌子"徽章，当你在一栋栋房屋间穿行时，看到这面蓝牌子，就意味着此处曾经居住过名人。离伦敦大英博物馆不远的大罗素街上，位于街道 13～14 号其貌不扬的灰白色建筑上镶嵌着蓝徽章，上书"这里曾经居住着查理斯·基特贝尔（Charles Kitterbell），是作家狄更斯《博兹札记》中的人物"。用如此庄严的方式煞有介事地纪念一位虚构的人物，足见狄更斯在英国人心中的位置。就是说，有时文学中的地理景物是虚构的、杜撰的，但文学旅游者常常会追根溯源，在现实中找到关于虚拟地点的蛛丝马迹。比如贝克街 221B——福尔摩斯这个虚拟人物居住的地方，现在竟然成了博物馆，而实际上这个门牌号是不存在的。在塞浦路斯的时候，有一个岩石吸引了我的注意，很多人到这里来拍照，因为传说这就是希腊神话中维纳斯诞生的地方，维纳斯诞生于爱琴海的波涛之中，掀起的海浪泡沫中诞生了阿弗洛狄忒（Aphrodite），"阿弗洛狄忒"意为"由海水的泡沫中诞生"，人们煞有介事地到这里来拍照。还有摩洛哥卡萨布兰卡的里克咖啡馆，因为电影，每年有数以万计的电影文学追慕者来此体验，但实际上，电影是在影棚里拍摄的，咖啡馆也是杜撰的，然而精明的美国人在此设立了一个文学的对应物、标志物，一下子就吸引了众多

"粉丝"。德国甚至把格林童话中出现的地点按照线路打造成一条"格林童话之路"。总结来说，我们通过对作品发生地的探访，可以参与到对作品的重温乃至再造的过程中，分享作家对现实世界的洞察和领悟。因为文字与现实不可能一一对应，而在现实中重新检视我们的阅读，可以获得更新的经验和感受，文学经典与现实景物的观看体验杂糅在一起，这就是一个文学体验空间重组的有趣过程。

最后我们谈个小话题。既然说文学旅行有它的意义，有它的标志物，比如故居、墓地等，那么我们如何培养自己进行文学旅行的能力？我以为至少可以从三个方面来注意。

一是学会享受孤独感，旅行时的孤独给了我们一种告别既往环境、思考自己的过往与未来的非常难得的契机。我们现代人其实也没干什么大事，但就是经常觉得心累，原因大概就是每天经历的事情都是大同小异的，缺乏新奇的体验，思维逐渐程式化，不灵光了，而旅行时的孤独感恰恰可以让我们去拥抱未来，与自己、与环境产生新的对话。日本著名散文家、画家东山魁夷在《风景开眼》中写道："迄今我旅行的次数多得不计其数。今后仍要旅行。"对我来说，旅行意味着什么呢？也许是想将孤独的自我置于大自然中，让它在思想上获得解放、净化，变得活跃起来，找出大自然变化中显现的生之证明吧。现代诗人徐志摩也是一个非常热爱旅行的人，他说过旅行时孤独的重要性，甚至认为孤独是发现世界的第一个条件，在康桥的岁月被他解读为"甜蜜的单独，甜蜜的闲暇"。从这个意义上说，孤独不是负能量的代表，而是上天赐予我们的一个宝贵的机会。

二是培养想象力。我经常会与朋友分享一张图片，图片拍摄于圣彼得堡的一家咖啡厅，焦点是一个看上去平淡无奇的台阶。这就是普希金在决斗身亡之前喝下最后一杯咖啡，然后走下的最后一级台阶。今天这个台阶被保存起来，咖啡馆也改名为诗人咖啡馆。在圣彼得堡，你看到这个台阶，想象普希金当时的样子，体会他的心情，这时候作家一下子就从传记当中跳出来，与你眼前的文学发生地——这个台阶发生了紧密的联系，对你来说，这是一种内心与先贤的相遇，这种感觉非常奇妙。最近在网络上，很多游客晒出了一个所谓中国"最坑爹"的世界文化遗产——元上都遗址，我也曾游览过这个遗址，放眼望去，确是一片荒芜，无所觅得。面对这样荒芜的景色，我们在看什么？如何去看？这时就需要依靠之前做"功课"积累的"前阅读"经验，靠想象力去还原这座城市的建筑，包括它的颜色、它的风貌。就需要我们记起《马可·波罗游记》里所说的："终抵一城，名曰上都，现在位大汗所建也。内有大理石宫殿，甚美！其房舍皆涂金，绘有种种鸟兽花木，工巧之极，技术之佳，见之足以娱人心目。"马可·波罗的作品用情节、人物、场景、意境等构成的艺术世界激发人们的想象力和好奇心，人们可以通过自己的想象和经验来填补文字描写的空白。之所以说文学旅行也是一种文学创作，原因大概就在于需要我们想象力的投入与发挥。

三是摆脱操纵性。我们回到德波顿的观点，他认为更多时候，旅行者像是一部投影仪，他们将平时搜集到的景点常识贮存于大脑，并在真实现场中将其放大还原，表演一场"被操纵的旅行"。操纵旅行的可以是一家旅行社、一名导游，甚至就是旅行者自己，他在先期阅读中获得的常识性信息越多，见到景观时的兴奋点（或者震惊度）就越低。因此，如何摆脱这种"被操纵"的命运呢？德波顿认为，文学旅行者一方面要保持强烈的旅行愿望，另一方面要设法摆脱操纵性，走出那些恒定的、凝固的印象，旅行的关键正在于远离平凡，发现细节。他鼓励我们去发现生活的细节，旅行不见得非要烧钱，非要节衣缩食，哪怕是在身居的卧室，同样也可以进行几天几夜"环游"式的旅行。当然，作家的话只是一个比喻，形容如果你看待世界的方式发生了变化，那么你获得的经验也就与以往不同。

就文学旅行来说，它鼓励我们重新回到文学的现场，去发现文学的细节，并借助自己的想象力与作家进行跨时空的对话。唯有亲自体验过文学中的丰饶景色，才能真正从空间上去感受作家，理解作家的内心世界，还原他们的观察视角，体会他们的写作状态。古人说"读万卷书，行万里路"，旅行与阅读是互补的。杜甫说"读书破万卷，下笔如有神"，我补充一句，那就是"行迹遍寰宇，乃得平常心"。

摄影的故事

韩润磊

韩润磊

韩润磊，艺术学博士，中国传媒大学经济与管理学院讲师，中国传媒大学时尚管理研究中心主任，"中国文化产业学院奖"盛典活动影像总监，中国宋庆龄基金会"我的民族相册"主题系列活动作品评审，担任央视及业界相关演艺剧目的影像设计、策划、顾问。主要研究方向：文化产业管理、艺术传播学。

摄影是用光的技术，同时也是一门艺术，因为摄影的出现，文化史、艺术史、科技史都得到了改写。关于它的故事有着太多罗生门式的"口供"。在摄影术诞生之后，围绕摄影到底是什么、给世界带来了怎样的变化以及怎样才能拍出自己满意的作品等话题，大家都在讨论，每个人站在自己的角度上，对同样的事物有不同的判断和认知。

这里，就围绕一些摄影共性，择选一些话题，大家一起来交流一下情况。

摄影到底是什么？摄影带来了什么？

"摄影"（photography）一词是由希腊语中的"光"（φῶς phos）和"绘画"（γραφι graphis）组合演变而成的，其含义就是"用光线绘画"，是指使用某种专门设备进行影像记录的过程。一般我们使用机械照相机或者数码照相机进行静态摄影，静态摄影也被称为照相。而摄影机（摄像放像机）则可以进行动态摄影，例如电视剧、电影（很多电影、电视剧里的字幕常见摄像的字样）。目前，部分数码相机、数位摄影机，同时具有静态摄影与动态摄影的功能。今天主要讨论以机械或数码设备拍摄静态图像的行为，也就是人们常常说的照相，同时谈谈静态的图像情况。

围绕摄影本体价值，有很多看法。

有人说，摄影是一种对我们欲望的承载，它可以使人们的很多欲望得到满足。大家都想一想，人们迷恋影像是因为什么？摄影的趣味是怎样的？大家收集照片，整理以前的照片，这也是满足恋物欲望的一个表现；然后是求知的欲望，照片使你知道很多故事、很多知识，非常有启示作用；大家都有窥视的本能欲望，有人通过镜头去窥视；还有，人们都希望自己的形象得到留存。东方是这样的，西方也是这样的，西方有所谓的死亡面具（有的朋友频频点头，就是因为了解这个情况），就是一些王公贵族，为了让自己的影像得以存续，他们通过青铜器把自己的遗容给拓下来，然后保存，留给后世观摩，让别人知道他以前是什么样子。所以人类为了留存影像，一直在反复尝试探索，之后摄影就出现了，成为最好的影像保存方式。

有人说，摄影是一种记录，比如参加一个活动留影、照毕业照，很有仪式感。所有这些东西都有记录的价值。

当然，关于摄影的本体价值还有很多看法，这里就不再一一做阐述了。

　　至于摄影带来了什么，请大家先想一下，一个没有摄影的世界会是怎样的？没有摄影就没有电影，没有电视剧，没有现在的各种网络景观，当然网络可能会出现，但是网络的内容会比较枯燥，因为没有图片。没有电视画面，人们只能听听广播，让你停不下来的手机端那些图片、微视频都没有了。

　　很多信息的获取都跟图像有关联，有人说现在社会上照片的数量已经超过了砖头的数量，这一点也不夸张。我说的图像不仅仅是照片，还有电影画面，它们有着共同的影像价值。有人说摄影是继印刷术之后最伟大的发明，这一点也不为过。有人说当世界上所有东西都成为图像了，世界就变成图像了。有问题吗？没有问题。你们走上街头看到的是铺天盖地的广告，打开手机看到的是各种各样的视频图像，打开电脑看到的是各种各样的推送，世界变成一个图像化的了，这些都是摄影出现之后带来的变化。

　　还有，如果没有这个技术，各种监控科技、各种医学视觉科技等都不会存在。此外，还包括对艺术史造成的影响，如它诞生初期对画家造成的影响，以及对后来各类画派的影响、各类新的艺术样式的孕育等。所以如果想想没有摄影会怎么样，摄影技术产生的一些价值和意义大家就应该很清楚了。

有关摄影的一些代表性言论

　　瓦尔特·本雅明说，通常会讲故事的人有两种，一种是农夫，一种是水手。什么意思？农夫固守田园，春种秋收，对土地上的方方面面非常熟悉，所以是专家，提到什么事都知道。水手是因为什么呢？远航，见识多，视野宽，能带回来远方的故事。所以一个是专精，一个是广博，这两类人是有话语权的，是最会讲故事的人。后面提到的这些人就是摄影领域的农夫与水手，他们对这个领域有研究，所以我们对他们的一些关于摄影的观点做一个交流。对于这些人，有的朋友听说过，有的并不熟悉，这里做个比喻吧，这些人在学术界的存在，就如同足球界的 C 罗和梅西，所以他们对摄影的见解还是值得了解一下的。

达盖尔发明了达盖尔摄影术。还有一个人叫塔尔博特，他也发明了摄影术。一个是 1839 年，一个是 1941 年，他们都申请了自己的专利，都宣称是摄影术的发明者，但他们的发明是不一样的。达盖尔发明的摄影术，一次只能拍一张，拍完把它印刷出来后就没有底版了，相当于现在的拍立得，拍出来只能是一次性的，没有底版。塔尔博特不一样，他做出来的照片是有正负像的，类似以前用的胶片，是有底版的，可以一起冲洗的，这是他们的简单区别。其他的技术层面的东西，可以进一步探讨，因为已经过时了，咱们不会在意他们的技术，只是在刚开始的时候他们确实起了很大的作用。

但是，是不是摄影就是靠他们两个人天生的才华创建的呢？也不是，他们也是站在巨人的肩膀上的，他们也是在前人研究的基础上一步步走到了现在的位置。

摄影实际解决的问题是如何将得到的影像固定下来。照相机雏形的暗箱在 15 世纪就出现了，英国化学家罗伯特·博依勒在 1633 年发现了氟化银见光后变黑的现象，法国物理学家雅克·查尔斯在 1780 年通过涂布感光银盐的纸张得到了影像。法国人约瑟夫·尼埃普斯是摄影术的先驱，1822 年拍下了桌上的物品。直到 1839 年，摄影术才宣布诞生。1907 年 6 月 10 日，史上第一种成功的彩色胶片——奥拓克罗姆（autochrome，其中"auto"意为自动成色，"chrome"意为正片）在法国巴黎正式面世，威廉·埃格斯顿被称为"彩色摄影之父"。

科技在不断进步，举个例子，大家现在用的手机很薄，手机刚出来的时候是很厚的，所以科技都是一步步发展的。

波德莱尔写了一本书叫《恶之花》，相信很多人也看过，他特别反对摄影。摄影出现之前，人们想留存自己的影像，是通过什么方式来做的？画肖像。摄影出现之后，特别真实，让很多以画肖像为生的画家们失业了。所以很多人就非常反对摄影，说它不是艺术，它如果有什么作用的话，也就是给画家创作提供辅助性的功能，拍下一些素材让画家去画。波德莱尔是非常极端的一个人物，他说摄影是艺术的仆女、恶魔的记忆。但是后来咱们都发现摄影并非他所认识的那样，但是他本人已经不知道了。其实这也可以理解，大家对一些新鲜的事物总是有排斥感，一开始会觉得欣喜，然后产生恐惧，然后是排斥。摄影也一样，摄影刚发明的时候被称为巫术，认为它会夺人的魂魄，拍一张照片人的精魂就会丢失，所以很多人排斥这个东西。但是后来被认为只是一种技术，不能作为一种艺术。但是再后来它又从技术变成了艺术。一步步走过来，特别不容易，一瘸一拐地。

还有瓦尔特·本雅明，他对摄影有很多自己的认识和看法。对于他的复制观，如果大家有兴趣可以了解一下。他这个概念是什么呢？就是灵光的消逝。他认为传统的艺术品身上都是有灵光的、独一无二的。所以他认为艺术品的灵光都在其本身性和独一无二性，具有不可复制性。

大家都知道现在又产生了新灵光论。因为照片是可以复制的，所以大家接触到以前的一些作品，比如我们回过头看50年前的照片、60年前的照片，看父母年轻时候的照片，有没有另外的感觉？有。有人说这是一种新的灵光，对不对？

麦克卢汉也是，他非常极端，他认为摄影术诞生后，世界就变成一座没有围墙的妓院。怎么去理解它？就是说影像变得非常廉价，大家随手可得，我只要想拍就可以得到，然后我可以到处浏览。虽然他话说得很难听，但实际上就是这样的。

鲍德里亚说，世界通过摄影摄像技术，让人们的想象力消失了。还有，尼尔·波兹曼有本书叫《童年的消逝》，相信很多朋友看过，这本书中就说影像的出现让大家获取信息的门槛越来越低了，大家不愿意通过精深的钻研获得更多的知识，只是通过很肤浅的片断式的了解去获取知识，所以造成想象力的丧失和思索能力的丧失，这也是摄影术出现之后带来的变化。

法国的达弥施发明了一个概念叫作"落差"。他通过这个概念来说明摄影的出现对文化史、艺术史造成了一些影响。什么是落差？就是摄影以及作为摄影的后代的电影艺术，闯入艺术实践领域之后造成的层面的断裂，就是它改写了艺术史。

安迪·沃霍尔，大家应该不陌生，20 世纪五六十年代美国主流的商业艺术家，他做了很多有趣的尝试，包括给蒙娜丽莎画上两撇小胡子等，通过图像的方式对一些艺术进行重新创造和解读。

罗兰·巴特是我特别想跟大家分享的，他是法国的一个理论学家，我将他写的《明室——摄影札记》推荐给每一位爱好摄影的朋友，如果你们有时间有兴趣可以去看一下。这是他的最后一部著作，他在里面提出了很多特别打动我的观点。他认为，摄影的本质就是表明某个东西存在过。但是他聊了很多以后，对摄影到底是什么、有怎样的价值承载，他说就像一个迷雾花园，还不够清楚。这是很谦虚的一个说法。

在他看来，咱们看一张照片时，照片的意义，也就是对照片的解读，分为两个方面：一个是知面（国内翻译的版本叫意趣，这里叫知面），一个是刺点。前者是摄影师向大家展示的，是一个可以理解和交流的文化空间；后者是照片中的局部和细节，也就是让大家为之着迷和疯狂的地方。我举一个例子，一张照片给了你，你看见了，这张照片在说什么，有的人觉得平淡无奇，但是有的人就深深地为之感动。为什么？就是所谓的刺点打动了他，他觉得这个刺点是情绪上的小针孔、小伤疤，重新刺到你，重新把伤口揭开。比如说有的人跟外公外婆感情非常深，他看到一张照片，那个人穿的衣服像他的外公曾经穿过的，他会想到他的外公。总有一些照片里面蕴含的细节会打动你、触动你，让你跟你本身的兴趣和感受结合到一起，这就是所谓的刺点。

苏珊·桑塔格的《论摄影》被称为"摄影界的《圣经》"，这个作品也是我近几年强烈给大家推荐的。她从哲学、艺术、历史等不同的角度对摄影作品和摄影本身进行剖析，阐释摄影的本质和影响。

关于摄影中的价值的判断、记忆的功能和文献的承载等，她都事无巨细地进行了说明，大家有时间、有兴趣的话可以翻一翻。

安德烈·巴赞，法国新浪潮电影的教父，他也对关于摄影的问题谈了一些自己的看法。他提到一个概念，即"木乃伊情结"，也就是大家都想使自己的形体得到留存。大家为什么爱拍照？这跟自己的本能欲望是分不开的。他把这个心理愿望归结为木乃伊情结，即照片是凝固的时间，并且给时间涂上香料，让你在以后看起来打动你，知道你以前长的是这样，以前的情形是这样的。

说到这里我顺便提示一下，我们现在拍照片，拍完以后觉得不好看，比如觉得肢体动作没有做好或服装跟肤色不搭，就删掉。我不建议这么做，照片都是拍给以后看的，过几年再看，怎么看怎么好，不要着急，要有点耐心。

布列松，他有一个概念是"决定性瞬间"，大家对这个概念应该都不陌生，特别是学新闻摄影的或者相关的从业人员。这个概念是什么意思呢？就是你在合适的时机捕捉到一个画面，这个画面把这张照片的内涵和构图技巧完美地结合在一起，得到一个呈现，他把这个情况叫作决定性瞬间。他的著作《心灵之眼》1952年就出版了，他引用了一句话，就是"世间万物无一不具有其决定性瞬间"，这本书影响了后来许多的摄影创作者。他特别注意构图，他也反对后期过多人为的干预。决定性瞬间的获取方式无外乎两种：一种是提前的等待、提前的判断，故意制造它；另外一种就是瞬间的捕捉，下意识地按下快门。

布列松一直用他的莱卡相机，有可能是50焦距的镜头。为什么很多摄影师喜欢50焦距的镜头？就是因为它是标准人眼看到的距离，就是人眼看到的范围。图1是他当年在法国巴黎的火车站后面拍下的一个影像。大家可以看到，在很多的摄影作品里面，这张图片是经常被拿出来说的，是他的代表作。这就是他故意制造的，他默默地等待，就等待这个人走过去、跳起来，他把倒影拍出来，把这个瞬间捕捉到，他特别讲究构图。

图 1

资料来源：〔法〕亨利·卡蒂埃–布列松：《思想的眼睛：布列松论摄影》，赵欣译，中国摄影出版社，2014，第 14 页。

关于摄影技术的一些情况

——谈谈构图

很多朋友喜爱拍照片，喜爱看照片，想拍出好的照片。当然，除了设备之外，还有很多技术层面的东西，很多人纠结买什么样的设备，我本人也用过各类机器，单反、旁轴、手机等都使用过，我个人感觉最好的设备是你需要的时候恰好在你手边的那台。不是说设备不重要，只是我感觉镜头后面的图景比镜头本身更重要。刚才谈到了布列松的情况，他特别讲究构图，所以这里就结合一些图片分享下相关的构图情况。

三角形构图：

图 2 是捷克摄影家寇德卡拍的《排骨少年》。大家看图 3，三个人各有姿态，有站着的，有坐着的，有个人还扶着坐，但这也是一个标准的三角构图法。

图 2

资料来源：Koudelka Gypsies，Thames & Hudson，Paris，France，2011，p. 34。

图 3

资料来源：Koudelka Gypsies，Thames & Hudson，Paris，France，2011，p. 87。

大家觉得图 4 的三角形在哪里？一个小孩的头，另外一个小孩，加上那个球。如果你把这个球拿掉，三角形就不存在了，这个照片就失去了很多生动的韵味。

图 4

资料来源：Alex Webb, *Istanbul：City of a Hundred Names*, Aperture, New York, 2011, p. 99。

三角形构图法最大的好处就在于它能够给观看者一种平衡感，同时能够很好地填充画面。所以，多在你的摄影中尝试三角形构图法吧，无论是在你拍摄的时候还是在你后期挑选照片的时候，因为有时候你可能会刻意创造一些三角关系，有时候你会在无意中创造一些三角关系。

反差构图：

什么是反差？是黑暗和明亮，强烈色彩的高低呈现，是主体与背景之间的强烈反差。举个例子吧，可以是明亮的主体和黑暗的背景，也可以是黑暗的主体和明亮的背景。

　　大家看一下图5，这张小女孩穿的衣服是白色的，当我们通过后期处理，把这个照片中小女孩的衣服换成黑色的（见图6），就不像图5那么显眼，这是由视觉的反差造成的，是很明显的对比。

图 5

　　资料来源：https：//www. hifitamphotography. com/2016/05/26/%E5%8F%8D%E5%B7%AE%E6%9E%84%E5%9B%BE%E6%B3%95/。

图 6

　　资料来源：https：//www. hifitamphotography. com/2016/05/26/%E5%8F%8D%E5%B7%AE%E6%9E%84%E5%9B%BE%E6%B3%95/。

斜线构图：

大家知道线条有三种，一种是水平的，一种是垂直的，还有一种是斜线。斜线有什么功能呢？它有韵律感。想一想我现在站着，大家不担心，一点不担心，我躺着，虽然不合适，大家也不担心，但是如果我歪了，你们不知道我是不是要随时倒下，所以会有一种动感存在。图 7 是车上的一对恋人，两道斜线的交叉点在头部。

图 7

资料来源：http：//streetphoto. lofter. com/post/1cdb5520_f072a00。

图 8 中，斜线出现了，布列松拍的。当时他到了一个美国人的家里，那天是国庆节，那个美国人指着维修的工人跟他说旗杆断了，然后做了一个手势。

图 9 是卡帕在莫斯科一间舞蹈教室拍的。你们看一下这张照片，它是斜线的，有一个引导，通过线条的引导，把我们的目光引向右上方深处，纵深感、空间感看起来很舒服。

引导线构图：

图 10 也是用决定性瞬间理论拍的一张照片。你看布列松的这张

图 8

资料来源：https：//graph. baidu. com/pcpage/similar? originSign = 1210f5ab
fadc4f56459c701601290268&srcp = crs_ pc_ similar&tn = pc&idctag = tc&sids = 10005_
10801_ 10919_ 10913_ 11005_ 10923_ 10905_ 10015_ 10909_ 10942_ 10907_
11013_ 10936_ 10971_ 10968_ 10974_ 11031_ 11121_ 13007_ 12201_ 13203_
16206_ 17002_ 17014&logid = 3067663806&entrance = general&tpl_ from = pc&image =
https% 3A% 2F% 2Fss1. baidu. com% 2F6ON1bjeh1BF3odCf% 2Fit% 2Fu%
3D3880142247，812075175% 26fm% 3D15% 26gp% 3D0. jpg&carousel = 503&index =
0&page = 1。

图 9

资料来源：http：//www. nphoto. net/news/2011 – 03/25/aaa17f11e555825a. shtml。

图怎么构成的？引导线完美地指向男人的头部。拍照片的时候高度很重要，是蹲下来拍还是把相机举起来拍，这非常重要。有的人说，这张照片的几个线同时聚焦在他的头部，如果说摄影师的高度低一点或者再高一点，这个线就可能到不了头部了。引申一下，大家去拍一个人，一般怎么拍？拍全身的话，一般我会稍稍蹲下来，这样会显得腿长。

图 10

资料来源：https：//graph. baidu. com/s？ sign ＝ 121b0f2ac677ff6 e5ce8001601287310&f ＝ all&tn ＝ pc&tn ＝ pc&srcp ＝ &idctag ＝ tc&sids ＝ 10007＿ 10802＿ 10902＿ 10911＿ 11006＿ 10922＿ 10903＿ 10015＿ 10901＿ 10942＿ 10907＿ 11013＿ 10963＿ 10970＿ 10968＿ 10974＿ 11032＿ 11121＿ 13005 ＿ 12201 ＿ 13203 ＿ 16200 ＿ 17009 ＿ 17014&logid ＝ 10873 9579&entrance ＝ general&pageFrom ＝ graph＿ upload＿ pcshitu&extUiData％ 5BisLogoShow％5D ＝ 1&tpl＿ from ＝ pc。

大家发现图 11 中右边的小男孩了吗？墙上的花饰起了一个引导的作用。如果没有小男孩，那么引导线就没有什么作用，这幅图就是一个中规中矩的两个人站着的照片。但就是因为小男孩在这儿，这张照片才有了引导线构成的微妙的感觉，这个是要去设计或者预判的。

图 11

资料来源：Koudelka Gypsies"，Thames & Hudson，Paris，France，2011，p. 100。

纵深构图：

纵深构图法，说白了就是把眼前的东西虚化掉，近虚远实，这样就构成了一种纵深感。

大家看一下图 12，前面这个女的全部是虚掉的，后面是实的。

图 13 是克莱因的一张照片，同时表现了两个层次，十分有力。把画面填满了的同时，还有纵深感，给人一种自己站在人群中的临场感。

画框构图：

画框构图法，就是画中画。最简单的一个例子就是大家拿着手机

图 12

资料来源：https：//www.thepaper.cn/newsDetail_ forward_ 7267292。

图 13

资料来源：https：//www.magnumphotos.com/photographer/alex－webb/。

去拍镜子里面的自己，这就是一个画中画的典型体现。

　　大家看图 14，有个人骑着自行车，旁边的桥上有个洞，洞里产生了另外一个画面，是一个人在冲浪，摄影师把这个瞬间给捕捉下来了。你看到的并不是一个人、一辆自行车以及他们的倒影，还有框里面的人在冲浪的情景，这就是画中画。

图 14

资料来源：https：//graph. baidu. com/s？sign = 1211931375077ee108daa01601289745&f = all&tn = pc&tn = pc&srcp = &idctag = tc&sids = 10006＿10802＿10915＿10911＿11006＿10921＿10905＿10016＿10017＿10942＿10907＿11013＿10964＿10971＿10968＿10974＿11031＿11120＿13007＿12201＿13203＿16200＿17005＿17010&logid = 2544309350&entrance = general&pageFrom = graph＿upload＿pcshitu&extUiData% 5BisLogoShow% 5D = 1&tpl＿from = pc。

图 15 也是一个画中画。

图 15

资料来源：〔法〕克莱蒙·舍卢：《传奇布列松》，门晓燕译，中国摄影出版社，2015，第 83 页。

曲线构图：

图 16 是布列松的作品，他是看好了这个地方，觉得这个曲线有韵律，所以他就在这里默默地等待，等待有人出现。照片中这个人是有点发虚的，但是给人一种什么感觉呢？往前倾，体现动感。

图 16

资料来源：〔法〕克莱蒙·舍卢：《传奇布列松》，门晓燕译，中国摄影出版社，2015，第 92 页。

图 17 是弗兰克的一张照片，用曲线把人框起来，将视线带向画面中央，这是构图上大家可以尝试的东西。这也是很典型的曲线构图方法。

通过这些比较有代表性的、教科书上会经常拿出来分析的作品，大家可以对构图的各种情况有一个大概的了解和判断。

代表性摄影师和摄影作品介绍

下面咱们来谈谈并看看一些国内外有代表性的摄影师的作品。

图 18 是美国的女摄影师南·戈尔丁的作品。她记录的是她跟她的朋友们在一起的那些时光，并且她的这些朋友在很多人看起来都是一些边缘人物，有吸毒的、不服管教的等。这是私摄影，她是比较有

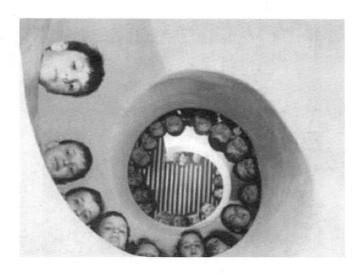

图 17

资料来源：http：//www.china.com.cn/newphoto/2013 −09/26/content_ 31402017_ 11.htm。

代表性的。大家如果有兴趣，可以去找她的作品来看一下。大家都知道，有些人的照片是很私密的，他们不希望被别人看到，希望自己留存，所以从那时起就开始出现了私摄影的概念。顺便说一下拍立得，它的发明是很有意思的。据说是兰德，美国的一个物理学家，有一次给他女儿拍照片的时候，他女儿说："爸爸，我为什么不能马上看到照片呢？我想马上看到照片。"所以他就进行了为期三年的研发，1947 年把这个东西捣鼓出来了，世界各地一直还在用。意义在于可以即拍即看，也可以私密珍藏，也预演了数码时代的手机的影像分享。

摄影作为一个记录的方式、记录的媒介，在历史上产生过很多好的作品。在记录方面，它也有自己 的一个价值存在。所以，鲍德里亚说它是压缩的家庭史和成长史。每个人的电脑里都有自己的家庭相册，我的父母有自己的老画册，实体的那种，我相信每个人都不陌生。它作为一种记录方式留下了很多资料。

图 19 是多罗西亚·兰格的《移民母亲》，是美国大萧条时代的标记。

图 20 是法国纪实摄影大师罗伯特·杜瓦诺的传世名作《市政厅

231

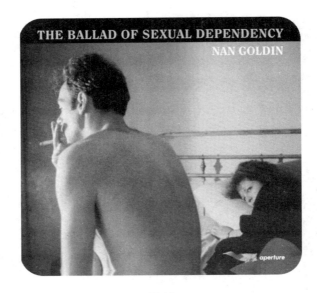

图 18

资料来源：https：// graph. baidu. com/pcpage/similar？ originSign = 12175a0c5bce
6c871505701601289885&srcp = crs＿ pc＿ similar&tn = pc&idctag = tc&sids = 10007＿ 10802＿
10915＿ 10912＿ 11005＿ 10922＿ 10905＿ 10016＿ 10901＿ 10942＿ 10907＿ 11012＿ 10961＿
10971＿ 10968＿ 10974＿ 11032＿ 11120＿ 13007＿ 12201＿ 13203＿ 16205＿ 17001＿
17014&logid = 2683724062&entrance = general&tpl＿ from = pc&image = https% 3A% 2F%
2Fss0. baidu. com% 2F6ON1bjeh1BF3odCf% 2Fit% 2Fu% 3D456150191，2629209290%
26fm% 3D15% 26gp% 3D0. jpg&carousel = 503&index = 0&page = 1。

前的吻》。照片最终被刊登在 1950 年 6 月 12 日出版的《生活》杂志上。这个照片是抓拍还是摆拍？这张照片是他邀请戏剧学院的两名学生在人流中摆拍的。通过这张照片，巴黎是浪漫之都的说法也越来越被人认可。

1945 年 2 月 23 日，战地摄影师乔·罗森塔尔跟随一支部队成功登顶硫磺岛制高点——折钵山顶，并拍下了这一经典的照片（见图 21）。这张照片随即被媒体广为宣传，极大地鼓舞了军队以及美国本土民众的士气，成为战时最知名的宣传图片。乔·罗森塔尔也凭借这张照片，荣获 1946 年的普利策新闻奖。

图 22 是寇德卡的《我在现场》。他对一个时代、一个事件做了记录。

图 23 是马克·吕布的《枪炮与玫瑰》，它打动了很多的人。

图 24 是卡帕拍的关于诺曼底登陆的照片。当时拍了三卷，他非常激动，据说他在诺曼底登陆的时候，跟在士兵后面，第一时间做的记录。他有个名言，即如果你拍得不够好，是因为你离得不够近。所以他直接到战场去拍了，是一名战地记者。照片拿回去以后，当地报社没有保存好，放在保温箱里面，温度特别高，把照片烧掉了，最后赶紧抢救，只留存下来一小部分。留存下来的这些照片虽是晃动的、虚焦的，但是有独特的价值，它能让人们知道当时是一个什么样的情况。

图 25 与西班牙战争相关，也是卡帕拍的，士兵在中弹一瞬间的场景被记录下来了。

图 26 是我用手机拍的，是雄安的早市。这是一张很普通的照片，你把这张照片倒过来看就会发现它很普通，我只是把它倒过来而已，把影子放在上面。

图 19

资料来源：https：//graph. baidu. com/s？ sign = 121f05bc3d0e06ba22341016012 89921&f = all&tn = pc&tn = pc&srcp = &idctag = tc&sids = 10005_ 10803_ 10919_ 10913_ 11006_ 10922_ 10905_ 10016_ 10017_ 10942_ 10907_ 11012_ 10965_ 10971_ 10966_ 10974_ 11032_ 11121_ 13005_ 12201_ 13203_ 16200_ 17003_ 17014&logid = 2719798096&entrance = general&pageFrom = graph_ upload_ pcshitu&extUiData% 5BisLogoShow% 5D = 1&tpl_ from = pc。

图 20

资料来源：https：//graph. baidu. com/s? sign = 121571d68b1e2258d38fa016012 89951&f = all&tn = pc&tn = pc&srcp = &idctag = tc&sids = 10007_ 10802_ 10902_ 10913_ 11006_ 10923 _ 10904_ 10015_ 10901_ 10942_ 10907_ 11012_ 10958_ 10970_ 10968_ 10974_ 11032_ 11121_ 13007 _ 12202 _ 13203 _ 16201 _ 17000 _ 17014&logid = 2748903644&entrance = general&pageFrom = graph_ upload_ pcshitu&extUiData% 5BisLogoShow% 5D = 1&tpl_ from = pc。

图 21

资料来源：https：//graph. baidu. com/s? sign = 121a3a5394b00d019396d01601289980&f = all&tn = pc&tn = pc&srcp = &idctag = tc&sids = 10006_ 10802_ 10919_ 10912_ 11006_ 10921_ 10905_ 10015 _ 10901_ 10941_ 10907_ 11012_ 10933_ 10970_ 10967_ 10974_ 11031_ 11120_ 13007_ 12201_ 13203_ 16206 _ 17008 _ 17013&logid = 2778865832&entrance = general&pageFrom = graph _ upload _ pcshitu&extUiData% 5BisLogoShow% 5D = 1&tpl_ from = pc。

图 22

资料来源：〔美〕克里斯汀·鲁本编著《马格南世纪经典》，田彩霞译，中国摄影出版社，2015，第 187 页。

图 23

资料来源：https：//graph. baidu. com/s？ sign ＝ 121f6c94ab678f866459c016012 90030&f ＝ all&tn ＝ pc&tn ＝ pc&srcp ＝ &idctag ＝ tc&sids ＝ 10005＿ 10802＿ 10902＿ 10912＿ 11006＿ 10921＿ 10905＿ 10016＿ 10901＿ 10942＿ 10906＿ 11012＿ 10954＿ 10971＿ 10968＿ 10974＿ 11031 ＿ 11120 ＿ 13007 ＿ 12201 ＿ 13203 ＿ 16205 ＿ 17001 ＿ 17014&logid ＝ 2829129114&entrance ＝ general&pageFrom ＝ graph ＿ upload ＿ pcshitu&extUiData％ 5BisLogoShow％ 5D ＝ 1&tpl＿ from ＝ pc。

图 24

资料来源：〔美〕克里斯汀·鲁本编著《马格南世纪经典》，田彩霞译，中国摄影出版社，2015，第 55 页。

图 25

资料来源：https：//graph. baidu. com/s？ sign ＝ 1214fc03212a23284c7a2016012 90061&f ＝ all&tn ＝ pc&tn ＝ pc&srcp ＝ &idctag ＝ tc&sids ＝ 10005_ 10802_ 10914_ 10913_ 11004_ 10922_ 10903_ 10015_ 10901_ 10942_ 10907_ 11013_ 10932_ 10970_ 10968_ 10974_ 11031_ 11123_ 13007_ 12201_ 13203_ 16204_ 17009_ 17013&logid ＝ 2860105583&entrance ＝ general&pageFrom ＝ graph _ upload _ pcshitu&extUiData% 5BisLogoShow%5D ＝ 1&tpl_ from ＝ pc。

图 26

资料来源：本文作者拍摄。

咱们拍照片的时候，想拍张照片，拍个倒影，没有水，没下雨，没关系，把矿泉水倒一倒，就拍出来了，很简单，就能给大家一个不同的视角。

图 27 是我们做中国文化产业学院奖的时候，我在外面扫街拍的，我说的扫街，是我拿着相机到处拍，捕捉一点花絮。因为我觉得很多的光环、掌声都给了台上，幕后那些工作人员，包括保安，很少有人会把镜头对准他们，所以我想捕捉一些小花絮作一个补充，其他的我

图 27

资料来源：本文作者拍摄。

安排同事、学生去完成。一个保安在看直播，正好一个画面出现了，做了这么一个手势，我就把它给拍下来了。我是不是瞬间捕捉到的？是。但是也是有设计的，我就在等这个画面，我就想什么时候有这样一个画面，有这个效果，所以我就在等待，就把它捕捉下来了。

刚才提到的那些摄影作品非常有意思，如果大家有兴趣可以找来看一下。

还有，我特别推荐大家看马格南的印相画册。它简直就是新闻通讯社图片的权威代表。这是他当时和卡帕、布列松等人一块儿发起的，摄影师拍下照片以后，他们就会留下来，把这些照片先留下一部分，从里面去找觉得好的照片，留出来发表。所以通过相关资料可以知道，为什么那么多照片中他选这张，他是怎么选的，大家对照片的选择情况会有基本的判断。

图 28 是撒切尔夫人，这也是她经典的肖像照。为什么选这张，是角度的问题、神情的问题，大家可以去了解一下。

图 28

资料来源：〔美〕克里斯汀·鲁本编著《马格南世纪经典》，田彩霞译，中国摄影出版社，2015，第 286 页。

香港何藩拍的照片富有诗情画意（见图 29）。后来他转行拍电影了，但是他在电影上的成就远远没有摄影水平高。他到目前为止出了四本摄影集，如果有兴趣大家可以去看一看。有人说网上那么多图片了，我为什么不去网上看？你去高档餐厅吃饭和吃快餐的感觉还是不一样的，所以还是建议大家买画册、看画册，反复揣摩一下。

图 29

资料来源：何藩：《香港追忆》，Modernbook Editions，San Francisco，2016，第43 页。

阮义忠说图 30 是经过后期处理的，上面的黑是调出来的，能让人陷入一种沉思，意思就是母女俩要走向的那个地方是不可知的，所以做了后期处理。

图 31 是摆拍的，是威廉·克莱因的作品。他也是非常有名的摄影师，当时他看到有小孩举着枪对着他，他觉得很好玩，就拍下来了，拍下来以后觉得效果不理想，他就说："你给我重新摆一个。"

图 30

资料来源：https：//graph. baidu. com/s？sign = 1215770ccd36ef3bff3fa01601290093&f = all&tn = pc&tn = pc&srcp = &idctag = tc&sids = 10004＿ 10801＿ 10919＿ 10913＿ 11006＿ 10920＿ 10903＿ 10016＿ 10017＿ 10941＿ 10907＿ 11012＿ 10955＿ 10970＿ 10968＿ 10974＿ 11032 ＿ 11123 ＿ 13007 ＿ 12202 ＿ 13203 ＿ 16204 ＿ 17007 ＿ 17012&logid = 2892406853&entrance = general&pageFrom = graph ＿ upload ＿ pcshitu&extUiData% 5BisLogoShow%5D = 1&tpl＿ from = pc。

画面让人看得毛骨悚然。

日本的森山大道把自己称为一只街头的流浪狗，他的作品风格就是高反差。荒木经惟、上田义彦等都是非常好的日本摄影师，如果大家有兴趣可以去找他们的作品来看一看。上田义彦给范冰冰、李冰冰拍过照片，他的商业广告拍得很好。

任曙林老师出版过《八十年代中学生》。这本书相信有朋友看过，此外他刚出了一本书叫《不锈时光》，在里面每个人都可以找到自己的影子，就像美国摄影师说的，每个人都可以从自己拍过的照片中找到过去的自己。

有个黑皮书系列，每本都很薄，32K 的，集结了现在世界上最著名的摄影师的作品，现在已经出了 100 多本。所以大家如果有兴趣可以去找这一系列的作品看一下，都是经典。

有人问，我能不能成为好的摄影师？拍出好的照片？你不去试试怎么知道呢？有部作品叫《走来走去》，它的作者叫刘涛，他本职工

图 31

资料来源：https：//graph. baidu. com/s？ sign ＝ 121b2d0d0c21d4d958e8b016012 90120&f ＝ all&tn ＝ pc&tn ＝ pc&srcp ＝ &idctag ＝ tc&sids ＝ 10006＿ 10803＿ 10916＿ 10911＿ 11006＿ 10922＿ 10905＿ 10016＿ 10909＿ 10940＿ 10907＿ 11012＿ 10938＿ 10970＿ 10968＿ 10972＿ 11032＿ 11121＿ 13007＿ 12201＿ 13203＿ 16206＿ 17007＿ 17014&logid ＝ 2918851589&entrance ＝ general&pageFrom ＝ graph ＿ upload ＿ pcshitu&extUiData％5BisLogoShow％5D ＝ 1&tpl＿ from ＝ pc。

作是什么呢？他是合肥供水集团的抄表工，也就是抄水表的。他这本书是中信出版社出的。他之前在微博上发了一些自己的作品，在构图上，或者情景的设计上，特别让人惊叹。他有耐心，能连续 6 年拍摄，拍了成千上万张照片，最后选了 300 张出版。他反复在每天上班路过的街道里面拍摄作品。大家有兴趣的话可以去找他的作品看一下。

还有 2017 年国内出版的《薇薇安·迈尔》。她的本职工作是保姆，在她去世以后人们发现了数以万计的照片底片，它们记录了她当时生活的美国的时代。她本身不是做摄影师的，而是有自己的本职工作，却用数万张照片把她生活的时代记录下来了。

我为什么说对同一张照片每个人的感觉不同？就像罗兰·巴特说的，每个人的刺点不一样？美国摄影师安塞尔·亚当斯曾经说过：因为我们不是用照相机在拍照，我们带到摄影中去的，是我们看过的书、听过的音乐、走过的路和爱过的人。每个人的体验和积累都是不同的。大家一定要多看、多拍。

凯撒有一句话是：我来，我看见，我征服。所以如果大家想记录一下你喜欢的人、你喜欢的城市，那么拿起相机走上街头，拍就是了。

吴定海 / 主编

深圳市民文化大讲堂
2018年讲座精选

下册

The Selections of
Shenzhen Civil Lecture on Culture
(2018)

社会科学文献出版社
SOCIAL SCIENCES ACADEMIC PRESS (CHINA)

目录 Contents

上 册

一 改革开放 40 周年

二 文化生活

三 经济科技

下　册

五

军事历史法治

世界文明史——古希腊文明

周巩固

周巩固

东北师范大学历史文化学院世界史专业教授，博士生导师。教育部人文社会科学重点研究基地世界文明史研究中心副主任，史学理论研究所所长，首届国家历史课程标准组成员，教育部"国培计划"专家。中国世界古代史研究会理事，中国教师教育学会历史委员会副理事长。

古希腊的自然地理环境

在我们历史研究领域，谈到文明产生的时候，尤其要强调文明生成的自然地理环境。古希腊自然地理环境的特点是多山、环海，平原少、山地多。这种地形特点有助于形成古希腊天然的政治单位，就是小国寡民的城邦。由于平原少，土地又相对贫瘠，不适合种植粮食作物，只适合种植葡萄和橄榄。古希腊的粮食生产不能自给，仅能满足其人口需要的三分之一或者四分之一。今天的希腊尽管有高科技农业，但其粮食生产依然不能满足其人口的需要。这种自然地理环境决定了古希腊民族不可能是一个像我们中华民族这样的农业民族。葡萄、橄榄这两种作物生产出来的酒和油固然很好，但它们不是生活的必需品，古希腊人必须将自己盛产的葡萄和橄榄及其产品拿出去和其他人进行交换，换回自己生活所需的粮食和其他生活必需品。

对于众多地处半岛的古希腊城邦而言，翻山越岭到了另一个古希腊城邦，依然只有葡萄和橄榄，要想通过贸易换得粮食只能扬帆出海。所以古希腊这个民族由于身处这样的自然地理环境，它的经济结构一开始就是一种商品经济占据重要地位的。古希腊人无论是贵族还是手工业者，都经商，就连古希腊的农民也都从事工商航海贸易活动。

公元前 6 世纪，古希腊有一个叫赫西俄德的诗人写了一部作品叫《田功农时》，有时候也翻译成《工作与时日》。这部作品是写给他弟弟的，赫西俄德和他弟弟都是农民。在这篇作品当中赫西俄德告诉他的弟弟，要注重时令，到秋天就把葡萄和橄榄收割好，及时加工成酒和油，等到冬天的时候就应该准备好船，在春天的时候扬帆出海，去进行航海贸易。这篇作品反映的是古希腊农民航海经商的状况。这说明在古希腊即便是农业经济，也有面向市场的特点。

古希腊的历史分期

它的历史分期从公元前 2000 年开始，第一个时期叫作爱琴文明时期。爱琴文明包括两个文明，一个叫作克里特文明，一个叫迈锡尼文明，这两个文明当中都产生了雄伟壮丽的宫殿建筑，而且产生了文字。这种文明始于公元前 2000 年，止于公元前 1100 年左右。

公元前 11 世纪到公元前 9 世纪叫作荷马时代。迈锡尼文明被毁灭之后，古希腊文明进入相对黑暗的倒退时期。这个时期的事情都是由一个叫荷马的诗人写的《荷马史诗》反映的，所以这个时期叫作荷马时代。因为《荷马史诗》作品讲述的都是特洛伊战争当中的故事，歌颂的都是古希腊人的英雄形象，所以又叫英雄时代。

之后进入古风时代，从公元前8世纪到公元前6世纪，这是古希腊历史上城邦初建的时代。这个时代有两件非常重大的事情，一个是海外大殖民，一个是贫民和贵族之间的斗争。

为什么出现海外大殖民？古希腊城邦建立之后，商品经济的发展导致了人口的增多，人口增多使得古希腊城邦无法承载过多的人口，所以就通过抽签的方式向外迁移人口，比如一个家庭要是有兄弟两人，就要通过抽签的方式决定谁到海外去开拓新的家园。所以公元前8世纪到公元前6世纪，古希腊人在地中海世界建立了无数的殖民城邦。但这种殖民与近代西方那些资本主义国家的殖民有所不同。古希腊人的殖民地点更多的是在一些荒凉的海岸，它有一种开拓和建立新家园的性质；近代西方资本主义的殖民，都是在业已存在甚至高度发达的文明区域进行侵略。

贫民和贵族之间的斗争就是商品经济发展导致的阶级分化。在贫民和贵族之间的斗争当中，古希腊城邦的政治体制也逐渐发生了一些变化。根据亚里士多德政治学的叙述，古希腊城邦也大多采用王制，但这个"王"跟东方意义上的"王"不一样，摩尔根和恩格斯称之为军事首长。美国19世纪的社会学家摩尔根写了一部著作，探究古希腊、古罗马、日耳曼、北美、印第安等地在文明之前的社会组织形式，就是探究文明是怎样生成的，他写的这部书叫《古代社会》。据说卡尔·马克思对摩尔根这部著作非常感兴趣，后来恩格斯整理马克思遗物的时候，发现了大量马克思阅读《古代社会》的读书笔记，所以恩格斯觉得有必要把马克思阅读摩尔根《古代社会》的读书笔记写成一本书，于是有了以后的《家庭、私有制和国家的起源》这本书。摩尔根把古希腊早期的君主叫作军事首长，他把这种政治制度叫作军事民主制。它和东方古代意义上的国王有什么区别？第一，这个军事首长的权力特别有限。顾名思义，军事首长只是在战争的时候掌有军事指挥权，平时只掌握一点关于宗教祭祀的权力，他是最高的祭司，最主要的是他没有民政权。第二，他不是世袭的，而是由人民大会推举出来的。军事民主制有三个机构：一个叫作军事首长，一个叫作人民大会，一个叫作贵族议事会。人民大会和贵族议事会是在原始社会就早已存在的两个氏族民主制的机构。现在的上议院、下议院、参议院或者众议院，就来源于军事民主制时期的人民大会和贵族议事会。

贫民和贵族之间的斗争使军事首长的权力不断地受到削弱，然后古希腊城邦逐渐形成了贵族政治和民主政治。民主政治就是我们通常在中国的中学历史教科书当中所学到的雅典民主政治，有的就像斯巴达那样，形成了一股贵族政治，这是古希腊的政体形式。

之后是古典时代，即古希腊文明最为辉煌的时代。"古典"这个词的原意就是第一流的、最好的。古典时代特指公元前 5 世纪这 100 年，古希腊文明在这个时候无论是商品经济还是民主政治，都发展到了一个巅峰，而且文化辉煌灿烂。这个时代产生了后代一直在沿用着的民主、科学。中国在新文化运动的时候，引进了两位"先生"，一个叫"德先生"，一个叫"赛先生"，就是指民主和科学，这两位"先生"就是产生于公元前 5 世纪的古希腊以及后来一个时段。

再往后是希腊化时代，即公元前 300 年到公元前 30 年。希腊化时代有一个著名的帝王——亚历山大大帝，他先后征服了古代的埃及文明、西亚文明，加上他所代表的古希腊文明，再加上一点印度文明，这些古代世界文明第一次发生了大规模的碰撞和交融。产生了独具特色的希腊化时代的文明。这个文明应该说在科学和艺术方面都呈现了又一个巅峰。因为东西方的文化碰撞交融在一起，就是东方古老的文明积累和古希腊文明所代表的科学方法相结合，所以这时候的文化异常辉煌灿烂，一直到公元前 30 年，也就是希腊化时代结束。

古希腊的城邦

大家记住，了解古希腊文明的一个关键词就是城邦，或者翻译成城市国家。古希腊的商品经济、民主政治都是基于这些城邦，辉煌灿烂的古希腊文化，也与这种小而充满活力的城邦有着密切的关联。所以想要了解古希腊文明，古希腊城邦是一个最关键的所在。

我要给大家介绍的是古希腊城邦古典时代的开始和终结。古典时代的开始和终结以两次战争为标志：古典时代的开端就是古希腊和波斯的战争；古典时代的衰落就是伯罗奔尼撒战争。

希波战争的起因是公元前 6 世纪波斯帝国兴起，征服了古老的巴比伦文明区，征服了古代埃及，形成一个横跨亚非的大帝国，波斯帝国侵略的脚步没有停止，它想继续侵略欧洲，但是在欧洲它遭到了希腊城邦顽强的抵抗。古希腊城邦面对强大的波斯是战还是降，其内部意见也不一致，很多古希腊城邦都主张讲和，因为波斯帝国有雄师百万，它们根本无法与之抗衡，古希腊人口非常少，城邦力量都非常弱小，军事力量最强大的城邦斯巴达只有 9000 户居民，比较大的城邦雅典，重装步兵只有一两万人，所以军队数量非常有限。最后还是开战了，这在历史上被称为古代的世界大战，就是欧洲和亚洲之间第一次的冲突。古希腊历史学家希罗多德写了一本书叫《希腊波斯战争史》，详细记录了战争的过程，于是希罗多德就成为西方的史学之父。希波战争的结果是弱小的古希腊打败了强大的波斯。根据希罗多德等人的说法，这是一种制度的较量、民主和专制的较量，古希腊代表了民主政治，波斯代表的是一种专制政治。对于这种说法后来的历史学者是有异议的。但是民主政治在与专制政治较量的时候，的确能激发人的斗志。比如在希波战争当中，发生了一次最著名的战役——马拉松战役。马拉松战役打响的时候波斯军队有三四万人，而雅典重装步兵才一两万人。战前雅典司令官做了动员，他说："雅典人是永远保持其自由人的身份，还是从此披上奴隶的枷锁，关键就看你们了。"所以雅典士兵在交战的时候，无不奋勇争先。战役的结果是，波斯人阵亡了 5000 多人，雅典人死了 192 人，在冷兵器时代，这种战役的结果是很难解释的，所以用制度的优越性来解释，也是有道理的。因为波斯军队中都是一些被征服地区的雇佣兵，毫无斗志，跟古希腊军队相比有一定的劣势。

在希波战争中取得的胜利，使古希腊的城邦出现了空前的经济繁荣，它们更加坚信自己的政治制度，对自己的文明充满信心，所以在这个时候出现了一个文明的繁荣期。但是好景不长，古希腊在抵抗波斯侵略的时候，以雅典为首成立了一个同盟，叫作提洛同盟，还以非常大的城邦斯巴达为首建立了一个同盟，叫作伯罗奔尼撒同盟。这两个同盟原来在与波斯的战争中是紧密团结的，但是希波战争一结束，这两个同盟之间就开始发生冲突了，尤其是斯巴达和雅典。斯巴达是古希腊世界传统的霸主，因为斯巴达人拥有一块肥沃的拉哥尼亚平原。这块平原使斯巴达人变得保守，他们一心一意从事农业，排斥商品经济，所以他们保持了一种非常特殊的社会制度，就是反对商品经济，崇尚军事、武力。因为他们把拉哥尼亚平原上的原住民征服了，把他们变成了奴隶，形成了古希腊一种典型的奴隶制度——希洛特制。斯巴达男人的职责就是当兵，一方面对外保家卫国，一方面对内防止希洛人起义。所以它保持了这种军事传统，它的战斗力最强，人口也最多，是传统的霸主。而雅典是在反对波斯入侵的战争中新崛起的工商业城邦，由于海上商业利益多，所以其海军特别厉害，它是一个后起之秀。雅典奉行帝国主义政策，以它为首成立的同盟本来是反对波斯入侵的，但是希波战争结束后同盟依然没有解散，它把同盟的供金都用于雅典的市政建设，在盟邦之内推行帝国主义政策。它的这种帝国主义政策引发了斯巴达的恐惧，所以最终这两个城邦在公元前431 年的时候爆发了战争，就是伯罗奔尼撒战争。虽然最终斯巴达所率领的伯罗奔尼撒同盟获得了胜利，雅典失败了，但仍是两败俱伤，整个古希腊城邦由此走向衰落。

在这里我们突出两点：一个是雅典民主政治，一个是古希腊文明当中的奴隶制问题。民主政治代表古希腊文明的一种进步性，这个民主政治也并非古希腊人的独创，因为在古代西亚的城邦当中，也就是人类文明曙光出现最早的地方，有一首著名的史诗叫作《吉尔伽美什史诗》，那里面记录了世界上最早的民主政治。吉尔伽美什就是当时一个城邦的军事首长，他想与另一个城邦开战，遭到了贵族议事会的反对，而军事首长吉尔伽美什最终获得了人民大会的拥护，使他的决议最终得以通过。这段历史记述表明：人类最早的民主政治产生于古代两河流域的苏美尔，并非古希腊。所以在此我们要记住文明的这种多样性和融合性，不能认定那种制度是西方的，这种制度是东方的。由于古希腊文明产生得比较晚，在地中海区域兴起的时候，古埃及文明都存在两千年了，古希腊文明与我们现代人的时间距离，就如同古埃及文明、巴比伦文明与古希腊人的时间距离，所以公元前 7 世纪，古希腊城邦形成的时候，大量地吸纳和学习古代东方的文化，在古希腊历史上又叫作东方文化时期。我们所熟知的丰富多彩的古希腊神话，都是从东方学的。希罗多德就说，在每个古希腊名字的背后都有一个东方的名字。所以说什么东西都是古希腊创造的，这是有问题的。但是民主政治是经过古希腊人的经营，才变成古代最为健全的民主政治，同时为以后的文明提供了一种被普遍接受的政体形式，这是古希腊人独特的贡献。

民主政治由雅典人发展到极致，就是公民大会是国家的最高权力机构，甚至还有点民主得过了头。古典作家说在公元前 5 世纪的雅典，贫困的人比富有的人更有权，这个说法如果属实我觉得也有点不公正。但是由于城邦搞的政治是直接民主政治，就是人人都可以投票，人人都有被选举权，甚至公民大会的轮值主席（相当于现在的国家元首）都采用抽签、轮流做庄的形式来搞，就如古代中国农民起义的时候所说的"皇帝轮流做，明年到我家"，这种民主政治最终导致了古希腊城邦，尤其是盛行民主政治的雅典的衰落。这种民主政治毕竟是一种直接的民主政治，它特别容易变为一种暴民政治。亚里士多德在《政治学》中特别论述了这种雅典民主政治的弊端。再有，这种民主政治建立在广大奴隶被剥削、压迫的基础之上，有它的局限性，有鲜明的阶级性。

在民主政治的建设过程当中也有很多引人注目的改革措施。比如公元前 5 世纪，雅典的克利斯提尼改革使雅典民主政治趋于完善。改革中有一个措施，就是废除了雅典 4 个血缘部落，诞生了 10 个新的地域部落，这是西方历史独特的地方，就是将原有的血缘家族关系人为地给破坏了。比如姓张的氏族特别庞大，现在为了削减张氏氏族的权力，把张氏氏族的人都拆开了，原来你们都居住在一块儿，抱团，你们的族长权力很大，甚至凌驾于国家的长官之上。为了削弱氏族的权力，健全民主政治，就把原有的血缘部落拆分成 10 个部落。恩格斯对此特别重视，他说居民的居住原则按照地域关系，而不再按照血缘关系，是国家产生的标志，也就是文明产生的标志，因为国家是文明的一个要素。一种文化发展到什么阶段能称为文明？要有文字、城市、国家，还有成规模、成体制的宗教崇拜，以及工具的使用等。

按照恩格斯的理论，我们中国的历史发展有另外一个特点，中国的宗法制特别重视血缘关系。周武王灭商之后的大封建，以及后来的汉朝、明朝诸侯分封，都与克利斯提尼改革截然相反。中国不但不人为地废除家族血缘关系，还把它作为一种原则和标准，按照血缘关系的亲疏远近来进行政治权利和经济利益的分配。所以说文明各有各的特色，按照恩格斯的说法，没有废除家族血缘关系的都没有进入文明的大门。我觉得这个结论有点太武断，咱们中华文明有中华文明的特色，中华文明特别注重家族血缘关系，孔子依据家族血缘关系搞了君臣父子伦理纲常，后来形成"三纲"。中国的国家治理就是以治家的模式治国，与古希腊的治理模式不同。

古希腊社会的日常与狂欢

首先谈古希腊人。古希腊人是一种怎样的人呢？亚里士多德在《政治学》这本书中有一句名言，就是"人是城邦的动物"。在古希腊，凡是涉及城邦的事务都称为政治事务，"政治"这个词就是从古希腊文的"城邦"衍化出来的，所以亚里士多德的名言又通常被说成"人是政治的动物"。这句话强调了古希腊人的城邦属性，按照亚里士多德的说法，一个人之所以是人，首先是因为他属于某一个城邦，如果脱离了他所生活的城邦，他就不再是人，他只是旷野当中的一头野兽而已。所以古希腊人特别有意思，一方面他们有极强的城邦归属感，即认为自己首先属于城邦，应该热爱自己的城邦；另一方面，他们又有着一种非常极端的个人主义思想。

古希腊民族是一个热爱智慧的民族，这有助于理解为什么古希腊人创立了科学的众多学科。古希腊人试图在各方面都让自己尽善尽美。古希腊还有中庸理论，亚里士多德很精彩地论述了这个理论，它跟我们古代的中庸思想差不多，最典型的问题是个人主义和城邦集体荣誉感如何统一。

古希腊人不追求太多的物质生活。他们的服饰很简单，就是一块布，中间掏个洞，往脑袋上一套，肩膀用别针别上，所以古希腊的雕塑特别美，因为自然下垂的褶皱特别能凸显古希腊人身体的健美。由于温暖的地中海气候，他们穿的鞋也都很简单，一些有钱人穿皮质的凉鞋，有好多人都不穿鞋，像大哲学家苏格拉底就一直赤着脚。吃的也非常简单，就是用大麦做成饼，然后加上水，有时候饮一些度数比较低的酒，再有一些鱼，还有洋葱，就这几种食物，特别简单。据说斯巴达这个城邦，招待使节有一道最名贵的菜，就是黑肉汤。据历史记载，所有出使斯巴达的外国使节吃过一次这道菜之后都发誓今生今世再也不想吃第二次了，说明这也不是什么好吃的东西，拿来宴请客人的都是这么难吃的东西，更别说他们自己吃的了。所以他们在饮食、服饰方面很少有追求，这跟古代东方很不一样。

他们特别重视公共生活，特别重视文化娱乐活动，所以出现了很多泛古希腊的节庆，如四大赛会：皮提亚赛会、地峡赛会、内美亚赛会、奥林匹亚赛会。大家比较熟悉的就是奥林匹亚赛会，传说是在公元前776年举行了第一届奥林匹亚赛会，这个赛会的影响非常大。

古希腊的城邦非常多，知名的城邦有几百个，不知名的城邦有人说几千个，不知名的小城邦有的特别小。亚里士多德说一个古希腊城邦最合适的人口是 1 万人，如果一个城邦突破 10 万人，它就不再是一个城邦，而是帝国。公元前 5 世纪雅典人口达到了 40 万，所以雅典人总是称自己是帝国，奉行帝国主义，就从这儿来的。这么多的古希腊城邦在政治上是独立的，凭什么都认同自己属于古希腊呢？有三条纽带。第一条纽带就是不同方言的古希腊语。第二条纽带是大家都信奉德尔菲神谕。在中希腊有一个城邦叫德尔菲，它有座著名的阿波罗神庙，这个阿波罗神庙有一个皮提娅女巫，对于这个女巫发布的神谕所有古希腊城邦都信，不仅古希腊人都信，连邻近的那些城邦里的居民都信。第三个纽带就是大家都参加四年一届的奥林匹亚赛会。奥林匹亚赛会举办的时候就是古希腊盛大的节庆，所有正在交战的城邦，根据奥林匹亚赛会的宗旨和精神必须签订休战公约，必须停战，然后全体古希腊人都参加奥林匹亚赛会。项目有长短跑、拳击、田径比赛，还有投掷标枪、铁饼等，基本上现代的运动都是起源于古希腊的奥林匹亚赛会。比赛进行完之后，交战的城邦愿意打就再接着打，但事实上所有参加奥林匹亚赛会之前正在交战的城邦，往往通过赛会的举办而偃旗息鼓，化干戈为玉帛，握手言和了。所以奥林匹亚精神代表了一种和平的精神，这个传统是古希腊人创立的，这个赛会在今天依然存在，这是古希腊人留给我们的非常好的精神遗产。

古希腊的宗教

古希腊宗教的特点就是"神人同形共性"，就是人和神有着同样的外表、共同的品性。大家注意到没有，所有古希腊神话当中的神跟人长得一样，和人唯一的区别在于他们长生不死，他们更强壮、更美丽。东方神话当中的神都是半人半兽的神祇。以咱们中国为例，我们说自己是炎黄子孙，中华民族的始祖神是伏羲，他的形象是人首蛇身，女娲也是人首蛇身，炎帝是牛头人身，所以他特别善于种庄稼，黄帝虽然跟我们人长得一样，长着人脸，但不是一张脸，他有四张脸，前后左右各一张。孔子的学生在《论语》当中还问："以前听说黄帝四面，有这回事吗？"孔子回答："黄帝德布四方，故称四面。"孔子给出了一种非常现代的合理解释。古希腊宗教的特点就是人神同形共性，它具有一种把神人化的倾向。古希腊的神话是绝对的多神论。主神宙斯并没有绝对权威，也没有受到普遍崇拜。他非常容易暴怒，他最大的特点就是特别好色，好多古希腊神话故事都是由于宙斯的好色而发生的。

古希腊是多神崇拜，有十二主神，但这都是后人给它归纳的，能叫得上名字的神有一万多个。为什么有这么多神？就是由于古希腊主神宙斯特别好色，除了自己的合法婚姻之外，还搞了好多婚外恋，所以生出了无数个小神仙和小英雄。什么是小神仙、小英雄？神和神通婚生的后代叫神仙，神和人通婚生下来的后代叫英雄，英雄最初的含义就是界于神人之间，他们比凡人更加强壮有力，更加聪明，但是他们跟人一样会死，有寿命，这叫英雄。

古希腊的哲学

古希腊的哲学更加丰富多彩。首先讲的是智者学派，这是个人主义的典型代表，它的代表人物叫普罗塔哥拉。普罗塔哥拉有一个哲学命题就是：人是万物的尺度，是存在事物存在的尺度，也是不存在事物不存在的尺度。万物存在与否、事物的形态性质全取决于个人的感觉。任何一个自然人，无论贵为贵族还是贱为奴隶，都是世界的中心。你看这个世界是什么样，这个世界对于你而言就是什么样，它强调人认识世界活动过程当中的主体性的重要，这里面隐含着一种"人生而平等"的思想。智者学派是专门教授人雄辩术和修辞学的。为什么雄辩术和修辞学在古希腊特别吃香？就是因为民主政治的建立使古希腊人特别好讼，经常打官司。古希腊法官断案依据的不是事情本身的是非曲直，他们有一种价值取向，就是爱智慧，他们更多的是看控辩双方在法庭上谁能说服听众，所以一个人的口才变得特别重要。智者学派就是专门教授雄辩术的，即无论在任何诉讼场合都能取得胜利的技术和方法。杀人放火都不是问题，只要掌握雄辩术，便可以大事化小，小事化了。

由于智者学派的价值取向完全是对个人利益的追求，他们形成了一种最极端的个人主义。他们为达目的不择手段，他们敢于创新，大胆地蔑视、否定权威，甚至怀疑神，反对传统。所以他们在当时就掀起了一场智者革命，尽管形式是个人主义的强大的思想潮流，这种个人主义思想潮流与雅典民主政治密切相关，但是这个潮流有一个进步作用，它使人对国家、社会、法律、人的地位、人的价值的认识趋于合理化，国家、道德、传统都应该为个人的利益服务。智者革命的伟大意义就在于此。所以黑格尔在哲学史里面用了两个"伟大"来形容普罗塔哥拉"人是万物的尺度"这个哲学命题，他说这是一个伟大的命题！这是一句伟大的话语！就是肯定了无论在何时何地，自然人都应该具有一种不可剥夺的地位和权利，这是普罗塔哥拉所声明的。作为自然人，无论你是奴隶还是贵族，只要你是个人，就是衡量世界万物的尺度。这个哲学命题非常了不起，这是西方人文主义的一个发端，但是它以个人主义的形式出现。个人主义的形式显然有弊端，智者学派就无视城邦的法律，他们认为城邦法律的制定者在制定法律的时候，只是根据自己的利益制定的，所以这个城邦的法律只维护法律制定者的利益，不一定适合他们。

但这个主张如若实现，所有人都不遵守法律了，那还了得，岂不是天下大乱？所以苏格拉底及时地站出来，反对智者不负责任的主张。他和智者学派是同时代的，他批判智者学派一切对功利的诉求。他指出人之所以成为一个人是因为人能够明是非、辨善恶，他提出了理性的概念、正义的概念，他认为人应该明白什么是对的、什么是错的，应该有一个正义的标准。所以苏格拉底提出有针对性的主张，就是一个公民应该无条件地服从城邦的法律，法律是一个城邦的基石。

苏格拉底所说的法律，并不是我们所泛泛而谈的法律，他谈的法律是城邦公民在法律方面达成的一致意见，也就是说这个法律必须是城邦公民志同道合的一个产物，这就是我们后来所说的自然法理论。苏格拉底更多地推崇个人的理性，他说凡是一个人的理智认为是错误的东西，就不应该去做，也不应该去想，哪怕受到当权者或任何法庭的强迫，也要不惜任何代价予以抵制，未受理性考察的生活是不值得过的。所以苏格拉底提出了是非和正义这两个概念，他又确立了一种捍卫思想言论自由的理性新原则。他为此触犯了当时已经发生变化的雅典民主政治，结果被雅典的陪审法庭判处死刑。一方面他强调，一个公民应该无条件服从城邦法律；另一方面他又说一个人应该遵从自己的理性。这两个命题显然是矛盾的。你说城邦的法律和个人理性发生冲突怎么办？谁都无法解决所谓的苏格拉底式悖论。但苏格拉底以其宝贵的生命为代价，践行了这个主张。一方面他在法庭上不认罪，为自己进行辩护。最后法庭判处他死刑，这个时候他的学生就劝他："老师你认错吧，认个错顶多罚点钱，你道个歉，我们替你交罚款。"苏格拉底拒绝了，他认为自己没错，他为自己做辩护。第二轮判决又是死刑，而且赞成他死刑的票数比第一轮多了一倍，这时候他的学生着急了，说："老师现在只有一条路，我们安排你逃跑，等到局势有变化的时候我们再接你回来。"但苏格拉底拒绝说："我是城邦公民，我必须遵守法律，哪怕是对于我认为对我不公正的法律我也要遵守。"所以大哲学家黑格尔对苏格拉底之死评价非常高，他说当一种新原则诞生的时候，必然要遭到旧秩序的顽强抵抗，这时候牺牲的仅仅是新原则的提出者本人，真理的祭坛上总是需要一些新鲜的生命和血液，这样才能使真理得以昭彰。

苏格拉底带出了一个很伟大的学生，他叫柏拉图，柏拉图又有个很伟大的学生叫亚里士多德。

柏拉图对哲学史的贡献是理念论、灵魂不朽说，还有理想国。理念论是他全部唯心主义哲学的核心，他说真正的存在是能够被某种高级智慧所理解的无形的理念，现实中我们用感觉器官感觉到的物体则不是真的，只是真实的理念在现实当中的一个歪曲的模本和虚幻的影子而已。这是一个最典型的本体论，就是关于存在的理论。他说真正的存在不是我面前的玻璃讲台，如果一锤子打碎了，这个讲台就不再存在，但是工匠依据讲台的理念依然会造出一个新的讲台，所以真正的存在是关于这个讲台的理念，而不是现实中看到的讲台。这个话是什么意思？柏拉图并不否认经验的现实的世界，只是他强调，从认识论和价值论上来说，理念这个世界远比现实的世界更重要。所以有时候我们一定要客观地看待唯心主义哲学，这个哲学实际上要求我们透过现象看本质，所以他启发了他的学生亚里士多德。

亚里士多德出身于医生世家，他的父亲是亚历山大爷爷的御医，亚里士多德还给亚历山大大帝当过两年老师。亚里士多德从小在医药学的氛围当中长大，西方作家说他从小就准备做一个科学的始祖，他对他老师柏拉图那一套理念论的说法嗤之以鼻，特别不相信，因为他要从事现实的研究。医生面对病人，那是最现实的，要研究首先要有研究的对象。亚里士多德认为，物质是先于认识而存在的，先有认识对象才有认识，我们一看这是唯物主义的。但亚里士多德在进行生物学和物理学的研究中发现了形而上学。亚里士多德在进行生物学和物理学的研究过程当中发现，事物的结构永远是形式战胜质料，一种质料形成某种形式，几种质料构成某一种形式。比如我们这个大讲堂，它是由无数的建筑材料构成的，那么砖是这个讲堂的一种质料，它本身又作为一种形式，由更低级的质料构成。我们成年人是一种形式，是由婴儿的质料发展成长而来的，婴儿作为成人的质料本身又是一种形式，由更低一级的胚胎发展而来。如此追溯下去，亚里士多德就懵了、困惑了，当时的年代连显微镜都没有，必然追溯到没有形式的质料，就是无物，什么都没有。凡物必须有形式，一种物质没有形式了，怎么看都看不到了，也感觉不到了，这不就是形而上了吗？于是形而上学就产生了。

他在自然科学方面创立了物理学、生物学，在社会学方面创立了伦理学、政治学。亚里士多德的伦理学值得一学，他说人生的目的乃是幸福，人们之所以热爱金钱、荣誉、权力，是因为人们相信凭借这些东西能达到幸福的目标。但是幸福怎样才能达到呢？人生幸福目标的首要因素是什么？亚里士多德强调人的理性生活。如果就是想吃好的穿好的、娶漂亮媳妇儿，这种诉求是动物的诉求，不是理性的诉求。亚里士多德说理性的生活才是人生幸福目标的第一要素。除了这个要素，还必然要有一些世俗的财富，这一点说得挺好，他说你要过幸福生活必须得有一定的财富，因为你要是太贫贱了，会流于剥削，就爱占小便宜，人格会变得猥琐。所以物质条件是他非常强调的，这也跟儒家的理念不一样，儒家说君子食无求饱、居无求安，就知道读书。

他最伟大的贡献就是发明了逻辑学。逻辑学是亚里士多德发明的，这是一个非常独特的发明，这个发明使得西方人以后在方法论上走在世界诸文明的前列。亚里士多德之所以能够成为科学的始祖就是因为他创造了逻辑学。何为逻辑学？它是一种规律、理性。我通俗地解释一下啥叫逻辑，就是正确思考的技术和方法。在这个世界上没有什么东西能比逻辑更乏味，但是，同样没有什么东西能比逻辑更有用，它是一种正确的思考技术和方法。在亚里士多德发明逻辑学之前，古希腊人对事物的认识，尤其是苏格拉底、柏拉图等人的认识已经为逻辑学的创立做了一些准备。比如他们就一些事物的概念、范畴、类别做了必要的探究。如果人没有逻辑学的帮助，没有归纳和演绎，无限繁杂丰富的世界会使人类难于应付、疲于奔命。我们顶多活一百年，能认识多少事物？所以必须用逻辑学归纳一个范畴。比如说树是一个集合名词，所有的松树、杨树、柳树、槐树都在树的范畴之内。

逻辑学为科学的产生提供了一种最便利的条件，它提出了逻辑的三段论：大前提、小前提、结论。要想获得一个完美的概念，亚里士多德认为需要两个步骤。第一个步骤，把你欲界定的事物规定为某一类。比如人，我们如何给人确定一个概念？人归入哪一类？动物，人是动物。但说你是牛马羊，你高兴吗？肯定是不高兴，这是一个不完美的概念，需要第二个步骤。第二个步骤就是找出该事物与其同类最为本质的区别是哪一点，人和动物最本质的区别在于哪一点。最为本质的区别在于人有理性，能明是非、辨善恶。所以关于人的一个完美的概念就是"人是有理性的动物"，这是亚里士多德教给我们的。

古希腊在科学和戏剧方面的成就

除了哲学之外，在逻辑学正确方法的引领下，伴随着希腊化时代东西方文化的交融，古希腊科学取得了重大的成就。圆、圆锥体、斜面定律、杠杆定律等，都是在希腊化时代由古希腊的科学家发现的，很了不起。

古希腊的戏剧是最完美的文学形式之一，只能被模仿，从未被超越。近代西方就模仿了古希腊的戏剧。你看伏尔泰怎么成名的，18岁的时候，他改写了一部古希腊索福克利斯的悲剧《俄狄浦斯王》，一举成名，在巴黎产生了轰动效应。德国诗人歌德有个助手，叫爱克曼，他在谈到古希腊著名的悲剧诗人欧里庇得斯的时候，对歌德说："或许近代只有英国的莎士比亚可以跟欧里庇得斯媲美。"歌德没有正面回答他，只是回答了这样一句话："自欧里庇德斯之后，世界上可曾出现过一个配给他提鞋的戏剧家？"

古希腊的精神文化遗产

古希腊的精神文化遗产不仅包括惠及后世的民主与科学，而且包括一种人生的积极态度和奋发向上的精神追求。古希腊的城邦时代被文化史家视为一个竞争的时代，不仅有体育赛场上的竞争，戏剧家、悲剧诗人都在比赛，都在竞争，唯有冠军才有价值。古希腊的神谕也把竞技场等同于战场，而战场上不是赢家就是输家。英国思想家基托认为，古希腊人的竞赛是一种激发和展示人类"阿瑞忒"精神的手段。何为"阿瑞忒"？汉语里并没有一个相应的词，我认为汉语中"优能"的含义最为接近，它有一种中庸之道。所以基托概括说，古希腊人有在各种场合追求卓越表现和完美品质的精神。

最后让我用恩格斯的一句话来结束今天的讲座。恩格斯说："他们（古希腊人）的无所不包的才能与活动，给他们保证了在人类发展史上为其他任何民族所不能企求的地位。"这个"小民族"做出了"大成就"。

与众不同的中华文明

段亚兵

段亚兵

深圳市关心下一代工作委员会
常务副主任，深圳市拓荒史研
究会名誉会长，深圳市委宣传
部原副部长、深圳市文明办主
任。主要研究领域：深圳市拓
荒史研究，深圳中小企业理论
研究，精神文明建设理论研究，
中外文明、文化比较研究。著
有《深圳精神文明之路》《文化深圳》《文明纵横谈》等。

文明的起源

人类文明到底从什么时候开始？应该说从人类脱离了动物界文明
就开始了。这个脱离动物界，发生于什么时候？现在很多人认为是
300 多万年以前。300 多万年以前有这么一个女人，名叫露西。露西
是非洲人，确切地说是东非人，这是我们现在能够看到的最古老的人

类化石。

如果从人类的生产工具上划分，早期的人类经过了旧石器时代、中石器时代、新石器时代。旧石器时代被称为前文字时代，就是说是没有文字的。文字是文明的一个非常重要的标志。

人类的文明史始于旧石器时代，到了一万多年以前，新石器时代人类的文明方式开始发生变化，就是从采集与狩猎向栽培农作物转变，人类开始进入农业时代，这时候出现了文字。到现在是多长时间呢？不过几千年而已。我们这是说的一个文明概念，但是我们现在经常会说到另外一个文明概念，即文明社会出现的时间。那么这个时候就是原始社会瓦解、阶级社会开始的时候，这时我们开始进入文明社会。

那么文明社会的标志是什么呢？说法很多，但是我认为恩格斯的说法是大家比较认可的。他认为，它的标志就是生产力的发展，生产力的发展主要是农业的发展，然后是手工业的出现，然后是文字的发明和广泛使用，还有国家的诞生。

在文明社会的发展历史上，我们可以分出来几个古文明，我们讲古文明大概就是说的四大文明，也有五大文明的说法。四大文明就是两河文明、古埃及文明、古印度文明，还有中华文明。如果说是五大文明，就加上古希腊文明。

中华文明是唯一没有中断的大国文明

两河文明　两河就是底格里斯河和幼发拉底河，两河文明是现在公认最早的文明社会。当时谁在那里呢？苏美尔人。他们在公元前5000年就已经居住在这个地区，在公元前3000年就建起了城邦。

苏美尔人对人类的文明贡献是什么呢？主要是车轮运输、太阴历和文字，这是它的三大发明。

人类文学史上第一个叙述诗就产生于两河文明地区，叫《吉尔迦美什史诗》，这是世界第一部史诗，比古希腊的《荷马史诗》要早。

古埃及文明　古埃及文明是人类历史上的第二个文明。约在公元前 3100 年，美尼斯国王统一了上下埃及后，就开始了埃及王朝时代。

古埃及对人类文明的贡献也非常多，比如金字塔、农业种植技术、金银珠宝的制作技术、香精，还有就是象形文字。

古印度文明　我们说的古印度里面最古老的是土著。后来它被古波斯的雅利安人占领。我们说的梵文实际上就是雅利安人到了古印度以后建立的一套文明。他们去了以后这个社会就分了等级，最低的叫首陀罗，代表奴隶；吠舍，代表平民、农民、商人、手工业者；刹帝利，代表帝王将相、王室贵族；最高的叫婆罗门，代表神庙的宗教官员、祭司。

古印度对人类文明的贡献有精美的绘画和雕塑。它有一个地方叫犍陀罗，犍陀罗的雕塑艺术水平很高，后来传到了中国，龙门石窟就是受其影响。古印度还有世界上最长的史诗，叫《摩诃婆罗多》和《罗摩衍那》。还有就是世界三大宗教之一佛教。佛教是印度教里面的一支，佛教传到中国后发扬光大，但是在印度佛教反而慢慢消失了，它又变成了原来的印度教。

阿拉伯文明后来进入了印度，阿拉伯文明进入印度后，印度社会分裂了。宗教也分裂了，一个仍然是婆罗门教，也叫印度教，还有一个就是伊斯兰教。后来印度在独立的时候，为什么分成了印度和巴基斯坦？就是因为信奉两个宗教，巴基斯坦信奉伊斯兰教，现在的印度信奉印度教。当然这里面也有一些交叉。

近代印度又被英国人占领了，英国人占领了大概两个世纪。先是 1757 年东印度公司征服了印度，后来印度人起义反抗，这时候英国政府就直接接手统治印度。从最早的东印度公司到后来的英国政府，一共是 200 年时间。

所以古印度文明不是消失了，它跟前面讲的那两个文明不一样，那两个文明基本上消失了，古印度文明是中断了。它中断了几次：第一次是雅利安人侵入；第二次是古希腊文明侵入，时间是在公元前 2 世纪；第三次是伊斯兰文明侵入，公元 7 世纪伊斯兰文明在阿拉伯半岛上兴起，侵入印度后使古印度文明分成了婆罗门文明和伊斯兰文明；第四次就是英国，现代西方文明统治了两个世纪。当然这也有优点，就是各种文明融会，这是它的优点，但是问题也很多。

古希腊文明 古希腊文明是一个非常重要的文明，它发源于爱琴海，叫米诺斯文明。爱琴海有个岛叫克里特岛，它本土还有个地方叫迈锡尼，这两个地方是古希腊文明的源头。后来古希腊的野蛮人把这两个文明灭了，在此基础上创造了古希腊文明。古希腊文明持续了大概 650 年，现在的西方文明跟它有继承关系。

古希腊人的贡献非常多。在哲学方面有几个大哲学家，如苏格拉底、柏拉图、亚里士多德等。神话涉及奥林匹克众神，宙斯、赫拉、阿波罗太阳神、战神、爱神等都是古希腊神话中的人物。然后是建筑，现在到希腊去看，那些遗址仍然是最好的建筑物。现在卢浮宫里的"胜利女神"是最古老的希腊雕塑，与"断臂的维纳斯"、达·芬奇的《蒙娜丽莎》，并称卢浮宫的三个镇馆之宝。还有就是文学，像《伊索寓言》。还有戏剧，古希腊的戏剧最有名，包括它的悲剧和喜剧。还有科学技术，像数学、生物学等。还有就是政治制度，东方文明全部是国王制，只有古希腊是议会制，是一种民主的政治制度。还有就是奥林匹克运动会，我们现在举行的还是这个运动会。

说起来古希腊是人类文明的一个异端，它跟所有的其他古代文明都不一样，是一个另类。刚才讲了，它产生在海边，其他的全部产生在河流的冲积平原上。它实际上吸收了许多别的文明，所以它是一个综合性的文明。

我们现在讲现代文明，现代文明主要讲的是欧美文明，欧美文明实际上有两个源头，也叫两希文明。哪两希？第一个就是古希腊文明，第二个就是希伯来文明。两希文明成就了现代西方文明。

中华文明 国际上认为中华文明最年轻，只有 3500 年左右，从有甲骨文算起，甲骨文证明你是真正的文明。甲骨文出现以前不算。

咱们的学者不服气，所以中华学者就开始做很大的两个工程，是国家的工程，一个叫夏商周断代工程，一个叫中华文明探源工程，已开展好几年了。这两个工程这么一搞，现在很多东西已经比较明确了。比如我们说中华文明的历史肯定超过五千年，也有一些学者认为中华文明的历史还要悠久。

比如河南灵宝西坡遗址，可能就是我们说的黄帝的遗址。从炎黄子孙这个说法上讲，我们承认自己的文明的源头是炎帝、黄帝，我们都是炎帝、黄帝的子孙。山西的襄汾有一个陶寺遗址，对这个陶寺遗址挖得已经很充分了，它有可能就是尧的遗址。河南的登封王城岗遗址，可能是禹的都城。河南新密的遗址可能就是夏朝的都城。河南洛阳二里头遗址以及郑州的大师姑遗址可能是夏代中晚期的都城，据说夏代迁过都。商代也没有问题，我们在河南安阳的殷墟发现了很多的甲骨文，后来断定，它们就是商代的甲骨文。周代以后就不用说了，孔子写了很多东西。

这样我们通过考古，再加上文献记载，可以基本上下结论。中华文明到底是从哪里起源的？原来我们说中华文明是黄河文明，黄河是中华民族的摇篮，当然这个说法没错，但是现在经过挖掘以后，发现实际上中华大地上很多文明同时出现，而且最早的可能还不一定是黄河文明。有人说红山文化可能是最早进入文明社会的。红山文化在哪里？在山西、河北和辽宁一带。

那么现在看来，中华文明中黄河文明肯定是主流，这毫无疑问，这里有仰韶文化、中原龙山文化等，我们的夏商周都源于中原的龙山文化，这个基本上是定论了。但是长江流域是中华文明的另外一个起源。比如三星堆文化在那里存在一段时间以后突然就消失了，好像说是最后三星堆的人跑到金沙去了。那么还有中游和下游，长江下游最有名的是河姆渡文化和良渚文化。实际上中华文明像满天星斗似的同时发生，但是主流确实在黄河流域。

现代西方文明

现代西方文明，我们也称为欧美文明，就是"欧洲＋美国＋加拿大等"的文明。现代文明就是现代西方文明，它的崛起是比较晚的。它是什么时候出现的？它在 14 世纪才开始出现，最早出现在意大利，叫文艺复兴，实际上它是反映了新兴的资产阶级要求的这么一种思想文化，这是它的思想源头。后来，18 世纪 60 年代工业革命开始出现于英国，是从瓦特蒸汽机和珍妮纺织机开始的。工业革命发生在英国后，很快也在欧洲各个地方发生。一个新型的文明体就这样产生了。如果以生产力为标准进行衡量，我们刚才讲的五大文明都是农业文明，虽然有的发源于河流，有的发源于海岸，但是都脱离不了农业，都可以归纳为农业文明。而欧洲出现的这种文明不同，它是工业文明。工业文明一出现，农业文明就被比下去了。马克思说，资产阶级在不到一百年的阶级统治中所创造的生产力比过去一切时代创造的全部生产力还要多，还要大。它的厉害之处就在这里。

这里我们要说一下关于文明的理论。为什么会出现文明？有好多种说法，其中一个最著名的历史学家汤因比就说了，文明的出现是为了应对挑战。如果这个社会没有挑战，它就只能永远这样发展下去。人类文明从原始社会开始，第一个形态是什么？第一个形态叫采集和狩猎，就是通过打猎吃肉，通过采集吃水果，以此生活下去，而且活得非常好，营养也很均衡，所以说那个时候的人是很好的。为什么会发展农业？实际上是因为人类社会遇到了挑战。什么挑战？一个是气候发生变化，原来水果很多，变化了以后就少了，这是一种情况，还有一种情况就是人口越来越多，东西不够吃了，不种植没办法活下去，这就是挑战，这种挑战就是文明产生的原因，这是汤因比老先生的说法。

还有一个就是环境开放。为什么人类文明最先出现在两河流域？是因为那个地方是欧亚大陆的中心地点，那个地方属于亚洲，确切地说是属于西亚，但是它叫中东，就是说西方人到这儿来方便，东方人到这儿来也方便，那个环境是最开放的，所以人类的文明首先在中东产生。为什么中华文明发展得晚一点？跟我们的环境有很大关系。中国的西面全部是山，东面是海，技术不发达的时候这个地方还挺难进的。进入中国主要是靠西域这个通道，在历史上丝绸之路是欧亚大陆一个非常重要的通道。

还有就是地理原因说。比如希腊是海洋文明，农业主要发生在河谷地区。海洋文明与土地文明的发展是不太一样的。

现在我们要探讨一下西方文明崛起的原因。关于这个原因说法很多，我认为说得最全的就是尼尔·弗格森，这个人是英国籍苏格兰人，他是著名的历史学家之一，他有一本书叫《文明》，关于西方文明崛起的原因他讲了六条。

第一，竞争。他说西方之所以能够崛起是因为竞争。西方为什么竞争？他说西方都是小国家，竞争可以逼迫着它们发展。

第二，科学。他讲的这个科学是西方的那种科学。我们中国发展出来的是技术，我们的科学精神比较弱。你看关于科学的重大发现，几乎全是西方的，东方比较少，但是我们的技术很厉害，我们的四大发明全是技术发明，谈不上科学发现。

第三，财产权。财产权方面的法制保护私人业主。这个法制讲的也是西方的那种法制。

第四，医学。西方医学与我们的中医不太一样。当然中医也是医学，但中医更是一种经验，就是说它归于技术层面。但是西方的医学就已经上升到科学的层面，如解剖学把人身上搞得明明白白的，把血液系统、消化系统、心脏、肝脏、脑子等全部搞清楚了。

第五，消费社会。虽然中国人很多，但中国是一种自给自足的农业社会。西方为什么能够发展起来？是因为它比较早地进入了所谓的消费社会。消费社会是什么？一定是商业发达，然后就是发展。如果我们不进入消费社会，工业是没办法发展起来的。

第六，工作伦理。在这里面他讲到了基督教的新教，基督教的新教确实很重要。有一个叫马克斯·韦伯的德国人，到美国后写了一本书，叫《新教伦理与资本主义精神》。这本书是研究工业、社会发展的基础性的理论书。他分析了为什么资本主义社会能够在新教国家里产生和发展。

中华文明的复兴

中华文明在以前的人类文明史上一直是领军者。中华文明在历史上曾经有四个盛世：第一个盛世就是汉代的文景之治和汉武盛世；第二个是唐朝的贞观之治；第三个是宋代；第四个是清代的康乾盛世。有一本书叫作《落日的辉煌》，根据这个书里面提供的数据，在乾隆末年中国经济总量居世界第一位。统计显示，中国的 GDP 约占世界的30%。我们当时的人口也占三分之一。

那么我们为什么落后？原因很简单，就是我们转型失败。工业革命出现以后，劳动效率大大提高，文明想要继续进步必须转型。中华民族于 1840 年前后，是农业国转型失败的一个典型。原因是什么？在此可以粗浅地探讨一下。

一个是闭关锁国。我认为这是居于首位的原因。我就讲两个例子。

郑和下西洋比哥伦布航海早了 500 年。哥伦布的船是一个三桅杆帆船，船很小，一个船上十几二十个人吧。郑和下西洋，船的数量有几百艘，是大宝船，上面能容纳成百上千人。郑和几次下西洋，宣扬了我们的威严，也换回来一些东西，都是一般的物品，没什么太重要的，而哥伦布的航海发现了新大陆。

在 1792 年时中国曾经有一个机会，就是英国的特使马戛尔尼带使团来到中国。他带了英国最先进的工业品，里面最主要的是军事大炮。这次外交失败了。为什么失败？首先，礼节就通不过，见我们的皇帝按规定要双腿跪拜。马戛尔尼不干，说"我怎么可能给你双腿跪拜，我见女皇也只是单腿跪拜"。后来经过斡旋，他最后勉强同意单腿跪拜，皇帝还不满意。再看礼物，看到东西后皇帝说了一句很自大的话，说"我们要啥有啥，你们那个不过是玩的，没啥用"。所以那一次外交失败了。那一次要是不失败，假定我们开始通商，英国人能卖给我们工业品，那我们就可以接触到先进的工业，那可能是一次历史机遇，可惜失掉了。

还有就是清朝实行的是重农抑末的政策。"末"是什么？"末"是商业。中国人之前都是重农轻商，看不起商人，说商人是赚人家钱的，对商业社会基本上没有概念。

还有一个原因是清朝腐朽的政治统治。采取文字狱、排挤汉人等政策，一直压制着部分精英人群。

还有就是人口多造成的贫困。

还有一个据说是儒家的思想原因。有一个语言学家叫迈克尔·哈利迪，他认为儒家的思想导致了中国近代的落后。是不是这样呢？大家可以去研究。

中国近代史就是一部救亡复兴的历史。最早发现这个世界不对头的应该是李鸿章。当时李鸿章惊呼中国遇到了三千年未有之大变局，他这个说法是非常准确的。之前中国也曾出现过很多麻烦和挑战，但是这次西方文明来了后，不一样了。

中国的改革开放是一个前赴后继的过程。比如晚清时康有为、梁启超发起的改良运动；孙中山后来建立了兴中会，提出挽救国家危亡的口号；之后中国共产党领导的革命取得了成功；1949 年中国实现了政治独立，中国人民站起来了；1978 年十一届三中全会提出了改革开放。现在中国已成了世界第二大经济体。

中华文明的长处和弱点

中华文明的长处是什么？

和谐包容。什么叫中华文明？在思想上我们是三个理论合在一起，即儒家的理论、道家的理论和佛家的理论相互融合。儒道释都是主张"和"的。儒家讲"礼之用，和为贵，先王之道，斯为美"，君子和而不同，尊重对方；道家主张道法自然，清静无为；佛教主张普度众生。

相比之下，基督教、犹太教、伊斯兰教都只有一个神，而且这个神就是我方的神，它是保佑我们的，我们为这一个神而战，所以它老是想把别人的信仰改变过来。对一个宗教来说，不应该说它好还是不好，不能那么说，各个宗教都有长处和短处。但是一神教认为，唯我正确、唯我独尊，这与中华文明有极大的不同。

我们是和而不同，和而相生，同则不继。这是中华文明的长处。

中华文明的弱点是什么？

首先，我们对外面的事务不太感兴趣。中国人有一个特点，即不愿意出门走远路。他要出去，是因为活不下去了，这才要走出去。下南洋也好，闯关东也好，走西口也好，要不就是为生活所迫，要不就是想赚点钱。赚了钱干什么？赶紧拿回钱来盖房子。晋商和徽商都是中国近代最优秀的商业群体，都是赚了钱赶快拿回来盖房子，所以我们才有徽派建筑，才有大同、太原那些晋商建得很漂亮的房子。

其次，不太敢冒险，容易故步自封。

再次，太长的历史成了我们的包袱，使我们容易墨守成规。为什么转型失败？就是因为中国人认为自己的文明太优秀了，你说把这个文明改变一下他不太愿意，到现在也是这样，许多人不愿意。

最后，大一统的思想。中国是早熟的民族，很多国外的学者都这样认为。春秋战国时打得一塌糊涂，最后秦始皇统一六国，中国从此走上了大一统的道路。国家是这样，思想也是这样。大一统的好处是有利于国家稳定，有利于生产力的发展，缺点是它不鼓励竞争，而且把思想都禁锢住了。明朝和清朝尤为严重，把人们的新思想、创意都束缚住了。

中国人接受西方文化从什么时候开始？从五四运动开始，五四运动是中国开放的先声。那时候我们主动接受了马克思主义，马克思主义是西方的先进理论，是德国人马克思在英国研究发明的学说。我们不但接受了马克思主义，而且把马克思主义作为党的指导方针；在这个过程中，我们又把马克思主义中国化了。这非常关键，马克思主义要是不中国化是不会成功的。

新中国成立以后我们其实也想开放，那时候是这样想的，但是没办法开放。我们想向苏联老大哥开放，可苏联的大国沙文主义我们实在是受不了；想向欧美开放，可欧美封锁、限制我们。但是我们跟西方文明实际上有来往，主要是通过香港。

现在中华文明开始主动向西方文明学习，迎接挑战。我们迎接西方文明挑战的得与失可以用三句话概括：政治上获得独立，站起来了；经济上迅速发展，富起来了；现在我们做的是要强起来。科技是我们现在与西方竞争最激烈、最关键的领域。

《清明上河图》 与北宋法制

余 辉

余 辉

故宫博物院研究室原主任、研究馆员，国家文物鉴定委员会委员。主要研究领域：书画鉴定与研究。2009 年获首届"中国美术·理论评论奖"。著有《隐忧与曲谏——〈清明上河图〉解码录》《晋唐两宋绘画·人物风俗》《元代绘画》等。

张择端是个什么样的人

今天要讲的是"《清明上河图》与北宋法制"。画家画这幅图的时候把北宋的法制出现的一些问题展现在里面。这幅画在当时拿出来时，我想不仅宋徽宗，其他朝廷官员也都是能看明白的，都知道他要说些什么。由于隔了差不多九百年的时间，时过境迁，我们要追溯约九百年以前的场景，就要穿过这个时间隧道，一下子到作者作画的那个时间点。还不能坐过站，坐过站就是更早的时代了。也不能不到站，不到站就在南宋。

首先要知道张择端是个什么样的人，我们看其画须知其人。关于他的历史记载，现在只有一条，这条就记载在《清明上河图》后面，一共有 85 个字，是京城的一个文人写的。他这 85 个字都是有根据的，我们就通过一个字一个字地阅读来了解他。他说张择端是翰林，"翰林"是唐宋人对在翰林院供职者的尊称，也是简称。翰林院里面有很多的具体机构，如翰林图画院、翰林书院等。张择端应该是在翰林图画院。下面就记载了他的名字，姓张，名择端，字正道。我们知道名字是父母取的，父母取什么样的名字往往跟家庭背景有关系。他的名和字深深地烙下了儒家思想的印迹。"夫尹公之他，端人也，其取友好必端矣"，就是希望张择端长大以后能够选择那些正派的人做他的朋友，所以叫择端。字正道，取自《礼记·燕仪》里"上必明正道以道民"，就是君王必须把正确的治国道理告诉老百姓。所以他的名字里充满了儒家积极入世的情怀。后来张择端画的《清明上河图》也是充满了儒家的思想情怀。他关注社会，希望能够为促进社会的改变尽力。

他的籍贯是东武。东武是一个历史悠久的老城，有四千多年的历史，就是现在山东的诸城，是一个县级市。这个地方离孔子的故里曲阜很近，孔子的女婿也是这个地方的人。这个地方有什么特点呢？人们喜欢读儒家的经书。汉代以后，这里成为研究、注释儒家经典著作的一个中心，也就是儒家的经学中心。我们可以看到，诸城的位置正好是在靠近胶东半岛的地方，这里交通是比较发达的，而且物产也比较丰富。

在诸城的博物馆里有很多出土的东汉的画像石，在这些画像石里面有许多表现的是百姓的日常生活。由此看来，张择端《清明上河图》表现市民生活的路数、造型、观念是有历史传统的。也就是在汉朝的时候，东武那个地方的人就有这个传统，即表现百姓的日常生活。如《庖厨图》，在节日之前有很多热闹场景，画中有杀猪的、洗刷的等，他们都在为过节忙碌。这里还有一个具体的杀猪场景，画家把这些细节表现得非常真实。也说明观察生活细致入微，表现生活细致入微是山东诸城画家的传统。

张择端自幼读书，肯定是读的儒家的经典著作，因为他的老家是儒家经学思想的中心。读了书之后按照当时读书人的正常发展路径，就应该去考举人、考进士，就要到汴京（今开封）等大城市里去。去干什么呢？游学于京师。这个游学不是我们现在所说的旅游、参观、学习，而是指复习备考，学习诗赋论策，是为了下一步的进士考试，做了进士之后，才能够走上仕途。所以游学京师是有特定含义的。我这个解释来自谁呢？北宋英宗治平三年知谏司马光上书时提到："国家用人之法，非进士及第者不得美官，非善为诗赋论策者不得及第，非游学京师者不善为诗赋论策。"所以张择端走的是考进士这条古代文人知识分子所走的发展道路。

张择端从诸城到开封，要走很长一段水路，这很重要，因为《清明上河图》里面有大量的篇幅表现的是船只、码头、堤岸等。张择端的这些经历为他以后画《清明上河图》做了铺垫。

他这一番求学结果如何呢？张择端的跋文没有说，但是我们知道他没有做成进士。这里笔锋一转说他"后习绘事"。为什么？没有考中。没有考中对他来说就意味着应该重新考虑其他发展道路了。因为进士考试在北宋的中后期不是年年考的，而是三年考一次，你这次考不中，到下一次考试要等三年。像张择端这样的人，可能家庭不会太富裕，所以必须另谋生路，那么他就要去学一门手艺，于是就学了绘画。他学的是界画。界画有一个讨巧的地方，就是只要你掌握了这一套画界画的工具，如界尺、界笔，你去画桥梁、车辆等就会有用武之地。张择端很快就掌握了画界画的这套工具，他善于画舟车、市桥，而且还"别成家数也"，就是他能自成一体。当时他要学界画，必须要学北宋初年一个叫郭忠恕的画家的风格，这是在张择端之前界画画得最好的一个画家。

光会画船、房子还不行，因为船和房子要在一定的环境里，还要有树、石头，甚至还会出现远山等。他就又学习北宋中期最有名的一个山水画画家郭熙，学他的山石、树石的风格，然后运用到《清明上河图》的背景里面。

跋文里面最后一句话就说，在《向氏评论图画记》（这是一本北宋大臣评论书画的记录）里面，《西湖争标图》和《清明上河图》被选入神品。张著嘱咐了一句："藏者宜宝之。"这是在北宋灭亡 58 年之后一个文人在张择端《清明上河图》后面作的跋文里说的关于所有张择端的记录。

就这幅画而言，画的是清明节，所以张著在写跋文的时候也正好赶上了清明节——1186 年清明后一日，张著表达了对张择端的思念之情。

《清明上河图》所画的是什么时间和什么地方

因为要研究这幅画到底表现的是什么历史事实，表现了一些什么事情，我们现在得查清楚这幅画什么时候画的，然后才能知道是哪个时候发生的哪些事情。有说是北宋的，有说是北宋后期的，有说是南宋的，有各种各样的说法。但是北宋后期徽宗朝是个比较流行的说法。我们在画里面可以找到一些很重要的线索。

画里面什么东西最先进呢？就是妇女穿的衣服。我们都知道女性的衣服因为要赶潮流，所以样式变化比较快。男性的衣服样式一旦成型，会维持相当长的时间，就像中山装现在还在穿。那么就要研究宋代妇女的服装的历史，从北宋初期一直到北宋中期，都流行什么样的衣服呢？就是画中女性穿的长外套，当时叫"褙子"。一直到 1102 年，出现了最后一个长外套的造型。跟现在一样，很多服装的样式出自演艺界。当时在演艺界里面流行什么呢？穿短外套，不穿那么长的，演艺界要吹拉弹唱，长外套不是很方便，就改成短外套了，而且还是宽松式的短外套。它是在哪里出现的呢？在河南禹州白沙出土的北宋元符二年，也就是 1099 年，女性穿的短外套。很快，这种短外套就风靡汴京城，在汴京城的大街小巷上妇女就穿这种短外套。我们看到《清明上河图》里面的妇女，只要画出全身的，个个都是穿的宽松式的短外套。如此一来，时间点就出现了，就是在崇宁大观年间，就是 1102～1110 年，汴京的妇女流行的是宽松式的短外套。如果那个时候穿个长外套走在大街上，要被人笑话的。

那个时候妇女还流行一种新的发式，即梳得比较高。过去梳得比较低，中午有午觉，起来之后会乱，乱了以后还要打理一番。那时候桑叶经济发展很快，这些妇女也不能老闲在家里，她们要给丈夫做饭、送饭等，闲着的时间少了，所以就流行这种比较简易的、好打理的发型。

这样的服饰流行到了北宋宣和年间，到了南宋又过时了。变成什么样的衣服呢？还是短外套，但是是紧身的，也在发生变化。文献里就有记载，几个方面都对上了，北宋妇女在崇宁大观年间流行穿这样的短外套。

我们在画中还看到这么一个情景，在城门口和城门外的巷子里，有两辆独轮车，前面有一个人拉着，后面还有一个人在推着，它是人力和畜力混合的一个运送物品的工具。这上面盖了一个苫布，这个苫布很有意思，它上面还有书法。这个苫布应该是裱在屏风上的一个书法作品，这个书法作品被撕下来之后变成车上的苫布，用于遮挡物品。说明这个写字的人出事儿了，而且出大事儿了。那么那个时候写字的哪些人会出大事呢？当时朝廷上发生了新旧党争，苏轼、黄庭坚等人是旧党，跟新党之间不停地发生观念上的争斗。宋徽宗登基的时候旧党已经失势了，像苏轼、黄庭坚这些人都被赶出朝廷了。崇宁初年，徽宗和蔡京要求所有人藏有的旧党人墨迹必须全部焚毁，他们写的书、写的字都要焚毁，这个焚毁还不能在家里烧，因为汴京火禁很严，必须拿到城外去烧，如果你不处理就治你同党之罪。画家把这样一个政治事件的片段捕捉到了，画在了这个画里面。这是有时代性的，过了这个时间点画家也不会画，在这之前没发生这个事，画家也不会画它。这个时间就是崇宁初年。关于这个事件是有历史记载的，如《续资治通鉴长编拾补》里面记载，宋徽宗要求官宦人家抛弃旧党的墨迹。

当时在街上新旧党人相遇会发生一些很尴尬的事情，一个人骑着马，一个人走着路，两人相遇了，两人手里都拿着一把扇子。这里我要补充一下，宋朝人出门都爱拿把扇子，而且这个扇子还用一个布套套起来。扇子上面是名家画的画，宋朝人一年四季都拿着，大冬天也拿着出门。为什么要拿着这个东西呢？他们在出门的时候可以挡太阳、挡雨、挡风，但还有更重要的用途，当路上遇到一个你不愿意跟他打招呼的人，两人相遇了就很尴尬，你又不愿意虚情假意，你把扇子一挡，那对方也不会再去跟你打招呼。当时扇子又叫便面，是处理人际关系的一个用具。画中骑马的这个人很得意，然后碰到了一人，这个人带了一个书童，地位肯定比骑马的人低，他本来想跟骑马的人打招呼奚落他几句，骑马的这个人拿着扇子一挡，扭身走了。说明当时由于新旧党争刚刚告一段落，整个街面上都可以看到文人之间那种肃杀气氛。

画中一个独轮车上面装了铜钱，一串一串的，一串就是一贯。他旁边是个饭店，可能这个饭店要用铜钱去换什么东西，正在清点。北宋在崇宁初年曾经铸造过大钱，大的铜钱直径是 3.7 厘米，正常铜钱直径是 2.5 厘米，差 1 厘米多。这幅画当中用的是大铜钱。大铜钱出现在什么时候？就是崇宁初年。这也提醒我们，这幅画是画的崇宁初年的景象。

还有一个证据，这幅画里面有一个羊肉摊，还标了羊肉的价格，每斤 60 足，就是一斤羊肉 60 个铜钱。当然一斤应该是指的活羊，而不是去了骨的羊肉片。这个价格是什么时候的价格？我们一查，得知这个价格也是崇宁初年的。

几个方面的证据，都指向崇宁初年。几个方面的证据一汇总，可知这幅画在崇宁中期，也就是崇宁五年左右完成。所以这幅画大概完成于公元 1106 年。时间我们把握住了。

地点呢？过去说这幅画画的是汴京城的东南角东水门一带，说得很具体。那么我们就看看它到底画的什么地方。我们就多下点功夫把《清明上河图》模拟成一个航拍图，根据这个航拍图我们把它画成一个地图，然后再去跟宋元时期汴京城的地图对一对，看它对上哪一块，对上的那一块自然就是画的地点。这样比较科学。

我们从空中看下去，俯视《清明上河图》里面的建筑、道路、桥梁、河流。我为核心的一段，也就是闹市中心这个地方画了一个地图，转换成测试地图，这个测试地图是很标准的，然后再去跟开封的宋代地图核对。

人们都说其中一处拱桥画的是东水门外的那个桥梁，它如果是一座真实的桥梁，那么在这个桥的桥帮或者桥头会有牌匾，应该会写上桥的名字。为什么？在汴京里面光汴河就有13座桥，每座桥都是有名称的。这个桥上面没写名字，难道画家大意了吗？在北宋人画的瓷枕上，桥头那里都会有一个牌匾，是一个小牌坊，上面写了桥名。我们现在看到的古桥的桥帮上都有名字，就这个桥上没有名字。

我们再看城门，城门上面有城楼，城楼上面有牌匾，牌匾上写有城楼的名字。结果一看，张择端在这个牌匾上写了一个"门"字。这是什么门呢？他点了几点，他不告诉你是什么门。汴京有十几座城门，到底是哪一座呢？

画里还有一个皇家寺庙，这个皇家寺庙也是很重要的。为什么说是皇家寺庙呢？因为它有门钉，有的门钉还被挡住了，最起码有五排，说明寺庙等级是很高的。这个寺庙应该有名字吧？画家又只是点了几点。

但凡要出现名字的地方他都点了几点，他不画具体的。有人说，可能画幅太小不太好处理。

我们再看画里的招牌、广告，其中再小的字都一清二楚。那么，城门的牌匾怎么就写不了呢？再查这些店铺的名称，我是在《东京梦华录》里面找的，因为它是一个叫孟元老的宋朝人写的，记录的是北宋后期汴京的基本面貌，也记录了很多商店。结果，没有一个商店的名字跟画中的名字一样。这就告诉我们一个事实：他没有画实景。我们过去认为他画的是汴京城东南角东水门外，结果根本不是。要画东水门外，那应该画一个水门，就是桥要穿过城墙下面，然后进到城里头，画里面并没有。很显然，画家画的是汴京，但不是实景。

张择端画《清明上河图》时的社会背景

画家为什么要这样画呢？他想表达什么样的主题呢？我们就要说一下当时汴京的社会背景。

当时的汴京是什么情形呢？在 12 世纪初，汴京已经成了当时世界上最大的一座城市，新旧城一共有八厢一百二十坊，坊相当于我们现在的居委会。人口有十万户，一共有一百三十七万人。当然，这里面也包括禁军。这么大的一个城市，它主要干什么呢？是一个商业大都市。这个商业大都市在历史上发生了一个很重要的变革，就是出现了夜市。在宋代以前是没有夜市的，到了北宋前期才以法律的形式把夜市固定下来。为什么呢？汴京城是水路交通的枢纽，大量的货物是在这里集散的，白天的活干不完，必定要傍晚干，傍晚还干不完，就干到前半夜，前半夜还干不完，就干到后半夜。就这样时间一点点往后拖，夜市就形成了。之后各种各样的商业贸易、餐饮，还有很多的娱乐活动等也都在夜市里出现了。这应该是社会的进步。

当时汴京富裕到什么样的程度呢？差不多相当于咱们国家 20 世纪 90 年代初期一线城市的富裕程度。我们喜欢用数字表示，当时北宋的税收高达 1.6 亿贯，我算了一下，北宋的一个铜板折合人民币 1.3 元，这一折算，是人民币 1080 亿元，这只是税收。我们现在的税收是多少呢？我查了，2017 年是 144360 亿元，它不到我们 2017 年税收的 1% 。看着那么少，但是不得了，因为当时北宋的疆域比我们现在小得多，人口也少得多，那时候也就几千万人。按照人口的比例来说，这在中国历史上达到了一个高峰。再跟河南省比，河南省2017 年税收 2329 亿元。这就说明当时的汴京是世界的商业大都市，也是全世界最富庶的城市。

当时还有很重要的一个背景，就是宋徽宗登基，他在 1101 年正式登基。宋徽宗登基之后，就告示天下，他要继承前朝的传统，希望社会各界能够对他建言。因为徽宗在告示里说他很年轻，现在刚开始执掌政权，肯定有很多看不到的事情，也有很多听不到的事情，希望有人能够对他的执政提出批评。这个初衷还是不错的。然后就承诺，说对的给奖励，说错的不追究。慢慢地，人们开始对徽宗提出批评。

不久后，徽宗就搞花石纲，用国库里的一些钱到江南去买花石纲，用船运到汴京来，所以有人就对徽宗提出批评。

还有就是演戏，像小型的话剧，当时叫杂剧，有人借此批评宋徽宗。当时最有名的一个戏叫《一文钱》，这个剧是什么意思呢？我们前面不是说了崇宁初年铸大钱吗，然后给老百姓带来不便，因为它太大了。这个剧说的就是这个。徽宗听说街上都在演，就要求把人叫来演给自己看看。剧情很简单，其实就是有个老人早上天蒙蒙亮挑着担去卖豆浆，有个上班族急忙赶来，说买碗豆浆喝，老人就给他一碗，喝下去以后他从身上摸出一个大钱，卖豆浆的老人说"我刚开张没法找你钱，这样吧，你再喝九碗，我就不用找了"。喝就喝吧，他就喝，喝到第五碗的时候，肚子都快鼓爆了，然后他就对卖豆浆的老头说"幸亏造的是一个大钱顶十个铜板，要是一个大钱顶百钱的话我要喝九十九碗"。这个戏演到这儿就结束了。台下哄堂大笑，只有两个人没有笑，我不说你们也知道是哪两个人。宋徽宗眼睛就直盯着蔡京，意思是：看你干的好事，怎么弄的？然后蔡京赶紧把大钱给撤了。其实哪有那么简单，这是经济发展的客观规律，通货膨胀了，钱币就不值钱了，就要铸大钱。北宋出现了纸币，但是汴京当时用的还是铜钱。纸币主要是在四川和陕西一带使用。剧作家编出杂剧来讽刺、批评当时的社会现象。

画家也有，像汤子升画《铸鉴图》等。

在这样的氛围下，张择端就画了《清明上河图》，还把他在汴京看到的重要景象全部画进去。这会给他的构思带来什么问题？如果他是画一个角落，画一个具体的地点，那么这个地方出现的社会问题估计也就一两个，那该怎么反映？他把汴京的景点集中起来，概括提炼汴京各个地方的景观，这样的话它是汴京，又不是汴京具体的某个地方，然后他想画什么就画什么，他就有艺术创作主观能动性。如果你要画东水门，一进东水门第一家是饭铺，你必须要画成饭铺，你要不画饭铺，人家就说你画得不像，所以他就不画具体的，他就画自己在汴京看到的一切。用现在的话说是，违法乱纪的现象都记录在里面，让宋徽宗好好看一看、警醒警醒。

当时张择端是这么想的，其他的朝廷官员也在想这件事情。我查了当时朝廷官员上书的重要议题，发现徽宗以及徽宗的前几任皇帝在位时，有九个问题是经常出现的：城市防卫问题，要修城墙，有人出来说别修了，太费钱了，劳民伤财；衣冠风俗问题；商贸侵街问题，用现在的话说就是占道经营，做买卖、做生意的都跑到马路上、桥上去摆摊，影响交通；桥梁安全问题，也有官员上书这个桥梁要改一改了；春季禁猎问题；官员出行问题；官储粮食问题，就是不要让私粮贩子垄断汴京的粮食市场；消防问题；重税问题，因为北宋的税收是中国历史上最高的。北宋的税收中什么最高呢？纺织品的税收是最高的。张择端在画中就画了这么一个景象：因为征收纺织品的税收问题，税务部官员跟物主发生了争吵。所以，张择端所关心的问题也都是朝廷官员屡屡上书的问题。

《清明上河图》所显示的当时各种社会问题

我们下面就一一展示张择端是怎么把当时违法乱纪的现象画出来的。

打开《清明上河图》，不到半尺你就看到了第一个问题，即抗旨狩猎。有一对踏青的人，他们踏青回来的时候打了两只山鸡。我们可能会认为这有什么，古人就爱打猎嘛。宋太祖在建隆二年（961）就下了一个诏令：二月至九月不得采捕虫鱼，也不得弹射飞鸟，包括野鸡等。为什么是二月至九月，因为这个时候正是它们的产卵期和哺乳期，所以冬季才可以捕猎，可见那个时候的环保意识就已经存在了。但是到了徽宗时期，已经不太受重视了。我们可以举些例子，有位南宋画家画打猎，画中人物打了一只山鸡，那是在冬季。实际上就是只允许在冬季捕猎，其他季节一概不准捕猎，连鱼都不能抓。

第二个是惊马闯郊市。也是这对外出踏青的人，他们养了一匹马，马的鞍配比较华贵，应该是一匹官马，但是有个地方破损了，我们只能看到马的后半身。这个马的反应很强烈，它应该是受惊了，要不是受惊的话，这里面的人是不会循声而望的。坐在小茶馆的茶客赶紧探出脑袋来往外看有什么动静；有个驴子也受惊了，立即跳起来；画中的老者就让小孩回家，怕让惊马给踩了。我们知道在过去，农村某个集市里面如果有个牲口受惊那是要出人命的，会把人踩死，或者把摊子给砸了。张择端在《清明上河图》开卷后不久，就给你吓出一身冷汗，这幅画看来没那么简单，里面有很多复杂的事情。

再往前看，我们看到第三个问题。这是个亭子，可它以前不是个亭子，它以前是一个专门供消防用的望火亭，上面搭着很高的台子，人们爬上去站在上面干什么呢？查看周边的火情，看有没有哪家用火不慎，出现火险，它下面就是消防兵备岗的地方，一旦有火险他们就赶紧拿上消防工具实施扑救。因为汴京都是木头建筑，很容易发生火灾。汴京在历史上发生过几次火灾，每一次发生火灾时烧掉几条街都算是轻的。我们再一看，这个望火亭上面只摆上了供人休息用的小桌子、小凳子。下面本来是一个消防兵值守的地方，却变成了一个饭铺。

第四个问题。画中有一个小衙府，这个衙府等级也不低，七八个人在这里睡觉。谁胆子这么大敢在这里睡觉？仔细一看是军人，他们旁边有武器。最近一个吉林大学的博士发现，有个人手里拿着的东西是当时的一种简易的枷锁。在这门口有两拨人，一拨人是要去捉拿犯人的，相当于治安警察，还有一拨人是准备送文件的，因为这是个衙府，在这里他们可以休息。大白天他们在这里歪七倒八地睡觉，表现了什么？揭示了北宋的官兵不恪尽职守，该干的都不干，而是在那里睡觉。这个马都已经喂饱了，可见问题出在他们的长官身上，他们的长官还在屋里睡大觉呢。张择端就把这个事情画在这儿，让宋徽宗瞧一瞧。

第五个问题。《清明上河图》有一个重点展示的地方。画的是什么呢？汴河里的船运来了南方的粮食，说明这个地方商业贸易非常的兴盛。你仔细看，运粮的草船运的什么粮呢？私粮。私粮的老板在吆三喝四地指挥。判定私粮和公粮以什么为依据？私粮是没有官员在场的，也没有军队在那里看守。凡是官粮，都有官员在场督办，有士兵持械护卫，一看就知道是官粮。私家的粮贩把粮食运到前面一个巷子的粮仓里。张择端把这个现象揭示出来，我们现在看来觉得无关紧要，在当时可是了不得的事情。因为从宋太祖的时候就立下了规矩，就是京畿的粮食必须由朝廷直接掌控，要让周边的老百姓、军队都能够吃上饭，绝对不能让私粮贩子掌控汴京的粮食，否则他们就会抬高粮价。直到宋徽宗即位的时候，都是按照程序在办这个事儿的，把私粮管控得很好。徽宗即位的时候他收的粮食够他吃九年的了，所以他想"我干吗不拿国库的钱干点别的，私粮就由它去吧"。

第六个问题。宋徽宗在征询意见的时候，谁的意见占上风？并不是像张择端这种满怀忧患之情的人占了上风，而是蔡京这些人占了上风。这些人也在给徽宗提意见。提什么意见呢？让他禁言，说他是一国之君了，要在天下太平的时候有所作为。做什么呢？为这个社会的公众做一些好事，比如大的水利工程、桥梁工程等，天下太平可以做这些事情。但他们把这个曲解了，说天下太平应该好好地享受。做些什么工程呢？私家花园，以及很多的寝宫、侍宫，然后可以好好地享受天下财富。徽宗觉得这个意见很好，就听这个的。所以徽宗征求意见之后，是蔡京这些人占了上风。这个时候徽宗就把当年用来运粮食的草船拿去运花石纲了，把要到南方江淮一带买粮食的那笔钱拿去买花石纲了。所以画中表现的是这样一个情节。

第七个问题，没有社会管理。几个纤夫把大客船拉到桥跟前，按理说在桥的几百米之外就应该有人值守，值守的人就应该提醒纤夫停止拉纤，放下桅杆，平安地穿过大桥，等过了大桥之后再把桅杆竖起来。纤夫拉纤都是背朝天、面朝地的，看不到前面，拉到桥跟前都不知道。然后被这个桥上的老百姓和两岸的民众发现了，赶紧叫船停下来，要撞桥了。因为一旦撞桥，这里就会发生悲剧，这个桥要垮，桥上的行人就没命了，这个船是客船，客船上有上百名客人，如果撞桥，将是一个很恶性的事故。画家把矛盾的高峰集中在《清明上河图》靠近中段的这个地方。俯瞰事件现场，我们可以发现有一个人紧紧地拿着一个长杆，顶住桥帮，这样船工可以有足够的时间把桅杆放下来。

第八个问题，在桥上官员争道。就是以前官员出门，文官坐轿，武官骑马，撞上了，谁都不让谁，就在那里争吵。

第九个问题，城防缺失。有个城门口没有一个军人值守，驼队领头的像是来自中亚的人，这就预示着域外的商队可以长驱直入，没人检查。墙又是土墙，也是官员上书时屡屡提及的事情。这个驼队是很可疑的，骆驼背上大包小包，他们就买了几个书本、册子之类的东西。看来他们不是做买卖的，是不是另有所图呢？画家在这里让赏画者自己去想他们到底是做买卖的还是做什么的。

第十个问题，沉重的商税。进城门的第一家，按照正常的建筑布局来说应该是城防机关，但画中不是，是收税的。所以那个时候整个宋朝关注的是税收，而不是国家的安全。税务官指着他们的新规定说，你这个纺织品现在税率涨了，该交多少。他说的，我们当然听不见，也看不出，但是从这个人脸上的表情可以看出来，这个人涨红了脸，张大了嘴，这个税怎么付得起，当下就吵起来了。

第十一个问题，有个铺子很冷清，卖的是块状盐，而且没有人买。这说明什么？说明私盐非常的猖獗，私盐可以逃税，导致官盐无市。

第十二个问题，有个地方是最紧要的，它本来是一个军巡铺。这个军巡铺是干什么的呢？用现在的话来说就是一个消防站，这个消防站里要备上储水的大水桶、灭火的小水桶，还有消防工具。画中有个麻担，这个麻担是干什么的呢？它是用竹竿做出来的，在竹竿的前面用金属捆一个圈，把它固定住，这个圈上面要横七竖八地缠上麻绳，然后拿这个去灭火。在发生火灾的时候沾上泥浆就可以灭火了，对刚刚起来的小火苗可以起压制作用。现在这个麻竿上没有麻绳，这个军巡铺已经被废弃了，用来给禁军转运美酒，原来的水桶正好用来存储新酿造出来的美酒。

第十三个问题，我们看到画中有个地方出现了马，它不是作战用的，而是给官员骑的。所以北宋时期不发展骑兵，连"先天下之忧而忧"的范仲淹都不主张发展骑兵，他们认为骑兵对大宋没用，靠步兵就够了。大家看在它们旁边飞驰而过的两辆军车，这个驾驶人的脸涨得通红，他是喝了酒的。

在结尾的时候画家表达了他内心对当时出现的社会问题的担忧。他也拿不出什么治国方案，只能提问题，所以结尾就是问医、问道、问命。

有个妇女带着孩子到诊所来，这个诊所治什么病呢？专治喝酒之伤。这个妇女的老公喝醉酒了，她到这里买药给他醒酒。这里不是儿科医院，过去说是带小孩看病，这是不对的。这讽刺了当时社会上饮酒成风、饮酒过度乃至疾病重重。这里表现的就是问医。什么意思？就是拿出点办法医治国家。

问道。一个老人进城看亲戚，迷路了，问守门的人该怎么走。

问命。一个老人在给一批准备进士考试的人算命。

画家对国家的前途很迷茫，出现这么多的社会问题，怎么办？所以他在这幅画的结尾留下了"三问"，想以此警醒宋徽宗。最后的结局不用说大家也知道，宋徽宗肯定不会去关注这里面的问题，如果他真的关注了，那么北宋还能再延续一些时间，但是徽宗依然沉迷于他那一套声色犬马之乐，导致了北宋灭亡。

所以我们通过看古代的历史——这个历史是形象化的历史，张择端把它形象化地展示在我们面前——可知法制建设对一个国家的存亡来说是至关重要的事情。

当然，画中所表现的繁荣、繁忙的景象大家都能够看得明白，都能够感受得到。我今天所讲的是《清明上河图》里面张择端想要说的话是什么，他的潜台词是什么，在这里跟大家做个交流。

六

养教育才

为孩子创建美好的成长世界

熊佑平

熊佑平

深圳市百仕达小学校长，小学语文高级教师。中国儿童文学研究会理事，深圳市阅读联合会阅读指导专家组专家，担当者行动和真爱梦想公益等公益组织特约讲师。2015 年"书香岭南"全民阅读模范个人，2015 年深圳"十大领读者"，中国教育报"2016 年度推动读书十大人物"提名奖。主编有《文学与表达》《小学作文五步成功法》等。

前　言

今天，我想用惠特曼的一首诗作为演讲的开始：

有一个孩子每天向前走去，

他看见最初的东西，

他就变成那东西，

那东西就变成了他的一部分，

……

这首诗很长，意思却很浅显：孩子在成长路上所遇到的一切，都可能成为他的一部分，如他的同学、他的老师，当然最重要的还有他的爸爸、妈妈，这些都可能变成孩子的一部分。

教育究竟是什么？杜威说，教育即生活，学校即社会。学校是社会生活的一种形式，教育是生活的过程，而不是生活的预备，对于儿童来说，学校和家庭应呈现一种真实而生气勃勃的生活。现实生活如此复杂，学校和家庭应当将现实的社会生活简化，为孩子创建一个美好的成长世界。

西方的教育思想跟我们东方的教育思想是存在明显差异的。东方教育强调的是"吃得苦中苦，方为人上人"，孩子现在的一切努力都是为了美好的幸福生活做准备；西方教育更看重现在——"花开堪折直须折"。怀特海说，教育最重要的就是现在，没有比轻视现在对年轻人的危害更大的了。现在包含着一切，它既联系着过去，又包含着未来。

我无法评价这两种教育价值观谁是谁非，也没打算说服在座的家长一定要改变自己的价值观。我只是希望大家能认识到，有另外一群人信奉着另外一种教育理念，还有那样一帮孩子以不同的方式在成长。不同的文化、不同的价值观和不同的诉求，都直接影响着我们的教育、教学行为，直接影响着孩子的成长世界。

雅尔贝斯说，教育的本质是唤醒。对于我们家长来说，如何为孩子创造一个美好的成长世界，激发和引导他们的自我发展，是值得深思的。接下来，我将就家长关注的几个热点问题，谈谈自己的看法。

关于择校的问题

我每年都会接触到很多焦虑的家长：幼儿园家长焦虑的是孩子去哪里上小学？小学家长焦虑的是初中去哪儿？初中家长焦虑的是高中去哪儿？高中的家长焦虑的是孩子能考上一个什么样的大学？

的确，在孩子的成长环境中，学校占据着非常重要的位置。怎样给孩子选学校，是一个很现实的问题。如果我们有帮孩子选学校的空间，那么，该怎样去选呢？

我们先来做一个小测试。这里有三所不同的学校，你要先做一个判断，哪个学校是你心目中的好学校？然后做一个选择，你会给孩子选择哪个学校？两个问题看起来相似，但在实际生活中差异是很大的。

A学校非常注重礼貌和纪律。学校对学生作息、卫生、生活和行为举止都有明确规定，学生违纪被发现后要在全校师生大会上做检讨。在教育的过程中，学校十分强调"练习练习再练习"，认为"重复是一切事物之母"。教养必须成为第二天性，像呼吸或消化那样，不必通过理解就能发挥作用。学校规定在校期间学生要穿统一的校服，避免他们在穿着方面的攀比，同时由学校统一发给学生零花钱。学校对学生学业要求十分严格，入学时需要通过严格的测试；学习期间，如果成绩不好就得留级甚至退学。每个能够成功毕业的学生都是经过一番刻苦努力、艰苦拼搏的。

B学校是一所让学生自由发展的学校，让学校适应学生，而不是让学生适应学校。上课完全自由，学生们可以上课，也可以不上课，只要他们喜欢，即使一年到头不上课，都没有关系；学校有课程表，但那只是给老师们准备的；学校里没有考试，但有时为了好玩也会有考试。这所学校没有严格的校纪校规，师生平等，孩子们可以做任何想做的事——只要在学校大会通过的规章制度之内，当然对于规章制度，如果有人提出反对意见，它也可以被推翻。和其他学校的同龄学

293

生相比，这所学校的学生在写字、拼音或数学等方面差距是比较大的，但只要是关于创造力的考试，他们的成绩就会呈现明显的优势。

C 学校的理念可以用"一个中心，两个基本点"来概括。"一个中心"就是一定要考上大学。教室用各个大学的名字命名，每一个学生，都有自己心仪的大学。"两个基本点"就是努力学习，好好做人。学校爱让学生喊各种励志口号，而且是在教室里由老师领着喊，甚至有时候一边拍桌子一边喊："读书吧，亲！"学生在学校的时间很长，每天有两个小时的家庭作业，每天有早自习，做作业必须绝对安静。学校实行军事化管理，从纪律一直管到吃饭，包括上厕所用哪个卫生纸、用多少，这都是有规定的。学校还有非常严格的礼仪教育，比如坐得笔直，眼睛盯着说话的人看，如果认同还要点头。

现在，请各位家长和在场的同学来做第一次选择：A、B、C 三所学校中哪一所是你心目中的好学校？用手示意一下。我看到选 A 和 B 的比较多，几乎没有选 C 的，小朋友几乎都喜欢 B。

接下来再做第二次选择：如果为自己的孩子选学校，你会选哪一所？现场家长中选 A 和 C 的比较多。有没有家长选第二所学校？也有，不多。

看一下这三所学校吧！A 学校是德国萨勒姆王宫中学——德国规模最大、最著名、要求最严格的寄宿学校，培养了西班牙索菲亚女王、英国菲利普亲王等众多杰出的学生。在德国各行业的"百年品牌"选拔中，是唯一入选的中学。这所学校是要考试入学的，很难考，很难进。

B 学校是英国夏山学校，它被称为教育史上"最富人性化的快乐学校"，"因材施教的典范"。可能有的家长没听说过夏山学校，但读过《窗边的小豆豆》的话，就应该知道巴学园，夏山学校就是巴学园的原型。如果想进这所学校，还真的不难，因为办学经费不足一直是令夏山学校领导头疼的问题，办学经费与生源密切相关，在它最辉煌、最鼎盛的时期，整个学校的人数都没有超过 80 人，一般情况下是二三十人。据说前些年中国真的有家长送孩子去过这所学校。

　　C 学校是美国的 KIPP。这个学校是什么背景呢？它是建在贫民区的学校，学校的绝大多数孩子来自穷人家庭，他们依靠抽签而不是成绩决定是否被录取，可它的大学升学率超过 80%——美国贫困家庭孩子中能考上大学的只有 8%！

　　我想分享一个很有意思的观察：家长在判断好学校的时候，选 B 的最多，在选择学校的时候，选的最多的却是 A，其次是 C，选择 B 的最少。

　　这三所学校都是名校，却代表了三种不同的风格甚至不同的教育理念。家长喜欢名校，追捧名校，为什么呢？网上的一篇文章列出了进名校的七大理由：优质的师资、浓厚的学习氛围、先进的管理理念、良好的校园秩序、开阔的人生眼界、丰富的参与机会、强大的人脉资源。很有意思的是，这篇文章是某培训机构推出的，培训机构最懂家长，也最能迎合家长的需求。我经常说，学校不仅是教育孩子的地方，也应该成为引领家长学习成长的地方。培训机构就简单了，家长需要什么，它就给你提供什么。如果你不需要，它就制造心理恐慌让你觉得需要，所以它最能看透家长。家长为什么希望把孩子送到名校？刚才的选择其实也暴露了他们真实的想法：升学率高。当然，很多家长其实是被裹挟的，自己并没有想清为什么。你如果问他们为什么，他们就会回答别人就是那么做的，然后他们自己也那么做。

　　名校真的适合孩子，能帮他们圆梦吗？也许很多人没有深刻地思考过。万维钢思考过，他对比中美教育后，提出了一个问题：美国教育的今天会是中国教育的明天吗？他认为，美国的教育已经阶层化了，底层、中层和高层所追求的教育是不一样的。底层追求的是应试教育，对社会经济地位偏低的阶层来说，应试教育就是最好的教育，因为可以让孩子上大学或者接受完教育之后能有一个"饭碗"，即可以让贫民窟的孩子通过学习找到工作，而不至于走上犯罪的道路。美国中层追求的是素质教育，学校教给孩子更多的体育特长、更多的才艺，还有独立思考的能力、口语表达的能力、社会交往的能力、组织人群的能力、探索问题的能力。高层追求的是精英教育，学校的核心使命是让孩子学会怎样做选择和改变世界。

不同阶层的追求不一样，对学校的依赖程度就不一样。底层高度依赖学校，这个阶层的家庭把孩子送到他们认为适合的学校去之后就可以了，学校会帮他们搞定一切。但是中层对学校的依赖就没那么大了，主要起作用的是家庭教育，家庭和学校联手，才能让孩子变成一个更优秀的人，来等待未来社会的挑选。到了顶层，学校提供的就是一个基本的环境，最终起作用的是家长的思想观念、社会地位和财富地位。

万维钢说的是美国教育，但有些现象已经在中国出现。农村的孩子想走出来，考大学就是一条捷径，哪个学校升学率高，就意味着给孩子的机会大。美国有 KIPP，中国有衡水中学、毛坦厂中学。媒体上有很多批判衡水中学、毛坦厂中学的声音，批评它们是高考工厂，甚至称之为"监狱"。我却觉得不要一棒子打死，这些学校的存在都有现实的合理性，对于很多希望通过教育改变命运的普通孩子来说，这样的学校给了他们机会。只是在中国，中等收入家庭也被裹挟着进入了这个群体的竞争。

普通家庭的孩子想通过教育改变命运，家庭难以提供足够的支持，只能寄希望于学校。社会经济地位较高的家庭的孩子，就有更多的选择。我在跟我们学校的老师聊天的时候经常讲，对于你班上学习成绩最差的孩子，你也要相信他有一个灿烂、辉煌的明天。我这么说，不是给老师灌鸡汤，而是因为我了解我们学校家长的整体背景，这些孩子的家庭都有足够的能力和资源支撑孩子的成长和发展，他们不是单纯依赖学校。我们学校的毕业生有空都喜欢回来看老师，上个月一个男孩回来，高高大大，阳光帅气，笑嘻嘻地问我认不认识他。我当然不会忘记他，他是当年班上最让我头疼的一个——不写作业，调皮捣蛋，成绩稳居最后一名。但是他现在已经从新西兰一所知名大学毕业，回来后进了家族企业，据说干得风生水起。

今天来听讲座的家长，都算是中国的中产阶级了，我们本来可以发挥家庭教育优势，助力孩子成长，不必过度为学校焦虑。可事实上，中国的中产阶级是当今社会上最焦虑、最纠结的一群人。

我们为什么会纠结？有客观原因，也有主观原因。客观原因是，国内优质教育资源非常稀缺，社会竞争程度跟美国相比更高，社会保障更低，所以我们大量的城市家庭既要兼顾素质，又不得不拼应试，因为这才能保障他们的孩子进入高一层次的、能够提供好的教育的学校。但是我们也不能够忽略主观因素——"穷人思维"。白滔滔说，我们的很多家长在学识上和收入上已经很富有了，但是他们在教育上很可能还是"穷人思维"。什么是穷人思维？第一，太过实用主义，把教育看作用来找工作的一门技术。读书就是上好学校，考上好大学，将来找好工作。第二，不相信简单而美好的东西，只相信学区房，只相信培训班，不相信好的教育在于家庭，好的教育在于父母的陪伴。第三，只注重眼前看得见的东西，一年级的家长就很在乎分数了，小学六年级就把小升初当作惊天动地的大事，考不上好的初中、考不上好的高中就好像失去了全世界。但是我们不要忘了，即使考上了好的初中也是三年，考上好的高中仍然是三年，进入好的大学仍然是四年，在你整个的人生历程当中它们也只是 N 分之一。我们也不要忘了，即使是那个有 80% 的学生考上好大学的高中，它的学生在大学里面很多也毕不了业。我们中国有那么多学生成功地进入了美国的名校，在哈佛大学、耶鲁大学里面有三分之一的中国学生毕不了业，即使毕业了也有很多归于平庸。所以这种以升学、分数为导向的教育，并不能帮助我们给孩子一个美好的人生。另外，有"穷人思维"的家长，往往将社交应酬看得比陪伴孩子重要，常常很晚回家，甚至就算回家也不陪伴孩子和家人。

说了这么多，到底该如何选择学校？其实，在以公立学校为主体的中国，学校与学校之间的差距并没有大家想象的那么大，尤其是深圳的学校，其实相差不大。造成我们所看到的名校与非名校差异的，一方面当然与学校的管理、师资有关，另一方面其实正是我们自身——优秀的孩子和负责任的家长，正所谓优秀学生成就名校。不是有一个现象吗？越是名校的学生，补课越疯狂。

可是，我们太把学校当回事，而忽略了家庭教育的重要性。学校教育可以看作家庭教育的延续，是孩子成长的一部分。英国的哈勃特说："一个父亲胜过 100 个校长。"怀特海说："人们所受的最重要的培养是 12 岁以前从母亲那里接受的教育。"从这个角度来讲，父母才是孩子最有影响力的老师。从教育的角度来讲，最大的智力发展就是孩子的自我发展，孩子自我发展的阶段是 16 到 30 岁，而决定孩子自我发展的因素就是 12 岁以前在家庭里所受的教育。这是著名教育家怀特海的观点。所以我们与其盲目奔波，为择校焦虑，不如相信自己，努力让自己强大，努力为孩子的发展提供更多的支持。今天来听讲座的家长，肯定都是很注重教育的家长，你们有能力，也有耐心，愿意为孩子付出，愿意陪伴孩子成长。那我也希望你们能认识到，不依赖学校，家庭可以做得更多。学校最多陪伴孩子几年，而家庭可以一直陪伴孩子，并提供一生的支持。那种不要让孩子输在起跑线上的说法，是忽悠人的，喜欢说这种话的，都是有利益诉求的，你们焦虑，他们就有生意。请相信：让自己强大，让家庭成为孩子最美好的成长环境，比绞尽脑汁选择一个学校更靠谱。

做个睿智的家长

如果你相信家庭的力量，我们就开始把焦点从学校转移到自己身上。你有没有想过，你是一个怎样的父母？你希望做一个怎样的父母？

我们来看看这三种人："虎妈""狼爸""猫爸"。在座的家长不妨先来对号入座。有三个人也许大家并不陌生。第一个是"虎妈"——耶鲁大学教授蔡美儿。她的教育理念是：要想走向卓越，就得坚持不懈地练习练习再练习。她给两个女儿制定了十大家规：不准在外面过夜；不准参加玩伴聚会；不准在学校里卖弄琴艺；不准抱怨不能在学校里演奏；不准经常看电视或玩电脑游戏；不准选择自己喜欢的课外活动；不准任何一门功课的学习成绩低于"A"；不准在体育和文艺方面拔尖，其他科目平平；不准演奏钢琴或小提琴外的其他乐器；不准在某一天没有练习钢琴或小提琴。

听到这儿，你有什么感觉？很恐怖，很严格？更严格的还在后面呢！"狼爸"的教育口号是"每天一顿打，孩子进北大"。他的六大家训更"残酷"：（1）不许看电视，除非早晚餐时间的新闻节目，或者节假日每天一小时的动画片时间；（2）不允许自由上网，查资料或者需要上QQ与同学交流学习时，在父亲允许下才能开启电脑，并且使用时一定有家长盯在旁边；（3）不允许随便喝可乐，坚决不能养成孩子想喝什么就喝什么的习惯；（4）不能随便打开冰箱门，没有想吃零食就能吃的权利，培养孩子的服从性，"服从父母就是硬道理"；（5）不能吹空调，孩子们如果天天待在空调房里，只会越来越懒散，这么做是为了培养孩子坚忍不拔的意志力；（6）不允许在校外与其他同学接触，如果去同学家串门，必须写一份申请书，包括该同学的成绩、在班内担任的职务，同学家长的姓名和电话，去同学家做什么、待多久，同行的同学有哪些、成绩如何，最后还必须班主任签字。"狼爸"严格执行这六大家规，如果违反，"萧式打法"就会上场，而且惩罚是连带制的，老大犯错，只有老大挨打，老三犯错，老大和老二也要挨打。

第三位是"猫爸"，他是上海的常智韬，他的教育口号是"家长好好学习，孩子天天向上"。他说，教育也可以很温柔，迈着轻松的步子和孩子跳一场圆舞曲，就像猫一样。他让孩子独立自主，自由追求其兴趣和规划职业生涯；让孩子走街串巷，自由地结伴玩耍；让孩子自己管理学习、作业和玩耍的时间；让孩子为自己的学习、生活和其他所有事情负责。

你觉得自己更像哪一位？你觉得谁的教育方法更能取得成功？好，我们接下来看一看他们的教育成果吧！"猫爸"的女儿2010年被哈佛大学录取，媒体称这个女孩"跳舞跳进哈佛"，这个经常因跳舞出访或者演出而翘课的女孩，在上海七宝中学的学业成绩名列前茅，年年都获得奖学金。再看"虎妈"，2011年，17岁的大女儿索菲亚被哈佛大学、耶鲁大学两个学校同时录取，她选择了哈佛大学，从哈佛大学毕业之后又去耶鲁大学读研究生；二女儿 2014 年考进哈佛大学。这两个女儿说跟妈妈的关系挺好的，而且她们将来会以同样的方式教育自己的孩子。"狼爸"的教育成果也不错，他四个孩子中有三个进了北京大学，一个进了北京音乐学院。朋友们评价"狼爸"的孩子很阳光，而且假期都去打工，还能做得一手好菜。"狼爸"孩子的同学谈论萧箫说，挺阳光的，看不出来天天挨打的样子。

现在，挺让人迷惑的，怎么人家无论来文的，还是动武的，孩子都能进北京大学，都能进哈佛大学？如果以他们为家长的典范，我们该向谁学？学什么？

其实我们刚刚看到的那些信息只是真相的一部分，媒体在报道的时候，为了吸引眼球，一定会把他们某些方面的特征夸大，而我们要做的是透过纷繁复杂的信息去筛选、寻找真正有价值的东西。现在大家都在谈审辩式思维，无论是学生，还是家长，都需要这种思辨能力。

如果我们看到更多的材料，比如媒体对他们的采访，我们能发现三个人身上一些共性的东西。比如"虎妈"蔡美儿说，她不想让大家以为她那么严苛地对待自己的孩子，她也会和孩子一起趴在床上读书，一起做有创意的中国菜，一家人会一起骑车旅行、游泳、玩扑克、朗读文学作品。蔡美儿说："我的'虎妈'教育在孩子大概 5 到 12 岁时最为有效。如果运用得当，'虎妈'家教可以让孩子变得更加勇敢、自立，而不是相反。""狼爸"说："打的前提是家庭温馨，我和妻子很注重陪伴孩子，陪他们学习，陪他们郊游，孩子们不会孤独。张三只可能被打成更好的张三，却不可能被打成李四。我主张打孩子，是希望他们把个人的能力发挥到极致，而不是把他们都打进北大。12 岁以后不再打，因为性格、习惯已定型，也注意这种方法的阶段性。""猫爸"常智韬说："要有意识跟孩子共同成长，比如和她一起去听柏林交响乐团音乐会，这需要强大的家庭资源支持。常帅 10 岁之前，我和'虎妈'教育方式差不多，因为孩子的独立完整人格还没有养成，父母的教育是一辈子成长的基础。"所谓的"猫爸"教育也是有阶段性的，在孩子 10 岁之前跟"虎妈"的教育是差不多的。学习是第一位的任务，没有讨价还价的余地，你学习很自觉，就让你自主决定一些事，如果给了你自主权你用得很好，可以给你更大一点的自由、自主权。

透过现象看本质，优秀的家长基本上都具备以下这些共性。

第一，家庭和睦，教育配合默契。毋庸置疑，和睦和谐的家庭环境是有利于孩子身心健康发展的，因为家庭是最早的学习场所，父母是最初的老师。家庭成员如果有分歧，不要直接暴露在孩子面前，而要通过事前协商。像"虎妈"用她的方式教育孩子之前，跟先生有一个约定：绝不在孩子面前干预她的教育方式，有意见孩子不在的时候再交流。"狼爸"也跟妻子达成了类似的协议。这里有一组数据，表明良好家庭氛围对孩子学业成绩的影响是积极正向的：在成绩优秀的孩子中，能感受到家人支持和关心的占 74.12%，面对教育分歧，家长选择私下协商的家庭，比例高达 76.1%。

第二，舍得花时间陪伴孩子。前面曾提到的穷人思维之一，就是不相信简单而美好的东西。在教育中，简单而美好的东西是什么？父母的陪伴！中国的家长压力大，很辛苦，很多父母不在孩子身边，无法陪伴。但是今天在座的家长一定可以把时间用到孩子身上。我们学校跟美国旧金山湾区的一家私立学校是合作伙伴，双方互派老师和学生学习。我在那里考察时就发现：学生三点钟放学，都是家长自己来接，来接孩子的都是家长。家长接到孩子，不是直接回家，而是带他们参加各种社团活动。那里的家长下班后就回家陪伴孩子，很少参加应酬，回家后甚至连手机都不碰。

第三，原则性强，重视孩子的习惯养成。这些年，中国的教育似乎一直在学习美国，我倒是建议家长们关注一下德国的教育。德国文化跟中国文化在某些方面是有相似之处的，比如两个国家都曾经在某些阶段奉行威权统治、威权教育。德国人的很多经验可能更适合我们。德国人原则性强，重视孩子的行为规则。片面地接受了美国教育思想的中国家长，容易把严格的纪律、规则，跟孩子的天性对立起来，却没有认识到小孩子对规则、规矩的尊重也是天性，只是很多时候他们不明确。哪怕是在前面谈到的自由度最高的夏山学校，学生也愿意遵守他们共同制定出来的规则。"虎妈"、"狼爸"和"猫爸"，也都是原则性很强的家长。

第四，因材施教，懂得沟通欣赏。很多父母爱拿"别人家的孩子"来比较，本来想激励自家的孩子，可最后往往适得其反。家长在看人家孩子成功经验的时候，一定要明白你的孩子跟人家的不一样，不能简单地模仿人家的教育模式。蔡美儿之所以要求孩子不准演奏钢琴和小提琴以外的其他乐器，是因为钢琴和小提琴是孩子自己的选择，你既然选择了，你就要坚持下去。她之所以给她的孩子制定不许不得 A 的规则，是因为孩子进入学校以后显示出了超高的智商和学习能力。萧百佑的三个孩子能上北京大学，不仅与他们的天赋和努力有关，他们的香港户籍也很重要（他们走的是港澳台联考的路线）。如果我们忽略孩子本身以及外在条件的一些差异，简单地套用人家的教育方式，可能真的是邯郸学步，最后连路都不会走了。

真正优秀的家长，应该是了解孩子的，能够根据孩子的自身特点并着眼孩子的长远发展施教。现在大家经常谈终身学习的能力，也请家长关注幸福生活的能力。我们在纠结小升初、初中三年、高中三年的时候，更要问自己：你是在意他的三年，还是在意他的三十年？如果你在意他的三十年，哪些美好的东西是能够在他今后三十年的生活中发挥作用的？

在这里，我还想谈谈夏山学校。这个学校的毕业生学术水平差异很大，有考进剑桥大学的学生，也有毕业以后还不会完全读写的学生。他们成年后从事的工作差异性也很大，有教授、作家，也有木匠、水电工，甚至清洁工。从职业来看，他们不是最耀眼的群体，但是夏山学校毕业的孩子有一个共同的特征，他们充满自信、无所畏惧，他们不畏惧失败，不畏惧权威，不畏惧被排挤，不畏惧生活，哪怕经受挫折，他们也都能积极乐观地面对生活。他们虽然有时候觉得社会上的人很奇怪，但是他们都能够包容，都能很好地与之相处。

英国有位作家专门跟踪过他们，写了一本书叫作《夏山学校毕业生》。夏山学校毕业生不管从事何种工作，在哪种岗位，都能积极乐观地面对生活，这与他们从小学习、生活的那个没有竞争压力、没有斥责、没有惩罚的环境是息息相关的。这种环境就是适合儿童成长的美好世界，在这个世界里长大的孩子，内心的底色是善和美，是自信而阳光的，当他们长大后，即使面临困境也有勇气面对生活。所以我们也要给孩子创造这样一个美好的成长世界，给孩子一个自信、从容的童年。

接纳孩子的成长

每个孩子都是独一无二的生命个体，他们按照自己的节奏生长；每个孩子都可能是天才，只要给予他们适当的成长环境。我们要接纳孩子的成长。

我想跟大家分享两本图画书。一本是《阿虎开窍了》，讲了一个很简单的故事，我们一起来读一读：

> 阿虎什么事也做不好，他不会说话，不会写字，也不会画画，他吃东西邋里邋遢，而且他从来没有开口说过一句话。
>
> 虎爸虎妈看他这个样子很担心。"阿虎是怎么回事呢"？阿虎的爸爸问。
>
> "没什么了，"阿虎的妈妈说，"阿虎只是比别人慢一点开窍。"
>
> "那就好，慢一点总比永远不开窍好。"阿虎的爸爸想。
>
> 白天，爸爸盯着阿虎看，看他开窍了没有。晚上，爸爸盯着阿虎看，看他开窍了没有。
>
> "你确定他真的会开窍吗？"爸爸问。妈妈说："我们要有耐心啊，你一直盯着他看，他就开不了窍了。"

所以呢，阿虎的爸爸看电视去了，不再一直盯着阿虎看。下雪了，爸爸没盯着阿虎看，阿虎还是没开窍。

有一天阿虎开窍了，他会读书了，可以同时读五本，他会写字了，一个爪子同时写三个虎，他会画画了，画的妈妈多漂亮，他会吃东西了，东西吃得干干净净，他也会说话了，而且不是只说一个字，他说了一整句话，他说"我都会了"。

故事很简单，每个人都能读出自己想要的东西。我想借这个故事表达的观点是：接纳孩子成长的节奏。孩子上小学后，要面对作业和考试，很多家长都很焦虑。其实不是孩子智力发育不好，也不是孩子有什么问题，就是心智发育不同阶段的不同表现而已。儿童发展变化的一个特点是阶段性，另一个特点是各阶段发展的不均衡性，有时迅速，有时缓慢。每个孩子发育的节奏不一样，男孩跟女孩也不一样。问题是，在这个过程中，家长有没有足够的耐心去"静等花开"。这需要我们家长有强大的内心和勇气。既然每个孩子的成长速度不一样，那么在小学阶段领先或落后都跟最终的人生没有多大关系。

第二个绘本是《我们的强强》。春天的早晨，天气晴朗。鸭子陆强正要去游泳。途中，它在草地上发现了一个美丽的蛋。

它兴奋地拉着好朋友母鸡葛强来看。陆强认为这是一颗鸭蛋，而葛强则认为这是一颗鸡蛋。苍鹭巴强被它们的争吵声吸引过来，它认为这是一颗苍鹭的蛋。猫头鹰史强也注意到这颗蛋，它觉得是猫头鹰的蛋。夜莺戴强认为这颗蛋可能孵出小夜莺……所有的动物为了争当这颗蛋的父母，打起来了……

我们聪明的家长和孩子当然觉得这不可能，但是我们实际上不也是这样的吗？上一周还有一个家长给我写信，很焦虑地说："我好歹也是某名牌大学硕士生毕业，我的孩子怎么就不像我呢？"

所以在接下来的故事里面，我们看到蛋里孵出了小鳄鱼，它被蜂鸟带去吸花蜜，但是好难；母鸡教它生蛋，也没有成；猫头鹰教它学画画，也不行。但是学抓鱼，它表现得很棒，还有更棒的，它学游泳也很棒。但是跟鸵鸟学跑步，这可累坏它了；跟信天翁学爬树，也累坏它了。有了这群充满爱心的父母，强强几乎在各方面进步神速，不过它毕竟是鳄鱼，就算再怎么热爱飞行，这也不会是它的专长。

加德纳博士说，每个孩子都是天才。问题在于我们是否真的知道每个孩子天才的一面在哪里，面对孩子的短板，我们是避，还是补？我们学校用这样四句话表达我们的学生观："人人有才，人无全才；扬长避短，人人成才。"曾有一位专家建议我把"避"改为"补"，我想了很久还是没有接受，因为有些短是没有办法补的，我们只有接受。在生活中也好，在工作中也好，如果能尽量把自己的长处发挥出来，我们都可以成为最棒的自己。

我今天的讲座是以一首诗开头的，我也想用一首诗作为结尾。这首诗是纪伯伦的《你的孩子》：

> 你的孩子不属于你
> 他们是生命的渴望
> 是生命自己的儿女
> 经由你生，与你相守
> 却有自己独立的轨迹
>
> 给他们爱而不是你的意志
> 孩子有自己的见地
> 给他一个栖身的家
> 不要把他的精神关闭
> 他们的灵魂属于明日世界
> 你无从闯入
> 梦中寻访也将被拒
>
> 让自己变得像个孩子

不要让孩子成为你的复制

昨天已经过去

生命向前奔涌

无法回头，川流不息

你是生命之弓，孩子是生命之矢

幸福而谦卑地弯身吧

把羽箭般的孩子射向远方

送往无际的未来

爱——是孩子的飞翔

也是你强健沉稳的姿态

关怀视域下的学校教育

李 唯

李 唯

深圳红树林外国语小学校长，全国十佳小学校长，中国教育学会常务理事，中国教育科学院访问学者，北京师范大学教育家书院兼职研究员。主要研究领域：教育管理、教师发展、学校德育、家庭教育等。著有《国旗下课程》《小学英语反思性教学探索与实践》《在国旗下种一颗童年的种子》等。

前 言

首先我想跟大家分享一则最近的新闻：一名毕业于海外名校的硕士生，回国7年一直不肯工作，天天窝在家里，白天睡觉，晚上玩游戏，靠82岁的老母亲的退休金苟活。老母亲苦苦劝儿子出去工作，但他死活不肯。对于今天的局面，老母亲懊悔不已："我教育得不对，样样包办，他从小样样现成的，依赖惯了……"而儿子也把自己的种种不顺归咎于老妈，说是老妈的溺爱毁了他的前途。一个头顶海外名校毕业生光环的硕士生却成为逃避责任、脱离社会的"啃老族"中的一员，我想这是所有为人父母者都会痛心疾首的事情吧。

作为父母，我们到底希望孩子成为一个什么样的人呢？在孩子刚出生时，每位父母都认为自己的孩子是人中龙凤。在孩子读幼儿园时，家长就开始教孩子背古诗、弹钢琴、学数学、练口语，恨不得自己的孩子十八般武艺样样精通，都想把自己的孩子培养成社会精英，最好能考上北京大学、清华大学，或者其他"985""211"大学，再不济也要上个大学吧。在这个过程中，孩子的考试成绩成为压倒一切的重中之重。孩子只要学习好，就是个好孩子，其他的都可以忽略不计。反之，如果孩子学习不好，那么他其他方面的优点好像也就显得没有什么意义了。等到出现了类似上述的海外名校毕业生无法自食其力的后果时，家长们才纷纷痛悔不已，反思自己在教育孩子方面的失误与不足。

其实，天下所有的父母都希望子女有一个幸福人生。对于每一个人来说，获得幸福人生，首先要有一个健康的体魄，能有一份足以养活自己的工作，能有自己的兴趣爱好，能找到自己所爱的人，能维持与同事以及亲朋好友的良好关系。这些才是教育最本质的东西。关怀教育理论的创始人内尔·诺丁斯认为，教育活动要帮助孩子追求幸福，就必须帮助孩子发展关怀能力。今天我主要从关怀的视域来谈谈对学校教育的理解，包括以下三点：其一，简单介绍关怀伦理学，它是关怀教育思想的理论基础；其二，关怀伦理学视域下的学校教育；其三，就是我所在的学校——红树林外国语小学关怀教育的实践。

一 诺丁斯关怀伦理学简述

关怀伦理学，在 20 世纪 80 年代初由美国心理学家吉利根提出。

他在心理学实验研究中发现了女性的道德观念、思考方式和行为方式与男性存在差别。比如，男性倾向于公正原则和个人的权利，一件事情对就是对，错就是错，对所有人都是一样的。女性则更多地考虑关怀和关系，同样的事情，这个孩子做错了，她们会去想他为什么做错，他背后有什么原因，她们可能会从这些角度去考虑这个问题。这也体现了男女思考方式、价值观念的不同。公正伦理的价值取向是个人权利的平等和公平，关怀伦理的价值取向是人与人之间的爱与关系。

中国人总是对"讲关系"很鄙视。比如，在学校里这个人不怎么样，他就是喜欢搞关系，如擦老师的鞋，所以老师才喜欢他。如果在公司里，他就会擦领导的鞋，所以领导喜欢他。我们也会觉得他这个人没有什么本事。和领导关系好就是溜须拍马吗？对"关系"我们有没有一个正向的理解？

内尔·诺丁斯在吉利根的启发下系统建构了关怀教育理论。她写了一本书叫《培养有道德的人》，她把对关怀能力的培育放到一个非常重要的位置，她认为："教育的目标不仅仅是促进学生智力和学业进步，更是培养能够关怀他人、有能力、有爱心，同时也值得别人爱的人。"

（一）关怀的来源

在人生的各个时期，我们都需要接纳、尊重和认同，因此关怀他人和被他人关怀就是我们的基本需要。前两天，我在微信朋友圈中看到了这样一个故事："孩子睡觉，他妈妈要关灯，这个孩子不让她关。妈妈说，宝宝很晚了，我们要关灯睡觉了。宝宝说，不。妈妈又说，睡觉的时候要关灯的。宝宝就问，为什么呀？妈妈说，因为关灯才睡得好觉，宝宝说，不行。妈妈又说，开着灯睡觉对眼睛不好，可宝宝还是不愿意关。最后妈妈这么说的，宝宝，你看这个灯照了这么久了，它好累了，想休息了，我们让它休息一会儿吧，跟我们一块儿睡觉好不好？宝宝很爽快地说，好。"这个小孩儿才三岁，他的关怀欲望就这样被激发出来了，他的关怀能力也就这样慢慢地培养起来了。事实上，每个人天生都乐于关怀他人，也都有关怀他人的欲望。

（二） 关怀的性质

我们常说，父母对孩子的爱和关怀是世界上最伟大的。真的是这样吗？很多父母对孩子说过，"你要是考一百分我才喜欢你，你考不及格我就不要你了，我把你扔到外面去"。这种来自父母的关怀不是无条件的，而是有条件的。父母也经常对孩子讲，"我都是为了你好"，"我这样做都是为了你好"，但是如果孩子不觉得你是为他好，那你这种关怀的行为也是无法持续下去的。

关怀是一种平等互惠的关系。首先，被关怀者是有某种需要的；其次，关怀者能够很敏锐地发现被关怀者的需要，并采取关怀行为；最后，被关怀者对关怀者的行为表示认可和接纳。这才形成了一种关怀关系。举个最简单的例子，大家今天到这里来听课，来的时候站着，这个时候有人发现你站着很累，给你一把椅子，你一定会觉得很温暖。关怀者发现了被关怀者的需要，然后做出相应的关怀反应——给被关怀者拿了把椅子；被关怀者对关怀者的行为表示认可和接受——你给我的关怀正是我需要的，你现在给我一把椅子，这正是我所需要的。正因为他的这种关怀行为，关怀者和被关怀者才能构成一个完整的闭环。

再比如，在刚生完孩子的母亲和刚出生的婴儿之间，母亲是关怀者，婴儿是被关怀者。母亲细心照顾婴儿，婴儿的各种反应，如他的呢喃、他的律动、他的微笑、他的依偎等，都是对付出关怀的母亲最好的回应。母亲可能就把生孩子时的那种痛苦全忘了。

（三） 诺丁斯关怀伦理学的特点

通过前面对诺丁斯关怀伦理学说的简单介绍，可以发现它具有以下特点。

1. 情感性

重视道德情感，强调情感对道德动机的作用。我们经常会发现，两个人之间因为一句话发生矛盾，可能在外人看来这句话没有那么严重，但是其中一个人就会说："这个话如果某某对我说，我就没关系，但是他说就不行。"为什么会这样呢？这里有种很强烈的情感性。

2. 情境性

关怀需要考虑的就是具体情境和特定的人，以及特定的需要和特定的反应及体验，而不是依据普遍性法则做出推理和判断。

3. 关系性

关怀伦理学将人们看成相互联系的，重视人与人之间的关系，强调被关怀者的作用。简言之，关怀视域下的教育，就是强调我们要从关系入手，因为人总是处在各种关系之中，关怀伦理就是一种关系伦理。

二 关怀伦理学视域下的学校教育

关怀伦理学视域下的学校教育强调什么？我们认为，学校的首要任务是培养能够接受关怀和付出关怀的人，要让关怀在教育结构、学校关系、课程中清晰地体现出来，学校有责任教导学生学会关怀，让学生学会关怀是学校教育的真谛所在。

（一）关怀的主要内容

我们一定要有对自我的关怀，对亲人的关怀，对远方的人和陌生人的关怀，对动植物和地球的关怀，对人工智能的关怀，对思想和知识的关怀。美国教育家帕克·帕尔默在《教学勇气》中说："学生或许记不住当年老师曾教给他的知识，但是老师对他的关怀和爱却让他刻骨铭心。"心理学研究表明，人的一生会受四种重要他人的影响。幼年时期是父母，你会发现幼年时期的孩子是非常听父母话的，父母说什么就是什么；等到他童年的时候就是听老师的话了，老师说什么就是什么；到少年时期上了中学了，你会发现他的重要他人是同学和朋友，他更重视朋友的话，朋友的话比父母、老师的话都管用；到了青年时期就是恋人，这也是为什么很多人一失恋就感觉整个世界都崩溃了。我们学校曾经开展过一个教师的分享会，主题是"寻找我们生命中的重要他人"，教师们一起回顾了谁是他们生命过程中的重要他人。结果每一个老师在分享自己的人生经历时，都讲得让人非常感动，他们自己也感动得流泪。我们梳理了一下发现，在这些重要他人当中，基本上都是曾经鼓励过他、给过他帮助、给予他爱和关怀的人，基本上没有提及哪个老师教了自己什么学科知识。所以说，学生可能记不住你教他的知识，但是，你对他的关怀和爱会让他刻骨铭心。

（二）关怀教育的要点

关怀教育的任务就是培养人的道德情操。我们要重视关系的建立，好的养育和教育都是从关怀和信任关系的建立开始的。营造最有利于道德生活的学校环境将对学生的道德发展起到很好的促进作用。对教师而言，建立和学生之间的良好关系要比提高学生的智力水平更加重要、更加基础。因为孩子是不会向自己不喜欢的人学习的，你们说是不是？孩子都是因为喜欢某位老师，才会非常认真地跟他学习，也是因为讨厌某个老师，才不去学这位老师所教的学科。

同样，在家庭教育中也会出现这样的现象。最近我正好在想，为什么我们总是很怀念我们的外婆？外婆对我一个问题们意味着什么？你仔细挖掘它背后所隐藏的含义，会发现外婆一定是对你充满了关爱的，她肯定很少问你考了多少分，是不是？她一直都在关心你有没有吃饱，你有没有穿暖，你开不开心。

（三）关怀视域下的道德教育方法

1. 树立榜样

从关怀的角度看，学生学习的榜样必须是能有效给予其关怀的楷模，当我们树立榜样的时候，必须把关怀的重要性展示出来。我们在学校也会经常发现这样的事情，在同一个班级当中，可能有些学生的学习成绩特别好，但是他们非常高傲，不屑去帮助同学；另外一些学习成绩同样好，无论别人问他们什么题目，他们都愿意去跟人家分享。可想而知，谁会更受欢迎。所以这种榜样，一定是自己具备了某种能力，同时具备了关怀他人的能力。

美国年度教师雷夫讲过："我希望孩子成为一个友善的人，那我就必须是他见到过的最友善的人，包括我跟别人怎么说话，我跟陌生人怎么说话，我跟学生怎么说话，我跟同行同事怎么样去说话。"

2. 进行对话

我们每一天都会对话。对话不是简单的两个人之间的讲话。比如有一些父母跟孩子之间的讲话就不能称为对话，而只能叫指示。比如："你该去弹钢琴了"，"好"；"你该去跑步了"，"我不想去"，"你必须去"；"你今天在学校里有没有被老师批评啊"，"没有"。这些讲话的确在双方之间进行，但是它们不叫对话。真正的对话是开放式的，一开始对话双方并不知道对话的结果是什么，对话双方都在讲述，都在倾听。在对话中，关怀者必须关注被关怀者，被关怀者则要接纳关怀者给予的关怀，这种接纳也是一种关怀。只有真正的对话才能产生真正的关怀。

对话会增进相互了解，你可以把你的想法说出来，你也要允许对方把他的想法说出来，对话不仅能巩固彼此之间的关系，促进深入思考与反思，而且有助于提高参与者的交流能力。你一定要注意，对话不是辩论，它的目的不是一决高低、分出胜负，特别是我们做父母的不要有一种心理：我说的话他什么都不听，好像有点儿触犯了我的权威。否则，会让你的心态失去平衡。你要通过对话来理解与你对话的另一方。什么样的对话才是有效的呢？在有效的对话中，孩子要了解的东西有很多。比如你跟他讲事实的真相、礼貌谈话的规则、恰当的言行举止、信任与信心、倾听的方法、怎样使自己的回答不伤害到他人，以及人际交往中的其他要素。

3. 实践关怀

我们怎么样去实践关怀？成人需要提供机会让孩子去实践，比如鼓励孩子参加社团活动，让孩子在活动中团结合作、互相帮助，在活动中努力培养关怀别人的能力。家长还要培养孩子持家的能力，一定要让你的孩子做家务，因为做家务能够培养他的关怀能力。比如，他开始学做饭的时候，可能会想到爸爸喜欢吃什么，妈妈喜欢吃什么，爷爷、奶奶喜欢吃什么；在收拾卫生的时候，他能够分清楚哪些东西是有用的，哪些东西是没用的。所以每个人都要学会持家，因为拥有持家知识和经验是获得幸福的基础。

还要鼓励孩子积极参加志愿者服务。现在深圳的志愿者在全国来讲是最多的了。为什么现在越来越多的人愿意成为志愿者呢？因为成为志愿者会让人觉得很幸福。为什么呢？首先，志愿者能够在服务活动中找到志同道合的伙伴，并与服务对象建立起一种温暖的关系，从而获得幸福感。其次，志愿者往往是那种能感受到其他人的需要，并对之做出回应的人。最后，志愿者常常能感觉到自己的工作是有价值的。

4. 予以认可

我们在认可的过程中将最有可能的动机与真实情况相匹配，体谅对方的苦衷，这也是关怀的过程。通过认可，我们可使被关怀者将注意力转向怎么样让自己做得更好。举个例子，假如你在监考时，有个学生作弊被你抓到了，如果你了解他的动机，你就可以说："我知道你不想考得很糟糕，让父母失望，你希望拿到好成绩让你父母开心，这是你对他们的体谅和关怀，但是，好的成绩一定要通过作弊来获得吗？我们可不可以通过自己的努力来获得呢？"就是说我们可以从作弊这件事情去引申，首先我们体谅他，理解他关怀父母的这样一份心，然后你说他可以是一个更好的孩子。当他下次想要作弊时，就会想到你曾经说的话。当然绝对不像我说的这么简单，他可能下次还要作弊，也会有这种情况，但是我们绝对不能够因为他下次还有可能犯这样的错误，就完全不体现我们对他的这种关怀。

关怀的能力并不是天生的，需要教育的引导和经验的积累才能发展起来。学校有义务满足学生被关怀的需要，我们老师也有义务满足他们被关怀的需要。

三　红树林外国语小学关怀教育的实践

英国教育家怀特海说过："学生是有血有肉的人，教育的目的是激发和引导他们的自我发展之路。"我们把红树林外国语小学的办学理念定为"激扬生命，自觉生长"。其实每个人的生命都是需要激扬的，我们需要激扬他们的生命，促使他们自觉地生长。那么我们通过什么来激扬他们的生命呢？我们通过生命关怀让他们感受到自己是被关怀的，然后促使他们成为幸福的人。我们会发现那些从小就沉浸在关爱当中的人，长大后更有可能获得幸福。因此，学校要积极营造充满关怀的人文环境，开展富有关怀的教育教学活动，让学生在关怀中体验、在关怀中成长，让教育充满关怀。

（一）关怀课程的构建

红树林外国语小学开发了一门关怀课程，就是我们每个星期每个班都有关怀这门课。那么我们设置这门课的目的是什么呢？我们主要是想通过关怀课程，培养学生自我关怀以及关怀他人的能力。在这个课程的价值取向上，我们旨在帮助学生认识个体生命的珍贵，学会自我关怀以及关怀他人。在课程内容上，则涉及学生与自我的关系，与他人的关系，与自然、社会的关系。

小学一年级新生入学之前，我们会开一个家长会。我们给家长讲什么呢？孩子从幼儿园到小学后，很多家长就对孩子说"你不能像幼儿园那样玩了，你现在是小学生了，你要好好读书了"，然后就用小学学习中的一些枯燥、严厉的东西去吓孩子，这就造成很多孩子对小学产生了恐惧心理。这是不值得提倡的。正确的做法应该是什么呢？家长要对孩子说："你要上小学了，你要成为小学生了，可能你在上学的过程当中会碰到一些困难，但是你别怕、别担心，爸爸妈妈始终会在你身边帮助你。"所以在我们看来，一个孩子之所以出现不太好的行为，很多时候是因为缺乏安全感，缺乏关爱。比如，作业要爸爸妈妈签字，有的孩子就冒充爸爸妈妈来签字。为什么要冒充？因为给你签字的话你就会骂他呀。是不是？趋利避害是人的一种本能。

（二） 微笑课程

我们学校强调"关怀每一人，开怀每一天"。为了体现我们"关怀每一人，开怀每一天"的这样一种精神，学校在一年级设置了一个微笑课程。中国有一句古话叫作伸手不打笑脸人。一个爱笑的孩子，心态也是不一样的。如果你不爱笑也没关系，可以每天回家对着镜子练习五分钟的微笑。我们要求学生在说话之前先微笑，见到人打招呼时先微笑，这都是可以训练的。所以我们花了一年的时间专门来训练孩子们微笑，每天老师上课之前要让大家先笑，看谁笑得最好看。大家都觉得一年级小朋友很乐意去做这件事情，因为微笑是世界通用的最美丽的无声的语言，它传递的是快乐、真诚、信任、鼓励、欣赏、关怀或者安慰。微笑让爱在空气中流淌，微笑让人与人之间的关系更亲密。

（三） 一个班三个班主任的班级导师制

教师人人是导师，学生个个受关怀。现在的学校基本上都是50 人的大班，每个班只有一个班主任，老师很难兼顾每一个学生。很多家长反映自己的孩子上课时很少被老师叫到发言，有的学生一个学期也引不来老师一次家访。在红树林外国语小学，施行"教师人人是导师，学生个个受关怀"的班级导师制，每个班配有三个班主任，分别是班主任、副班主任和助理班主任。在一个人数为 50 人的班级，班主任负责这个班 50% 的学生，就是 25 人；副班主任负责这个班 30% 的学生，也就是 15 人；助理班主任负责这个班20%的学生，也就是10人。每位班主任就是自己所负责学生的导师。导师每周要至少和自己所负责的学生进行一次正式谈话，通过这个谈话了解学生的学习和他们家庭里发生的各方面的事情，导师要做谈话记录。如果导师没有担任他所负责学生的班级的课，那他每周必须去自己所负责学生的班级听课，听课时主要是观察学生的上课情况。导师还需要向家长、任课老师、学生同伴了解学生各方面的情况。导师每周要记录了解到的学生各项数据和情况，每月要为负责的每一位学生撰写一份报告，每学期还要写一份综合报告。

班级导师制的实施，虽然增加了老师的工作量，但拉近了老师和学生的距离，密切了师生关系，让学生感受到了来自老师的关怀和爱。学生会主动来找老师聊天，有什么心事也愿意和老师说。过去一个班主任面对50个甚至更多的学生，是没有多少时间和学生谈话的。都是遇事说事，通常不是表扬就是批评。但是我们现在就使它形成一种制度，真正体现对学生的关怀，教育效果非常显著。

（四）好父母成长学院

没有天生成功的父母，也没有不需要学习的父母。学校教育做得再好，家庭教育若是缺失或不足，那么学校教育的效果就会大打折扣，毕竟学生在家里待的时间是比较长的。所以我们成立了红树林好父母成长学院，利用周末和晚上的时间邀请国内外各类家庭教育专家为学生家长做现场讲座和指导，帮助家长转变教育观念，提升关怀能力，形成家校教育合力，促进学生全面发展。

四　最佳的家庭教育是什么？

孩子长大后能记住父母什么？美国《时代周刊》做了一个调查。是妈妈的叮嘱，还是爸爸的大道理？是父母的温柔以待，还是严厉管教？是父母陪他玩时的欢笑，还是对他学习的督促？你们觉得是哪一种？毫无疑问都是前者。为什么？因为妈妈的叮嘱、父母的温柔相待、父母陪他玩时的欢笑都是爱和关怀，都是美好的。

有四个场景孩子一般是不会忘记的，哪四个场景呢？

其一，你给他全部关注的时候。当你停下手头的事情专注地和孩子谈谈心，或者投入地和他一起出去打球、跳蹦床，这些都将永远铭刻在孩子的心里。即使你和孩子待在同一个房间，但是你在旁边自顾自地做自己的事，这不叫陪伴，或者叫作没有意义的陪伴。有意义的陪伴就是和孩子一起做一件事情，比如共读一本书，或者一起做游戏。

其二，你让他感到安全的时候。孩子会记住你在床边为他驱赶"怪物"后的安稳，或者在噩梦之后拥抱他的安心。但是他同样也会记得你脾气坏得像怪兽一样让他担心恐惧的时候。

其三，你和另一半相处的时候。闭上眼睛想想在你脑子里是否也有父母相处时的场景，不论这个场景是激烈的争吵还是爱意满满的纪念日，都深深地印在你心里，并对你有潜移默化的影响。

其四，你的家庭传统。孩子都喜欢不期而至的惊喜，就是你突然给他一个礼物，孩子会很喜欢。但是孩子最喜欢的是什么？他对可预测的能期盼的家庭活动更是记忆深刻。比如每年的端午节，你家里会不会包粽子？大家不要小看这一个形式，不管包得好不好，全家人一起来包粽子，这就是一个家庭活动；比如中秋节的时候，全家人会在一起吃月饼；比如元宵节的时候大家会去赏花灯、观花市，这些都是家庭的传统。还有平时大家都很忙，那么能不能周末的时候，有一天或者半天全家人什么都不干，就聚在一起喝茶、聊天、读书。我们一定要延续家庭的传统，就是那些能够把所有人联系在一起，全家人都必须参与的一个活动。全家人一起去打篮球也是可以的，比如爸爸和儿子打球，妈妈在旁边做啦啦队，这对孩子情商的影响也是非常大的。

最佳的家庭教育是什么呢？什么样的家庭才是一个好的家庭？不只有衣食住行和安全，还有关爱。家庭的关爱富有教育性，因为这种关爱允许孩子拥有一片天地去比较自由地探索，去学习他真正想学的东西，并使他能够理解为什么对于一些不想学的内容也必须有一个最基本的了解。如果不能够成功地与孩子建立与关怀相关的关系，你的教育就很难在他身上获得成功，他就不听你的。即使父母对孩子说自己做这一切都是为了爱他，都是因为关怀他，孩子也是不会认同的。比如现在很多孩子上兴趣班、辅导班，大多数都不是自己想上的，是父母逼着他们上的。如果是在一个良好的关系当中，父母就有机会告诉孩子，这些他不想学的东西，将来可能也用得着，并告诉他对他有哪些好处，孩子也才能够听得进去。

关怀教育或许可以归结为这样一句话："孩子有多好，看你如何对他。"你给他足够的关怀和爱，你相信他可以成为一个充满关怀和爱的人、一个友善的人，你对待他的行为方式是友善的，他就会成为友善的人，他期待得到你的关怀，他也同样去关怀别人。

最后，我以安妮斯通给世界的一封信为结束，看看我们的家长和她的想法是不是一样：

> 亲爱的世界，请教予我的孩子，让我的孩子一生做到说好话、走好路、做好事，这就足够了。我还希望世界让他看见空中的飞鸟、日光里的蜜蜂、青山上的繁花。教予他，磊落的失败远比欺骗换来的成功更荣耀；教予他，有自我信念，哪怕人人言错；教予他，置群忙的喧嚣于不顾，在自觉正确时要挺身而战。世界请温柔地教予他，但是不要娇惯她，请尽你所能。

为了孩子好，是真的吗？

房超平

房超平

深圳市南山区丽湖学校校长，陕西师范大学教育硕士合作导师，深圳大学教育硕士导师，全国学本教育联盟副理事长。专著有《教师发展的阿基米德点》《好教育成就好孩子》，在国家核心期刊发表文章 200 余篇。

家长给的不是他所需要的

很多家长说："我们做的一切都是为了孩子好，该给的都给了，孩子却不领情。"很多小孩说："爸爸妈妈天天说为了我好，我的耳朵都起茧了，但我没有感觉到他们是为了我好，因为他们说的和心里边想的是不一样的。"家长们到底是为自己好，还是为孩子好？每个家长心里都有数，在某种程度上，对"为了孩子好"这句话，其实他们自己也未必相信。

其实，家长未必明白孩子真正需要什么。吃的、穿的，对现在的孩子而言并不重要。也许，在物资短缺的年代，吃的、穿的很重要，但现在物资不短缺了，吃的、穿的都有，孩子更需要的是什么？我认为，他需要被尊重的感觉，你没有给；他需要自由，你没有给；他需要快乐，你也没有给；他需要在比较轻松的氛围里学习，这个氛围你也没给。所以，你给他的不是他所需要的。因而孩子们不认为家长做的是为了他们好。

今天的交流，从一个家长跟我的对话开始。这个家长给我打电话说，她读高一的女儿周五回家，一见他们的面，就说："你们是不是要跟我说下面一段话：'爸爸妈妈给你做了你最喜欢吃的东西，赶快吃完饭，就抓紧时间做作业，做完作业，早点儿睡觉，明天一大早起来去补课，争取下周的月考考个好成绩。这样，你就能进到好的班，进到好的班，将来就有机会考好的大学，考上好的大学，然后就可以分到好的工作，有了好的工作，将来再嫁个好老公，这一辈子就幸福了。'"说完后，看到她爸妈没反应，女儿又说了一句："如果你们还是说这些话，请你们闭上嘴巴，我已经听厌恶了、腻味了。"她爸爸妈妈面面相觑、无言以对，女儿接着说："如果你们还要跟我谈这些话题，从下个礼拜起，我就不回家了。"

大家可以想想看，现在的家长们见了孩子，除了说作业、学习、成绩这些话题外，好像没有其他交流的话题。

接着，她问我怎么办。我说，下个礼拜女儿回家的时候，我建议你们换一种方式来交流。你首先要说："你学了一个礼拜了，非常辛苦！咱回家不做作业了，你想干啥，爸爸妈妈都支持你，明天早上可以睡到自然醒。"那天晚上，她照我的话说完后，女儿激动得说了这么一句话："今天你是我的亲妈妈。"然后，母女俩抱头痛哭半小时。换句话说，以前这个妈妈不是亲妈妈，以前是别人的妈妈。这是为什么呢？原因很简单，她以前只关注女儿的学习成绩，不关心孩子内心深处的感受。

那天晚上，孩子没做作业，而是看电视，甚至玩游戏。这时，她妈妈又沉不住气了，给我打电话，说成绩已经这么差了，还不做作业，后边怎么办呢？我说，现在她已经把你当亲妈妈看了，你觉得成绩重要，还是孩子跟你的亲情重要？她说都重要。我说，你这个时候要选择，是选择成绩，还是亲情？如果你选择成绩，不但没有了成绩，亲情也没有了，如果你选择亲情，不但有亲情，而且可能成绩也有了，两者都要的办法，就是先要亲情，同时要，可能什么也得不到，你先试试看。当天晚上，孩子没学习，而是跟她聊天，虽然她很着急，但还是按我的要求对她女儿说，你这一个礼拜都是早上六点半起床的，明天周末就睡个大懒觉，睡到自然醒。

第二天早上，她发现女儿六点钟就起床做作业了。然后，她就按我提示的问她女儿："你不多睡一会儿？"她女儿说："你想害我呀，我要不做作业，明天我怎么面对老师呀？"这时，这位母亲才恍然大悟。其实，很多时候，孩子知道他该干什么，完成作业是他的任务，你天天逼他完成作业，他也会完成，但留给他一些自由空间，由他自己自由安排完成作业的时间，家长适当提醒，这样完成作业的效果会更好。

半个月以后，她小孩的成绩从第 780 名上升到了第 630 名，进步了 150 名。为什么？因为她的心态正常了，她感觉家里有温暖了。现在这个家长对我说她的小孩已经在年级排到了第 150 名，从暑假到寒假半年多的时间从第 780 名进步到第 150 名（当然也与我后来与孩子交流了五次学习方法有一定关系，但我认为与家庭氛围的改善关系更大）。后来，这个家长说，原因就在于她突然发现家里有了轻松的氛围，孩子和她交流比较正常了。

我讲这个案例的意思是，有时候成绩与学习可能关联不是那么大，关键在于孩子的心态。对于孩子良好心态的形成，家庭方面责任重大。

关于教育的几个案例

第一个案例，"马虎"让男孩输在了起跑线上？

我在上海碰到过两个家长，他们的小孩儿上二年级，成绩比较差，但人非常聪明。后来他妈妈爸爸着急了，就带着孩子来找我（正好我那几天在上海的一个学校与家长进行交流）。见面后，这个孩子跟我说："很多人都认为我很聪明，我爸爸妈妈的朋友认为我很聪明，我奶奶的朋友认为我很聪明，我自己觉得我也很聪明。但是，现在我怀疑自己是不是真聪明，因为我成绩不好，老师说我的聪明没用到正确的地方上。伯伯，你判断一下，我是不是真聪明？"我笑着回答他："你一个二年级的小朋友表达得这么有逻辑，比我们很多初中的小孩儿都好，谁敢说你不聪明呀？"孩子接过话头说："那为什么我的成绩不好呢？"我说："你可否给我说说你的成绩？"他说："先说英语吧，92 分。"我说："这个成绩不错了。"他说："这是班上的倒数第三。"我问："你那 8 分怎么丢的？"他说："不是大小写字母错了，就是倒装句子忘了，或者是名词复数的 S 我忘写了。每次都这样，而且每次老师都提醒我，而我每次都改不了。"我说："其实，你是都会的，只是因为马虎，这个没问题的，以后你慢慢就会解决这个问题的。"接着，他又说了语文和数学的学习情况：因为马虎、急躁等不能得到高分。我解释完之后，这个男孩高高兴兴地走了。后来，我告诉他父母，急躁、马虎都是小学阶段一些特别聪明的男孩子的普遍问题，没什么大不了的，可能过几年这个问题就自然而然解决了，家长不要着急。但孩子父母在乎这 8 分，他们说自己不在乎不行，因为孩子在班里是拖后腿的，老师会找家长的麻烦，给他们造成的负担很重。后来，我反复解释，总算让这两个家长满意地离开了。

这个案例从一个侧面说明了男生教育的危机。有三个数据可以进一步说明男生教育的危机。一是在最近十年的全国高考状元中男女比例分别是 31% 和 69%；二是全国 "211" 大学的女生比例反超男生，女生占 65%，男生占 35%；三是最近十年来获得国家奖学金的男生的比例不到 40%。

也许这个案例能从一个侧面说明男生教育危机的原因。首先，我觉得可能与马虎这个毛病有很大的关系。男生在小学阶段成绩一直处于下游，被老师和家长定义为差生。受老师、家长或者同学的不信任的影响，男生产生了不自信。等他这个马虎的毛病解决了，他觉醒了，他的自信心也已经丧失殆尽。

我认为，对手马虎的问题，用加大作业量的办法是解决不了的。当孩子成绩不好的时候，家长一定要帮助他分析原因。是他不努力，还是他存在马虎的毛病？如果是不努力，就解决不努力的问题，如果是马虎，加大作业量、补课是解决不了问题的。因为加大作业量只会让他更马虎——他急着去玩，越急越容易马虎。长此以往，他会因为马虎问题觉得自己不是学习的料，因而越来越厌学。

第二个案例：一周摘掉 "马虎帽"

刚才说的男生的马虎问题，怎么解决的呢？这个案例也许能帮助各位家长。

有个家长给了我一个反馈，他小孩儿的数学每次都只考到 95 分，怎么都不到 100 分。他说："我天天给他加作业，天天叫他写两页的速算题，他的数学就是考不到 100 分。" 我说："因为你的量太大了，量越大他越马虎。那怎么办呢？" 把这两页纸去掉，然后跟他谈条件："从今天开始，妈妈可以不让你写这两页速算题了，但是你得把老师给你布置的作业全部做对，这样你就可以不做额外的作业。如果不能全做对，错一道罚五道。" 那小孩一听就表示赞同。其实这个建议的核心，就是希望孩子能够细心一点，重视质量，而不是要完成更多的学习任务。

当然，在执行这个的过程中也出现了很多的冲突和博弈。这个时候，家长需要些耐心。

结果，家长照我说的做了。两个礼拜以后，他孩子数学题的正确率就提高了。

我讲这个案例是什么意思呢？就是说多学习不能解决马虎的问题，对细心的培养是重要的。努力学习并不一定成绩好。95分和100分之间差5分，并不是努力学习就能把成绩提上去的。把那两页纸去掉以后，那个月月考的成绩就变成100分了。为什么？因为对症下药了，问题找准了才可能有效果。

第三个案例："妈妈，我要和男同学一起去旅游！"

有一个初中女生跟她的家长说要跟男同学一起出去旅游。可能在座的家长都感到太可怕了。但那个家长的做法比较稳妥，女儿提出这个问题以后，她说"你提出了一个很严肃的问题，妈妈认真考虑三天再回复你"。因为她没有办法，她用了延迟的技巧——当你没有办法应对孩子的建议和要求的时候，或者你觉得他的建议和要求不合理而你又无法说服他的时候，你不要急于拒绝，因为你马上拒绝，孩子会觉得你不讲道理，甚至会和你发生冲突，先放下来，不当面否定他，等自己想明白了再回复不迟，也许那个时候孩子已经不再坚持了。

之后，她问我该怎么办，我建议她这样回复孩子："你是未成年人，现在的治安环境不是那么的好，外出不是很安全。所以你外出旅游的话，作为监护人，我有责任负责你的安全，我愿意陪同你前往，可以吗？"第三天，她女儿再问她的时候，她就这么一说。她女儿听了后说："还是算了，不去了。"她后来就问孩子，是不是生气了，孩子回复她，知道大人不放心，不会答应的，所以不是生气了，而是她自己觉得这个要求不太好，不愿意去了。

说实话，处于这个年龄段的孩子喜欢异性很正常。一个男孩子到了初中、高中不喜欢女孩子，或者女孩子不喜欢男孩子，那真的是有问题了。曾经有一个重点中学的学生做了一个调研，发了1000份问卷，调研的内容就是你谈过恋爱吗？60%的回答谈过；30%的说自己刚上高中还没来得及呢，也就是说他准备谈了；10%的说不知道，其实说不知道的人是在掩饰自己。

我说这个话题的意思就是，这 60% 的上了重点高中以后谈恋爱的学生并没有影响学习。因此，关键是家长怎么看这个问题。如果你认为它是洪水猛兽，它就是洪水猛兽；如果你认为它很正常，它就正常。当你认为这正常的时候，你就会正确引导孩子。

像这个家长，为什么小孩愿意跟她说这件事呢？是因为她们之间有信任关系，她愿意跟妈妈讲。如果你跟孩子之间把这个问题列为禁区，她就不会告诉你，她可能就自己走了，这个事情就麻烦了。所以孩子和你交流、告诉你是好事，说出来就有交流和解决的机会。

第四个案例：网瘾是这样戒掉的

网瘾是很大的一个难题，很多家长说，孩子喜欢网游，家长很困惑。几年前，我就遇到了一个孩子有网瘾的家长。

这个家长跟我提出请求后，我在想为什么人会喜欢网络游戏。经过体验网络游戏，我归纳了三个方面的原因。第一，在网络这个虚拟世界里，有什么想法都可以跟别人说，孩子不会感到孤独。第二，它不需要什么基础，玩一段时间就能晋级，孩子有成就感。第三，学习好不好，长相好不好，没人在意，孩子能找到存在感。为什么会沉迷网络？就是因为这三个问题，有存在感、不孤独、有成就感。能够解决这三个问题的话，我相信网瘾问题就可以解决。

后来我了解到，这个孩子的网瘾还不那么大。于是，我告诉家长，让家长与他协商，适当给他上网的时间。不是不谈学习，因为他成绩只有 30 分，直接说学习问题，他不会接受，不如先让他热爱生活。如让他跟同学聊聊天，拉着他到处旅游，让他在现实生活中去干一些自己喜欢干的事情。

家长按照我的建议做了，两个礼拜后，这个孩子不再沉迷网络。然后，再与他慢慢谈学习问题。再后来，这个孩子重新回到正常轨道上来了。

还有一个案例，有个女孩每天上网六个小时，没有时间学习。她的父亲找到我，我建议他跟女儿谈心。谈心的经过大致如下。

父亲："作为中学生，你每天六个小时的上网时间太多了，需要减少。"孩子看爸爸跟她协商，就说："减少一半吧。"爸爸说："不行，你算算你的时间，上三个小时的网，你有多少时间完成学习任务呀。"接着，家长在我的建议下跟孩子讲为什么不行的道理："那算账，你回家几点，吃完饭几点，你做作业需要多长时间，你几点钟睡觉，睡眠时间必须保证多少。"算完账以后，她觉得父亲讲得很有道理，就跟他父亲说："我在学校里边把作业写完行不行？"父亲说："当然可以，作业写完了回来以后，不给你增加别的学习任务，这样你可以利用睡眠之前的时间上网。"爸爸说："但完成作业得有个标准，就是你的作业正确率不能低于90%，否则不能算完成作业。"父女俩协商好了以后，又约定了不能达到标准的惩罚办法。后来这个孩子上网时间大为减少，学习成绩也逐渐上来了。

通过这个案例可以知道，戒网瘾，不要一下子堵死，因为孩子做不到。大家试想一下，我们成人离开网络行吗？既然大人做不到，那就不要强迫孩子做到。

后面这个是比较轻的，前面说的那个比较重，比较重怎么办？通过外力把他拖出来，拖出来以后让他对生活产生热爱，让他感觉到现实生活是非常美好的，这个时候网瘾问题就能够解决。因此，了解网瘾的成因，解决了那三个问题，就能有效戒掉孩子的网瘾。

第五个案例：让孩子多学一点儿无用的东西

这是一个企业高管跟我讲的他小孩的故事。他的小孩，说实话，想上一个好的学校很容易，但是他觉得在家门口上学很方便，所以，就让小孩上了他家门口的一个基础比较薄弱的小学。这个孩子最后却拿到了香港大学的博士文凭，并获得香港大学青年科学家的荣誉称号。

说起女儿的成长轨迹，这位爸爸就滔滔不绝。

进入小学后，这个孩子先后学过羽毛球、乒乓球、篮球、排球、足球、击剑、跆拳道、武术等，也学过合唱、独唱、钢琴、小提琴、吉他、民族舞、芭蕾、国际标准舞等，还学过素描、版画、国画、油画等，几乎把所有的体育、艺术类课程学了个遍。用她爸爸的话说，孩子什么类型的体育艺术班都报过，但没有一样坚持下来，都是学了两个月就停下来了，理由是她已经学会了，不想再学了。

小学六年的时间不知不觉就过去了，这个孩子虽然参加了几乎所有体育、艺术项目培训，但依然没有喜欢的项目，爱好和兴趣就更别提了。

与其他家长不同的是，这位爸爸不但在这方面"娇惯"孩子，而且还不在乎文化课的成绩。因为孩子的成绩很一般，中考时，只考上了一所不起眼的高中。爸爸也满不在乎地说："哪所学校都能出人才，闺女，爸爸相信你一定会成功的。"

直到一次看似偶然的机会出现。高一下半年，孩子的英语老师觉得她的英语口语不错，让她给来学校参观的老外当翻译，并夸她翻译得很到位，与老师相比，有过之无不及。那天晚上回家后，孩子对爸爸说："今天给老外当翻译，我突然感到自己很聪明，也很有潜力。同时也感到自己学的太少了，不够用。从明天开始，我要认真学习了。"从此，孩子像换了个人似的，学习成绩也慢慢提高。高中毕业那年，孩子考上了香港理工大学。

进了大学后，孩子与同学互相帮助，共同提高。这个孩子的英语口语好，另外一个同学的数学基础好，这个孩子就把讲课内容翻译给那位同学听，那位同学则教她数学……就这样，这个孩子在大学的学习成绩一年比一年好。

大学毕业工作两年后，这个孩子又觉得自己的学识不够用，便打起了"放弃薪酬很好的工作，申请香港大学硕士学位"的主意。得知孩子的想法后，爸爸不假思索就同意了，他说："你想学习，爸爸当然举双手支持，即便对方不同意也没有关系，大胆地追求吧。"

收到这个女孩的申请后，香港大学以"她在大学年年进步"和

"孩子的申请理由更有建树"为理由，不但同意这个孩子读硕士，还意外地邀请她硕博连读，同时给予了她全额奖学金。

进入香港大学后，由于她有多种才艺，有机会和多位教授交往，今天和这位教授一起打羽毛球，明天和那位教授一起欣赏交响乐，后天又和另外一位教授对油画品头论足……赢得了很多教授的好感。当然，在与这些教授面对面交流的过程中，她也领略到了这些教授的独门"秘籍"：治学严谨的作风、博学广识的才华、精益求精的精神……慢慢地，在这些教授潜移默化的影响下，她对所学的专业产生了浓厚的兴趣，她刻苦努力，勤奋钻研，深入思考，博士毕业论文发表在英国著名的《自然》杂志上，并获评当年的香港大学青年科学家，逐渐走向人生的辉煌。

这是一个小女孩儿成长为学霸的故事。尽管她小学阶段学的在大家看来是一些没用的东西，但是这些没用的东西成为她与人交流的工具，并成就了她。所以，没有用的东西最后发挥了很大的作用。其实这些没有用的东西，我个人认为可能更有用，因为它们让人乐观了，让人有了一个开放的心态，让人对自己的情绪和生活有了管控。当然我不是说我们大人认为的有用的东西不重要，而是说那些所谓无用的东西对人的成长价值更大，关键是我们怎么去看待它们。

第六个案例：化腐朽为神奇

有一个高一学生的家长，他的小孩在班上数学倒数第三，他想让我帮帮他。我问他"你儿子有什么愿景"，他说孩子就想当电竞冠军，也就是电子游戏冠军，我说这是一个很伟大的理想。他儿子说："老师你觉得我这个梦想很伟大？"我说："当然了，在国外有些人当电竞冠军，拿上百万美元的奖金呢。"他说："我就想得电竞冠军，我再也不想花他的钱了，花他的一点钱，天天叫我学习，这是啥爸爸？"接着问我："我想当电竞冠军可不可以玩游戏？"我说："我要告诉你玩游戏并不能成为电竞冠军，你信不信？"看他的头摇得像拨浪鼓，我告诉他："我在硅谷的一个朋友跟我说过，那些当电竞冠军的人基本上不玩游戏，因为他们都是程序操作员，他只需要把程序一改，就能成冠军。"他说："我也想改程序。"我说："很好，想改程序你得学好数学和物理。"他跟他爸爸说："明天开始我不玩游戏了，我要学数学。"因为这是为他的梦想努力。

这个时候他爸爸说"去吃饭吧"，他儿子说"你们去吃饭，我和老师一起吃饭"，然后接着问我想吃什么。他爸爸后来跟我说："他这个兔崽子，我养他十几年都不问我吃什么，你跟他交流半小时他就问你吃什么。"这时我想到另外一个话题：什么叫尊重。为什么孩子有时候不尊重大人？我觉得"尊重"这个词可以这么理解：尊重只面向值得尊重之人。你都不尊重孩子，孩子怎么会尊重你？

后来，我又与那个孩子聊了五次学习方法。那个小孩一个月后在月考中考到了班级第五名。从倒数第三名上升到第五名。

我想用这个案例说明一个观点，就是当孩子愿意干的时候，一切问题都好办。所以你希望自己的孩子有进步吗？那就多听听他的想法，看他在想什么，了解他。

关于教育的几个观点

第一个观点："叛逆"是个伪命题

学术界公认，青春期是叛逆期。其原因在于，青春期的孩子和成人的想法不一致，他追求的东西和成人的要求不一致。我原来对这个观点也深信不疑，但随着时间的推移，我开始怀疑这个观点。

我听过这样一个案例，一个家长在小孩上小学的时候，就跟孩子说，你要好好学习，将来上了重点中学，你就轻松了。结果他小孩经过努力考上了一个重点中学后不是轻松了反而更累了，就说家长骗了他。所以对于家长前面说的这些话，孩子最后都要家长兑现的。叛逆的原因就是你前面的很多说法，最后和他碰到的现实不一致，他认为你在欺骗他，后来家长再提要求的时候，他会说："我不再听你的话了，你说的那些话不是真实的。"

特别是，听了哈佛大学才女秦九歌的一个案例后，我对叛逆是个伪命题更加确信。她说，她六年级时，有一次成绩从第一梯队降到第四梯队。当天，她心里很紧张，退步太严重了。她父母又对她很严格，所以她很害怕。回家后，她就装着看书，其实是在做样子——虽然在一页一页地翻书，脑袋却想着怎么应付父母。结果，她妈妈回到家以后说了这么一句话："我定了今天晚上的滑雪票，咱们一起去滑雪吧。"听到妈妈这样说，秦九歌在想：今天太阳从西边出来了，我成绩不好，我妈妈让我去滑雪，这可是我想了一年她都没答应我的事呀。因为她成绩不好，所以当时没敢问，只是心中窃喜，假装没事地跟着去了。直到过了半学期后，她的成绩又回到第一梯队，才有胆量问她妈妈，为什么成绩不好的时候，她妈妈不是惩罚她，不是教育她，而是让她做自己喜欢的事。她妈妈平淡地说了一句我觉得特别有价值的话。她妈妈是这么说的："在你遇到困难的时候、遇到挫折的时候、失意的时候，妈妈唯一能做的，不是抱怨你、谴责你、批评你，而是理解你、支持你、信任你，给你成长的力量。"我觉得这句话比我们的老师说得都好。也就是说，当孩子遇到困难的时候、遇到挫折的时候、退步的时候、遇到各种不如意的事的时候，其实他们自己的内心深处是非常难受的，这个时候他们需要的不是抱怨、谴责、批评，而是尊重、理解和信任。

大家听了这个案例，就知道为啥人家的孩子比较优秀，就是因为人家的孩子有这样一个能够理解她的妈妈。

刚才我说的那个孩子为什么没有叛逆期呢？因为她妈妈理解她，给了她力量。只有当她遇到困难、遇到挫折、失意的时候，当她退步的时候，才能看出来你这个爸爸妈妈是不是真的为她好。如果真的为她好，就别在这个时候谴责她、训斥她、批评她，而是帮她分析问题，帮她解决这些问题。

第二个观点：厌学的原因在于内在动力不足

很多时候，对孩子的学习，我们更强调外在动力，比如孩子考了多少名，妈妈奖多少，爸爸奖多少。父母只关注孩子在班里多少名，孩子考个前五名，他们高兴得不得了。分数、排名，以及给爸爸妈妈增光等都是外在的动力。哈佛大学专家的研究表明，外在动力越强，内在动力越小，它们是此消彼长的关系。所以你给他的外在动力越强、压力越大，他的内在学习欲望越弱。

内在动力来自什么呢？我觉得有三个方面：第一个是好奇心，第二个是有成就感，第三个是创造性。可是这些方面，在我们的教育中不好实现，所以孩子的厌学情绪就会越来越强。因此，解决厌学问题要首先解决这三个问题，让孩子觉得学习原来是很有意义的、很有价值的，内在动力是他进步的关键。

第三个观点：遵守规则，这是成长的底线

大家经常碰到这样一种现象：国外的小朋友，出去吃饭的时候都安安静静的，不乱跑，不乱叫，可是我们国家的小朋友一到外面吃饭，就满地跑，乱喊乱叫。

后来，我就跟一个朋友聊，问他的小孩为什么出去吃饭的时候会安安静静的。他说他出去之前一定会跟孩子讲规矩。在出门之前，他一定会告诉孩子，出去以后只能买一件东西，不能超过多少钱，这是第一个规矩。第二个规矩，到了公共场合不许喧哗，不许大吵大闹，不许乱跑。第三个规矩，不能脱离妈妈的视线，要在妈妈的视线范围内。说完以后，让孩子再重复一遍，如果孩子重复不上来，家长会再重复一遍，孩子承诺做得到后，才会带孩子出去。如果做不到，事先约定好的惩罚一定会到来。

所以为什么人家的孩子有规矩，是因为事先约定好了规矩。有规矩的孩子学习才能好，因为学习也是有规矩的，你不能指望他在生活中没有规矩而在学习上有规矩。这是不可能的，规矩是贯通的。当然如果有了规矩以后他不做，你必须处罚他，你不处罚的话他就会经常地违反这个规矩，要让他从小养成遵守规矩的习惯。你开始没有跟他讲这些规矩，到了中学你再给他讲就来不及了。

第四个观点：对待孩子的错误要做无错推定

每个大人都不想犯错误，孩子也不想犯错误，犯了错误一定是有原因的。我觉得，孩子犯了错不是都需要批评的。

我把孩子犯的错分成四种类型，看看哪种错误需要批评。

第一种是无知的错误。就是他不知道那样做错了，受到批评他是很冤枉的。

第二种是无能的错误。比如作业完成不了，受到批评他是很冤枉的。"别人家的孩子能完成，你怎么完成不了？"你说的这句话的潜台词就是他笨。他的学习基础差，完成不了很正常，不是他不想完成，只是他能力弱。那怎么办呢？那就少完成一点，跟老师做好解释工作，还有就是帮助孩子提高能力。

第三种是有意的错误。他知道错了，但是还犯错。比如有人骂了他，他一巴掌打过去了，孩子犯了这样的错误需要受到批评吗？我觉得也不需要，你要告诉他，有人骂他是别人的错误，他可以不用这种方法来解决问题，父母把道理讲清楚就可以了。

第四种是恶意的错误。没有人惹他，他就是要犯错，比如不想上学、逃学。这看起来是恶意犯错，其实，恶意犯错背后有很多其他的因素。如学校老师昨天收拾他了，今天作业做不完老师惩罚他，反正回去都是挨训的，他就逃学了。

面对孩子的错误不妨做"无错推定"，假设他不想犯错误，很多时候是身不由己，有他的理由，可能你认为这个理由不合适，那是你大人的解释。在某种程度上，学生犯错是他的权利，他就是在不断地犯错与改错中成长和进步的。

第五个观点：关心孩子的学习，不如关心他的身心健康

我给很多家长提过建议，让他们晚上回去以后问孩子三个问题。这三个问题问完了，家长和孩子就有了共同的语言。

第一个问题：他今天在学校遇到了哪些开心的事情，能跟家长分

享一下吗？第二个问题：你觉得你今天哪一件事做得非常好，可以分享一下吗？第三个问题：你觉得你哪件事还可以做得更好？其实三件事里面包含了你的期待：期待他开心，期待他做得更好，期待他进步。如果你天天这样问自己的小孩，你的小孩睡觉的时候都会带着微笑，他会带着满满的正能量，带着对明天的美好期待进入梦乡。这样的睡眠就是深度睡眠。孩子睡眠质量好，学习效率才能提高。因此多关心他的其他方面，才能让他感觉到你是他的亲生父母。

第六个观点：解决网瘾问题

网瘾需要很长时间才能形成，短期内是无法形成的。你想把网瘾戒掉，马上解决问题，不可能。只有让孩子热爱生活，让孩子对现实生活充满兴趣，让孩子觉得活在现实世界挺美好，他才会从虚拟世界回到现实。

给家长的几点建议

第一个建议，你不要把自己的梦想寄托在孩子身上。如以前你想上清华大学没上，就要孩子上清华大学。孩子心里想："啥，你都上不了，干吗非得逼我上？"

第二个建议，不要跟别人比。有个小孩跟我说，我爸爸天天说人家的孩子怎么样怎么样，我心里想着为什么他不去把人家的孩子当成自己的孩子，生我干吗？你老在比，越比自己的孩子越没信心。

第三个建议，千万不要以任何理由打击他的自信心。自信心比黄金重要，自信心是需要培植的，他刚有一点自信心，觉得"我能学好，我下一次能考多少分"。你一句"就你这样还能考那么多"，那他就不学了。你都不相信他，谁相信他呀？

第四个建议，千万不要把成绩和学习挂在嘴边，说起来没完没了。

第五个建议，不要当老师的传声筒。孩子今天作业没写完，老师给你打电话说："小孩今天作业没完成，你回去要好好说说他。"

见面后，你就对孩子说："今天王老师说你的数学作业没完成，上课又捣蛋了。"你知道孩子心里想啥？"这个老师糟透了，没本事，天天跟我爸爸妈妈告状。"所以第二天他见老师是有情绪的。老师跟你说这事，你要转换，你不要说是某某老师告诉你的，要用合适的方式去说。

第六个建议，你别把孩子管死，给孩子留一点儿空间，留一点儿自由。如果什么事情都只为学习，没有孩子会觉得很幸福。你一定要给孩子留点儿空间，留点儿自由，为孩子高效学习创造条件和机会，让他充满信心地面对学习，这才能真正地帮到孩子。

七

传统文化

中国山水画美学鼻祖——宗炳

黄发玉

黄发玉

深圳市社会科学院原副院长、研究员，纽约市立大学高级访问学者，广东省优秀社会科学普及专家。主要致力于文化研究和哲学研究，独立及合作出版专著《学术论》、《纽约文化探微》、《系统哲学》、《科学研究与道德》、《马克思主义基本原理》（大学教材），参与策划和撰写《文化立市论》、《和谐城市论》和《深圳之路》等著作，译著有《技术文化》。在《哲学研究》《学术研究》等刊物发表论文数十篇。

宗炳是谁？

我们为什么要介绍宗炳这个人？因为他是中国绘画史上，特别是山水画史上具有奠基性、开拓性的人物。山水画是中国画的主流，占据主导地位。中国有三大国粹：中医、京剧、国画。国画分为三大类：山水画、人物画、花鸟画。三大画中山水画占了主流。宗炳是山水画的开山祖师，山水画有今天这样一个局面，在历史上产生这么大的影响，和他有非常密切的关系。

如果了解一个人的身世，对这个人的了解就更透彻。宗炳这个人身世不一般。他的祖上是东汉开国皇帝刘秀的助手之一，是帮助刘秀打天下的，所以是有功之臣，他的家族就是官宦之家。他的家本来在河南南阳，到他曾祖父时搬到了湖北的江陵。他的曾祖父叫宗资，曾经担任汝南太守，太守相当于我们现在的厅级干部，甚至是副省级，这个职务不小。他的曾祖父为官清正、知人善任，宗资去世之后湖北老家给他立了两个石礅，来表彰他知人善任。宗炳的祖父叫宗承，曾经担任柴桑县侯，按现在的说法就是县级待遇，不是实职，只是享受这个待遇。他的父亲叫宗蘩之，当过县令，他的兄弟宗臧担任过太守。所以他是官宦之家出身。但是他本人终生不当官，而是研究绘画、佛学等。他的后人发展得也不错，他有个侄子叫宗悫，从小立有大志。有一天宗炳就问他，长大了有什么样的志向，说"我愿乘长风破万浪"。"乘风破浪"这个词语就是来自宗悫。宗炳的孙子叫宗测，也是个著名的画家，他们祖孙都是历史上著名的画家。他的五世孙宗懔写过《荆楚岁时记》，凡是研究中国风俗习惯都要研究这本书，后来它传播到整个中国，甚至越南、朝鲜、日本。他的前面几代人和后面几代人都很有影响，都是官员或者名人。

他从小就受到了很好的教育，他的母亲也很有学问，从小就教育他。由于家里有书画传统，他书画水平非常高，据说他 15 岁时的绘画水平就超过所有能够见到他的人。后来 27 岁的时候到庐山去跟慧远大师学佛。他学了不到五个月，他的哥哥就去找他，他的哥哥是南平太守，不想让他学佛，他就听哥哥的话回来了。但是回来之后对于学佛仍念念不忘，后来宗炳又去了两次，专门听慧远大师讲经。慧远大师去世后，他又跑去庐山为慧远大师立碑。这是他的生平，终生没有当官，他信佛，游历名山大川时看到什么就画下来。老了的时候不去旅游了，就在家里把见过的名山画到墙上，坐卧向之，这就是卧游的来历。躺在床上就可以看这些山水画，好像在游历名山大川一样。

他是中国最早的山水画家之一，那时我们国家山水画刚刚萌芽，在那之前刚有人物画，那些画家偶尔画一点点山水，但是宗炳以画山水为主，当然也画人物。所以宗炳的历史定位是一个画家、书法家。我们中国专门有一本记录绘画的书，对宗炳的画评价相当高。他的家乡为了纪念他，专门修了一个宗炳广场，广场的柱子上有他的名言以及有关的画。史书对他画画有记载，唐人是这样记载的："善书画，凡说游历，皆图于室，坐卧向之。"宗炳说："老病俱至，名山恐难遍游，唯当澄怀观道，卧以游之。"历史上对他的画有很多的评价，如"宗炳又造画《瑞应图》，千古卓绝"，这个评价很高；说他的画"亦可师效"，就是说他的画可以作为模范，作为效仿的对象；说"宗公高士也"，飘然物外情，不可以俗画传其意旨；有评价说宗炳"意远迹高，不知画者难可与论"，就是说不要谈他的画，他是个高人，他画的画一般人理解不了。可见他的画的影响之大。

隋朝以前的山水画一幅都找不到了。宗炳出生于 375 年，距 2018 年已经 1600 多年了，他的画也找不到了。中国现存的最早的山水画就是隋朝展子虔的《游春图》。我们只能把这样的一幅画给大家看一看，大概宗炳画的画就是这个样子。

山水画的出现

宗炳那个时候之所以出现这样的山水画，与山水诗也有关系。在他那个时候，最早的山水诗人叫谢灵运，他写了很多的山水诗。那时中国的文人对山水有了比较清晰的认识，觉得它们非常美，可以陶冶情操。加上那个时候，社会处于动荡的状态，宗炳出生于东晋末年，正值天下大乱，人们觉得很不安定，文人雅士纷纷离开政坛，隐居山林，宗炳就是这样的人。

那个时候文人雅士发现山水可以带来新鲜的平静，让人不去思考政治，不去思考现在的国家。他们到山边、湖边，他们画画、写书法、弹琴，宗炳也是这样的。那个时候的文人发现了山水的美，有的写诗，有的画画，那个时候就出现了山水诗、山水画。在此之前是人物画，人物画家的代表是顾恺之，他能画得很有神。他的理论就是以形传神，据说他画眼睛很传神。那个时候人物画已经达到了成熟的阶段，但是山水画刚刚开始萌芽。那个时候那些文人雅士被迫远离政治，走进山林，他们发现了自然的美，发现了山水的美，用诗的形式、画的形式体现了山水的美。顾恺之有一次从外地回到荆州，就说"千岩竞秀，万壑争流，草木蒙笼其上，若云兴霞蔚"。这个美为我们中国人开辟了新的世界，以前我们没有发现，以前只把山水当作人物的背景，以前画人物画时虽然也画山水，但只是为了表述人物的德行，不是发现了山水真正的美。在这样一个情况下史书记载宗炳好山水、爱远游，他说自己非常想念庐山、衡山，对自然界充满了热爱，充满了情怀。所以有他所说的卧游，澄怀观道作为中国艺术史、美学史中的一个重要命题被后人接受。无论是坐着，还是躺着都好像看到了山水一样，能够起到心旷神怡的作用。

《画山水序》是山水画美学史上的开山之作

宗炳是个有名的画家。宗炳对中国画思想界最大的贡献就是他的画论《画山水序》。这篇文章没多长，只有三页，却是山水画美学史上的开山之作。为什么要画山水画？山水画有什么意义？山水画有什么功能？他第一次正式地、系统地论述了这些问题，可以说是前无古人。这一篇《画山水序》既是中国山水画美学的开山之作，也是经典之作、巅峰之作。后面的人基本都是发挥他的思想，就像我们读四书五经，后面都是发挥它们的思想。他的《画山水序》虽然只有短短 500 字，但是字字珠玑，言简意赅。加上古人写东西本身就很简洁，这在当时已经是很长的文章了，叫大作。他说到山水本体美，即这个山水美在哪里，我们为什么要画山水画，是本体的问题。我们中国人喜欢游山玩水，因为山水很美。美在哪里？这个山很高，这个水很绿，所以很美。这个是我们一般的感受，所以我们才去游山玩水。他在文章里说了，古代的文人都爱游历名山大川，这叫人质之乐。为什么要游山玩水？因为有人质之乐。乐什么？你说它美真的是因为山很高、水很清吗？他说不是，他说是因为山水的美里面有一个精神性的东西，叫山水之神，"神"不是神仙，是神韵。我们的世界是由什么东西组成的？是由山水组成的，山水蕴含着自然之道、宇宙之道。比如水，老子非常赞美水，他认为要学习水以柔克刚的精神，水是最柔软的东西，也是至刚之物，水滴石穿。这就是自然之道，这就是山水之道。

所以在看山水的时候要领悟山水表现什么样的美，表现什么样的道。其实有的人看山水画经常会说，这画得不像啊，这就是外行。我经常看书画频道，画家要画三峡，就要画出三峡两边的岩石，表现出壮观的美。最近看到有一个画家在画黄土地，画的名字叫"黄土魂"。他是想通过这幅画表现黄土高原的灵魂，他说自己是黄土地的儿子，他的身上流淌着黄土地的血液，从这幅画中就看出，黄土地养育了黄皮肤的中国人，中国人祖祖辈辈就在这个黄土地上耕作，有一种坚韧不拔的精神。看中国的山水画要看出本体的美，山水体现了一种精神性的东西，体现了宇宙之道、自然之道、天地之道。他把山水画提升到哲学层面，提升到世界观的层面。这在中国的绘画史上有很重要的意义。《江山万里图》就是这个意思，看起来辽阔、雄伟，给人一种心旷神怡的感觉。我们可从中领悟到人是多么的渺小，大地是多么辽阔。

山水画的审美实践

我们画画要感悟大自然的自然之道，不要闭门造车。《画山水序》中要求我们"身所盘桓，目所绸缪，以形写形，以色貌色"。要观察，用大自然本来的颜色去描绘大自然，要和大自然亲近，这样才能领悟到大自然真正的美。我们很多的画家都是学古人，投身到大自然中去。他在一千多年前就提出要走向大自然。

东方绘画和西方绘画相同，也很讲究写生。宗炳提出不能够照搬自然来画画，他的意思是我们要有自己的创作，要画得很妙，写就是画的意思。你在这个地方写一个人，而不是画一个人。中国书画同源，画画的用笔方法也是书法的笔法，以形写形诚能妙写。怎么叫妙？"嵩华之秀"，即嵩山和华山的外在秀美、内在神韵都要体现出来，这才叫妙写。有一个中国画家说过一句话，"外师造化，中得心源"，即要有内心的感悟，要将画家自己的精神、自己的意境表现在画上，两者结合才有好的境界，才有好的意境。不是对自然纯粹的模仿，要有对自然的感悟，使人看到这个画可以悟出一些东西来。辽阔、苍茫、悠远的意境要都在里面。

比如画山，如果离得很近，就看得不全，你往后退几千米就可以全部画进去。你离物体越远，物体就越小。他就提出"竖划三寸，当千仞之高，横墨数尺，体百里之迥"。山很高，其实就画那一点点，这就是以小见大。中国画从哲学的角度来说，就是用有限的空间表现无限的山川，表现无限的宇宙。画面很小，是有限的，但是你可以表现无限的山川。这一思想在我们中国艺术史上表现得非常充分。我们中国的诗歌也是这样。中国山水画强调远，即平远、深远、高远。

中国画讲究诗意，画出来要有诗意。大家经常说要有诗和远方，我可以告诉大家，中国画早在一千多年前就强调有诗和远方。我们的诗歌也是这样。所以中国的绘画、诗歌都有这样一种意境，即追求诗和远方。

山水画的审美过程

我们画山水，是一个审美过程。闲居理气，澄怀味象，澄怀观道。你坐下来不要心情烦躁，写书法一定要心平气和，不要慌慌张张。写书法、画画时心情一定要平和，才能画得好、写得好。澄怀观道是有最高境界的一句话，美学家宗白华说澄怀观道是中国南朝以来最理想的审美境界。"澄怀"有一种佛学意味，也有老庄的学术意味。"澄怀"就是干净，"怀"是我们的心胸，我们的思想。你坐在那个地方你的精神处于非常干净、杂念不深的状态，就叫澄怀。我们欣赏山水画也好，我们要欣赏它的道。画中国画，欣赏中国画要从这样一个角度出发。一个人喝酒、弹琴，然后拿出画静静地观察、思考。坐在一个地方一个人面对着无人的画面，体会这个画面所蕴含的山水之神、天地之道。审美的过程就是这样的。

正是因为他的理论来源是多方位的，既有老庄，又有佛家学说，所以很难懂，一直到民国时期才有人开始关注他的文章。他说山水画的审美过程就是这样一个过程，不要慌慌张张画山水画，否则没有什么收获。

山水画的审美境界是"应会感神，神超理得"。"畅神"即心情很舒畅，心旷神怡，好像感到解脱。为什么能够畅神？因为看山水画，得到了山水之道、天地之道，而不只是看到表面的景。中国画的美学从最开始的"比德"，即附会人的道德品质，发展到顾恺之时候的"人物神"，又发展到后面的"畅神"。要通过观看山水画达到人画一体的境界，达到心旷神怡的状态，就要"畅神"，这是我们中国画所追求的境界。

宗炳的美学思想对中国画产生了深远的影响，为人们津津乐道，他提出的"澄怀观道""畅神"等都是艺术界的主题词。宗炳值得我们仔细地研读，仔细地思考，仔细地学习。

《三国演义》与中国传统文化

廖可斌

廖可斌

北京大学中文系教授，教育部
人文社会科学重点研究基地北
京大学中国古文献研究中心主
任。兼任北京大学人文学部副
主任、中文系学术委员会主任。
国家社会科学基金学科评审组
专家，中国俗文学学会会长。
入选"新世纪百千万人才工程"国家级人选、教育部"长
江学者"特聘教授。

为什么现在还要读传统文学经典

为什么我们现在还有必要说《三国演义》？现代社会发展太快，
好像人们的审美口味、欣赏兴趣也转变得很快，现在来讲《三国演
义》，好像重新提到一个老古董，但我觉得是很有必要的。这首先
是因为《三国演义》的经典性，是因为它在中国传统文化中具有特

殊地位。

中国传统文化是一个博大精深的体系，包含诸多方面，每个方面内容都非常丰富。其中"四书五经"是一个系统，它主要是针对读书人的，属于精英文化、上层文化。而《三国演义》《水浒传》《西游记》，还有很多其他戏曲、小说等，则主要属于大众通俗文化。我们过去强调精英文化的作用，精英文化影响确实很大，但实际上这些大众通俗文化的影响范围更广。比如中国古代的很多老百姓，根本就不认得字。古代的教育普及程度很低，老百姓的文化水平很低，认得字的人是很少的，他们根本不知道"四书五经"是什么东西，但知道《三国演义》《水浒传》，知道曹操、诸葛亮、关羽、宋江、武松。他们的很多历史知识和道德观念、价值观念，其实主要是从通俗小说、戏曲里面获得的。我们可以打个比方，精英的、经典的东西好像冰山露出海面的一角，而大众通俗文化是一个庞大的存在，就好像海面下的冰山。所以如果我们不了解通俗文化，是不可能真正了解中国传统文化的。

《三国演义》是一部历史小说，里面包含着对理想政治的渴望，对智慧的向往，对仁义的崇敬，对知其不可为而为之的人生理想的追求，对人生乃至社会历史的悲剧的感伤等，古代好多人受到这些观念的影响。《水浒传》本身是一部浪漫的英雄传奇，它倡导追求人身自由，摆脱现实社会各种制度环境的约束，它在很大程度上不是一个写实的东西。其实很多人生活在种种现实的束缚之中，内心深处都有这种追求，《水浒传》就表达了我们的这种愿望。《西游记》表达的是对生活的一种游戏精神。我们的生活太枯燥、太乏味、太死板，我们希望有一种游戏精神，同时希望有一种克服千难万险达到理想的追求，《西游记》讲的就是这个东西。这些已经算是经典的东西了。还有比这些档次更低一点的，其实影响更广泛，如《杨家将》《说岳》《三侠五义》等。《杨家将》在过去影响很大，它写杨家将一代一代地前赴后继、保家卫国，祖孙几代战死沙场，男人死绝了，女人继续上，如佘老太君百岁挂帅，十二寡妇征西，穆桂英阵中产子等。杨家将这样的故事，世界上都少见，包含着惊天地泣鬼神的爱国主义精神。几千年以来，中华民族饱经磨难，之所以能延续下来，而且越来越强大，像《杨家将》《说岳》这样的小说、戏曲起了一定的作用。它们倡导忠勇节义、一代一代为国尽忠，这些精神渗透到中华民族的血液里了，所以对人们的思想观念影响很深。

现在有一种误解，认为传统文化中很多东西是落后的，现在我们再提这些东西会有不良的影响，这些东西有害。比如读了《三国演义》，人会变得狡诈；读了《水浒传》，人会变得野蛮，动不动就杀人；《金瓶梅》就更不用说了。这些说法是似是而非的，是站不住脚的。因为古代人的生活与现在不同，那时候有那时候的生活环境和生活方式，也有那时候的生活观念。比如一夫多妻制，我们现在当然是不认可了。但在古代，在那种生活环境下，这些就是必然的。既然是必然的，在一定程度上也就是合理的。古代和现代生活肯定不一样，读古代的书必须明白这一点。古代的书读得越多、越透，就越明白这一点，而不会把古代和现代搅在一起。如果读到古人是怎么生活的，现在就怎么干，那就是读傻了。同理，要求古代人和现代人的观念一模一样，要把那些与现代人的生活观念不一样的东西都废弃掉、毁灭掉，那古代就没有任何东西可以留下来了。因此这同样是不对的。

我们现在看古代的这些文学作品，首先要关注的是它最基本的精神、最内在的价值观，这些东西是不会过时的。虽然有些变化，但变化很少，有些东西几乎是不变的。比如爱国主义、对仁义的追求、对自由的向往，还有《红楼梦》中对爱情与命运的思考等，这些东西不会过时。经典之所以是经典，就是因为它涉及了历史、社会、人生最核心的问题，在这些问题上有深刻的见解，这些东西不会过时，而且有广泛的适应性。其次，有些东西当时是合理的，现在变得不合理了。在古代只要你是真正受了冤屈，自己就可以报仇，甚至杀人，现在还能随便杀人吗？不可能了。还包括前面讲到的一夫多妻制等，现在也不存在了，对这些东西我们要用历史的眼光看。再次，《三国演义》《水浒传》《西游记》等，确实写出了我们民族的一些弱点，一些人性之恶。哪个时代的人只有好的一面，没有坏的一面？我们现在就没有缺点了吗？任何时代、任何民族肯定都有好的一面，也有不好的一面。古代文学经典作品把中国人一些不好的东西写下来了，我们正好可以把它们当作镜子，知道我们这个民族有哪些不好的东西。我们还可以对照它们进行反省，知道哪些毛病现在还存在，自己身上有没有这些毛病，这样对自我就有清醒的认识，这不是很好吗？比方说《水浒传》中写到人性野蛮的一面，它让我们知道，古代中国人确实有这些问题，当然世界上其他地方的人也有这些问题。我们因此就知道，中国传统文化中确实存在一些问题，现在这些问题可能还有遗留，或以另外的方式表现出来，我们就要知道它们的来龙去脉，对症下药，防止它们发作，尽可能把它们抛弃掉。如果不读这些作品，我们反而对自己究竟是什么样子，心里没数了。我曾经打过一个比方，你明明长得就是这个样子，一看镜子中的自己觉得长得不好，就把镜子砸掉，这有什么用呢？你只能怪自己，怎么能怪镜子呢？没有镜子反而看不到自己是什么样子了。因为古代文学作品中写到我们民族一些不好的东西，就否定甚至毁弃这些作品，这就跟因为镜子中的自己不好看就把镜子砸了一样。这种看法是很肤浅的，是不合理的。

顺便说一下，在不同的时代，比如三四十年前的人与现在的人读这些古代文学经典的感受不一样，你十几岁读和三十几岁读感受也不一样。比如我读《红楼梦》，我十多岁的时候读过《红楼梦》，也跟现在的年轻人一样，可能更感兴趣的是其中谈恋爱的那部分，甚至是其中比较恶搞的东西，但前些年，有些企业的老板想了解《红楼梦》，要我给他们讲一讲，我总得把书再温习一下，于是我就选读了部分章节，感受和过去完全不一样。《红楼梦》真的把人性的复杂、人生的复杂、人世的微妙写透了。对于里面写到的人性的纠结、人生的无奈、人与人之间的关系，没有一定的生活阅历和生活感受，是读不懂的。你如果有了一定的人生阅历，就会发现里面真是一把辛酸泪。所以曹雪芹说"都云作者痴，谁解其中味"。《三国演义》《水浒传》《西游记》《金瓶梅》等，莫不如此。我年轻的时候也是深受《三国演义》的影响，做梦都梦到提刀上马，大战 80 回合。但年近花甲再读，感受就大不一样了。但年轻时的感受也有好处，就是让我们立志。小孩子读了《三国演义》，可能心里会想"我就要做诸葛亮这样的人"，那就比父母、老师整天劝导、督促他学习还管用。这种作用是潜移默化的，是自然而然的，是可遇不可求的，可又是效果最好的。所以我觉得，对于这些经典不同时代的人要读，不同年龄的人也要读。

言归正传，今天讲的是"《三国演义》与中国传统文化"，主要讲《三国演义》与中国传统文化的关系。作为中国传统文化中的一部经典，《三国演义》反映了中国传统文化的哪些重要内容？反过来，《三国演义》又对中国传统文化的形成和发展，对中国人的思想观念，产生了怎样的影响？

现在一般都说《三国演义》是罗贯中写的，历史上是有这么个人，但《三国演义》在多大程度上是他写的则是个问题。中国古代早期的长篇通俗小说，都是世代累积而形成的，不像现在的小说是某个人创作的。中国古代的通俗小说，来源于说话艺术，最初是讲故事的人口头讲，后来越讲越复杂，越来越丰富。然后有人看到可以印出来供人阅读，有利可图，有市场，就开始印刷，然后拿去卖。印刷时自然而然就会加以改编，这样故事的内容就进一步丰富。《三国演义》也是这样，《三国演义》讲了东汉末年到三国时期六七十年的事情，这一时期确实涌现了很多英雄豪杰和传奇故事。这六七十年的历史刚过去，马上就有许多关于三国的故事在流传了。关于三国时期的主要历史著作是陈寿的《三国志》，南朝裴松之为《三国志》作注时，引用了很多当时的记载，里面就包含许多关于三国历史的不同传说。到了唐宋时期，民间就有说书的人专门讲三国了，关于三国的故事当时应该已经非常丰富了。在元代说书艺术和戏曲中，很多都以三国故事为题材。

这时已经有把关于三国的故事刻印后出卖的，也就是《三国志平话》。大约在元末明初，关于三国故事的小说就变成一本比较大的书。现在我们还能看到的最早的刻本，是嘉靖元年刊刻的《三国志通俗演义》。它之所以叫《三国志通俗演义》，是因为是依据《三国志》整理、改编的，是把这本历史书通俗化。到了明末清初，毛伦、毛宗岗父子又在此基础上改了五万多字，做了很大的改动。比如在嘉靖刻本的《三国志通俗演义》里面，曹操还是"曹公"，到毛氏父子改本中就大都成了"曹贼"，这个版本中拥护刘备、反对曹操的倾向更鲜明了。总之，《三国演义》是像滚雪球一样逐步形成的。在这个过程中，说话艺人、出版商、中上层文人等都发挥了重要作用，他们都把自己的思想观念寄寓到小说中了。广大民众实际上也参与到了它的成书过程中，这是因为说话艺人、出版商、中上层文人等往往是根据普通听众、读者的欣赏趣味来编撰和改编故事的，广大普通民众的思想观念也就进入小说中了。因此，《三国演义》成书的过程非常长，它吸收了中国古代社会各个阶层的人们的思想观念，在反映中国传统文化方面具有极大的典型性和代表性。

《三国演义》的历史观

元朝刊刻的《三国志平话》，开头是司马仲相断狱，说三国的故事之所以发生，是因为当初汉高祖刘邦是靠韩信、彭越、英布三位大将帮他打天下的，他后来却把这三位大将杀了，三人不服，向天帝控告，天帝说人间有个书生叫司马貌，字仲相，为人公正，你们可以向他投诉，由他来断狱。三人就到司马仲相处诉冤，司马仲相一听，觉得刘邦确实不地道，于是做出判决，让三人重新回到人间，分别转生为曹操、刘备、孙权，分了刘家天下，这就扯平了。天帝认为司马貌判得公正，就加上一条，让他转生为司马懿，将魏、蜀、吴收归一统。这反映了时人对三国历史的一种看法，他们是用因果报应的观念来理解三国历史的。

明朝嘉靖元年刊刻的《三国志通俗演义》没有采用这种说法。开头是汉朝皇帝上朝，突然有条大蛇从屋梁上掉下来，预示汉朝气数已尽。这是用天命观来看待三国的历史。

明末清初的《三国演义》，就是我们现在看的《三国演义》，它的开头用了明代中后期文学家杨慎的《二十一史弹词》里面的一首词，就是大家非常熟悉的那首词："滚滚长江东逝水，浪花淘尽英雄……"然后是大家熟悉的那句话，即"话说天下大势，合久必分，分久必合"。这首词和这句话，原来的《三国演义》里面是没有的，是后来改编时加上去的。这下就把《三国演义》历史观的理性化水平大大提高了。无论是因果报应观，还是天命观，都是比较简单的。现在做出分析了，总结了历史的规律，那就是"天下大势，合久必分，分久必合"。这就是贯穿这个版本的《三国演义》历史观。这是一种怎样的历史观呢？就是历史循环论，认为历史无非合了分、分了合，没有什么变化，没有什么发展。既然历史没有什么变化和发展，人们也就不必太在意，不必人为地去干预。努力没有什么用，也没有什么意义。因为"是非成败转头空"，所以"古今多少事"可以"都付笑谈中"。

《三国演义》的这种历史观对中国人的影响太深了，很多人经常说"话说天下大势，合久必分，分久必合"。这句话成了口头禅，成了格言，深深地渗透到我们脑海里去了。过去我们很多人看世界大势都是这么看的，现在也还有这么看的，而且这么说的时候，还表现出非常高深莫测、超然睿智的样子，觉得这句话可以概括古今所有事件，觉得自己已经把握了人类社会发展的所有规律。

观念会影响行为。既然历史就是循环，没什么变化，那我们对历史、对现实中发生的一切，就不用在意。这种态度，在一定程度上导致了我们中国的落后。胡适先生到美国去留学，本来是抱着学习西方的先进技术和文化、拯救中华民族的愿望到美国去的，最后拿了博士学位回来。他说自己到国外几年，发现中外文化最大的差别就是外国人相信一切事情要靠人主观努力，而中国人觉得一切靠天命，反正会循环的，你努力也会循环，不努力也会循环。

很多中国人认为历史是循环的，人根本不用做什么努力，多努力也白搭，顺其自然就行了。中国人为什么会产生这种观念？大多数中国人为什么会接受、认同这种观念？这与中国古代历史有关，与中国古代人的生产生活方式有关。经济基础决定上层建筑，社会存在决定社会意识。中国古代主要是小农经济，就是以一家一户为单位的农业生产，而不是现在的规模农业和现代技术农业。中国人的很多观念跟小农经济有关。我们现在讲的创新、改革、发展等概念，古代是没有的。古代人讲得最多的是什么呢？就是天下太平、风调雨顺。古代为什么不讲创新、改革、发展？因为中国古代都是小农经济，在生产技术、生产方式等方面几乎没什么创新和发展。根据现在学者们的研究，在公元 500 年至 1900 年的 1400 年间，整个人类 GDP 增长了一倍。1400 年才增长一倍，人们会有什么感觉呢？小农经济没有什么发展，导致了人们认为历史是没有什么发展的，无非年复一年循环罢了。从社会历史方面来看，建立在小农经济基础上的大一统君主专制制度也一直延续着，没有什么变化，无非一个朝代灭亡之后又一个朝代兴起罢了。社会制度没多大变化，人们的观念也没有多大变化。当然多少有些变化，但这种变化几乎可以忽略不计。

中国人信奉循环论历史观，还与中国所处的特殊地理位置有关。中国主要处于北温带，春夏秋冬四季分明，循环往复。大家不要因为我们习惯了这种四季分明的气候，就以为全世界都四季分明，其实不是的。比如柬埔寨、泰国就没有四季，只有旱季、雨季。马来西亚、新加坡这些地方一年到头都非常热，也没有四季的变化。我们生活在四季分明的地方，其实是很幸运的。我们永远处于季节的变化中，热了就会变凉，冷了就会变暖，我们就会觉得这个世界总是在变，觉得总有希望，但这种变化只是循环。气候又与农业有关，中国古代不是一直以小农经济为主吗，从事农业的民族就特别注意观察季节的变化，而季节的变化就是春夏秋冬循环。这又加深了古代中国人的循环观念。总之，中国所处的地理环境和气候，深深影响了中国人的思想观念。

这种循环论历史观有什么好处？第一，它确实比较符合中国古代王朝更替的社会历史事实，让人们在这种变化过程中不要掉以轻心，不要绝望。因为知道合久必分，所以合的时候要居安思危，不要高枕无忧，以为天下太平；因为相信分久必合，所以如果碰上天下大乱，或者国家衰败，也要抱有希望，不要丧失信心，不要灰心丧气，不要绝望，总会有转机出现。所以，这个观念含有辩证思维的因素。我们中华民族迭经灾难，能存续下来，这么有韧性，与信奉这种观念很有关系。比如抗日战争时期，中国当时的实力不可能很快战胜日本，但中国人咬紧牙关，相信时机成熟就会发生变化，一定要坚持到最后。结果后来果然就发生了变化：日本偷袭珍珠港，日本与美国打起来了，德国同时与英国和苏联交战，陷入被动，整个战局就变了，加上中国人自己浴血奋战，中国就有救了。中国这种传统的历史观，在当时对鼓舞士气是起了重要作用的。

第二，它让中国人对历史和现实有一种超越感，就是我们不要太在乎人生中一些微不足道的东西。因为人的一生中总有得意和失意，有喜悦也有烦恼，而且不如意事常八九，太在乎人生中的某些东西，就会活得很累，人还是看得淡一点比较好。整个历史也不过是合久必分，分久必合。古往今来多少英雄豪杰、帝王将相，也是转头即空，灰飞烟灭，我们这些普通老百姓的那一点得失又算什么？整个历史的大势都不过如此，你那一点点小事算什么？所以视野高远一点，心胸坦然一点，超脱地来看待这个世界，看待历史，看待人生，我们就会变得比较轻松一些，不会那么想不开，活得那么累。

第二次工业革命兴起以后，这个社会发展得实在是太快了，在某种程度上是以加速度方式发展的。这时候再抱着合久必分、分久必合的观念，一切顺其自然，不做主观努力，那就要落后，落后就要挨打。现在必须不断地创新和发展，才能立于世界民族之林。每个人也一样，只有不断地创新发展，才能有所作为，才能有充实美满的人生。像过去那样什么都无所谓是行不通的，你对社会无所谓，社会就对你无所谓，所以现在的社会变了，我们的观念和生活方式就得变。当然，我们现代人的观念已经发生了很大变化，但要指出的是，我们过去的文化对现在还是有影响的，就是社会已经变了，但人们的观念还没有变，这时候我们就要反省了。我们读《三国演义》，不是要接受它的历史循环观的影响，而是要通过读它，反省我们现在思想观念中的某些问题，意识到在哪些方面这些观念对我们的影响依然存在。

对《三国演义》中包含的历史循环论的观念，我们首先要历史地看，理解它在古代的必然性，它的合理性，甚至要肯定它有一定的价值和积极意义。但我们也要知道，它在很大程度上已经不适合现代社会了，因为社会变了，生活变了，这种观念已经不合时宜了。当然，这么说并不是否认这种观念在现在还存在一些可取的因素，比如对历史和现实的一定的超越感，我觉得还是要有，不然一个人如果太执着于现实的东西，就是一个很俗的人。至于如何一方面积极进取，一方面保持超然，如何把握这里面的度，那就看我们每个人的智慧了。

刘备形象与中国古代的"仁政"理想

过去无论是知识分子，还是普通老百姓，对《三国演义》塑造的刘备形象的态度都是矛盾的，一方面觉得他是好人，一方面又认为刘备收买人心，这个人很虚伪。鲁迅先生在《中国小说史略》里就批评《三国演义》："饰刘备之长厚而似伪，状诸葛之多智而近妖。"人们似乎都知道，刘备的仁义有点靠不住。

其实历史上的刘备不是小说中的这个样子。历史上的刘备，可以说是三国时期几大集团的领导人里面最不讲信用的。三国历史中真正白手起家，靠个人奋斗起来的就是刘备。因为曹操的父亲曹嵩投靠了当时的大宦官曹腾，官封太尉，相当于现在的国防部部长，所以他家里是大地主，人多势众，有政治地位和经济实力。孙权的父亲孙坚和哥哥孙策，都当过太守，也有雄厚基础。只有刘备是白手起家。他其实最初是个读书人，读了很多书，曾跟当时的著名学者卢植学习。但《三国演义》后来为了迎合老百姓的口味，故意淡化了他是读书人这一身份。刘备一辈子背叛过很多人，他最初跟着公孙瓒干，后来跟着陶谦干，又投靠吕布。后来曹操打败了吕布，要杀吕布，吕布觉得自己有恩于刘备，就希望刘备给说句话，因为这时刘备又投靠曹操了。曹操悄悄问刘备："你觉得该怎么处置？"刘备就说，"原来吕布曾经背叛过丁原，你现在如果放了吕布，将来也会被他所害。"曹操就把吕布杀了。吕布死前说了一句："大耳儿最无信义。""大耳儿"就是刘备，因为据说他"两耳垂肩"。刘备后来也背叛了曹操，又先后投靠了袁绍、刘表。再后来曹操来打刘表了，他就逃跑了，与东吴结成联盟来抵抗曹操。他的军队很少，抵抗曹操主要靠东吴的军队。可一把曹操打败，他就占据了荆州，又和东吴闹翻了。接着是刘璋收留了他，他后来又把刘璋的地盘占了，建了蜀国。总之，他是不断地改换阵营，不断地背叛。当然，在当时的环境下，如果不这么做，他也不可能成就那么一番事业。

曹操有那么强的实力，孙权也有那么强的实力，二人也都有根基，刘备就给自己也搞了一个名号，说自己是汉朝中山靖王之后，汉景帝阁下玄孙，但那都是两三百年前的事了，谁知道真假呢？而且西汉的王室过了几代，和老百姓也就没有什么区别了。除身份之外，他还要为自己树立一个品牌，就好像现代搞企业，要和曹操、孙权的公司竞争，他要为自己的企业打出一个文化品牌来。他经过周密论证和精心设计，发现曹操靠实力，孙权靠谋略，他只能靠仁义，于是把仁义作为他的旗号。他说得很清楚，只有这样，他才能有自己的特色。每件事情都必须与曹操他们反着来，事业才有希望。当曹操打到荆州时，他只能逃跑，荆州有很多百姓跟着他一起跑。带着老百姓，速度肯定就慢了。眼看曹军要追上了，有人劝他丢下老百姓快跑，他说："那些老百姓跟着我走这么远了，我抛弃他们，确实不忍心。"这恐怕是事实，因为没有了老百姓，将来做什么军阀？所以刘备这时候主要考虑的，是没有老百姓自己就做不成军阀，或者失去了民心就失去了自己唯一的资本，因为他没有别的条件和资本。后来逃到长江边上的时候，这些老百姓还是被丢掉了，当时船很少，军队上了船，老百姓上不了，还是被扔下了，这反而害了这些老百姓。所以我这里要讲的就是，刘备和中国古代的帝王将相或者军阀一样，没有什么不同。

但《三国演义》里为什么把他塑造成仁义的楷模？有以下几个原因。

第一个原因，中国古代的政治结构和西方不一样，西方早期有宗教，教会有很大的权力，政治权力不是最大的。十五六世纪以后，市场起来了，企业家起来了，企业家有很大的权力，成立了各种行业协会，这就是西方议会的雏形。所以西方的君权、政权，既受宗教权力的制约，又受行业协会的制约，它们的权力非常有限。而在中国古代，宗教没什么权力，宗教都要听皇帝的，也没有行业协会，所以君王的权力几乎不受制约，他可以为所欲为。怎么样对它进行一定的制约呢？只能靠思想文化，主要是孔孟之道，即儒家学说。知识分子手无缚鸡之力，虽然没有钱，也没有军队，但他们说，自己研究天地的道，研究古代圣人的学说，他们掌握了这个道，这个道是天地的规律，是最基本的原则，王朝可能会变，天道是不会变的，因此天道高于皇权，皇帝继承了法统，他们则继承了道统，皇帝也要服从道的制约，如果不服从，就会失去合法性，就要被推翻，并遭到千万人唾骂。所以在中国古代这么长的历史里，那么多的学者和知识分子为什么要强调孔孟之道、儒家之道？其中一个原因就是对君权形成一定的制约，把社会引向比较合理的方向。

著名理学家朱熹说过，尧舜之道未尝一日行于天下，也就是说，儒家知识分子们都知道，他们所倡导的仁义之道只是一种理想，在现实中从来没有真正实现过。但他们为什么还是要反复地讲这种仁义之道？就是为了让社会有一个理想，有一个目标，有一个标准，不能让皇权失去制约，不能让人们迷失方向。虽然这种理想不可能达到，甚至可能有点虚假，但有总比没有好一点，这样对社会、对老百姓稍微好一点。所以在中国古代，一定要创造一种仁政理想，远的、高的楷模是尧舜，比较近的、低的就是刘备的形象之类了。为什么《三国演义》要把刘备写得这么仁义？就是表示统治者应该这样，这样才是合理的。这表达了在中国古代政治体制和社会结构背景下，人们的一种理想。

第二个原因，刘备集团在三国里面确实力量比较弱小。关于三国时期各国的人口，有几种不同的统计。比较流行的是：曹魏大概有2000 万人，有的说只有 700 万人，有的说有 2000 万人，应该在 700万人到 2000 万人之间；东吴人口最高统计大概是 600 万人，最低统计是 200 万人，应该在 200 万人到 600 万人之间；刘备统治的西蜀，大概只有 100 万人。在这样一个人口背景下，真正能去打仗的不会超过 6 万人。所以《三国演义》里说诸葛亮动不动就指挥几十万大军，这是夸张，是不可能的。可见，刘备的实力很小。后来把刘备和蜀国写得越来越重要，这主要是在南宋以后。在这之前，三国故事中，主角是曹操，曹操的故事最多，然后是诸葛亮，这两个人的故事比较多，刘备的故事很少，关羽的故事也很少。北宋司马光是思想比较传统的人，但司马光的《资治通鉴》实事求是，以曹魏为正统，因为曹魏就是比较强大，其他两个国家都很小。南宋以后就不一样了，南宋以后就慢慢以蜀国为正统了。所以朱熹搞了一个《资治通鉴》的压缩版，叫《资治通鉴纲目》，改为以蜀国为正统了。因为每个时代的人，都是根据自己的生活处境和感受来看待历史的。南宋就那么大，北方有金国、西夏、辽国、蒙古等。这时候南宋人用一种特殊的心态看三国历史，把自己看成刘备，曹操则隐然代表北方的金国或者蒙古，所以人们的立场就慢慢转过来了。南宋人就说，刘备虽然小，却是汉朝的正宗，曹操再强大也是奸臣，意思是蒙古人再强大也是野蛮人。南宋人为了现实的需要，对历史进行了改写，刘备的形象也就提升了，刘备也就变得越来越重要了。人们把刘备身上很多不好的东西去掉了，转到其他人身上，同时给刘备增加了很多好的品质。《三国演义》把刘备塑造成一个仁义的楷模，一是倡导仁政思想的需要，二是倡导拥刘反曹，强调汉族正统的需要。

《三国演义》通过刘备形象表达出来的仁政思想，是中国传统文化中的基本价值观。现在所说的人民群众的向往就是我们的奋斗目标，也与中国古代的仁政理想有关系。所谓仁政思想，就是要关心老百姓的疾苦，君王自己要节俭。这种理想是中国古代非常宝贵的思想，虽然没有真正彻底地实现过，但是至少是一个理想，是一个目标，是一种轨道。中国传统文化中的这些东西，看起来好像很虚，但是虚的东西有时候意义很大。比如航道上可能有个灯塔，灯塔有什么用？它好像没有直接地影响航道，但就是因为参考灯塔，船才会走一条正确的航线。如果没有灯塔作为参照，可能就不知道何去何从。中国古代的仁政理想，就好像航道上的灯塔。因为有这种理想，所以人们不应该乱来，不应该唯利是图、残暴不仁。仁义变成大家共同的价值观，自然对古代的皇帝、官员有很大的影响，这个传统是中国古代思想里很宝贵的财富。

但中国古代的仁政理想，与现在我们所说的执政为民有很大的区别，为什么呢？因为仁政的核心在于强调统治者关心老百姓，它最多会说一切权力为了人民，而不是说一切权力来自人民，一切权力属于人民。这就是中国古代的仁政理想的局限性。小农经济时代，人民都喜欢有一个比较贤明的统治者，如果他比较关心老百姓，而不是那么残暴不仁，老百姓就很高兴、很满足了。把一切希望都寄托在统治者身上，人民本身没有力量，这是有问题的。在古代只能这样，因为古代是小农经济，人民没有力量。马克思有一个描述，就是小农经济中的老百姓人数虽然很多，但也只是像麻袋里的土豆，彼此没有联系，没有组织，没有力量，不能把意见有渠道、成体制地提出来，就不能对统治者的权力形成制度上的约束，所以只能把希望寄托在贤明的君主身上。只有组织才有力量，这样当官者就不敢忽视了，所以在中国古代官方对组织很警惕。在中国古代小农经济条件下，老百姓是没有组织的，没有组织就没有力量，只能把希望寄托在统治者身上，这是有很大缺陷的。所以我们一方面要吸收仁政理想里的合理成分，就是要关心老百姓，但是也要知道我们现在合理的执政理想应该是什么，然后推进现代化、民主化。

关公形象与中国古代的"义"

中国古代有几千年的历史，著名的战将数不胜数。关羽在中国古代那么多的战将中，甚至在三国时期的战将里面，是比较普通的一员，并没有特殊地位。他甚至还有很多的缺陷，比如骄傲、意气用事等。顺便说一下，三国相当于三个大企业，它们的内部结构是不一样的。曹操这个企业是开放式的公司，所以做得最大。东吴是个家族企业，但比较牢固。蜀汉是合伙性企业，有几个元老、创始人，属于合伙人办的企业。刘、关、张属于合伙人，诸葛亮相当于职业经理人，赵云等属于引进人才，相当于高级打工仔。所以刘备拿关公是没有办法的，因为他动了一个兄弟，其他人也会离心离德，这个公司的总体结构就会出问题，所以关公有时候有点胡来。

但关公在后代为什么地位越来越高？关公在三国结束后的几百年里可以说默默无闻，其知名度远不能与曹操、诸葛亮等相比。在隋唐之际才开始重新被人提起，最早给他做宣传的是佛教天台宗的开创者智颤大师。智颤大师要到湖北当阳一带建寺庙，经过调查，发现这是关羽被潘璋擒杀的地方，于是散布谣言说关羽托梦给他了，要他在此建寺庙。当地人多少知道一点关羽在当地被杀的事情，智颤大师利用当地资源做广告，其宣传效果当然就好多了。在宋代关公的地位显著提高，最初是因为山西解州（也就是关公故乡）的盐池干涸了，无法采盐，影响到民众的生活和国家的财政收入。宋真宗派王钦若去解决这个问题。宋真宗是个喜欢装神弄鬼的人，王钦若是个奸臣，为投其所好，回来报告说，因为现在的皇上英明，关羽显灵了，帮忙降了雨，解决了盐池的问题。宋真宗听了自然高兴，于是就更喜欢王钦若了，同时也颁诏给关羽加封。从宋代经元代到明代，关羽的地位芝麻开花节节高，到清代达到最高，这又有个特别的缘故：满族人最早读到的汉族文学作品就是《三国演义》。他们将它作为作战指南，借鉴其中的谋略来打仗，还用于统战。为了笼络蒙古族，他们说满族就是刘备，蒙古族就是关公。满族尊敬蒙古族，而关公讲义气，蒙古人也不要背叛满族人。蒙古人一听就高兴了，他们就非常团结。据说到了清朝晚期，宫廷里演戏，只要演到关公的时候，慈禧太后就起来走动走动，为什么呢？她说关公都出来了，自己不能总是坐着，要走动走动，不然对他不尊敬。关公这时已经与孔子并尊了，一个是文圣，一个是武圣。关公在海外华人圈的地位比在国内还高。在东南亚地区，到处建有关公庙，当地人不怎么讲孔子，但特别崇拜关公。为什么？

《三国演义》中的关公有几个特点。一是义，即讲义气、忠义。刘备在创业过程中，有几次几乎要完蛋了，关羽完全可以有别的选择，但他没有产生过二心。别的人来邀请他，比如曹操给他特别的优待，他也没有变心。他对兄弟非常忠心，这是义。二是勇，即武艺高强。三是长得很威严，面如重枣、丹凤眼、卧蚕眉、长须等。四是骄，他非常骄傲。在《三国演义》电视连续剧里，演员把关公演得很好，把关公的骄傲演出来了。他有一种莫名的骄傲，骄傲本来不是个美德，但中国人就喜欢关公的骄傲，中国人觉得关公骄傲得好。总结来说，关公的特点是：义、勇、威、骄。他最核心的特点还是义和勇，特别是义。

中国人为什么对义这个品德特别感兴趣？这与刚才我们讲的小农经济有关。中国古代的基层管理是很简单的，县级以下基本上没有政权，主要靠宗族乡绅管理社会，大家经常找长辈人、娘家舅舅来仲裁矛盾纠纷。古代人家为什么一定要有儿子，而且最好是几个儿子，就是因为如果发生矛盾冲突，没有人来管，主要靠自己，有比较多的儿子就比较好办。然后就是靠团体，中国古代叫亲帮亲、邻帮邻，古人还经常拜把子，就是因为中国古代的国家管理非常薄弱，甚至很多事情没人管理，民众的安全得不到保障，杀人没人管，被欺负得要死也没有人管。政府管理为什么这么简单？主要是因为小农经济生产的财富非常有限，养不起那么庞大的政府机构。政府是真正的小政府，管不了那么多，人们只能靠自己。自己的力量又很有限，所以就要靠朋友。中国古代人为什么对关公的形象感兴趣？就是因为在现实社会生活中要靠朋友，朋友之间要有义。为什么海外华侨特别喜欢关公？他们来到海外，举目无亲，生存环境非常险恶，同乡情谊、兄弟情谊就极其重要，所以一定要建关公庙作为精神支柱，一定要在关公庙前发誓，兄弟不能背叛，一定要互相帮助。所谓义，就是中国古代小农经济环境下民众所形成的一种观念。

《三国演义》为什么特别强调关公的勇，几乎把他的武功神化？《三国演义》里写打仗，每次都主要是靠一员武功高强的大将。其实在中国古代打仗不是这样的，勇将的作用是非常有限的。即使你是勇将，你把我杀了，但是我背后有几万人，你只有几千人，你还是打不过我的。我们现在看到的小说、电影里对古代战争的描写是不真实的。只要我的实力强，作战计划设计得好，比如埋伏搞得好，机动部队安排得好，你即使有勇将，也是打不过我的。中国古代老百姓为什么那么推崇武功？为什么把一个武将的武功说得那么了不起，那么重要？是因为中国古代民众大部分是农民，农民是没有文化的，农民如果要发迹、有发展前途，主要的途径就是去投军，也就是靠武功。《水浒传》《三国演义》这些作品，都反映了中国古代普通老百姓的心理。你看在《水浒传》里，读书的人没有一个好的，这就代表了普通老百姓的立场、农民的立场。他们认为读书人和自己有距离，不是一类人，他们对武将则有亲切感，认为有武功就了不起。所以《三国演义》强调关公的武功，也是反映了老百姓的观念。

关公很骄傲，无论是对自己的同伴，还是对敌人，他都那么骄傲，这应该是个很大的毛病，但中国人就特别喜欢他的骄傲，并对此产生了共鸣。为什么？因为中国古代主要是小农经济，每个人的力量是非常有限的，但农民对外部世界不了解，容易自我满足，因此小农经济条件下的农民，实际上很容易骄傲，这是就个体而言。就民族而言，在整个古代历史上，汉族往往是受欺负的。如宋代，前有女真人，后有蒙古人，然后又是满族人，他们都曾打败过汉族人。顺便说一下，有的人因为这些情况，就说中华民族特别是其中的汉族缺乏竞争力，这反映了我们的传统文化有问题，这个说法又是完全不对的。因为冷兵器时代，打仗主要靠臂力，再加上不怕死的精神。文明程度越高的民族其民众臂力就越弱，生活得越好的人就越怕死，因此就越缺乏战斗力，这是全世界的普遍现象，西方也是这样，文化先进的民族，都被野蛮民族打败。因此，中国古代出现这种情况，并不能证明中华民族特别是其中的汉族没有战斗力，没有竞争力，或者说我们的传统文化有问题。当然，现在是科技时代，再靠蛮力已经没有用了，打仗主要靠科技，文化先进的民族就更有战斗力，这就不用说了。

回到中国古代，那个时候汉族总是打不过少数民族，汉族怎么树立自信心呢？只能说我虽然弱小，但我是华夏文化的正宗，我在文化上要比你先进，我的精神要比你高明。汉民族只能通过这个东西来建立自己的合法性，来树立自己的信心。敌人虽然强大，但我藐视你。后来也是这样，当西方列强打过来的时候，中国人也只得说，你虽然强大，但你是蛮夷，你不讲仁道，我精神上比你高贵，从而获得一种优越感，获得自信心。所以关公的形象，包括关公的骄傲，从宋、元、明、清一直到近现代，都很受推崇。因为这很符合成百上千年来汉族的处境和心态，所以我们反而觉得他的骄傲是有骨气。事实已经证明，这种骄傲没有什么用处，很多情况下还非常不利。我们只有老老实实承认落后，奋起直追，才能真正改变落后的处境。

但关公形象的某些品质，如视金钱如粪土，把兄弟之间、朋友之间的信义看得比生命还重要，视死如归，大义凛然等，永远也不会过时。如果我们每个人整天想着跳槽和背叛，就很可怕。既不能说要从一而终，每个人都不寻求自己的发展空间，也不能唯利是图，翻脸不认人。那样社会会乱掉，人生也没有什么意义。所以中华民族也好，世界其他地方的民族也好，人与人之间还是要讲信用，特别是在遇到危机的时候，大家还是要携手同心，共渡难关，说不定就会见到曙光，迎来新的辉煌。所以，我觉得忠义还是很重要的。关公身上虽然有小农经济时代的烙印，但也有很多有价值的东西。

诸葛亮形象与中国古代的智慧模式

诸葛亮这个形象，在中国老百姓的心目中非常神圣。大家如果到成都去，参观武侯祠，就会发现作为臣的诸葛亮地位更高，作为君的刘备地位反而不如诸葛亮，诸葛亮占主位，刘备是配角。这反映了老百姓的看法，老百姓就觉得诸葛亮应该是主角，刘备应该是配角。

诸葛亮的形象也很有特点，首先仍然是忠义。刘备死了以后，以诸葛亮的能力和当时的威望，他完全有可能篡权自立，但他没有这么做。诸葛亮的形象越来越受欢迎，与历代统治者的推崇有关，因为统治者都希望大臣们向诸葛亮学习，虽然他自己没什么能力，他的儿子也没什么能力，但大臣们还是要鞠躬尽瘁，死而后已。老百姓为什么也喜欢诸葛亮呢？这与他身上的忠有关。因为如果所有大臣都想篡位，就会不断地打仗，打仗就会死老百姓，受害的还是老百姓。所以老百姓希望这些野心家不要斗来斗去，安分一点。他们安分一点，老百姓就少受点罪，所以老百姓也不希望大臣篡位，也敬仰诸葛亮的忠。这样一来，统治者和老百姓的愿望在某种程度上就达成一致了，就都体现在诸葛亮的形象上了，诸葛亮想不火都难。

当然，除了忠心耿耿以外，诸葛亮形象中最重要的品质还是智慧。诸葛亮是一个全能型的智多星，什么都知道。中国老百姓按照自己的理想塑造了一个诸葛亮，然后又把诸葛亮的形象在生活里加以应用。为什么会产生这样一个诸葛亮的形象？这也与小农经济有关。在座的诸位，特别是有些年长的朋友都知道，在三四十年前的农村里面，所有事情都要请教老人，村子里往往有一个好像什么都懂的人物，大家都很敬重他、信服他。因为小农经济主要靠经验，小农经济条件下的知识是非常有限的，常用的知识无非关于婚丧嫁娶、春种秋收等。一个人如果比较聪明，活的年纪比较大，就有可能几乎掌握当时所有的知识。所以小农经济时代，人们很容易产生一种想法，即认为某个人可以拥有所有的知识，他可以成为人们生活中所有方面的指导。不仅在日常生活中如此，在整个国家层面，人们也会把这种观念放大，认为某个人可以掌握一个国家所有方面的知识，于是在人们的观念中，在文学艺术作品中，就产生了诸葛亮式的人物。顺便说一下，现在的情况不同了，进入工业文明时代以来，特别是最近几十年，随着人类知识大爆炸，谁也不可能掌握所有的知识了。最多有人比别人稍微聪明一点，谁也不可能成为全能的人。

但传统文化的影响是有惯性的，现在诸葛亮的形象对我们还是有比较大的影响。因为我们还是寄希望于某个人全知全能，大家都把希望寄托在他身上，这样的智慧模式实际上是一种小农经济时代的智慧模式，现在肯定不合时宜了。真正现代化的国家治理、机构和公司管理，应该有一个比较民主的决策模式或者机制，让每个人都能够平等自由地表达自己的意见，发挥自己的聪明才智。其实中国古代人已经在一定程度上明白了这一点，所以古代中国人一方面认为诸葛亮很了不起，崇拜诸葛亮这样的人物，另一方面又知道其实相互讨论和交流、共同探索是非常重要的，所以有"三个臭皮匠顶个诸葛亮"的说法。

诸葛亮这个形象，以及他所代表的智慧模式，也是在中国古代小农经济背景下产生的。那么诸葛亮对当代人的意义在哪里？那就是我们一定要追求知识，积累更多的知识，遇到问题时一定要充分挖掘智慧的潜能，一定要动脑筋。我们的孩子读了《三国演义》，看到诸葛亮这么有智慧，什么问题都能解决，自然而然就产生了学习的兴趣，学习就有了动力。所以这个形象的意义还是很大的。

最后简单总结几句。《三国演义》这部小说，包括它所塑造的人物形象、所表达的思想观念，都是中国古代特定历史环境下的产物。《三国演义》这部小说，以及由它衍生出来的种种文学艺术作品，又反过来对我们的社会生活产生了巨大影响。它一方面反映了生活，另一方面又指导了生活。所以，《三国演义》堪称一部关于中国传统文化的百科全书，是我们用于观察中国传统文化的非常重要的标本。

《红楼梦》后四十回作者之谜

张庆善

张庆善 ✎

中国艺术研究院红楼梦研究所原所长，中国艺术研究院原党委书记、副院长。中国红楼梦学会会长，研究员，博士生导师。主要研究领域：中国古典小说。著有《漫说红楼》《话说红楼梦中人》《惠新集——红学文稿选编》《〈西游记〉校点注释》等。

我们知道《红楼梦》是中国最伟大的小说之一，在中国，任何与《红楼梦》、曹雪芹有关的报道，都会引起大家的关注。我认为有更多的人关注曹雪芹与《红楼梦》当然是好事。红学大家冯其庸先生有一个观点，他说在中国应该把熟不熟悉《红楼梦》、喜不喜欢阅读《红楼梦》作为衡量一个中国人人文素养的标志之一。对于这个话我是赞成的。为什么呢？因为《红楼梦》毕竟是中国最伟大的古典名著之一，代表了中国文化的精华，代表了中国文化的高度，一个有一定文化素养的中国人，怎么能不好好读读中国最伟大的古典小说之一《红楼梦》呢？我希望有一定文化的中国人都能读读《红楼梦》，并多读一遍《红楼梦》。著名作家白先勇先生说，《红楼梦》是值得读一辈子的奇书，这话说得好。但我想坚持读一辈子《红楼梦》不容易，但可以说我们这一辈子如果没有好好读读《红楼梦》，没有走进《红楼梦》的艺术世界里看一看，不认识贾宝玉、林黛玉、凤辣子、薛宝钗等《红楼梦》人物，那你的人生一定会有遗憾。多读一遍《红楼梦》，对提高我们的人文素养，提高我们的审美情趣，对增强我们中国人的文化自信和自豪感是非常有意义的。

那么，我们怎样走进《红楼梦》的艺术世界呢？或者说，我们应该怎样读《红楼梦》呢？我有这样一些基本观点：

（1）要把《红楼梦》当作文学作品来读；

（2）要精读、细读；

（3）要对作者曹雪芹的人生经历有一些了解；

（4）要了解一些关于红学和红学史的基本知识；

（5）要了解一些《红楼梦》版本知识；

（6）要了解《红楼梦》前八十回与后四十回的不同。

今天主要谈谈高鹗与《红楼梦》后四十回续书的问题。

这个问题今年（2018 年）曾在媒体和社会上引起广泛关注，起因是我的一个发言。今年初，在全国图书订货会上，我参加人民文学出版社举办的"四大名著珍藏版"的发布会。这套珍藏版中的《红楼梦》，是我工作的单位中国艺术研究院红楼梦研究所的前辈们历经七年校勘整理的本子，人们通常称之为"新校本"，或者"人民文学本"。这个本子发行量已近七百万册，是目前最为通行的《红楼梦》本子。我在介绍这个本子的时候，提到署名问题，过去各个出版社出版的《红楼梦》，封面署名几乎都为曹雪芹、高鹗著，现在不一样了，改为这样：

（前八十回）曹雪芹 著

（后四十回）无名氏 续

程伟元
　　　　　整理
高　鹗

　　我当时的意思是，这个新校本非常严谨，过去都认为后四十回是高鹗续写的，现在根据新的研究成果，高鹗不是后四十回的续作者，而是整理者。至于是谁续写的，不知道，所以署名无名氏，这是实事求是的学术态度。不想我的发言被媒体报道后，引起了关注和争议，甚至有人不解地责问："为什么要剥夺高鹗的续书作者的资格？"

　　其实，后四十回续书作者问题不是"新闻"，而是"旧闻"，因为早在2008年新校本第三次修订本出版时，就已经改为"无名氏续，程伟元、高鹗整理"了。当时似乎没有产生多大的影响，今天"旧闻"重提，竟引起这么大的反响，令人感到有些意外，这也从一个方面反映出《红楼梦》和红学的魅力。

　　关于《红楼梦》后四十回的问题，是红学的大题目，它牵扯许多问题，主要是：后四十回是续书吗？后四十回续书作者是谁？高鹗是续作者吗？后四十回中有没有曹雪芹的原稿？如何评价后四十回？后四十回在哪些方面违背了曹雪芹原著的精神？等等。

　　说到《红楼梦》后四十回问题，我想到了著名作家张爱玲的"人生三恨"。哪三恨呢？一恨鲥鱼多刺；二恨海棠无香；三恨是什么呢？对，就是《红楼梦》未完。鲥鱼味道是那样鲜美却因刺多而不能尽兴地吃真是遗憾，海棠花是那样的娇美却不香也是遗憾，《红楼梦》是那样的伟大却没有写完更是遗憾。其实，说《红楼梦》未完，不准确，应该说《红楼梦》是基本写完了，准确地说，是没有最后修改完，而且第八十回以后的稿子又丢掉了，因而留下了后四十回续书问题。

　　说曹雪芹基本创作完了《红楼梦》，但没有最后改定，有什么根据呢？一是从创作的规律而言，曹雪芹创作《红楼梦》是披阅十载，增删五次，纂成目录，分出章回，历时十年之久，他不可能只写前八十回，而不再往下写了，翻来覆去只是修改前八十回，这不符合创作规律，这是不可能的事。二是现有的大量脂砚斋批语，已经透露出第八十回以后的情节，曹雪芹的亲友脂砚斋、畸笏叟都已经看到了这些稿子，这都证明曹雪芹写完了《红楼梦》，只不过还在修改当中。

如庚辰本第二十一回回前批：

按此回之文故妙，然未见后三十回，犹不见此之妙。

第三回蒙古王府本批语：

后百十回黛玉之泪，总不出此二语。

第十九回批语：

补明宝玉自幼何等娇贵。以此一句，留与下部后数十回"寒冬噎酸齑，雪夜围破毡"等处对看，可为后生过分之戒。

第四十二回脂批（靖本）：

应了这话固好，批书人焉得不伤心！狱庙相逢之日，始知"遇难成祥，逢凶化吉"，实伏线千里。哀哉哀哉！此后文字，不忍卒读。

庚辰本第三十一回回末批：

后数十回若兰在射圃所佩之麒麟，正此麒麟也。提纲伏于此回中，所谓草蛇灰线，在千里之外。

庚辰本第四十二回回前批：

> 钗、玉名虽二个，人却一身，此幻笔也。今书至三十八回时，已过三分之一有余，故写是回，使二人合而为一。请看黛玉逝世后宝钗之文字，便知余言不谬矣。

脂批透露出的信息很多，还有具体的回目，都能说明曹雪芹确实基本完成了《红楼梦》全书。

我为什么说"基本"写完了呢？我的意思是，全书写完了，但有些地方还需要认真地修改整理，有些地方还缺些内容没有补上，有的章回还没分开等。"披阅十载，增删五次"，就是一个不断修改的过程。我的这些观点的主要依据是《红楼梦》中的描写，特别是脂批透露的信息。

如庚辰本第二十二回回后有评语："此回未成而芹逝矣。"这里的"未成"是未修改完，不是没有写完的意思。庚辰本第七十五回回前有评语曰："乾隆二十一年（1756）五月初七日对清，缺中秋诗，俟雪芹。"就是说第七十五回完成了，但个别中秋诗还需要曹雪芹补上。这里的"缺"是没写呢，还是在传抄中丢失了呢？很难判断。还有一些章节没有完全修改整理好，如第十七、十八回没有分开等。由此推断，前八十回的情节不一定完全修改好了。

由此我们推定曹雪芹写完了《红楼梦》，至于是写了一百一十回，还是一百零八回，或者是一百二十回，很难确定。多数学者认为，应该是写了一百一十回。但为什么现在看到的早期抄本只有八十回呢？据说丢了。

《红楼梦》第八十回后的曹雪芹的原稿为什么没有传下来？多少年来，人们众说纷纭。有人说曹雪芹就是没有写完，还有人说是有人破坏《红楼梦》，就像腰斩《水浒传》一样，是有人故意把《红楼梦》从第八十回斩断，而最大的嫌疑人就是乾隆皇帝的宠臣和珅，持此观点的是著名红学家周汝昌先生。但多数专家认为曹雪芹的确基本写完了《红楼梦》，只有前八十回流传的原因是最初曹雪芹的朋友传抄、批阅《红楼梦》的时候，把第八十回后的部分弄丢了。这样讲有根据吗？有！根据还是在批语。

　　茜雪至"狱神庙"方呈正文。袭人正文标目曰"花袭人有始有终"，余只见有一次誊清时，与"狱神庙慰宝玉"等五六稿被借阅者迷失。叹叹！——丁亥夏，畸笏叟。（第二十回）

　　"狱神庙"回有茜雪、红玉一大回文字，惜迷失无稿。叹叹！——丁亥夏，畸笏叟。（第十六回）

　　写倪二、紫英、湘莲、玉菡侠文，皆各得传真写照之笔，惜"卫若兰射圃"文字迷失无稿。叹叹！——丁亥夏，畸笏叟。（第二十六回）

　　叹不能得见"宝玉悬崖撒手"文字为恨。——丁亥夏，畸笏叟。（第二十五回）

　　以上几条批语都是畸笏叟在"丁亥夏"的批语。"丁亥"是乾隆三十二年（1767），如果说曹雪芹是乾隆二十七年（1762）去世，那么畸笏叟写下这些批语的时候离曹雪芹逝世只有五年，这个时候曹雪芹的《红楼梦》书稿，包括第八十回以后的稿子大部分还没有丢，还在畸笏叟手里，丢失的只是少部分，有五六回。有专家认为畸笏叟极有可能是曹頫，他是曹雪芹的父亲或是叔叔。从上面的批语，我们完全可以得出以下几点十分重要的结论。

　　（1）曹雪芹不仅基本写完了《红楼梦》，而且第八十回以后也曾在亲友中传阅，不幸被借阅者弄丢了。这个丢掉曹雪芹原稿的"借阅者"是一个谜，也是不可饶恕的历史罪人。

　　（2）最初是遗失了"五六稿"。这"五六稿"是指五六回，还是指五六册，无法确定。从畸笏叟所提到的几回故事，如"花袭人有始有终""狱神庙慰宝玉""卫若兰射圃""宝玉悬崖撒手"等来看，更像迷失了五六回。就是说起初迷失的稿子还不是很多。

（3）畸笏叟是曹雪芹原稿的最后保存者。乾隆三十二年大部分稿子还保存在畸笏叟那里。

人们可能要问，既然曹雪芹原稿在亲朋好友传抄批阅时弄丢了几回，曹雪芹为什么不把丢掉的几回再补上呢？既然畸笏叟是曹雪芹原稿的最后保存者，为什么不将第八十回后的原著传抄出来呢？这都是无法说清楚的千古之谜。红学家们有着种种猜测，著名红学家蔡义江先生的分析，我认为比较可信。他认为，丢失的稿子很可能是紧接着第八十回的情节，畸笏叟希望曹雪芹能够补写出来，但晚年的曹雪芹因生活贫寒，又住在远离城市的西山一带，他极可能因为家庭生活的困苦和心情不好，而没有去修补《红楼梦》。曹雪芹不幸于约 1763 年病逝，曹雪芹逝世以后，畸笏叟保存残稿，更不敢轻易拿出去给别人看，怕再弄丢了。终于曹雪芹的第八十回以后的稿子也随着这位畸笏叟老人的去世，成为永远的谜。这当然只是一种推测，是一个大胆的假设。

正因为曹雪芹第八十回以后的原稿没有传出来，所以在社会上只有前八十回抄本流传，这就有了《红楼梦》续书的问题，就有了后四十回的问题。

在曹雪芹逝世以后的二三十年里，《红楼梦》都是以八十回本在社会上流传，直到乾隆五十六年，即 1791 年，程伟元、高鹗整理出版了一百二十回本《红楼梦》，这才结束了《红楼梦》以八十回本流传的时代。那么，《红楼梦》后四十回哪来的？程伟元在程甲本"序"中，讲得非常清楚，后四十回是他多年搜寻得来的：

> 不佞以是书既有百廿卷之目，岂无全璧？爰为竭力搜罗，自藏书家甚至故纸堆中无不留心，数年以来，仅积有廿余卷。一日偶于鼓担上得十余卷，遂重价购之，欣然翻阅，见其前后

起伏，尚属接榫，然漶漫殆不可收拾。乃同友人细加厘剔，截长补短，抄成全部，复为镌板，以公同好，《红楼梦》全书始至成矣。

高鹗也为程甲本的出版写了一个"序"，说了他为什么参加程甲本的整理以及都做了哪些工作。"序"中说：

余闻《红楼梦》脍炙人口者，几廿余年，然无全璧，无定本。向曾友人借观，窃以染指尝鼎为憾。今年春，友人程子小泉过予，以其所购全书见示，且曰："此仆数年铢积寸累之苦心，将付剞劂，公同好。予闲且惫矣，盍分任之？"予以是书虽稗官野史之流，然尚不谬于名教，欣然拜诺。

应该说程伟元、高鹗说得非常清楚。以前《红楼梦》流传时只有前八十回，后四十回是程伟元多年搜寻得来的，程伟元找全了《红楼梦》一百二十回稿，朋友们争相借阅、传抄，为了满足大家的喜爱之心，程伟元邀请高鹗帮助修订整理。"予闲且惫矣，盍分任之？"意思是说，你现在不很忙，何不分担一些修订整理的事情呢？高鹗本来就喜欢《红楼梦》，所以欣然答应了。他们俩怎么分工的，不知道。很可能高鹗主要承担后四十回的整理工作，即"细加厘剔，截长补短"。我以为程伟元、高鹗在这里已经把后四十回的问题说得比较清楚了，看不出他们的话中有什么问题。

我始终认为，关于《红楼梦》后四十回的问题，最权威的文献资料就是程伟元、高鹗为程甲本、程乙本写的序和引言。令人遗憾的是，多少年来，程伟元、高鹗所说的话却不被人们接受，甚至有人认为他们是在撒谎。特别是胡适，他根本不相信程伟元、高鹗的话，他说："程序说先得二十余卷，后又在鼓担上得十余卷，此话便是作伪的铁证。因为世间没有这样奇巧的事。"仅仅因为"奇巧"，就怀疑人家讲假话，这是没有道理的。因为天底下"奇巧"的事很多。

自程甲本问世后，就有人说第八十回后是续书，最早的是嘉庆九年（1804）陈镛在《樗散轩丛谈》中说："然《红楼梦》实才子书也。初，不知作者谁何。……巨家间有之，然皆抄录，无刊本，曩时见者绝少。……《红楼梦》一百二十回，第原书仅止八十回，余所目击。后四十回乃刊刻时好事者补续，元逊本来，一无足观。"

嘉庆年间潘德舆在《金壶浪墨》中也说，《红楼梦》"末十数卷，他人续之耳"。

裕瑞在嘉庆二十三四年成书的《枣窗闲笔》中说："曹雪芹虽有志于作百二十回，书未告成即逝矣。诸家所藏抄八十回事，及八十回书后之目录，率大同小异者。……但细审后四十回，断非与前一色笔墨，其为补著无疑。……观刻本前八十回，虽系其真笔，粗具规模，其细腻处不及抄本多多矣，或为初删之稿乎？至后四十回迥非一色，谁不了然？而程、高辈谓从鼓担无意中得者，真耶假耶？"裕瑞的记载是很重要的，他看到过早期抄本，看到了百二十回的目录，这都证明在程伟元、高鹗整理《红楼梦》以前，已经有了一百二十回本《红楼梦》。可见在那个时候人们已经认识到后四十回与前八十回笔墨不一样，是续书。但不是程伟元、高鹗续写的。

这位裕瑞还描绘了曹雪芹长得什么样，他说："闻前辈姻戚有与之交好者。其人身胖头广而色黑，善谈吐，风雅游戏，能触景生春。闻其奇谈娓娓然，令人终日不倦，是以其书绝妙尽致。"对这一段描写，很多人不以为然，接受不了。能写出《红楼梦》，写出贾宝玉、林黛玉的曹雪芹怎么会是一个黑胖子呢？其实，作者长得怎么样与作品写得怎么样不能画等号。帅哥才能写出贾宝玉、林黛玉，黑胖子就一定写不出来？这是没有道理的。我倒挺相信裕瑞的记载，因为他说自己是听前辈姻戚说的，不是凭空想象。据考证，裕瑞的前辈姻戚很可能指明义、明仁等，是他舅舅一辈的人。明仁是曹雪芹的好朋友，明义对《红楼梦》早期流传有重要记载，很可能认识曹雪芹，所以裕瑞的记载是可靠的。他对曹雪芹的描写与其他朋友对曹雪芹的描写是一致的。关于曹雪芹长什么样就不多说了。

清代有一位大评点家叫陈其泰，看书非常认真，他评点《红楼梦》到第八十一回，就指出："自此回以后，系另一人续成之，多与前八十回矛盾处。"他根据什么说第八十回以后是他人续写的呢？一是他看出前后笔墨不一样；二是多有矛盾之处。比如，第八十一回写道，一天晚上，王熙凤在贾母处伺候，贾母说："凤哥儿也不必提，今日你和你太太都在我这边吃了晚饭再过去罢。"陈其泰当即指出，在前八十回王熙凤伺候老太太吃完饭后，与鸳鸯等同吃饭，这种事是有的。王夫人亦在老太太处吃饭，则是从来未有之事。若与凤姐都跟着老太太吃，尤不合理。陈其泰的批评是对的。这个细节反映出续书者不太懂大户人家规矩。后四十回中类似这样的"不合规矩"的细节非常多。

以上这些人都指出后四十回是他人续写，但都没有说后四十回是高鹗续写的。

是谁说高鹗续书的呢？这就不能不提胡适。虽然胡适不是第一个提出高鹗是续书作者的人，却是第一个比较系统地论证了"高鹗续书说"的人。这个观点也成为新红学的基石之一。

1921 年胡适在他那篇著名的《红楼梦考证》中，提出了《红楼梦》前八十回的作者是曹雪芹，后四十回则是高鹗的续作的观点。在论证"后四十回的著者究竟是谁"的问题时，他首先引用了俞樾《小浮梅闲话》中的一条材料，俞樾说："《船山诗草》有《赠高兰墅同年》一首云：'艳情人自说红楼。'注云：'《红楼梦》八十回后，俱兰墅所补'。""船山"即诗人张问陶。由此胡适认为，张问陶的诗及注是高鹗续书的"最明白的证据"。他又认为"程序说先得二十余卷，后又在鼓担上得十余卷，此话便是作伪的铁证，因为世间没有这样奇巧的事"。另外，胡适还认为，高鹗的序说得很含糊，字里行间都使人生疑，由此胡适就对高鹗续书下了定论。其实，胡适的"定论"是很有问题的，尤其是用一个"奇巧"就断定程伟元说谎话，也太武断。因此多少年来，不断有学者提出质疑。

胡适的"考证"可信吗？我们认真地分析胡适的几条根据后，会发现它们显然都站不住脚。说程伟元找到后四十回太"巧"，说高鹗的话可疑，都是猜测，不足信。在胡适的依据中，最主要的就是张问陶的那首诗，这也是历来认定高鹗是《红楼梦》后四十回续作者的最主要的证据。

张问陶是高鹗的同学，他们是同一年考中举人的。他有《赠高兰墅同年》一诗："无花无酒耐深秋，洒扫云房且唱酬。侠气君能空紫塞，艳情人自说红楼。逶迟把臂如今雨，得失关心此旧游。弹指十三年已去，朱衣帘外亦回头。"张问陶有一小注："传奇《红楼梦》八十回以后，俱兰墅所补。"胡适就是依据这个小注，断然认定这就是高鹗续书的铁证。可问题是，张问陶虽说八十回后俱高鹗"所补"，但没有提出任何证据。另外"补"不等于"续"。多少年来，许多专家深入研究张问陶后，指出：（1）从文献考据的角度看，张问陶的材料不是第一手文献资料，如果没有互证的文献资料，这种孤证很难作为论证后四十回续书作者的铁证；（2）张问陶与高鹗未必关系多紧密，过去说高鹗是张问陶的妹夫，现在已经证明这是误传；（3）张问陶并没有说高鹗续写了后四十回，只是说"补"，"补"不等于"续"。程伟元、高鹗并不否认他们做了"补"的工作，程伟元在为程甲本写的序中就说"乃同友人细加厘剔，截长补短"，不过是"截长补短"之"补"，不是续书的意思。

人民文学出版社出版的新校本1982年出版时，署名曹雪芹、高鹗著。2008年第三次修订时，改为：前八十回曹雪芹著，后四十回无名氏续，程伟元、高鹗整理。为什么有这么大的改变？这是对这么多年红学界关于后四十回续书作者问题研究成果的客观反映。多少年来，人们经过深入研究，特别是通过对有关历史文献的研究，对程伟元、高鹗人生经历的研究和对《红楼梦》版本的研究，越来越感到高鹗不可能续写《红楼梦》后四十回。其主要依据是：（1）在程伟元、高鹗刊刻程甲本以前，就有《红楼梦》一百二十回抄本存在；（2）程伟元不是只为牟利的书商；（3）高鹗没有时间和精力续写后四十回；（4）程伟元、高鹗没有必要撒谎；（5）张问陶说"补"，不能成为续书的证据；（6）到目前为止所有关于高鹗续写后四十回的所谓"根据"都不成立。

在程伟元、高鹗刊刻程甲本以前，就有《红楼梦》一百二十回抄本存在，证明后四十回不可能是高鹗续写的。

与程伟元、高鹗同时代的周春在《阅读〈红楼梦〉随笔》中记载：

> 乾隆庚戌秋，杨畹耕语余云："雁隅以重价购钞本两部，一为《石头记》，八十回；一为《红楼梦》，一百二十回，微有异同，爱不释手，监临省试，必携带入围，闽中传为佳话。"

"乾隆庚戌"即乾隆五十五年（1790），"雁隅"即福建巡抚徐嗣曾，而程甲本是乾隆五十六年问世的。这就是说，在程甲本问世之前，已经有了《红楼梦》一百二十回的抄本。这一条记载非常重要，历来为红学界所重视。因为周春的记载清楚表明，在程甲本出版之前，就有人见过一百二十回本的《红楼梦》，程伟元在程甲本序中说："不佞以是书既有百廿卷之目，岂无全璧？"这与周春的记载是吻合的，证明程伟元、高鹗没有撒谎，他们确实没有续写后四十回，只是做了整理的工作。

在程甲本刊刻之前就有一百二十回本的记载，还见于早期抄本收藏者舒元炜写于乾隆五十四年（1789）的序，也提到《红楼梦》是一百二十回。由于舒序本是目前唯一可以确定的乾隆年间的抄本，因此学术界对舒元炜的序是非常重视的。序中说：

> 惜乎《红楼梦》之观止于八十回也。全册未窥，怅神龙之无尾；阙疑不少，隐斑豹之全身。……漫云用十而至五，业已有二于三分。从此合丰城之剑，完美无难；岂其探赤水之珠，虚无莫叩。……核全函于斯部，数尚缺夫秦关……

舒元炜在序中已经清楚写明，他虽然只看到了八十回，很遗憾，但对于找到全书很有信心。"秦关"用了"秦关百二"的典故，"业已有二于三分"与"秦关"都是说《红楼梦》是一百二十回。舒序本的一百二十回的说法，比程甲本的刊印早了两年，这确切地证明在程甲本之前已经有了一百二十回本。

无论是程伟元、高鹗，还是周春、舒元炜，以及裕瑞，他们都说到在程甲本刊刻之前，就有了一百二十回本，甚至看到了一百二十回本的目录。这是程伟元、高鹗没有续写《红楼梦》的重要证据。

过去怀疑程伟元、高鹗，认定他们两个人撒谎，一个重要的原因就是认为程伟元是一个只为牟利的书商，他让高鹗续写了后四十回，为了卖书，就编造了这个谎话。胡适就说过，程伟元与高鹗合作，一个出钱，一个出力。又说："程序说先得二十余卷，后又在鼓担上得十余卷，此话便是作伪的铁证，因为世间没有这样奇巧的事。"这都是不负责任的主观臆测，没有任何根据。胡适根本不了解程伟元。

这些年来的研究成果告诉我们，程伟元从来就不是一个以出书为职业的商人，他是一个有很高文化修养的文人，他虽然没有获得功名，但有很高的文化品位。程伟元约生于乾隆十年（1745），卒于嘉庆二十五年（1820），苏州人，出身诗书之家，系宋代理学大师程颐三十一世孙。程伟元没有获得功名，但与许多文人有交流，工诗善画，很有才气，他一辈子也没有靠出书挣到什么钱。他在最后二十年，追随盛京将军晋昌，出关到留都，为幕僚，最后客死辽东。

程伟元或许想到了他死后会被人们所误解，所以他在程甲本序言和程乙本引言中，已经把为什么要刊印《红楼梦》讲得很清楚了。

> 是书前八十回，藏书家抄录传阅几三十年矣。今得后四十回合成完璧。缘友人借抄争睹者甚伙，抄录固难，刊板亦需时日，姑集活字刷印。
>
> 是书刷印，原为同好传玩起见，后因坊间再四乞兑，爰公议定值，以备工料之费，非谓奇货可居也。

原来是好不容易合成全璧，朋友们又是抄又是借，所以他干脆刊印。刊刻书是要花钱的，程伟元一介书生哪来那么多的钱？"爱公议定值，以备工料之费，非谓奇货可居也。"我想这是实实在在的话，是文人的坦白，绝不是假话。

我们今天应该感谢程伟元。试问，如果不是因为他对《红楼梦》高度重视，如果不是因为他刊刻《红楼梦》，《红楼梦》是不是能够得到广泛的传播？如果不是因为他刊刻了《红楼梦》，我们怎么能看到一个乾隆年间的《红楼梦》本子呢？须知，程甲本所依据的底本就是当年在社会上流传的《红楼梦》抄本，由于刊刻成书，乾隆年间的本子固定下来了，这是一个了不起的历史性的功绩。

过去胡适说高鹗续书，可这些年来对高鹗的研究结果表明，高鹗根本没有时间和精力去续写后四十回。高鹗生于乾隆二十三年（1758），卒于嘉庆二十年（1815），享年 57 岁，他是在北京长大的。高鹗于乾隆五十三年（1788）中举，时年 30 岁。乾隆六十年（1795）中进士，时年 38 岁。历官内阁中书、江南道监察御史、刑科给事中等，有《月小山房遗稿》等作品。高鹗中举后，准备会试，一再失败。据考证，高鹗于乾隆五十五年（1790）三月参加会试落第，他曾从友人那里借阅过《红楼梦》前八十回。正是在他乾隆五十五年会试落第后，第二年（即 1791 年）春，应友人程伟元之邀，参与整理、修订《红楼梦》。所以程伟元说他"闲且惫矣，盍分任之？"这个时候他才有时间、有精力接受程伟元的邀请整理、修订《红楼梦》。试想，在这之前高鹗积极准备会试，哪来的时间和兴趣去续后四十回呢？后四十回有 20 多万字，没有充足的时间，能写出来吗？更何况续写他人的书，要研究前八十回的线索，照顾前八十回的故事，哪有那么容易续写？

整理修订《红楼梦》似乎给高鹗带来了好运气，四年后他就中了乙卯恩科进士，殿试三甲第一名。高鹗一门心思要考进士，根本没有时间和精力续写《红楼梦》。而且从后四十回的内容看，高鹗也不可能是续作者。

最早质疑高鹗是续书作者的是俞平伯先生的助手王佩璋先生。当年，她从北京大学毕业之后，就协助俞平伯先生校勘《红楼梦》，还代俞平伯先生写了好几篇文章。早在 1957 年，她就在《〈红楼梦〉后四十回的作者问题》一文中指出："《红楼梦》后四十回的作者一向都认为是高鹗，对这问题我有一个很不成熟的看法：我对后四十回的作者是高鹗有些怀疑，后四十回的绝大部分可能不是高鹗所作，可能真是程伟元买来的别人的续作。"王佩璋之所以怀疑"高鹗续书说"，是因为对程甲本与程乙本做了比较研究。由于她协助俞平伯先生校勘《红楼梦》，她对《红楼梦》的版本非常熟悉，从对程甲本与程乙本的比较中，她发现了问题，主要有三点：（1）程甲本好，程乙本坏；（2）高鹗不懂后四十回；（3）程甲本第九十二回文不对题。比如关于程甲本好，程乙本坏，王佩璋对程甲本与程乙本逐字进行校对，发现程乙本根本就不是"聚集各原本，详加校阅"的结果，就是错别字也不比程甲本少，并且是越改越坏，越改越坏的例子约有 120 处。如果高鹗是后四十回的作者，改自己的稿子怎么会越改越坏呢？再如关于高鹗不懂后四十回，王佩璋说，把后四十回越改越坏，让人觉得高鹗不可能是续作者，他不像在改自己的稿子。她还发现，程乙本的有些改动，竟透露出高鹗不懂后四十回。如第九十回"宝蟾送酒"的情节，写宝蟾想勾引薛蝌。程甲本写道：

> 宝蟾方才要走，又到门口向外看看，回过头来向薛蟠一笑。

这里的"薛蟠"显然是"薛蝌"之误。程乙本中却将"薛蟠"改为"宝蟾"。不仅没改对，还改得更错了。变成了：

> 宝蟾方才要走，又到门口向外看看，回过头来向宝蟾一笑。

不仅文字更不通了，而且像薛蝌在勾引宝蟾了。

再如，第一〇一回写到王熙凤在大观园里"见鬼"了，回到家里还很害怕，程甲本写道：

> 贾琏已回来了，只是见他脸色神色更变，不似往常。待要问他，又知他素日性格，不敢突然相问。只得睡了。

这里是说贾琏回家，看到王熙凤的脸色不似往常。大家要注意，这里连用三个"他"字，即"只是见他""待要问他""又知他素日性格"。可程乙本的整理者，没看明白这一段话，把"只是见他"的"只是"改成"凤姐"二字，变成：

> 贾琏已回来了，凤姐见他脸色神色更变，不似往常。

结果意思完全相反了，本来是凤姐在大观园中见了鬼，是贾琏见凤姐的脸色神色更变，不是贾琏见了鬼，不是贾琏脸色变了。显然高鹗不明原意，搞错了，误认为是贾琏脸色不似往常。为什么会产生这样的错误呢？原来在古代，表示男、女的"他"字是没有区别的，《红楼梦》无论是抄本还是刻本，都没有女字旁的"她"字，所以才出现了上面的错误。这都表明高鹗对后四十回不甚明了，这种情况不像在改自己写的稿子。

还有程甲本第九十二回文不对题。第九十二回回目是"评女传巧姐慕贤良，玩母珠贾政参聚散"，可这一回的上半回只有宝玉讲《烈女传》，并且讲的也不只"贤良"，还有许多才女、艳女、侠女，甚至还有妒女。巧姐也没有"慕贤良"。下半回只有冯紫英来代人卖母珠，贾政也并没有因为母珠而参出什么"聚散"的道理来。明显是回目和本文不相应了。假如是高鹗续写的，怎么会文不对题呢？

王佩璋这些疑问非常有道理。对于程乙本误改程甲本的这种现象，只有一种解释，高鹗是在改别人的作品，不是改自己的作品，所以会出现误改的情况。这与程伟元、高鹗在程甲本、程乙本中所说的他们只是修改整理者的情况是吻合的。

程伟元当初刊刻《红楼梦》，根本不是为了谋利，原因有二：一是个人喜欢，而且他的友人也都喜欢；二是过去看的都是八十回本，现在是合成全璧，为了满足友人的要求，大家同好，才刊刻的。这样一件功德无量的事，他有必要撒谎吗？

高鹗更没有必要撒谎了。原本就是程伟元邀请他一起整理修订《红楼梦》，他更不是为了谋取名利。如果是他续写了后四十回，他干吗要隐瞒呢？实际上，高鹗对他参与了《红楼梦》修订一事很是得意，从不掩饰。他不仅给自己起了个号——红楼外史，还写了一首《重订〈红楼梦〉小说既竣题》："老去风情减昔年，万花丛里日高眠。昨宵偶抱嫦娥月，悟得光明自在禅。"有学者认为，高鹗不仅对参与了整理修订《红楼梦》的事情很得意，似乎还有了一些感悟，所以才有了"悟得光明自在禅"。"红楼外史"的别号，也透露出他只是做了"截长补短"的修订工作，而不是续书作者。

需要指出的是，除了张问陶那条"传奇《红楼梦》八十回以后，俱兰墅所补"的资料外，再没有一条能证明高鹗续书的文献资料。所以，人们有理由认为，高鹗、程伟元没撒谎，高鹗不是后四十回的作者，只是一个整理者。而且也不是他一个人整理的，程伟元也参加了整理修订的工作，他做的事甚至不比高鹗少。

就《红楼梦》刊刻传播而言，程伟元无疑是第一功臣，他起的作用比高鹗还大，他是刊刻《红楼梦》程甲本的主事者。《红楼梦》一百二十回尤其是后四十回是他积累年之功收集得来的。是他主动约高鹗来整理《红楼梦》的，他不仅是出版者，也是整理者之一。整理《红楼梦》不是高鹗一个人干的，而是程伟元与高鹗两个人共同做的，他们是"盍分任之"。至于怎么分的工，不得而知。极可能是程伟元负责前八十回，高鹗负责后四十回。所以，程伟元是主要的刊刻《红楼梦》的人。过去，人们很少提程伟元，一是对他不了解；

二是以为他只是一个谋利的书商，整理《红楼梦》都是高鹗一个人做的；三是胡适"高鹗续书说"的影响。

既然可以论定高鹗不是后四十回的作者，而后四十回确实是程伟元"历年所得"，那么程伟元和高鹗只是做了"细加厘剔，截长补短"的整理修订工作。至于后四十回是谁写的，目前无相关资料，不知道是谁。那么在《红楼梦》这本书上写上无名氏续，程伟元、高鹗整理，就是一种实事求是的学术态度，是对学术的尊重，是对读者负责任的态度。其实，程伟元、高鹗作为整理者、修订者、出版者，也非常了不起，也是功德无量的。从《红楼梦》的传播史上来说，程伟元、高鹗可以说是《红楼梦》传播第一人，他们为《红楼梦》的传播做出了不可磨灭的贡献。

其实，对《红楼梦》后四十回续书作者问题，一直有争议，并没有"定论"。只不过因为胡适的观点影响太大，所以造成了有"定论"的假象。

既然我们否认高鹗是后四十回的作者，那么后四十回有没有可能就是曹雪芹写的，或者后四十回中原本就有曹雪芹的原稿或散稿，后来被程伟元找到，然后他与高鹗修订成全璧？一直有人坚持这种观点，其中不乏一些著名的专家学者。

如白先勇先生就说："我对后四十回一向不是这样的看法。我还是完全以小说创作、小说艺术的观点来评论后四十回。首先我一直认为后四十回不可能是另一位作者的续作，世界经典小说，还没有一本是由两位或两位以上作者合写而成的例子。《红楼梦》人物情节发展千头万绪，后四十回如果换一个作者，怎么可能把这些无数根长长短短的线索——理清接榫，前后成为一体。""后四十回本来就是曹雪芹的原稿，只是经过高鹗与程伟元整理过罢了。""后四十回的文字风采、艺术价值绝对不输前八十回，有几处可能还有过之。……宝玉出家、黛玉之死。这两场是全书的关键，可以说是《红楼梦》的两根柱子，把整本书像一座大厦牢牢撑住。如果这两根柱子折断，《红楼梦》就会像座大厦轰然倾颓。"

他还说："张爱玲极不喜欢后四十回，她曾说一生中最感遗憾的事就是曹雪芹写《红楼梦》只写到八十回没有写完。而我感到这一生中最幸运的事情之一，就是能够读到程伟元和高鹗整理出来的一百二十回全本《红楼梦》，这部震古烁今的文学经典巨作。"

张爱玲确实非常不喜欢《红楼梦》后四十回，所以才有人生三恨之说，她还说："小时候看《红楼梦》看到八十回后，一个个人物都语言无味，面目可憎起来，我只抱怨'怎么后来不好看了？'……很久以后才听说后四十回是有一个高鹗续的。怪不得！"张爱玲与白先勇都是著名作家，可他俩对后四十回的阅读感受竟有如此大的不同。我更相信张爱玲的阅读感受，在我看来，张爱玲是中国现代的作家中受《红楼梦》影响最大、学习《红楼梦》创作最好的作家，你看她的小说，看她笔下的人物和笔法，明显受到《红楼梦》的影响。

著名红学家周绍良先生就认为："后四十回回目是曹雪芹第五次'增删'时'纂成'的，而后四十回文字，主要是曹雪芹原稿，其残损或删而未补的，由程、高补了一部分也是有的。"周老还具体分析了《红楼梦》后四十回中哪些是曹雪芹的原稿，如他认为第八十二回"病潇湘痴魂惊恶梦"、第八十三回"省宫闱贾元妃染恙，闹闺阃薛宝钗吞声"，以及袭人嫁蒋玉菡等，都是曹雪芹的原稿。

著名作家林语堂撰有《平心论高鹗》，认为后四十回写出了悲剧下场，"写到此种境地，这是中国文学史空前的大成功"，"高本四十回大体上所有前八十回的伏线，都有极精细出奇的接应"。他由此认为，程伟元、高鹗确实得到了曹雪芹原作的散稿抄本，但残缺不全，高鹗的贡献是做了"修补""补丁"的工作，后四十回是高鹗"据雪芹原作的遗稿而补丁"的。

著名红学家蔡义江先生则认为，《红楼梦》后四十回没有曹雪芹的一个字。我比较赞同蔡义江先生的观点。我认为《红楼梦》后四十回不可能是曹雪芹写的，后四十回中不可能有曹雪芹的遗文字。我这样说有什么依据呢？我的依据如下。

第一，脂批透露出的第八十回以后的情节，续书中一条也没有，或完全不符合。我们前面多次提到，脂砚斋是最早的《红楼梦》读者和评点者，他和曹雪芹关系密切，非常了解曹雪芹的创作情况，他看到过许多第八十回后的曹雪芹描写的故事情节。对于脂批中的狱神庙相逢，薛宝钗借词含讽谏，虎兔相逢大梦归，因麒麟伏白首双星，王熙凤知命强英雄，寒冬噎酸齑、雪夜围破毡，卫若兰射圃，花袭人有始有终，贾宝玉悬崖撒手等重要情节，现存的后四十回中一点也没有提到。如果说《红楼梦》后四十回中有曹雪芹的笔墨，为什么脂批中透露出的这些故事没有一点踪影呢？只有一个解释，后四十回中没有曹雪芹的一点笔墨。

第二，现存的后四十回的主题、创作观念与前八十回明显不同。在曹雪芹的原稿中，贾宝玉是"悬崖撒手"。今本后四十回虽然也写了宝玉出家，但是"披着一领大红猩猩毡的斗篷"。再如，在曹雪芹的原著中，贾家最后是"一片白茫茫大地真干净"，今本后四十回却让贾府"兰桂齐芳"。

第三，后四十回扭曲了人物形象。如在前八十回，林黛玉从来不劝宝玉去读书，即从不说起混账话。可在今本后四十回中，林黛玉竟像薛宝钗一样，成了道学姑娘。如第八十二回，宝玉要去学堂，林黛玉是这么说的：

> 我们女孩儿家，虽然不要这个，但小时跟着你们雨村先生念书，也曾看过。内中也有尽情尽理的，也有清微淡远的，那时候虽不大懂，也觉得好，不可一概抹倒。况且你要取功名，这个也清贵些。

这哪是林黛玉呀，就是薛宝钗劝贾宝玉，也说不出如此"混账话"来。可见，这样的描写与曹雪芹的差太远了。

又如调包计，有人认为，后四十回中"调包计"揭露出封建统治者的残忍，而"黛死钗嫁"同时发生，情节很感人。但我要告诉各位，这看起来很感人的情节，其实极不合理。因为在前八十回中最支持木石前盟的一个是王熙凤，一个是贾母，一个是紫鹃。王熙凤怎么会出"调包计"这样的馊主意呢？最爱宝玉、黛玉的贾母怎么能忍心把自己的外孙女害死呢？而薛宝钗又怎么会在黛玉还没死时就答应冒名顶替去跟贾宝玉结婚呢？黛玉临死时说"宝玉，宝玉，你……"怎么能让黛玉怀着对宝玉的怨恨去死呢？这也不合"还泪"的安排。

在前八十回中，最支持木石前盟的是王熙凤，王熙凤跟贾宝玉、林黛玉的关系非常好。除了贾母以外，王熙凤也是对宝玉、黛玉非常好的人，这在前八十回中有许多生动的描写。贾母对黛玉感情之深，是薛宝钗不能比的。贾母在前八十回对宝黛爱情的支持，也是明明白白的，不容怀疑。

说到贾母支持木石前盟，虽然她从没有明说一句，但态度还是很鲜明的，阖府都清楚。第二十九回，张道士为贾宝玉提亲，贾母回答说："上回有和尚说了，这孩子命里不该早娶，等再大一大儿再定罢。你可如今打听着，不管他根基富贵，只要模样配得上就好，来告诉我。便是那家子穷，不过给家人几两银子罢了。只是模样性格儿难得好的。"她拒绝张道士给宝玉提亲的事，不是简单地拒绝张道士，而是一次表态，是对金玉良缘的否定。因为薛家是有钱的，贾母偏偏说"便是那家子穷，不过给家人几两银子罢了"，言外之意，是清清楚楚的。又如薛宝琴来了，贾母流露出给宝玉说亲的意思，其实也是老太太的一次表态。明明身边有一个姓薛的姑娘，她还有金锁，和尚说了要找有玉的配，为什么贾母从来不表态呢？不表态其实就是表态。另外，第五十七回紫娟对黛玉说："趁老太太还明白硬朗的时节，作定了大事要紧。"第六十六回兴儿说："因林姑娘多病，二则都还小，故尚未及此。再过三二年，老太太便一开言，那是再无不准的了。"看来阖府上下，连丫鬟、小厮都知道贾母的态度。

《红楼梦》第二十九回是非常精彩的一回，在表现宝黛爱情发展中十分重要，建议大家好好读一读。这一回前半部分写贾母带一帮子人去清虚观打醮，后半回写因打醮时张道士要给贾宝玉提亲，引起宝玉、黛玉又一次吵架，而且吵得非常厉害，结果连贾母都惊动了。贾母不仅叫王熙凤去劝解，还为此流泪，说了一段意味深长的话。贾母哭着说："我这老冤家是那世里的孽障，偏生遇见了这么两个不省事的小冤家，没有一天不叫我操心。真是俗语说，'不是冤家不聚头'。几时我闭了眼，断了这口气，凭着这两个冤家闹上天去，我眼不见心不烦，也就罢了。偏又不咽这口气。"这话传入宝黛二人耳内，原来他二人竟是从未听见过"不是冤家不聚头"的这句俗语，如今忽然得了这句话，好似参禅一般，都低头细嚼此话的滋味，不觉潸然泪下。宝黛吵架竟让老祖宗贾母如此伤感，既表现出她对宝黛的感情之深，又表现出她对宝黛的担忧和关心。"不是冤家不聚头"，几乎是对宝黛爱情的认可，这是一次关于宝黛爱情的"声明"啊。但这一段话中，还隐寓着这样的结果：贾母活着，宝黛爱情还能得到保护；贾母死了，宝黛爱情必然走向悲剧。不幸的是，这恰恰就是宝黛爱情的结局。

说王熙凤支持木石前盟，肯定会有不少读者表示怀疑。人们或许要问，那个设计"调包计"害死了林黛玉的王熙凤，怎么可能是木石前盟的支持者呢？这个疑问不无道理。但要指出的是，第九十六回"瞒消息凤姐设奇谋"的描写，出自续作者之手，并不符合曹雪芹的原意。在曹雪芹所写的前八十回中，王熙凤的确是木石前盟的积极支持者。

在《红楼梦》前八十回中，明确提到宝黛婚姻并对其表示支持的只有三个人，即王熙凤、薛姨妈，还有黛玉的大丫鬟紫鹃。

第二十五回因"吃茶"，王熙凤与黛玉开了一个玩笑，这一段描写既十分有趣又耐人寻味。宝玉烫了脸，林黛玉到怡红院来看望，恰巧李纨、凤姐、宝钗都在这里。闲话中谈到王熙凤送给大家的暹罗进贡来的茶叶，宝玉、宝钗和凤姐都说不太好，独有黛玉感觉吃着好。宝玉道："你果然爱吃，把我这个也拿了去吃罢。"凤姐笑道："你要爱吃，我那里还有呢。"当黛玉表示要打发丫头去取时，凤姐道：

"不用取去，我打发人送来就是了。我明儿还有一件事求你，一同打发人送来。"随即，黛玉与凤姐之间的玩笑就开场了，林黛玉听了笑道："你们听听，这是吃了他们家一点子茶叶，就来使唤人了。"凤姐笑道："倒求你，你倒说这些闲话，吃茶吃水的。你既吃了我们家的茶，怎么还不给我们家作媳妇？"众人听了一齐都笑起来。林黛玉红了脸，一声儿不言语，便回过头去了。李纨笑向宝钗道："真真我们二婶子的诙谐是好的。"林黛玉道："什么诙谐，不过是贫嘴贱舌讨人厌恶罢了。"说着便啐了一口。凤姐笑道："你别作梦！你给我们家作了媳妇，少什么？"指着宝玉道："你瞧瞧，人物儿、门第配不上，根基配不上，家私配不上？那一点还玷辱了谁呢？"吃茶旧指女子受聘。明郎瑛在《七修类稿·事物·未见得吃茶》中说："种茶下子，不可移植，移植则不复生也。故女子受聘，谓之'吃茶'。"这里凤姐说的"吃茶"一语双关，从"吃茶吃水"的话头，巧妙地引到了"作媳妇"上来，与林黛玉开起了玩笑。

凤姐的玩笑看似随口说来，不过是姐妹间逗逗乐子，其实并没那样简单。试想，如果凤姐心里没一点谱，她能用婚姻这种事在众人面前跟林黛玉开玩笑吗？过去还有一种说法，认为凤姐是故意拿黛玉打趣开心，是伤害和丑化林黛玉。清人陈其泰也说："凤姐可恶，明是违心之谈，不过随口绰趣而已。"又说："此时除贾母外，皆心乎宝钗矣，而凤姐偏戏弄黛玉，若已有成议者然。"这都是因后四十回中对"调包计"的描写，让人把王熙凤看得太坏了，这实在是冤枉了王熙凤。我们仔细看这一段情节，玩笑原本是林黛玉挑起的，但当凤姐将吃茶引到女子受聘这层意思上后，伶牙俐齿的林黛玉马上就落了下风，只有"红了脸，一声儿不言语"的份了。这不是说黛玉的口才不如凤姐，而是玩笑的内容使得黛玉不能再说了。一个尚未受聘的贵族小姐怎么能当众谈婚论嫁呢？更何况凤姐的玩笑又说中了黛玉的心病。凤姐是善意的，又绝不是随便乱说，她除了通过玩笑的形式公开了对宝黛婚姻持赞成的态度外，玩笑的本身又透露出这样的信息，即宝黛婚姻之事大家心里都有数。甲戌本在此处有一条夹批云："二玉事在贾府上下诸人，即看书人，批书人，皆信定一段好夫妻，书中常常每每道及，岂其不然，叹叹。""岂其不然"是指以后的变故，但在这个时候大家都对宝黛婚姻持肯定态度。这从第六十六回兴儿对尤氏姐妹说的一段话中可以得到证明，兴儿说："若论模样儿行事为人，倒是一对好的（指宝玉与尤三姐）。只是他已有了，只未露形。将来准是林姑娘定了的。因林姑娘多病，二则都还小，故尚未及此。再过三二年，老太太便一开言，那是再无不准的了。"由此可见，凤姐并不仅仅是开玩笑。

凤姐与黛玉开玩笑，黛玉"急了"，"急了"不等于"恼了"。玩笑开得不算小，一辈子的婚姻大事都说出来了，但我们见黛玉并没有真生凤姐的气。在贾府中，王熙凤的"恶""狠"是出了名的，也得罪了不少人，但那要看对什么人。凤姐与宝玉、黛玉的关系一直很密切，他们之间没有什么矛盾。我们从没有看到王熙凤与薛宝钗有这种亲密的关系。就在开玩笑后，赵姨娘、周姨娘进来瞧宝玉，李纨、宝玉、宝钗都让她两个坐，"独凤姐只和林黛玉说笑，正眼也不看他们"。可见"急了"后的黛玉与凤姐的关系仍是亲亲密密，王熙凤开这种玩笑，黛玉的心里不知有多高兴呢！这里面还有一个小细节，人们往往没有注意，当大家都要离开宝玉房间时，宝玉道："林妹妹，你先略站一站，我说一句话。"凤姐听了，回头向林黛玉笑道："有人叫你说话呢。"说着便把林黛玉往里一推，和李纨一同去了。这一句话和"往里一推"的动作，既是凤姐开玩笑的继续，又是友好和善意的表示。

说王熙凤真心支持木石前盟，除上面那次借开玩笑明确表示态度外，我们还可以找到其他的根据。如第三十回因宝黛怄气，老太太让凤姐去瞧瞧他们和好了没有，凤姐去了后拉着林黛玉回到贾母处，她不无夸张地说："我说他们不用人费心，自己就会好的。老祖宗不信，一定叫我去说合。我及至到那里说合，谁知两个人倒在一处对赔不是了。对笑对诉，倒像'黄鹰抓住了鹞子的脚'，两个都扣了环了，那里还要人去说合。"说得满屋里都笑起来，贾母自然也高兴了。凤姐用"'黄鹰抓住了鹞子的脚',两个都扣了环了"来夸张地形容宝黛的和好和关系的密切,恐怕也不能看作随便说说。还有第五十五回凤姐与平儿谈论府里的各项开销,当平儿说:"将来还有三四位姑娘,还有两三个小爷,一位老太太,这几件大事未完呢。"凤姐道:"我也虑到这里,倒也够了。宝玉和林妹妹他两个一娶一嫁,可以使不着官中的钱,老太太自有体己拿出来。""一娶一嫁"虽说可做各种解释,但在凤姐的言谈话语中,我们不难感觉到她是把宝黛的"一娶一嫁"明确当成一回事的,这正是凤姐所希望的。

我们常说宝玉、黛玉的爱情是建立在共同的思想基础之上的,如此说来,王熙凤支持宝黛婚姻,是不是说她同情或支持宝黛追求爱情自主的行为和思想呢?当然不能这样简单地理解。认真分析起来,王熙凤之所以支持、撮合宝黛婚姻,除她揣摩、迎合贾母的心思外,最重要的是出于对自身利益的考虑。

我们知道在荣国府真正掌握家政大权的是王夫人,王熙凤则是贾赦的儿媳妇,她之所以能当上荣国府的大管家,主要靠贾母和王夫人的支持。王夫人之所以支持王熙凤,一是因为她的大儿媳妇李纨"是个佛爷,也不中用",二是因为王熙凤是她的亲侄女。王熙凤到了王夫人这边,的确成为王夫人的心腹干将,帮助王夫人牢牢掌握家政大权。但随着宝玉婚姻问题的提出,未来的宝二奶奶是谁,直接关系到王熙凤的地位。如果宝玉娶的是林黛玉,这对凤姐没什么威胁,在凤姐的眼里,黛玉"是美人灯儿,风吹吹就坏了",黛玉自然不是管家务的材料,凤姐照样可以继续当她的大管家。但宝玉如果娶薛宝钗,情况就不同了。宝钗的学识、才干都要强于王熙凤,特别是在凤姐生病的时候,王夫人让李纨、探春、宝钗一起处理家务,薛宝钗表现出了非凡的理家才能。试想,宝钗如果当了宝二奶奶,还能有王熙凤的位子吗?正如陈其泰所说:"宝钗来管家务,可知亲事已定,亦如袭人给宝玉为妾,王夫人尚未明说耳。"说"亲事已定",没有什么根据,但要说王夫人选中的儿媳妇是薛宝钗而不是林黛玉则是很有道理的。如此看来,王熙凤支持木石前盟,而不支持"金玉良缘",

就不难理解了。

第四，文笔、语言有很大不同，比起前八十回差得太远了。张爱玲说后四十回怎么不好看了，许多人都有这样的感觉。日本著名汉学家松枝茂夫，一生两次翻译《红楼梦》，他对我说，翻译《红楼梦》前八十回像读唐诗，后四十回不好了，像喝白开水。尽管有的专家推测后四十回中有曹雪芹的遗稿或散稿，甚至有专家找出了一些篇章或内容，但这些篇章和内容都与前八十回曹雪芹的笔墨相差甚远。也就是说，现在我们没有从后四十回中找到大家能够认可的曹雪芹的笔墨。

总有人对后四十回中没有曹雪芹的笔墨持怀疑态度，也有人认真地寻找哪些笔墨极可能是曹雪芹的原稿。比如提到《红楼梦》第八十二回"老学究讲义警顽心，病潇湘痴魂惊恶梦"，其中有黛玉做噩梦一节。周绍良先生十分肯定地说，这一回非曹雪芹写不出来。可有不少专家对此不以为然，认为这一回写得太差了，怎么可能是曹雪芹写的呢？我们不妨再读读这一段：

　　说着，又见凤姐同邢夫人、王夫人、宝钗等都来笑道："我们一来道喜，二来送行。"黛玉慌道："你们说什么话？"凤姐道："你还装什么呆？你难道不知道林姑爷升了湖北的粮道，娶了一位继母，十分合心合意。如今想着你撂在这里，不成事体，因托了贾雨村做媒，将你许了你继母的什么亲戚，还说是续弦……黛玉此时心中干急，又说不出来，哽哽咽咽，恍惚又像和贾母在一处的似的，……于是双腿跪下，抱着贾母的腿说："老太太救我！我南边是死也不去的……"但见贾母呆着脸儿笑道："这个不干我的事。"……贾母道："不中用了。做了女人总是要出嫁的。……"黛玉恍惚又像果曾许过宝玉的，心内忽又转悲作喜，问宝玉道："我是死活打定主意的了，你到底叫我去不去？"宝玉道："我说叫你住下，你不信我的话，你瞧瞧我的心！"说着，就拿着一把小刀往胸口上一划，只见鲜血直流。黛玉吓得魂飞魄散，忙用手握着宝玉的心窝……

这样写梦境、写林黛玉、写凤姐、写贾母、写宝玉，与前八十回的描写何止天壤之别。每每看到续书作者给林黛玉找了一个继母，还要让林黛玉续弦，都让我感到十分厌恶。而林黛玉抱着贾母的腿乞求的样子，让人怀疑这还是那个吟出《葬花词》的高傲的林黛玉吗？而贾宝玉又是那么血腥，那么生硬，那么拙劣地表白"爱情"，这哪能是曹雪芹的笔墨！看到那么血淋淋的情形，不要说有一点洁癖的林妹妹受不了，就是我们今天的读者看了这一段也受不了，这简直是《水浒传》的写法，与《红楼梦》的笔法差得太远了。

总而言之，现在的后四十回与曹雪芹无关。这虽然令人遗憾，却是一个不争的事实。

我们说后四十回不是曹雪芹的原作，不等于全盘否定后四十回，不能说后四十回一无是处。我们也应该实事求是、客观公正地评价后四十回的价值。首先要尊重一个重要的事实，二百多年来，广大读者看的就是这个一百二十回本。清代《红楼梦》的续书有几十个，只有这后四十回能接在八十回后流传，已经成为不可替代的了。这就是一个很重要的评价，就是说广大读者接受了它、认可了它，这是事实。

后四十回中的许多描写，也都达到了比较高的水平。胡适先生虽然认定后四十回是高鹗续书，但他并没有全盘否定后四十回的成就和功绩，他说："我们平心而论，高鹗补的四十回，虽然比不上前八十回，也确然有不可埋没的好处。他写司棋之死，写鸳鸯之死，写妙玉的遭劫，写凤姐的死，写袭人的嫁，都是很有精彩的小品文字。最可注意的是这些人都写作悲剧的下场，还有那最重要的木石前盟一件公案，高鹗居然忍心害理的教黛玉病死，教宝玉出家，作一个大悲剧的结束，打破中国小说的团圆迷信。这一点悲剧的眼光，不能不令人佩服。"胡适的评价还是比较客观的。特别是后四十回总体上完成了悲剧的结局，是一个了不起的贡献。

程伟元、高鹗的历史贡献就更大了。高鹗不是后四十回的作者，程伟元、高鹗是整理者、修订者，是功德无量的人，他们是传播

《红楼梦》的大功臣，称他们是《红楼梦》传播第一人也不过分。程高本结束了《红楼梦》抄本流传的时代，开启了《红楼梦》刻本流传的时代，推动了《红楼梦》的第一次大普及，为《红楼梦》传播做出了历史性的贡献。俞平伯晚年说："程伟元、高鹗是保全《红楼梦》的，有功，大是大非，千秋功罪，难于辞达。"俞老的深刻反思，令人感动、震撼，值得我们深思。

学无止境，关于《红楼梦》后四十回作者的研究还要继续下去，新校本改变了续书作者的署名，是一种学术态度严谨的表现，力争恢复历史的真面貌，为程伟元、高鹗正名。这并不影响学术研究和学术争鸣。研究《红楼梦》后四十回作者要注意这几点：（1）要靠文献的考证；（2）要靠对版本的校勘比较研究；（3）要靠内容分析；（4）要靠对文笔、风格的比较研究。如果有一天人们有新的发现，有新的研究成果，能够证明续写后四十回的"无名氏"是谁，这当然是学术之大幸，也是我的衷心期盼。

商战智慧

——向《孙子兵法》学经营管理

薛国安

薛国安 ✏

中国人民解放军国防大学战略
教研部原副主任，少将军衔。
教授，博士生导师。中国孙子
兵法研究会常务理事，国防大
学孙子兵法研究中心主任。北
京大学、清华大学、中欧国际
商学院等教学机构特约教授。
在中央电视台、北京电视台等

多次主讲《孙子兵法》相关节目。出版《智胜韬略与孙子
兵法》等20余部学术著作，其中《〈孙子兵法〉与〈战争
论〉比较研究》获首届孙子兵法学术成果一等奖。

《孙子兵法》教人们如何按规律办事

我想请大家注意一个现象，《孙子兵法》不是你愿不愿意学的问
题，而是全世界都在学的问题。你只要稍微留意一下就会发现，现在

发达国家的政治家、外交家、军事家，以及企业家、体育教练都热衷于学习、运用《孙子兵法》。所以确确实实形成了一个《孙子兵法》热的现象，并且是一个全球现象，在任何一个国家的书店里面一定都有《孙子兵法》。

在《孙子兵法》热中学习《孙子兵法》的不光是军人，政府领导、企业领导为什么要学？关键就在于《孙子兵法》揭示的是竞争的规律，竞争中的智慧、谋略艺术。大家所生活的现实领域里面带有竞争色彩的恐怕不光是战争，商场有竞争，赛场有竞争，职场也有竞争，虽然竞争的激烈程度不一样，方式也不一样，但是有共性，这个共性就是竞争性、对抗性。正因为有这个共性，又是共同需要运用智慧去面对这个竞争，甚至运用智慧赢得这个竞争，所以虽然我们所从事的是普通工作，比如政务管理、企业领导，甚至教育，但是我们要想做好工作，恐怕也确实有必要借鉴一些孙子的智慧。我相信掌握了孙子的智慧，会使你处理问题的方式更多、更灵活。

有朋友会进一步问："你是不是教我一些灵活的阴谋诡计？"这是社会上比较多的人会提出的一个问题。我研究《孙子兵法》30 多年，有一个体会，它压根儿不是教人们阴谋诡计的，而是教人们如何按规律办事的。我们有时候工作凭本能，不注重规律。孙子就是把古人带兵打仗的一些规律，用最科学的思路给我们揭示出来。学会了这些再去工作你就有章有法，就会避免很多错误决策、矛盾。整个《孙子兵法》里面只有一个地方用了"诈"字，那就是面对敌人直接斗争的时候，就得"兵以诈立"。有专家把"诈"放大了，声称《孙子兵法》教你"诈"，这就玷污了《孙子兵法》，玷污了古人留下的智慧宝库。我们学《孙子兵法》是学它的谋略智慧。

今天我就集中讲如何从《孙子兵法》中学习一些智慧，以助力我们创业。

先计后战与正确选择创业方向

孙子最反对盲目决策。决策是干什么用的？它是引方向，指道路的。方向引错了，道路走错了，那你是不是前功尽弃？所以《孙子兵法》开篇就提醒各个领域的决策者千万不要稀里糊涂地拍板，一定要把情况搞明白了再理智地决策。

孙子的基本思想是"多算胜，少算不胜"。这句话出自《孙子兵法》第一篇《始计篇》。这个"计"至少有三重含义。含义一为计算，但凡你要做重大决策，首先你要计算一下当时天下大势适不适合干这个事，计算一下你跟几个对手之间谁强谁弱，把这些计算明白了，头脑中的那些盲目性、外界忽悠、冲动的成分就大大减少了，冷静就占主导了，理智就增强了，这就是计算。含义二是计划，你打算怎么干这个大事，不能一冲动就直接往上跑，要精心地计划第一步、第二步、第三步怎么做。含义三就是计谋，毕竟你是生活在激烈的竞争之中，虽然我们要诚信待人、诚信经营，可是诚信并不等于把计划全都摆在桌面上，让你的竞争对手看得一清二楚。如果所有的计划让竞争对手看得一清二楚，你的计划还能实施吗？恐怕就很难实施下去了。所以计划过程中要包含计谋，计谋就是要适应变化的竞争形势，这就是《始计篇》中孙子所讲的主要内容。

孙子最后总结了一段话："夫未战而庙算胜者，得算多也；未战而庙算不胜者，得算少也。多算胜，少算不胜，而况于无算乎。吾以此观之，胜负见矣。"

"庙算"直接的意思是到庙堂里去计算，古代人们思维能力还不太强，每当战争来临，主将要决定打还是不打时，一般是到祖庙里去拜见祖先，由祖先的神灵来示意这场仗是吉还是凶，然后决定打还是不打。显然这种方式误打误撞的成分很大，可能撞对了，也可能撞错了，可是这个活动过程一直到今天都不可少。战争决策者能够一跺脚、一拍脑瓜子就定下来吗？得算一算。企业决策者能激情澎湃地胡乱拍板吗？也不行，也得算一算。当然今天不到庙里去算了，到哪儿算？司令部、老总办公室召集各方面的专家骨干，利用精确的数据系统、模拟系统、分析系统，非常精细地把各个要素搞清楚了，然后再理智地决策。虽然这种分析决策的水平比孙子讲的庙算高多了，可是它们的活动过程、关键性作用是不是一样的？显然"庙算"这两个字在这其实是比喻战略决策、战略分析的活动过程。

"算"其实有两层含义。大多数人注意到了它的第一层含义——计算，在比较双方强弱的时候要计算计算，敌我双方军队有多少，武器有多少，粮草有多少，钱财有多少，这都要算。但是仅仅理解到这个程度恐怕还不够，其更深层次的含义是代指有利条件或者军事实力。古代国君、主将在庙堂里面计算的时候其实也有计算工具，当然不是后来的算盘，更不是今天的计算机。那是什么东西呢？各位到道观里去过吗？道士给你算命时，摇的桶里蹦出来竹签就叫"算"，它有悠久的历史。古代国君、主将在庙堂里计算的时候，其实也用六寸长的小竹棍子代表双方的有利条件或者军事实力，一根就叫一算。政治、经济、军事、文化、外交、地理、武器装备等要素都要计算一圈，计算的时候如果对方军事力量比我强一点对方就加一根竹棍，如果对方政治力量比我弱一点我就加一根竹棍，十几个方面的要素算下来，谁的竹棍多、谁的竹棍少一目了然，谁强谁弱就很容易看清楚。

这样解释完就很容易抓住这句话的核心，即我们做决策的时候要冷静地分析判断一下，这个仗能不能打赢。你凭什么认定能赢？因为得到的竹棍多，有利条件多，实力强；凭什么认为打不赢？因为得到的竹棍少，有利条件少。对于战争这个事来说，勇敢、智慧当然很重要，但最终打倒对手靠什么？实力。多算胜，少算不胜，竹棍多的实力强，打仗就会胜利；竹棍少者实力弱，打仗就会失败。"而况于无算乎"，如果一根竹棍也没有，当然就没有取胜的条件。"胜负见矣"，作为决策者在做决策之前，这么精心地分析计算一下，虽然还没有正式开战，但在做这个决策的时候心里就大概有一个谱了，对谁胜谁负有了一个明确的预见。

《孙子兵法》第一篇，尤其是最后一段话突出强调了什么呢？两个意思：一是但凡要决策一定要精心分析计算；二是计算不是做数字游戏，而是为决策提供依据。所以决策的时候不能听信外界对你的忽悠，也不能依据内心的主观想象，一定要以你计算出来的双方强弱对比的结果为决策的依据。政府领导、企业领导都要按照这个思路去决策。

"兵者，国之大事，死生之地，存亡之道，不可不察也。"孙子这个观点从开篇第一句话就以呐喊的口吻说出来。为什么要以呐喊的方式？那是因为战争决策涉及国家的生死存亡，不能当作儿戏，如果把它当作儿戏随意地玩弄战争之火，很有可能导致国破家亡，让老百姓遭殃。孙子这句话的关键字眼是"不可不察"，即要先慎重地考察，深入地研究，把情况搞清楚了，再去拍板。应当说这个观点是总结了历史上诸多的教训而得出的一个结论。

我们做重大决策，一般都不会在四平八稳的环境里，一般也没有条件非常从容地把什么都想明白，然后再去决策。决策越重要，是不是情况越复杂？决策越重大，是不是涉及的利益越多元化？利益多元化是不是意见也就多元化？决策重大与否，是不是跟风险大小直接相关？所以在这种情况复杂、危险巨大、意见众多、瞬息万变的情况之下，想保持头脑冷静，做出正确决策恐怕还真不太容易做得到。那怎么办？我们就得借助孙子的智慧，有意识地提升自己冷静决策的能力。孙子哪方面的智慧可以帮我们提升这个能力呢？我给大家介绍一句话，即孙子讲的"将军之事，静以幽，正以治"。

这里的"以"是"而且"的意思。孙子的这句话包含思维习惯，同时也是工作习惯、工作方法。"静"就是提醒诸位将领思考问题一定要沉着冷静，尤其是议论纷纷的时候，尤其是情况瞬息万变的时候，不能一议论就慌，一变就急，你要能静得下来，众人狂热你独醒，那才能把情况分析清楚，正确地决策。"幽"是指作为领导者往往要考虑全局，思绪要深邃长远，不能太肤浅，让人一眼就看个底透。"正"也有多方面的含义，首先领导要行得正、坐得端，你的部下才能跟随你，为人师表的人才有凝聚力、向心力。"正"还有另外一层含义，即处理事务要公平公正，不能偏心眼，否则大家不服你。"治"就是管理部队，有章有法，严谨不乱，不是东一榔头西一棒子，胡乱敲打，而是非常严谨。古代很多优秀的军事家、政治家很喜欢把这句话浓缩成四个字，即"静幽正治"，并用优美的书法写出来挂在自己的卧房或办公的厅堂。我想他们的目的不是简单的欣赏书法，而是进行长期的心理暗示，有意识地优化自己的思维习惯和工作习惯。

我也建议各位多念念孙子这四个字，像座右铭一样记在自己头脑里面，时刻提醒自己，提醒时间长了，印象深了，就会变成习惯。形成习惯之后，一旦面临重大决策就有可能冷静地、理智地决策。

有些企业领导感叹，在决策失误的情况之下，在错误的方向或者错误的项目上投入越多，损失越大。为什么有些企业做得好好的，突然一下倒闭了？因为决策错了，把钱全都投到错误的方向去了。所以如果正在创业的朋友要选择创业方向、经营项目，首先要分析计算，搞准了再决策。

"三非"原则与慎重选择经营项目

刚才讲到慎重决策，先计算然后再拍板。《孙子兵法》进一步告诉我们拍板的时候还要遵循三条原则，这三条原则出于《火攻篇》："非利不动，非得不用，非危不战。"这三条决策原则，也是现在各个领域的领导者，或者正在创业的朋友们决策的时候应当牢牢把握的。

现在市场上有这么三种现象：有的企业做了二三十年都做不大，始终在游击状态，东一榔头西一棒子；有的企业本来做得好好的，突然一下倒闭了；有的企业做是在做，今天一摊子事，明天又一摊子事，企业家一直东奔西跑、忙忙碌碌，企业也很难得到稳步的发展。归根到底，出现这些现象其实跟企业领导的决策有着直接的关系。

"非利不动"，提醒我们决策的时候一定要仔细地权衡，这个事是不是关系到你的核心利益？如果没有关系到你的核心利益，你就不要轻举妄动。遵循这条原则时最为关键的是把握好利的大小。我们每天面临各种各样的利益的诱惑，有些利益是蝇头小利，有的可能是核心大利，涉及企业长远发展的大利。没有受过训练的一些企业领导，往往容易见到项目就眼红，见到机会就冲动，三下两下就把有限的资金分散开了。以后看到有前景的大项目，需要大量资金，却又回笼不了，所以这些企业只能小打小闹，一直做不大。

从军人角度来讲，打仗最强调的就是集中优势兵力，打歼灭战。我们特别反对分兵，一旦分兵两个手掌都是空的，什么都抓不住，每个指头都是软的，打什么都没力量。经营企业跟打仗又不完全一样，经营企业可能需要适度地多元化，多元化地进行资源配备，多元化地分担风险。但是盲目地多元化，把人力、资金、技术分散得到处都是，这种多元化很不理智。一些企业做不大，恐怕问题就在这里。

我建议大家善于拒绝小利的诱惑，紧紧盯住自己的核心利益，对于那些局部利益，或者跟自己的核心利益没有直接关系的要懂得割舍，舍得放弃，集中精力抓住自己的核心利益。经营企业如此，我们在社会上要成就一番事业也是如此。有些人可能什么都想干，可是干不出大名堂。恐怕原因就在于精力分散。但凡成为专家的人，都很专一，一辈子在某个行当上铆足劲去干，功夫就会不负有心人。

"非得不用"，提醒我们但凡决策的时候一定要仔细权衡一下有没有得胜的把握，如果没有得胜的把握，不要轻易地动用军队去打仗，这个"用"就是用军队打仗的意思。

在这个问题上毛泽东的观点跟孙子的是一致的。毛泽东有句经典的话"不打无准备之仗，不打无把握之仗"。有些领导可能在这个问题上意识不太强，有时候拍板仅凭着自己的想象，尤其是在发展状态很好的时候拍板，可能就有些忘乎所以。

2000 年的时候股市非常红火，日新月异，许多证券公司冒了出来。可是也就短短十年之后，证券公司纷纷倒闭了。为什么？这些倒闭的证券公司有一个共同特点，在股市非常红火的时候大胆地跟客户签订具有高额回报率的吸纳资金的合同。2006 年之前高额回报率确实能得到保证。可是，2007 年、2008 年股灾来了，跑都跑不掉，本金能保住就不错了，哪还有百分之十几的回报？资金要到期了、要兑现了，证券公司兑现不了，名声就臭了，资金也被掏空了，当然纷纷倒闭了。南方证券率先倒闭，其中的教训就是在决策的时候头脑发热，贸然拍板。所以，但凡拍板一定要认准，出手要稳准狠，不能心存侥幸。

"非危不战"，这条原则也提醒我们要特别关注危机的大小。其实我们每天都面临各种各样的危机，有的危机可能是皮毛之痒，挠一挠就过去了，甚至不挠，忍两天就过去了，有的危机则是心腹大患，不及时处理就会恶化，甚至危及整个生命。有些企业为什么老在折腾？是因为见到危机就着急，见到危机就急于应对，今天出现个危机搞一个新动作，明天再出现个危机又搞另外一个新动作，所以企业经常处于应对危机的状态，很难保持平稳。其实整个国家也是这样，黄岩岛的事情一出来，不少热血青年喊打；钓鱼岛事件出来，很多人喊打；南沙事件出来，很多人也喊打。爱国的热情当然可以理解，但是大家不妨想一想，今天跟菲律宾打，明天跟日本打，后天跟越南打，那我们还有安宁日子吗？我们还能进行和平建设吗？所以面临危机的时候一定要理智、冷静。

当然理智和冷静不等于害怕，该出手的时候就得出手。2018 年中印边境的军事对峙就很能考验我们的智慧，考验中央决策者的智慧，当然也考验我们民众的智慧。怎么解决这个问题？按说印度军人在我们中国境内强行滞留两个多月不走，这对我们国家的主权、尊严都是严重的侵害，我们必须坚决地把他们清除出去。而且这个事有示范性，日本人看你能不能把这个问题解决，如果不能解决，他们在钓鱼岛问题上就给你添油加醋；菲律宾人也在看这个事情能不能解决；韩国人也在看着，他们的萨德导弹防御体系部署在那儿，看你处理这个事就能检验出中国人的决心、力量怎么样。所以，我们必须解决好。国务院、外交部、国防部的发言人把话都说尽了，道理都说明白了，底线也交代清楚了，印度人还是强硬地滞留，不离开。已经两个多月了，不能再三个月、四个月，这就逼得中央领导得来硬的。所以大家看，习主席在建军90周年大会上讲话的时候，其实就把他的决心说了出来，"中国不惹事"，这意味着我们确实不愿意跟印度打这一仗，中印都是大国，边境相邻，打仗对谁都没好处，所以我们不惹事，但是"更不怕事"，那就亮明我们的底牌，中国人民解放军有能力、有信心打败来犯之敌，我们绝不允许任何人、任何组织、任何政党在任何时候，以任何形式把任何一块中国领土分裂出去，谁都不要指望我们会吞下损害我国主权、安全、发展利益的苦果。正因为我们拉开了这个架势，再加上金砖会议召开在即，当然还有外交方面的沟通，最终印方领导还是理智地把他们的军队撤回去了。撤回去当然就皆大欢喜，很多媒体说这是"不战而屈人之兵"。

在整个解决问题的过程中领导者面临两种困境。第一种困境是，方方面面的思想情绪（喊打的、喊和的）都会影响你，领导也是人，也会有思想情绪，所以很难避免受到周围人思想情绪的影响，情绪化决策就容易出现错误，在众人的各种情绪之中领导要保持冷静；第二种是怎么解决这个事？各方面都会提出意见、建议、方案，各方面的意见、建议、方案很可能会带着部门的考虑，最终拍板的人不能把任何一个部门的意见拿过来作为最终的方案，而要综合各部门提出来的各种各样的意见、建议，形成更加智慧、全面的方案。

国家领导面对危急事件的时候会处于这么两种状态，政府各部门领导、企业领导，是不是在面临危机时也处于这种状态？所以我们要特别智慧、特别冷静地处理这些危机事件。

这三条原则归结起来其实就是强调一个核心意思：但凡决策千万不要依据外界忽悠，不要依据主观想象，一定要以利为本，以自身的核心利益为决策的最终依据。在这个观点的基础之上，孙子在《火攻篇》中进一步说了一段非常精辟的话，这段话的核心就是反对情绪化决策。孙子怎么讲的？他说："主不可以怒而兴师，将不可以愠而致战。合于利而动，不合于利而止。怒可以复喜，愠可以复悦；亡国不可以复存，死者不可以复生。故明君慎之，良将警之，此安国全军之道也。"这话说得棒不棒？但凡坐在领导岗位上的人都是为主的人，既然是为主的人就千万不要因为自己内心的愤怒，不管三七二十一就草率决策；但凡坐在领导岗位上的人就是将领，作为将领要带着队伍去执行任务，执行任务过程中可能会面临一些不太好的状况，或者会遇到对方的羞辱、挑衅、谩骂，你会生气、会郁闷，很多人忍受不了这个郁闷，不管三七二十一，要先出口恶气，领着官兵们就冲上去了，那很容易全军覆没。什么时候该拍板？什么时候该领着队伍前进？孙子说，唯一的依据就是"合于利而动，不合于利而止"。

这个"利"有好几层意思，我在前面跟大家强调的是核心利益，在这儿当然还是强调核心利益。跟自身的核心利益直接相关时，该决策的时候就决策，该作战的时候就作战。我还想提醒大家从第二个角度理解，这个"利"也是讲状态有利还是不利。孙子最强调实事求是、量力而行，有多大力量干多大的事。如果分析计算出自己的力量远远不如对手，现在所处的位置和状态也远远不如对手，这个时候就不要轻举妄动。孙子说过"实而备之，强而避之"，敌人防备很充实的时候就不要去攻打，因为他防备充足，是强者，这时候出手攻打不仅攻不动，反而使自己全军覆没。"强而避之"中的"强"是指对手综合实力比自己强大，既然综合实力比自己强大，当然就不能硬碰硬，正面决战。要先等待，想办法改变环境，创造机会，然后再抓住机会战胜对手。所以孙子讲的"合于利而动，不合于利而止"中的"利"也是指状态和力量，如果状态确实不利，现在所处的市场不适合干某个项目，就不要蛮干，先等待，先观察，先创造机会，千万别头脑发热、胡乱决策。所以孙子说，聪明的国君、贤良的将领，在这个问题上一定要慎之又慎。怎么慎之又慎？把"合于利而动，不合于利而止"作为座右铭放在自己头脑里面，经常警示自己，形成习惯，这种理智决策才是保全国家和军队的根本之道。这是不是也是保证企业可持续发展的根本之道？是不是也是保证我们个人的事业稳步发展的根本之道呢？我想其中的道理是一样的。

我建议大家不管在哪个领域，在什么岗位，都要有意识地培养"戒怒、慎决"的习惯。对于前面讲的"将军之事，静以幽，正以治"、现在讲的"主不可以怒而兴师，将不可以愠而致战"，都可以装在头脑里面，当作座右铭，经常提醒自己。

知彼知己与夯实创业基础

"知彼知己"这句话其实含义很简单，根本不用我解释，估计大家都清清楚楚。不外乎提醒我们不管是决策还是执行，一定要提前把对方和自己的情况搞清楚，冷静地决策，正确地执行。

意思虽然简单，孙子却高度重视，用的笔墨最多。那么有一个问题，"知彼知己"说起来这么简单，孙子为什么用这么多的笔墨写它？《谋攻篇》中第一次提出："知彼知己者，百战不殆；不知彼而知己，一胜一负；不知彼不知己，每战必殆。"在《地形篇》孙子重申了这句话，当然重申的时候加了一句话，不仅要"知彼知己"，还要"知天知地"，全方位地把战场情况搞清楚。为什么这么简单的问题要反复地说？

虽然"知彼知己"很简单，可是它是正确决策、正确执行的一个基础，基础没搞清楚，稀里糊涂，一定会错误决策，一定会错误指挥。孙子正是因为清楚地看到这一点，所以强调一定要"知彼知己"，而且还要"知天知地"。

我想进一步提醒大家注意，知彼知己说起来简单，做起来相当困难，很不容易。不管在生活中的哪个领域，但凡人在同一个平台竞争较量，一定是旗鼓相当，如果一方非常聪明，一方非常愚蠢，他们能站在一个平台上吗？不可能。拳击都是按重量来分等级的，竞争也是，两人站在一个平台上过招，势必旗鼓相当。旗鼓相当的人竞争时拼的主要不是拳头，拼的是智慧，智慧随时在变，采取的措施也就会存在差别。

在战场上用肉眼直接看到的很多都是假象，如果根据假象去决策、指挥那就坏事了，这就要求指挥员识别各种假象，透过重重迷雾把对手的意图、状态看得清清楚楚，才能正确地决策，正确地指挥。经营企业也是这样，研发产品不能光自己拍脑瓜子，客户需要什么，市场能走什么，就研发什么。所以市场、客户都是企业的"彼"，要透过种种迷雾，摸清楚客户的需求、市场的需求，甚至竞争对手的想法，切实做到"知彼"。

在这里我想给大家介绍孙子的三个方面的思路或者办法。

第一个是彼己兼重，尤重难点。

我们看一下孙子原文怎么说的，"知彼知己者，百战不殆"，是先知彼后知己。这恐怕是有用意的，这个用意不是说"彼"和"己"谁重要谁不重要，而是这两个都重要，都不能被忽略，但是相比较而言"知己"更容易做得到。自己有什么想法，有什么能力，处于什么状态，自己不会欺骗自己。"知彼"恐怕就没这么容易了，就要下更大的功夫，花更大的力气。这就是"彼己兼重，尤重难点"，这个难点就是"知彼"。各位创业时，了解客户、了解竞争对手，都是很困难的，要舍得下更大的功夫。

第二个是能区分敌人与盟友，视野开阔。

孙子那个年代已经有了敌人的"敌"字，《孙子兵法》十三篇中好几个地方直接用到"敌"字。为什么在这里不直接说"知敌知己"，非得说"知彼知己"？很多人没有琢磨过，想当然地以为"知彼知己"就是"知敌知己"。"彼"和"敌"这两个字谁的覆盖面更广呢？显然是"彼"。谁更符合战场的实际？其实还是"彼"。不是敌对双方之间打吗，为什么是"彼"呢？从古至今，大多数情况下战场上往往是两个阵营、两个集团之间联盟作战。如果孙子把这句话说成"知敌知己",你脑袋里会形成一个印象,那就是只要把对面这一个敌人搞清楚就完了。可是在实际的战争或者商业竞争之中你面对的只有一个对手吗?既有当面之敌,又有潜伏在周围的对手,一旦视线集中在一点上,忽略了周围的情况那就出现了漏洞,往往败就败在漏洞上。所以孙子说了一句话:"则诸侯乘其弊而起,虽有智者不能善其后矣。""诸侯"就是潜伏在你周边的一些对手,一旦你忽略了他们,没有防范他们,而是一门心思跟一个正面的对手较量,那么他们就会乘虚而入,给你要害处来一刀,这种情况之下即使有绝顶聪明的谋士也难以化解危机。

孙子的这第二条思路提醒我们,但凡做决策或者选项目,不要视线集中,一定要视线开阔,把全局都了解清楚,避免出现漏洞。

第三个是令我先知,致敌不知。

想办法让自己擦亮双眼,同时用计谋遮挡对方的视线,让对方对自己的情况浑然不知。浑然不知就很难精确地打击你,很难有效地阻碍你。在这方面孙子有一系列具体的办法,我给大家介绍一下。

首先说令我先知。孙子在《用间篇》中说:"明君贤将,所以动而胜人,成功出于众者,先知也。"用白话来说,就是聪明的国君、贤良的将领,之所以一采取行动就能够赢得胜利,而且赢得的胜利是超乎众人的,其奥妙就两个字"先知"。"先知"为什么这么神奇?人的大脑有这样的特点,先知就容易先行,商场上现在流行一句话"快鱼吃慢鱼",先行就会掌握主动权,先行者就可以获得更多的机会、更多的利益,所以各个领域都讲究先行。

"先知"如此重要,必然是很困难的,并不是说两眼一睁就能够先于竞争对手,把什么都看清楚。没有那么简单。它来自什么呢?其实来自慢工细活,长期跟踪、研究市场,长期了解竞争对手的所思所想,长期分析客户的需求。人的大脑还有一个特点:长期专注于一件事,积累的信息越多,越有助于逐步形成一些预见性和判断力。就像挖冬笋,一般人不知道冬笋在哪里,专门挖冬笋的人远远看到地面有一条小缝,就知道底下一定有冬笋。我们在商场上打拼,如果长期专注于了解市场、了解对手、了解客户，就会有一些预见性，可能别人都没有预见到某个商机，都没有想到某个产品，而你凭着预见抢在大家前面，研究这个产品，提供这个服务，率先投放市场，其他人就只有跟风模仿的份儿，而你就是领跑者，你就掌握了市场。所以"先知"一定是来自平时的深耕细作，来自长期的跟踪研究，大家要舍得下这番功夫。

接下来说怎么遮挡对方的视线。在竞争中由不得你主观想象，只要是竞争就可能会有人琢磨着怎么来阻碍你。打仗更是如此，所以孙子给我们支了一招，孙子说："故形人而我无形。"这句话的含义很值得我们去琢磨，第一个"形"字当动词用，即制造些虚假的外形。干什么用？给敌人看，这叫"形人"。当然给敌人看还只是第一层意思，第二层意思是关于为什么要给敌人看的。因为敌人看了以后不知道是假的，战场上都是你来我往，你一招敌人就一招，所以你显出假象，敌人发现之后一般会跟着做动作，一旦跟着做动作就暴露了。因此"形人"的第二层含义就是使敌人暴露他的真实状态，同时自己的真实状态又在这假象的掩盖之下没有任何的暴露。所以第二个"形"字是名词，指的是自己无形。

这个谋略一旦被巧妙运用，产生的效果就是"我专而敌分"。"专"在这里是集中的意思，自己的部队在假象的掩盖之下不露任何痕迹，没有受到伤害，自己可以悄悄地把部队集中起来变成拳头；敌人的部队在你假象的诱惑之下东奔西跑，分散开去。一旦你专为一，变成拳头，敌分为十，变成十个手指头，那就好办了。真正交战的时候你肯定不是在十个手指头上全面开花，而是找一个手指头用拳头去砸。这时候的兵力对比是"以十攻其一"，你的兵力是敌人的十倍，当然有充足的把握取得胜利。

孙子有关"知彼知己"的思路还有很多，在这里我主要给大家介绍这三条。这三条都可以运用到日常竞争之中，尤其是企业的经营管理之中，大家用的时候跟军人的使用方式差不多，无非以下三个方面。

一是"知彼"。各位面临的"彼"就是市场、客户群体的需求。对于这个"知彼"我们不能一蹴而就，不能今天专门研究市场，研究出了个结论，并做了决策，以后再不研究市场。市场始终在变，客户需求也始终在变，我们要长期跟踪研究。

二是"知己"。把自己的能力、想法、状态搞清楚了，才好量力而行。在"知己"的过程之中，不光是知道自己怎么想，你的合作伙伴怎么想，你们能不能长期合作下去，他为人怎么样，能力怎么样，还有你这个企业里面要依靠的几个骨干等，你都要了解。既然依靠骨干，就要投入大量资金去培养。有的老板说，培养完了跑了怎么办？这需要我们去"知彼知己"地了解、观察和考核，把这个搞清楚了，当然就能知人善用了，然后就是用人不疑。

三是全方位地了解市场环境。孙子讲要"知彼知己"，还要"知天知地"。在市场上打拼当然也要全方位地了解市场环境，尤其是现在整个世界的市场状态不是很好，所以一定要用独立的眼光去分析世界的经济发展趋势、当地的经济发展状态、行业的发展趋势，这样才能准确地定位，才知道应该干什么、不该干什么。哪怕对合作伙伴也要有意识地去了解其经营能力和所处市场的状态。这些都需要我们借助"知彼知己"的策略来搞清楚。

浅谈国学教育与智慧人生

祝安顺

祝安顺 ✎

中华书局编审，传统文化教育出版中心主任，经典教育研究中心主任，"中华诵·经典教育论坛"组委会主任。重庆国学院客座教授，中国孔子基金会传统文化教育分会副会长。在《孔子研究》《中国教师报》

《中国教师》《南方周末》《北京教育》《上海教育研究》等发表论文多篇。

目前中国教育中的一些缺陷

针对当下的教育，我想举一个例子。假设你现在到清华大学经济管理学院学习，你可以设想一下大一时会上哪些课，应该是与经济、金融、管理有关的学科。现在，清华大学进行了九年多的高等教育改革，经济管理学院大一学生有一门叫"中文写作与沟通"的课，是必修课，还有一门课叫"批判性思维与道德推理"，这是清华大学成功的教育改革案例。我觉得这是对的。为什么？现在教师以传授知识为主，学生以吸收知识为主，教科书把知识变成很多的知识点，一旦教师和学生把重点工作放在对知识点的反复的、超前的学习和训练上，确实可以大大提升孩子的认知能力，但孩子的其他方面没有得到有效的训练。这里面最缺的是什么呢？我认为首先缺思维训练。一个是批判性思维，一个是创新性思维，你学了之后要用，得创造。还缺什么？还缺价值引领。现在要进行思维训练，要进行价值引领，因为学生在知识学习上面确实做得过度了。

批判性思维是什么？经过中小学的教育之后，很多学生到大一的时候，突然感觉以前学的知识都是或然性知识，不是像小学老师说的那样，它是在一定条件下成立的，而不是放之四海皆准的。在这个阶段之后，紧要的就是要进行批判性思维训练。

还有创新性思维。我们现在缺乏对跨专业知识的学习，语文课就学语文知识，数学课就学数学知识，跨学科训练很少，孩子的好奇心和想象力很少得到开发。但是我们的先贤可是会问天、问地、问人间的。为什么？因为他们关心。从屈原开始他们就一直在问，那是因为他们对天地保持着强烈的好奇心。但现在多少孩子还有好奇心？凡是经过高三题海战术之后的孩子，好奇心基本都没了。

还有价值取向。什么是价值取向？举个例子就知道。假设今天有人坐飞机，刚到飞机场就接到单位一个电话，说赶紧回来，有一个500万元或者5000万元的合同，必须要他签字，不签字不行。他该不该回去？该回去吧，这是他职责所在。一会儿他家里来了电话，说他父母在医院，赶紧回来，要不回来可能见不着了。他该不该回去？该吧。但是他已经答应了外地的某个单位，一个月前就答应了，要去做讲座，他要讲信用，那么多人在等着他。当面临不同的价值观冲突的时候，请在座的各位给他一个建议，他该怎么办？是回单位，是回家，还是去外地做讲座？现代社会是一个契约社会，讲究信誉，如果这是第一原理，那么他应该继续坐飞机去外地，如期完成讲座，但是他守了信誉，就失去了尽孝的可能，就失去了忠于职守的可能，后二者就不重要吗？

大家会说，难道古人遇到这个问题就不纠结？对，古人可以不纠结。为什么？大家看过《三国演义》吧，刘备军师级的第一个合伙人是谁？不是诸葛亮，是徐庶。曹操用计，把徐庶的妈抓了。他回不回？徐庶跟刘备说，对不起，得走了。就真走了，合伙事业不干了。《水浒传》里有一个人叫李逵，杀人如麻，而且粗话连篇，动不动拿着斧子要到朝廷上把皇帝老子给剁了，但为什么大家对他还有那么一点喜欢？好像觉得他还有一点人性，那就是因为他背着老母亲过山。在汉朝，很多皇帝的谥号带"孝"字，如孝文帝、孝景帝、孝武帝。汉朝宣称以孝治天下，而且它有制度，如果没有制度，这句话就不能落地。什么制度？上至丞相，下至普通官员，当父母去世，必须回家三年。你可能想："我是丞相，一人之下，万人之上，我日理万机，我有那么多的事情，我还回去吗？"你得回去，你要不回去御史大夫就弹劾你，就可以把你告了，你要不回去就不是人。所以自汉以后中国有一个第一伦理原则，是什么？孝。所有的价值观跟它发生冲突的时候，以孝为先。现在有吗？有的父母在家死了好几天都没人知道，他子女在美国；有父母躺在病床上，他的子女马上就要出国。大家对比可能习以为常了。我不是说要以孝为第一伦理，我只是说一个社会，尤其是当它发展到一个相当高的程度的时候，如果缺乏一套稳定的价值取向，一定会有乱七八糟的事情出现。

现在我们的孩子在路上看到一团垃圾应该怎么做？应该把它拾起来。为什么？他只是认为这是一个良好的文明行为。它背后的价值是什么呢？我们没有告诉他。当我们现在问小学二年级、三年级的学生为什么做好事的时候，他们的答案是千奇百怪的。当你要跟一个高中生沟通的时候，他有很多个理由来否定你的提议。为什么？当一个社会没有一套稳定的价值取向时，当很多选择发生冲突的时候，我们没有对第一原则、第二原则、第三原则、第四原则等的先后排序，只是笼统地说要做一个好人，要做一个文明的人，要做一个有素养的人。

面对困难的时候该怎么办？哪个是最应该做的？《大学》里有一句话叫"物有本末，事有终始，知所先后，则近道矣"。什么是本？人是本，所有的问题跟"本"相冲突的时候都不是问题。这个"本"是不是最高原则？不是。它还要跟天地相和谐，所以要合道。

现在我们整个社会、整个教育（包括家庭教育、社区教育、企业教育）都有一个问题，就是我们的价值取向太多元了，没有共识。当我们有一个共识的时候会好办，可能也会出现特别的案例，但是那是一小部分，整体上大家按照这个统一的价值取向为人处事。

我为什么要把清华大学经济管理学院的案例拿出来分析？大家一定要注意，中国改革开放40年了，我们国家的经济发展非常迅速，教育改革的春天说来就来。一个考上清华大学经济管理学院的人认为他只用学经济学、管理学、经济法的时候，突然有一门课叫"中文写作与沟通"；当他觉得自己只需要学经济学、管理学的时候，突然有"批判性思维与道德推理"的课程要求时，会觉得很懵。其实，任何好的经济政策、管理制度如果与道德相冲突，就不是好的。这里重要的问题就是人的教育，而不是经济管理学的教育。人的教育是基础，恰恰在这个方面传统文化可以起到一定的作用。

现在，很多家长都让孩子读经典，这可以提高他的记忆力，提高他的写作能力，提高他的道德修养。但这不是目的，目的是我们要给孩子一个强大的、持之以恒的思维训练和价值重构。

大家觉得思维训练是不是太复杂了？其实不是。我给大家举一个例子，孔子有一天下班了回到家，听说家里马圈起火了，孔子脱口而出"有没有受伤的？"大家一定要知道那个时候孔子是在鲁国做司寇，相当于一个省的司法厅的副厅长，那时候没有轿子，也没有汽车，他的交通工具是马，在当时的市场上一匹马可以换五六个奴隶。

而且看马的都不是贵族，一般都是奴隶，奴隶不如马值钱。但他首先想到的是有没有人受伤，这就看出，孔子是以人为本的。《论语》中孔子还有一句话，"子钓而不纲，弋不射宿"，意思是不要用网打鱼，不要射夜宿之鸟，提倡人与自然的和谐、持续长久的发展。到底孔子坚持什么？这就是一个整体思维，当把人放到自然界的时候，你要跟自然和谐相处，只有和谐相处，才能持续发展，而不是急功近利，一代而完，子孙后代就不管了。这就是思维训练，就是价值取向，如果我们反复地进行这种训练，我们的思维就不会固化，就不会以自我为中心简单地来看问题了。那不就成为有道之人了吗？是的。我觉得这样的训练，可能是我们现在比较欠缺的。

传统文化中的智慧

如果传统文化教育真的能够落地生根发芽，我们培养的人应该是什么人？用于漪老师的话讲，就是"有中国心的世界公民"。我们不是要培养一个什么都是中国的，而对世界一无所知的人，我们不需要这样的人，我们要成为有中国心的世界公民。这种公民有哪些特点？我觉得有以下几个方面。

第一，要具备"四识"——知识、学识、见识、胆识。

现在教育主要注重培养知识和学识，学科化教学以来，需要开设的课程越来越多，需要读的课外书越来越多，需要上的课外培训班越来越多，对培养孩子学习方法和习惯的关注度越来越高，不能输在起跑线上的理论大行其道，孩子绑架了家长和社会，家长和教师很少鼓励孩子发表自己对事物的看法，只要求他们向着标准答案靠近或者对其进行复述，认为这就是学习最重要的目的，一切学习的主体性体验，如好奇后沉浸式探究的快感、敢于挑战权威的勇气等，都得不到应有鼓励，更不鼓励训练胆识，对于生存、生活、学习，轻易不敢让孩子独立完成，不敢让孩子独自身处问题的荒原，或者让孩子在群体生活中勇敢地承担责任，总是想让孩子少受苦或不吃苦、上名牌大学、进名牌企业、取得大成就，却不知道一个没有勇气和胆量的人，又如何挑起重担，坚毅勇敢地走创业、创新之路，享受大快乐呢？

第二，要通晓"四理"——事理、情理、义理、道理。

理，本义是物质的纹理，引申为事物发展的根本规则和运行规律，也指衡量是非得失的标准。在传统文化中，理外在的形态就是气，一气流行，化育万物，万物都是由气构成的，都是理的呈现形式，理在气中，但理又是认识的最高准则，不受具体事物的限制。所谓理一分殊，指的是天地间有一个理，而这个理又能在万事万物之中得以体现，即每个事物中都存在自己的一个理。古人读书就是为了明理，明理才不会超出合理的行为规范来做事。但是在"分殊之理"上，又有事物自身所具有的特殊结构功能和特有属性，是谓事理；又有各种不同的文化背景造就的情感心理，如喜欢什么，忌讳什么，民族与民族不同，区域与区域也不同，是谓情理；在处理各类关系尤其是人与人之间的关系时，由于思维方式、价值取向不同，对善恶的判断也不同，是谓义理；还有最高的人们普遍遵循的规律，是谓道理。以上四种不同方面的"理"，共同构成了我们的审美、思维、价值等精神世界，虽无形但的确存在，影响着我们生活中的每一刻。所以，作为学习者，必须要明白什么情况下使用哪种价值判断，才会有达成共识的可能性，才会减少交流成本，增进交流。否则，当你讲道理的时候他讲情理，当你讲义理的时候他讲事理，根本无法交流。所以需要明辨这四理，针对不同的"理"，用不同的方法、态度去处置，而不是错乱对待，不讲理。不讲理，何来智慧，大家都只是在各自的认识内无望地争执。

第三，要勇挑"四选"——当责任和自由、义务和权利、群体和个人、和谐与斗争发生冲突，二者只能选其一的时候，我们会选什么，这是文化价值直接作用于我们生活中的必要的智慧呈现。

不同文化背景下的民族，对以上四个选择有不同的结果，欧美民族国家一直提倡个人自由、平等、民主，为自由而战，为民主而战，为科学而战，个人自由主义是其思想价值核心；以儒家文化为主体的东亚文化圈，则提倡关系中的责任、义务、群体与和谐，虽然不是不要自由、权利、个人和斗争，但偏重于前者。这是一个基本的历史事实判断。每一种文化形态做出的符合其价值理念的判断，都有利有弊，关键是生活在源远流长、生生不息的中华文化圈内的人，要深刻理解这种价值选择的内在合理性以及如何避免不利情况的发生。

第四，要胸有"四成"——成己、成人、成物、成天。

成己意味着自我更新、自我完善，完成自身天性的展现，这是成人、成物、成天的先决条件，只有先成己，才能成就他人，完善他人，从而协助万物。《论语》中说："君子不器。"你不要认为自己是一个教书的，就一辈子只能教书，你教书的时候好好教书，当这个社会已经变化到你不能当教师了，你不要说自己只能当教师，你还可以当消防员、当作家。儒家文化提倡，人活于世，各种合理的可能性都应尽可能去实现，即实现人的全面发展。但个人发展之后呢？《论语》中又说："君子成人之美，不成人之恶，小人反是。"所以，我们每个人在完成自身的修炼，功夫做扎实了后，就要去帮助亲人、朋友、陌生人一起实现他们自身的一切可能性，使每个人各得其宜，众道并行而不相悖，万物并育而不相害。

现在我们总认为传统文化是排斥科学的，但是如果我们把这个"成"理解成"尽"，成己就是人生命当中蕴含着各种可能性，自己尽可能地去实现，这就是实现人的全面发展。所以"君子不器"，你不要以为自己是一个出租车司机，就一辈子是个出租车司机，同时，你可以做一个好爸爸，做一个好爷爷，你也可以做一个清洁工，只要你喜欢，你本身具有这样一些可能性。因为人与人是不同的，人的各种兴趣点和才能都不一样。什么叫成物？就是把事物的各种功能进行充分地运用。当我们这么来理解成人、成物的时候，我们会觉得自己的"心"很大。

中国人有一个很大的智慧就是阴阳平衡。任何好的事情当中一定蕴藏着不好的事情，任何不好的情况都蕴含着生机，因为我们认为这个世界就是由阳气和阴气构成，阳中有阴，阴中有阳，它们处于动态的平衡中。中国文有化认为万事万物都是有联系的，中国文化特别排斥这个世界一定是由最小的单位构成的这一观点，认为万事万物都是由气构成的，人也是由气构成的，但是这个气有阴气，有阳气，它们互相推动。中国人始终认为人跟物之间不存在差别。所谓天人合一，就是我们在宇宙的本原上是一体的，没有区别。中国人正是因为有这样的观念，所以认为阴阳永远是相互平衡的。平衡是什么？就是中庸，中庸是最高的道。所以任何事情都要求得平衡，人与人之间要求得平衡，人跟自然之间要求得平衡，我们的欲望要合理。人要有欲望，没有欲望不行，但是要平衡。这种平衡状态要求每个人觉醒、觉悟。

大家一定要注意，传统文化里面的"学"跟我们现在说的"学"是不一样的。我们现在说的"学"基本上就是学生吸收知识，老师传授知识。传统文化里面的"学"是什么？首先是经验上的效仿，"学者，效也"，就是仿效，仿效到一定程度，就要求内心的觉悟、觉醒。

传统教育在知识传授方面跟现代教育有一个巨大的不同，即至少从南宋开始，教育者首先让孩子识字。我们现在是识字、写字同步的。现在我们在反思，一个孩子从一年级到六年级 12 个学期，6 个整年，学习目标是什么？认识 3755 个常用字，能写 800 字的作文。这么长的时间来学这么一个目标，是不是有效呢？我觉得太浪费了。不知道大家有没有看过《说文解字》，它将当时的汉字进行了系统整理，分为 540 个部首，收了 9353 个字，然后加上重文、异体字，大概是 11000 个。我刚才说，古人识字叫集中识字，不是今天学 5 个，明天学 5 个，后天学 5 个，古人是在一段时间内，如两年时间内把这 1 万多个字认识一遍，不是写，只是认识。中国人造字是根据什么规则进行的？是"仰观天文，俯察地理，远取诸物，近取诸身"，就是说当一个小孩在 5 到 6 岁的时候熟悉 1 万多个字，教师会把古人所认识到的天地之间的万事万物在短时间内全部告诉他。

这可能是我们现代教育要反思的，我们 6 年才认识 3755 个字，很多孩子还不会写。如果两年时间内让他认识 1 万个字，或者 9000 多个字，或者 6000 多个字，让他对事物都有一个感知，那么我们的孩子对世间事物就有一个了解。但是我们现在都没有了，我们都是一点点地碎片化地来教给孩子，结果是我们没有给他们一个整体思维，又想让他们用整体思维来思考这个世界，我们现在处于这么一个尴尬的情况。这样的思维是我们现在比较欠缺的，所以国家最近在进行教育改革，包括整体的国家改革，都在向这方面进行一定的回归。

学习中华文化，成就智慧人生

我们现在为什么要学传统文化？我认为有三个理由。

第一，凝聚共识，实现民族身份认同。当我们说除了体貌（黑头发、黄皮肤）、国籍之外，全球华人还有什么特征？中华民族和其他民族比较起来，特征就是特别勤劳、节俭、坚韧和爱家。

第二，承接良知，增强人的主体性。这一点我觉得现在欠缺得太多。孟子说"虽千万人吾往矣"，即使前面是刀山火海自己该做什么就做什么。现在有这种人吗？没有了，或者很少。为什么？很多人是精致的利己主义者，怎么做对自己有利就怎么做。

第三，修身养性，培养底线价值观。当我们的孩子面对失败、挫折，抑或诱惑的时候，传统文化会告诉孩子："穷则独善其身，达则兼济天下"，符合道义的就做，不符合道义的最起码可以不参与。中国传统文化中素来有一个观点，即你一定要根据自己的能力做事，尽人事，听天命。当能力够的时候，你就放心大胆地去做；能力不够的时候就不要做，做了也做不好，你要做了，就是德不配位。

现在我们常说，要从一个成功走向另一个成功，从一个胜利走向另一个胜利，好像孩子只能成功。不是说成功不好，成功当然好，但是我们太强调成功，我们太强调只能成功，而忽略了我们还有失败，还有挫折，最重要的是还有死亡。我们现在教孩子怎么活得更好。怎么认识死亡？我们没有说。传统文化有吗？传统文化有。我活着的时候活一天努力一天，死了就安息了。天是我的父亲，地是我的母亲，生我养我的父母是小父母，我还有一个天父地母，我死了就回到天地大父母的怀抱里去。我完成了我的使命，我可以安心地走。所以古代一些儒家人士不怕死，因为他们有连续性的东西在，他们有约束感，他们有归属感。所以古人说："存，吾顺事；没，吾宁也。"

我们传统文化里面讲格物、致知、诚意、正心、修身、齐家、治国、平天下，对于我们实现人生和社会理想来说，这是一个比较清晰的路径。这个路径就好像我拿的是一块石头，我把它丢到水面上去，大家想会怎么样？石头很小，可能就三圈涟漪，我要是丢个很重的石头下去，涟漪会很大。好比一个人能力越强，能够施予爱的范围就越广，能力越小，能够照顾的范围就小，但是努力了，就一定会出现波纹。对于一个人来说，尽力就好，尽人事，听天命，把自己的可能性展现出来。一个人，昨天可能还是一个清洁工，明天因为思考写了一篇好的小说，就可以成为一个比较不错的作家，这没有问题，因为这个人有这个可能性，他就去做。我们整个社会要鼓励人，不以地域、贫富、性别、阶层为衡量一个人的成长的前提条件。古人就是这样，昨天还在家插秧，今天考上状元，就去当官了，没有一种人为设置的绝对隔阂。

中国人的人生理想——"修齐治平"，成为很多人最后的归宿。我的很多朋友，以前只想着成功，突然到了 45 岁以后，觉得好像离坟墓不远了，得给人间留点东西，就回故乡修一条路，在以前的学校建一个亭子，而且不求别人的表扬。"平天下"是什么意思？不是你开着坦克、骑着马去把人家打了，不是说你必须听我的才叫"平天下"，而是天下每个人都各得其所，每个人都有成长的可能性，大家都有发展，这叫"平天下"。你在老家修了一条路，你不知道将来有谁会走那条路，你建了一个亭子，你也不知道将来谁在这个亭子下面读书，你去资助孩子，你不求他回报，你只是本着一份"平天下"的愿望去做这样的一些事。

积极的人生要尽人事，有一口气在，就好好努力，然后是互相帮助，因为你要知道你不只是你，你是家族链条当中的一环。你不要去占有，而是要去分享。孔子有一个思想，他说"无可无不可"。在现代化社会里，我们确实要为自己获取一些必要资源，但同时要有极大的开放心态，不要太固执。我们可以把对自己父母的爱上升到对天地的爱，天地就是我们的父母，我们就感觉到一直生活在家里面，一辈子都在努力，已经尽力了，作为一个人的可能性都打开了、做到了，就可以安心走了。

美国有一个人写了一本书，叫《孔子：既凡而圣》，说孔子既是一个凡人又是一个圣人。"既凡而圣"体现在什么地方呢？当柏拉图跟学生对话的时候，他强调冲突，即你作为一个有智慧的人该怎么办；孔子强调的是衣食住行等日常生活，这样的生活占一个人生命当中 90% 的时间，儒家强调在这些时间里该怎么做。

中国当下的文化建设中有一个问题，我们应确定什么是我们该遵守的第一伦理、第一准则，其他问题都处于第二、第三、第四位。目前这很难实现。为什么？我们现在的义利之辨没有解决，到底是以挣钱为先，还是以道义为先，这还没有解决，我们到底是要按照礼来治国，还是以法来治国，我们也没有有效地解决。我不是说以法治国是错的，法制建设是没有问题的。法是什么？法是解决冲突的。如果两个人一直很和谐，一直很讲信誉，还需要法吗？就不需要法了。只有两个人产生纠纷的时候，才需要打官司，才需要法。那平时靠什么？靠礼，靠礼治。

现在的学者基本认可关于孝道的两个原则。第一，孝道是绝对伦理，但不是绝对服从。第二，在评价上，如果一个人尽孝了，不要期待得到表扬，因为那是你应该做的；如果一个人不尽孝，就要给他扣分。

我们现在的教育、现在的智慧可能处在一个需要突破的环节，我们对此要有清晰的认识。

传统文化怎么学？我给大家的一个建议是深入。怎么深入？读、写、注、讲、习，尤其是习。在《孝经》《大学》《中庸》《孟子》《论语》《诗经》中，选择一部读熟、抄写、注解、讲解，并把这个精神带到你的行为当中去。这也就是我们传统文化当中所说的"博学、审问、慎思、明辨、笃行"。如果我们这样做，就会有一定的智慧，我们的人生就会相对圆满一些。

这个时代为什么要诵读经典？

程云枫

程云枫

广东私塾联谊会会长，广东省国学教育促进会副会长，岭南教育集团幼师专业特邀顾问，中国管理科学研究院国学经典研究中心顾问，台中教育大学访问学者。推行中华经典诵读十余年，著有《守望纯粹》等。

教育是有两种的

只要人类存在，只要文化存在，就应该有经典的存在，因为经典是维系人类生存的一个很重要的因素。同时，经典也是我们生存的一个坐标。我们常讲离经叛道，这是个很危险的事。经典就可以给人类一个永恒的生存环境，使人类能够更好地生存下去。

我们的国家一直在做教育，为什么我们还要特别提倡经典教育，乃至私塾教育？这是一个很重要的命题。其实大家要思考，我们从小到大不断学习、不断进步，但是我们所受的教育是否能够彻底令我们安心，令我们满意？这是要思考的。

我们从小学读到初中，读到高中，读到大学，读到硕士，读到博士，一路读上去，看似完成了教育，其实不然，教育是有两种的。教育有哪两种呢？一种就是我们常常接触的，尤其是我们体制内特别提倡的知识教育。我们从小到大学的就是知识教育。另一种教育是什么呢？就是智慧教育。对于这两种教育我们可能以前从来没有思考过，但是从今天开始我们就应该去思考这个问题。

知识教育，大体是经过思考，经过逻辑思辨得到的。就是说，通过我们的思维对外部世界，对所谓的人生观、世界观，乃至宇宙观的一种看法，或者对现实的一种观照，这些都叫知识教育。还有一种教育，即我们讲的智慧教育。智慧教育是什么呢？那些关乎我们生命的，关乎我们性情的，关乎我们品德的，关乎我们境界的，都叫智慧教育。我其实没有批评体制内的教育，体制内的教育有很大的好处，功不可没，而且我们国家一定要有这样的教育，每个人也都需要这种教育。因为你生活在这个世界，你要面对这个世界，你必须掌握知识，所以我们这么多年的教育其实都是围绕着知识教育展开的。其实，还有一种教育是很高明的，它甚至超越了知识教育，这就是智慧教育。

教育究竟是为了知识，还是为了智慧？这个要去思考。另外，知识和智慧是什么样的关系？我们也要去思考。所以，今天对我们来说最重要的是把这两个问题给解决了。

我们也常常接触很多教育理念和教育模式，尤其是在这个百花齐放、百家争鸣的时代，新教育理念层出不穷。那我们面对这些教育理念是不是应该做一点思考？任何一种教育其实都是有道理的，但是我们可能还有很多东西没有想到。一个道理是小道理还是大道理？它是局部的道理还是全部的道理？这很重要，一定要去思考。对于体制内的教育，我们把它定义为知识技能教育。知识技能有没有价值，有没有意义？有。有没有道理？有。我们要不要接纳它？要接纳。但是我们还须进一步思考，仅仅有这种教育够不够？它有没有对我们的生命、对我们的身心真正产生一个深层次的影响？所以，我们每个人都要去思考这个问题。

前年有一个报道登出来，说北京大学有位心理学教授，他做了一个调研，发现现在北京大学的学生大多数得了一种病，这种病叫作"空心病"。这就凸显出一个很重要的问题，可能我们的教育缺乏某一种重要的元素，所以才会如此。除了知识教育之外，是不是还有一种更加重要的教育？是的，这种教育叫智慧教育。

什么是智慧教育？

我们今天谈所谓的东方智慧，就是谈这种更加重要的教育。这种东方智慧，和我们现在所接受的知识教育是不一样的。知识教育是按部就班的，我们用一句很通俗的话来讲，它是死的教育，而且它有一个规律，它永远不会消失。但是智慧教育是不一样的，知识需要思考，需要逻辑思辨，智慧属于不思而得、不勉而中，就是不需要思考，你就有这个智慧，不需要勉强，你就能够恰到好处，智慧是本有的。所以都要清楚，我们都有所谓的本有的智慧，它不需要你去思考，你本来就有这样的智慧，它和知识是不同的系统。所以，如果用学知识的方式去寻找智慧，你永远都不可能开启内在的智慧。古人讲，高度的智慧可以涵盖低度的智慧，而且这种智慧可以实现天人合一。

要想开启这种智慧，需要走另一条路线。知识是无边无际的，如果你去追寻知识，永远追寻不完。但是智慧不一样，智慧开启后就可以很好地驾驭知识，所以它是一个不同的方向。换句话来讲，知识可以随着人的认知能力的提高而增长，但是智慧不是这样子的，智慧不是说按部就班就能获得，它有一个很特殊的获取方式，它是可以从源头开始的。知识教育需要什么呢？需要一种观念，就是一个萝卜一个坑，我们有语文、数学、物理、化学等各种科目，它们几乎是在平面上展列开来的。我们东方的智慧是什么呢？就是讲究整船一体，就是整个生命是贯通的，所以一通百通。这个通要从哪里通？从根部通。所以，知识教育和智慧教育有一个区别，一个叫枝叶的教育，一个叫根本的教育。如同一棵树有枝叶、树干，智慧就如同这个根。枝叶可以有很多分权，很多花果，但是你慢慢寻找，会发现它的根。你把这个根摸到了，你就摸到一切了，因为一切都是由这个根生出来的。所以老子有一句名言"道生一，一生二，二生三，三生万物"，它们是一体的。

我们把凡是借助逻辑思辨技能的学习，都当作一种知识学习，它属于枝叶的教育；凡是属于智慧的学习都属于根本的教育。所以你如果解决了根本你就解决了一切，即所谓一门通了，门门都通，所以这是非常重要的。

为什么要讲到这个根本？要讲到智慧？这又凸显了一个很重要的问题，即教育的目的。其实古人讲得很清楚，教育只有一个目的，叫读书志在圣贤，一句话就讲透了。古往今来真正能够称得上教育家的其实只有两个人，当然也有其他所谓古圣先贤，但是那两个是我们大家公认的，一个是孔子，一个是释迦牟尼。

为什么呢？因为他们真正了解生命的本质。所以，所有的教育都要从这里回归，这样你才能够回到目的，用一句通俗的话来讲，即教育的目的就是认清你自己。我们现在其实对自己是认识得不清楚的，我们一般人都是糊里糊涂的，随波逐流、浪生浪死说的就是这个意思，我们从来没有考虑到自己的生命是很庄重的。智慧教育是可以实现生命的这一种庄重的。我们对孩子的思考也只是为了他们的生存，从来不会考虑我们要培养什么样的孩子，他们的方向应该在哪里。

这种教育目的，是不是个人凭空想象出来的呢？是不是想当然的呢？不是的。所以，《大学》就把这个讲得很清楚了，就是大学之道在于明德。用儒家的话来讲，就是读书志在圣贤；用佛家的话来讲，就是你必须要成佛；用道家的话来讲，就是你要成为一个真人，我们现在是假人，是一个虚幻的人，不是真人。所以，从这个方面出发的话，我们对自己的生命、对孩子的生命、对人类的生命，会有一个重新的思考。不要做一个糊涂的人，这是教育的一个目的。

教育怎么才能够达到这个目的呢？就是教育要同时具有德才。"德"是关乎生命的、关乎智慧的，"才"是关乎知识的、关乎生存的、关乎技能的，这两个方面都必须具备。但是哪一个在前，哪一个在后？人们常说德才兼备，就是"德"在前，"才"在后，所以如果一个人有才无德，将是很危险的事。

我们这个时代属于有"才"的时代。我们这个时代是不缺"才"的，科技非常发达，人们非常聪明，"才"已经发展得很好了。但是因为它发展得太好了、太泛滥了，而且我们又忽略了一种所谓智慧的教育、"德"的教育，所以我们的生命就变得很危险，这方面的问题就需要解决。

智慧教育要从经典诵读开始

凡是"才"的教育，即所谓知识教育，我们都可以学得很好。但是"德"的教育，即智慧教育怎么学呢？很简单，有承载这样的内容的、这样的价值意义的书就可以了。这样的书，就是经典。所以，你如果要成为一个有智慧的人，成为所谓的圣贤，成为所谓的有德的人，你必须读关于这样的内容的书。我们只有一个方法可以接纳它，就是读诵。所以智慧学习和知识学习不一样，刚才讲知识学习是按部就班的、一成不变的，而且它还有一个规律，要从浅到深，因为人的认知能力是慢慢发展的，一个小孩的认知能力刚开始时是很薄弱的，所以你不要教他太深奥的东西，所以知识学习要按部就班。但是智慧学习呢？智慧有深浅、有高低，我们的智慧学习与知识学习正好相反，它要从高到低，它要从深到浅。所以这种学习有一个规律，就是越早学越好，因为人越小记忆力越好，人慢慢长大，记忆力就开始逐渐减弱。

我们一开始要做的事，就是诵读经典。从哪里开始诵读呢？从最高的，也就是从源头上开始。那我们学习什么？越高深的越好，越难的越好，因为对孩子来说是没有难易之分的。教育从什么时候开始最好呢？越早越好。因为他还没有定型，他的理解力还没有开始运作，所以这个时候要给他人类最有智慧的教育，即经典诵读。从胎教开始最好，胎教最容易，因为孩子在肚子里面不会跑不会动，所以你怎么做他都会听你的，你放声音就可以了。孩子到一两岁就有一点点记忆的动作了，到五六岁就有一些记忆的想法了，到了七八岁，狗都嫌了，到了十三岁就开始叛逆了，所以教育一定越早越好。刚才讲的知识教育是"死"的教育，任何时候学都来得及，甚至越晚学越好，因为越晚学你的认知能力越好，所以你学它比较容易。但是智慧教育越早越好，而且要从经典诵读开始。

经典诵读有七大好处。

第一，提升专注力。刚才讲了人的智慧从哪里来，真正的智慧不是从思考中来的，就是刚才我讲的这个不思而得、不勉而中。那是从什么中来呢？是从"定"中来。"定"是什么呢？"定"就是专注力。我们现在的孩子学习普遍没有专注力。为什么没有专注力？因为我们学的都是知识，都要思考，都需要理解，既然都是从思考这个层面入手的，所以就很难有专注力，因为心是乱的。所以提升专注力就是提升定力，有定力就能够开启智慧。一个人心静，他的智慧比较容易开启。宁静可以致远，什么叫宁静？就是专注力，就是定力。你做任何一件事、一种学问，都必须要有专注力，尤其是我们讲的智慧学习，它和这种定力有很大的关系。

但是，现在很多小朋友都是没有专注力的，这是很正常的。为什么呢？因为我们很少去训练他们的专注力，而且即便去训练也没有用最好的教材。诵读经典，是训练他们专注力的最好的一种方式。一个孩子如果能够把一部像《论语》一样的书从头到尾地背下来，把一万多字、两万多字、三万多字，甚至四万多字背下来，你知道他的专注力能得到多大的提升吗？古时候的小孩子都少年老成，为什么呢？因为他们从小读这些书，他们有定力，所以看起来比较老成。现在我们看到孩子觉得他们天真可爱、活泼乱跳，你不要以为这是一种可爱，其实这是一种好动，他们没有专注力。所以，有专注力的孩子，该动的时候动，该静的时候静，就是动静一如，这是很重要的。专注力不但能开启智慧，也是成功的必要条件。

第二，增强记忆力。西方有研究表明，人的智商大部分是由记忆力构成的，所以记忆力好的人，往往是比较聪明的。你看在学校考试中考得比较好的，大多数是记忆力比较好的。记忆力在 13 岁之前训练是最好的，过了这个年龄就很难了。

所以，你如果让孩子诵读经典，就一步一步地把他的记忆力给训练出来了，他的记忆力就得到很大的提高，他将来看什么书都比较容易记得住。

第三，提高语文能力。我们现在都留意课程改革，大家都知道，语文的地位提高了好多，经典的地位也提高了好多。有句话是，得语文者得天下。语文是一切学习的根本，因为任何的知识、文章，几乎都是从语文能力拓展出来的。

读经典，一定要从最高的开始，高的可以涵盖低的，但是低的不能涵盖高的，这是很重要的。知识要从浅到深，智慧要从高到低。所以我们给孩子读什么书呢？一开始就要给他读可以供他参考一辈子的，如果不是这样的书，我建议大家不要给他读，即便是读，也就是简简单单看一下，不要认真去精读、去背诵。要读什么呢？《论语》《大学》《中庸》《孟子》《庄子》等，这些都是有高度的书。高的读了，低的就容易了。所以，凡是从小读过这些经典的孩子，语文能力都特别强，他们一辈子都好学、好阅读。而且人是有一个特质的，即喜欢从难到易，不喜欢从易到难。所以，我们趁他们还不知道难易的时候，就把最难、最有意义、最有价值的书教给他们，他们以后就没有难读的书了，就好学了。语文能力好了，就有了根本的学习能力，其他的能力就会得到很大的提升。

第四，培养道德。诵读经典，可以使我们养成良好的道德习惯。这一点不言而喻，因为经典里面的内容很多都是讲的这方面的东西。

第五，开发智慧。凡是关于智慧、道德、心灵的，都不能用讲解和思考来达成。需要什么呢？需要潜移默化地熏陶。所以，孩子读经典的时候，不要给他讲解，就默默去读，书读百遍其义自见，慢慢地感染他的心灵，净化他的心灵，提升他的智慧。这就是随风潜入夜，润物细无声，是教育的最高境界。因为经典是人类永恒的智慧，这是圣贤智慧的结晶，所以读经典就是潜移默化开发一个人的智慧的最有效途径。

第六，增强民族认同感。我们现在提倡爱国、文化自信。我们用什么东西来提升文化自信呢？我认为，文化自信应该从诵读经典开始。我们常常讲，体制内的教育是有所不足的。有所不足的原因，就是缺乏关于东方智慧的教育。所以，这几年我们国家大力推动传统文化教育，经典进课堂就是为了注入这种智慧教育。如果没有这种智慧教育，我们就全部生活在这种所谓知识教育的世界里面，我们有才，但我们可能无德，我们可能也无智慧。我们凭什么有文化自信呢？很难。能带来自信的文化是真正经得起时间考验的，能让世界认同你、向往你的文化。

大家都知道，东方文化和西方文化是不一样的，西方文化主要体现在知识的体系里面，而东方文化主要体现在智慧的体系里面。这也同它们的宗教源头有关。比如，西方文化是从逻辑思辨开始的，它的宗教就是二分法的，你可以信仰上帝，但是你永远不能成为上帝。我们中国的文化是不一样的，在中国传统文化中，人人皆可为尧舜，人人皆可成佛做主，人人皆可做一个真人，所以我们更高一层。当然，我们不能妄自菲薄，也不能妄自尊大，我们要接纳和学习西方文化的长处。但是，我们要知道，文化自信是很重要的，因为我们的文化来自东方真正的智慧，这就是一种民族的认同感。

世界上有两个民族是高度被认同的，一个是犹太民族，一个是中华民族。这两个民族为什么能够被认同、被尊重，而且生生不息？很重要的原因是它们的教育，这两个民族的人民从小都要诵读经典。犹太人为什么厉害？除了体制内的教育之外，他们还从小在家里读自己民族的经典，所以他们的大脑不一样，他们的智慧也不一样。我们中国几千年来也是如此，我们从小都是从诵读经典开始接受教育的。

中华文化为什么几千年来不断地得到认同？我们这个国家虽然也会改朝换代，有战乱，甚至有外族入侵，但是最终我们都把它们给同化掉了。不是我们中国人厉害，其实是我们的文化厉害，文化把它们给同化掉了。儒家讲大同世界，这个格局是不一样的。这种文化自信不从经典开始，从哪里开始？你是不能把这个文化给中断了的。有文化自信，我们就有民族认同感。否则，我们没有中国的文化，光学习西方的，能够学得好吗？我们常常会看到，有一些孩子被送到国外，几年后回来了，中国人不像中国人，西方人不像西方人。如果没有自己民族的东西，就会迷失在世界的潮流里面，而且不知所踪。所以，民族认同感是很重要的。并不是说我们要民族主义，而是因为我们这个文化是非常有价值、有意义的，它是非常高明的。

第七，补这个时代之弊。这个时代是什么时代？是知识爆炸的时代，信息泛滥的时代，物欲横流的时代。一方面我们生活幸福，另一方面我们也是最痛苦的，因为心灵的空虚。这是我们这个时代普遍的问题。首先，这个时代是缺乏经典的时代；然后，这个时代的环境是比较恶劣的。虽然我们生活得很便利，在物质上很充裕，已经得到满足了，但是我们并没有富而好逸，我们的心灵是空虚的。但是，我们不能逃避这个时代，进入一个净土的世界，与世隔绝，我们要改变它。怎么改变？要从诵读经典开始，从小就给孩子熏陶最纯正的、最有智慧的、最有生命力的经典内容，使他的心灵强大，使他的"免疫力"增强，他才能够不被这个时代的欲望洪流淹没。

如何回归一种智慧教育？

要想把教育做好，就要把握一个原则，我把它叫作"一个中心、两个基本点"。

"一个中心"是什么呢？就是以包本背诵为中心。什么叫包本背诵？是能够把一部经典读得很熟，再从头到尾把它给背下来。这有没有可能？是有可能的。不但有可能，其实每一个小朋友都可以，每一个小朋友都有这样的潜能，有这么好的记忆力。

为什么以这个为中心？只提倡诵读经典吗，那其他的教育呢？之前我讲了，教育有两种，一种是知识教育，一种是智慧教育，这两种教育有一种关系，即本和末的关系。智慧教育是属于根本的，知识教育是属于枝叶的，所以根本好了，枝叶自然会好。以这个为中心，你就把握了教育的核心。我们大家常常不知道什么叫教育的核心，常常这个也说教育那个也说教育，你觉得自己忙得团团转，结果发现自己并没有得到什么提升。为什么呢？因为你没有明白什么是核心的教育、根本的教育，没有提升你的内在生命力。内在生命力怎么提升呢？就是回归智慧教育，智慧教育要从诵读经典开始。中国传统教育的精华是什么呢？诵读经典。

把这个中心照顾好了就可以照顾到外围，根本长好了就可以长出枝叶。这样你学习就比较轻松，比较简单，而且比较容易。

"两个基本点"就是严格教学和提升家长，其实这两个方面合在一起就是一句话：尊师重道。有一句话我非常认同，即教学的质量不是抓出来的，是尊重出来的。这个时代是没有师道的时代，那我们的教育变成了什么呢？变成了一种产业，变成了一种服务，这就失去了教育的本意了。一定要回归师道，没有师道，就没有真正的教育。所以每一个家长都要问自己，如果你真正为了自己的孩子好，就一定要尊师重道。尊师重道，要赋予老师严格教育的权力，让他们敢教、敢管。现在我们的老师、校长，都不敢管孩子，一管，家长就投诉，结果最终吃亏的还是孩子。

教育真正用心要用在哪里？用在家长身上，家长是孩子的第一任老师。真正懂教育的人，不是在教孩子，而是在教家长，把家长教育好了，孩子就很容易教好。但是，家长现在是最难教的，不但难教，还反过来教老师，所以提升家长是很重要的。

教育不要用错功，在孩子身上用功，就是用错功，要在家长身上用功，把家长的观念、想法转过来，让他明白什么是真正的教育，让他懂得尊重老师，懂得体贴老师，我们的教育就有希望了。否则，任由教育产业化发展下去，家长随便投诉学校和老师，我们的教育是没有希望的，不但没有希望，还有重大的危机。

在这个时代你要改变教育，必须先改变家长的观念，家长的素质提高了，家长有理性了，明白道理了，孩子自然就好了。孩子是很容易教的，大家必须记住这个原则。现在的孩子之所以难教，就是因为家长的观念出了问题。所以只有回归师道，回归尊师重道，我们的教育才有希望。

总结一下，就是只有诵读经典、尊师重道，我们的教育才有希望，我们的国家、民族才有希望，我们的文化才能够惠及中国乃至全世界。

八

体育养生

智力体操　棋韵芳华

谢　军

谢　军

首都体育学院副院长，中国国际象棋协会副主席，心理学博士，教育学博士后。先后四度加冕国际象棋女子个人世界冠军，获"全国十大杰出青年""世界十佳运动员"等国内外荣誉称号。出版中英文专著数十本。

棋到底带给我们什么？

我从小喜欢棋，6 岁开始下中国象棋，10 岁获得北京市少儿冠军。进了首都体育学院以后我开始下国际象棋。我从 10 岁开始边上学边下棋，从某种意义上来说棋伴随我长大。下棋带给我的收获不仅仅是多少北京市冠军、全国冠军、亚洲冠军、世界冠军，我觉得棋让

435

我了解了这个世界，训练了我的思维。

棋到底能带给我们什么？曾经有一位世界冠军，现在她已经不在了，在垂暮之年，她有一段很有名的话，她说自己无法想象生活中没有国际象棋是什么样，她说假如她的生活重新开始，她仍选择这条路，尽管这条路并不总是带给她快乐，但只要她坐在棋盘边上，刹那间就感觉到那种至高无上的快乐，其他一切都黯然失色了。对她这段话我太有感触了，我自己有时候也想，尽管我现在不是一线棋手，不在世界赛场上拼杀，为了冠军的头衔去跟人家较劲，但是下棋带给我的快乐确实是这样，只要我一坐在棋盘边上，那种至高无上的快乐是什么都比不了的。

我觉得无论是中国象棋、国际象棋、围棋，还是桥牌，说大了是智力运动，说小了是智力游戏。水平可以有高有低，高了你去追求极致，当冠军，做职业棋手；很多棋迷朋友，没有这么高的水平，他们也很快乐，他们看见一步好棋也会很快乐。并且棋里面还蕴含着文化，陈毅元帅曾经说"棋虽小却品德最高"，他是从棋品上来说的，确实小小的棋蕴含了太多的内容。

我们看到，俄罗斯总统普京有着硬汉的形象，但他也会在棋文化周开幕的时候去剪彩；美国总统来中国访问的时候，美国人把围棋当作国礼送给我们国家的领导人；对于包含中国元素的棋，我们有各种文字的介绍，将其不断推向海外；我们也将海外像国际象棋这样的棋引进来，让其在中国大地上生根发芽。实际上棋是万物归一的智力的比拼。

习近平总书记在十九大报告中说："我国社会主要矛盾已经转化为人民日益增长的美好生活需要和不平衡不充分的发展之间的矛盾。"这跟棋有什么关系？太有关系了，因为下棋能让我们更充实，静下来思考，品味生活当中的点点滴滴，棋里面的内容绝不仅仅是棋盘上体现出来的。

棋与文化

棋是历史长河中沉淀下来的文化遗产，是从生活当中来的，它以文明的形式展现出来，再到生活中去。

人的一生也跟下棋一样，把棋盘摆好了，大家的子位都是一样的，我们开始所拥有的资源差不多，我们开始走这盘棋。下棋是个过程，人生也是个过程，从下棋当中得来的经验完全可以用到生活当中，我们经常说"棋如人生，人生如棋"。

在工作和生活中我们经常会用到关于棋的术语，比如打好收官战、下到先手棋等，实际上说的不是棋，而是以棋文化来比喻我们工作和生活中的事情。那么在下棋这个过程中最大的收获是什么？下棋你想赢对不对？想赢就是想问题在哪儿，怎么去解决这个问题，怎么根据不断变化的形势调整你的计划，说白了就是提高解决问题的能力。所以在下棋的过程当中我们形成了这种能力，如果将其运用在生活和工作等其他方面，也可以帮助人们解决复杂的问题。

棋实际上源于战争，国际象棋和中国象棋都是这样，即两军对垒。国际象棋中间有一块空地，两方去争斗；中国象棋更有意思，其特点是有楚河汉界，老将受很多棋子的保护，这和我们以前等级森严的文化多像！

关于国际象棋，有人说起源于印度，有人说起源于中国，有两个版本。总的来说起源于亚洲，最后不断地演变，一直流传下来。

起源于印度的说法是，原来有一个国王，他的大臣说你不能光靠自己，就设计了这样的一个游戏。游戏里设计了不同的兵种，给予了王至高无上的权威，规则是如果王没了，其他也都完了，但这个王又不是那么厉害。无论是中国象棋还是国际象棋，王确实不太厉害，都需要别的棋子保护，它只能发挥局部的作用，它需要和其他的棋子去互动、去配合。起源于中国的解释听起来有点悬，即和《周易》里的六十四卦、阴阳对应。

说到国际象棋，肯定也会说说围棋，围棋也有很多很有意思的故事。古诗词里面和棋相关的有好几千首，无论是白居易还是欧阳修，他们写的诗词用寥寥数语就把下棋的感觉表现出来了。

像白居易的《池上二绝》："山僧对棋坐，局上竹阴清。映竹无人见，时闻下子声。"一下子这种手谈的感觉就出来了。

像欧阳修的《梦中作》："夜凉吹笛千山月，路暗迷人百种花。棋罢不知人换世，酒阑无奈客思家。"这局棋下完了，"我"都不知道这个世界变模样了。

中国象棋也是历史非常悠久，我们现在能找到宋朝的棋子、明朝的棋书。我们也可以看到象棋已不断地融入我们的生活当中了。中国象棋原来都是汉字，为了走向国际化，为了让更多的朋友认得，变成了平面的图形象棋。

棋与游戏

对于大多数人来说棋就是非常好玩的游戏。现在我在大学工作，从教育的角度去看，我觉得棋的游戏性质或者它好玩的这种品质远远多于竞技这块。这么多人下棋，这么多人参与，不可能每个人都是未来的冠军，那么为什么可以整夜整夜地下，花这么多的时间跟人较量，不赢房子不赢地也要去下？因为棋太好玩了。

中国人经常说文无第一、武无第二，琴棋书画里面如果说才艺要比个高低，还就棋能比出来，对于其他的可能我喜欢这个风格，你喜欢那个风格，但是棋有胜负的元素在里面。我们会说"下棋不语真君子"，也要求"观棋不语真君子"，但下棋最快乐的时候是大家一块儿下，边下边说，棋生活的东西就都出来了。

纪晓岚写过一首诗《题八仙对弈图》："局中局外两沉吟，犹是人间胜负心。那似顽仙痴不省，春风蝴蝶睡乡深。"我看到这首诗的时候能够感觉出大才子得意的状态，去评论人家赢也行、输也行，反正"我"是非常好。

关于象棋也有特别美的词，这里面有竞技的元素，也有哲理的元素。比如有一种开局叫"仙人指路"，它实际上是一种后发制人的策略，开局更多的是试探对方的棋路，等着对方先来，自己该出子出子，该调动自己的子力就调动子力，但是不明确自己要干什么。这也是很有意思的一种打法。

很多历史上的名人喜欢下棋，马克思喜欢下棋，列宁喜欢下棋，爱因斯坦也喜欢下棋，我们国家很多领导人也喜欢下棋。

我们先看看列宁。今天说"智力体操"，这是谁说的呢？是列宁说的，他说"国际象棋是智慧的体操"。列宁的国际象棋确实达到了很高的水平，小小的棋子也一直陪伴着他，无论是他流亡的时候，还是他作为国家最高领导人的时候，象棋都陪伴着他。列宁也担任了苏联国际象棋协会的名誉主席。正因为他对棋有很深刻的理解，所以他把棋作为当年苏联整个精神文明建设的工具，因为他觉得苏联人应该呈现给大家的是他们是智慧的、文明的民族，而不是熊瞎子、酗酒、打架。所以俄罗斯无论是在苏联时代还是在现在，国际象棋不仅仅是一个小的运动项目，也是每个幸福家庭必不可少的，这也是苏联当年一个大文豪说的话。

孙中山先生最喜欢的一道题是，黑方马上要绝杀红方的老帅，在这个时候红棋该怎么走？这道题当年实际上也暗示着整个革命处于最困难的时候、压力最大的时候。孙先生很有意思，他把这道题寄给了他的伙伴们，他的意思是不要看现在革命这么难，看起来没有希望，只要我们同心协力一样可以取胜。这道题中实际上红棋只要连续将军，是可以取胜的，但需要弃子。需要暂时舍弃个人的得失，与大家一块儿合作，一块儿努力。所以，小小的游戏里面有很多故事。

棋与竞技

说到下棋，离不开冠军、胜负。说到胜负，我自己的体验完全不一样，我想我叫学院派，要求很严格。我找到《棋经》当中的几句话："博弈之道，贵乎谨严。""善胜者不争，善阵者不战，善战者不败，善败者不乱。随手而下者，无谋之人也。""不思而应者，取败之道也。"意思是你下棋必须很认真，必须很严谨。如果你是一个大家，你有很好的规划，不给对方与你乱战的机会；你想打阵地战的时候要小心避免复杂情况；如果你很善于打拼，要把事情都安排好；等等。这些就是我们以前学院派的训练。

还有逍遥派，简称"吹牛派"，也就是自己下了一盘好棋、一步好棋，够吹一辈子。我们看大诗人陆游写的"扫空百局无棋敌，倒尽千钟是酒仙"。这牛吹的，百局"我"都碰不上棋敌，没有人是"我"的对手。大家可以查一查，陆游下棋的水平非常高，无论是象棋还是围棋，都非常厉害，所以他有底气、有实力。但是他说"百局无棋敌"，我不信，那得看他找什么样的对手下。

白居易的牛皮吹得更响，他说"棋罢嫌无敌，诗成愧在前"，意思是"我"下完了，下多少回都没对手。这个牛皮吹得很有意思。

学院派要求的可能是特殊的年龄阶段、特殊的人群。但是下棋之所以好玩，之所以让大家这么快乐，就是因为在某个点上激发了人的兴趣。这是非常快乐的事情，这种快乐不下棋的人是不知道的。

棋教会我们胜不骄、败不馁，我们要把注意力放在对手上，以及我们的目标上，而不是放在困难上。下棋对青少年来说最重要的就是，教会他们要重视对手，不要藐视对手，要客观地评价面临的困境，也要有雄心壮志去克服、征服这些困难。

下棋一般都说胜负，我其实想说虽有胜负，但更有情意在里面。我 20 岁的时候，有一次和我的对手打了一个多月，最后我把这个冠军从她手里夺过来了。后来我跟她成为最好的朋友。差不多十年以后她到中国度假，到了北京，她找我说"谢军你安排一下我的住宿，我要到你那儿去玩"，我说"好"。2017 年我们在海南下了一个混双赛，我们经常有信件的交流，我们会谈论很多的事情。棋确实是纹枰论道，胜负是写在纸上的，留下的是情意，棋魂是伴着岁月的，胜负都成云烟。

经常有一些棋手，特别是一些"吹牛派"的业余选手，会很强调自己赢了，自己今天多么棒。其实你要想成为高手，真的不要太在意胜负，只要下到你自己觉得最好、下到你自己很舒服就很好了。比如我当年要让自己舒服，就必须把最重要的比赛拿下来，我才觉得能松口气。如果我只是想赢，只是去参加低水平比赛，实际上是成不了高手的。建议棋迷朋友，特别是青少年棋手去找比自己的水平稍微高一点点，自己大概能拿到40%～60%胜率的比赛，这是最适合你的难度。对手不要比你的水平高太多，也不要比你的水平低太多。这样你就有可能创造好的成绩，也有可能向你的对手去学习。

我特别喜欢国际象棋里的一个棋子——兵，兵是威力最小的棋子，但它也是最从容、最不可或缺的棋子。国际象棋中的兵有特别好的规则的保证，国际象棋中的兵只要能冲到底线就能生变，就能变为棋盘上最重要的棋子。我觉得人生也是这样，你只要一步一步地去做，走好每一步，那么有一天你也会蜕变的。

对棋手特别是青少年棋手来说，下棋的收获是非常多的，小小的棋子是智力的体操，也是素质教育的载体，还能起到全面提升能力的作用。对于青少年朋友来说首先是下棋很好玩，慢慢地会说下棋教会自己勤思考、会思考，之后要求胜不骄、败不馁，当他能够独立应对挑战、镇定自若的时候，即便他下棋不一定达到专业的水平，当他不下棋或者将下棋的经验用到其他领域，实际上棋对他的教育作用已经足够了。如果你无论碰到什么事都能够独立地去应对，好好地去分析、去判断，能够很镇定，那么这个时候没有什么困难能压倒你，你就什么都不怕了。

2017年刘延东同志在对青少年体育工作提出要求时说，随着生活水平的不断提高，青少年身心健康出现了不少显忧，也存在不少的隐忧，这就需要学校体育充分发挥教育功能，培养健康体魄，塑造健全人格，促进人全面发展。显忧说的是身体指标这部分，隐忧更多的是指身心这部分。

通过自己的成长过程我体会到，在下棋的不断磨炼自我的过程中，自己越来越平和，越来越坚韧，越来越镇定。当离开小小的棋盘，它同样还在你身上，在别的领域继续发挥很好的作用。

棋与生活

　　下棋在生活当中首先教会我们的是规则意识。有人问孩子多大学棋好，我们会推荐幼儿园中班、大班，此时小朋友已经有独立判断能力，能够分析、掌握规则。这里面有规则，不是随便下。规则意识的建立，对小孩子来说很可贵。很多时候我们没有意识到自己把规则理解错了，你是这样想的，我是这样想的，实际上大家应该遵守的规则是在这儿，我们可能都没有找到合适的点。

　　国际象棋和中国象棋我都下过，我有的时候不自觉地会把规则搞混了。中国象棋里有别马腿、象出不去、士走不远、炮是隔山打虎等规则，当我下习惯国际象棋的时候，我即便原来知道这些规则，也很熟悉，但我在潜意识里面计算的时候有时也会把它们忽略。如果两种棋都会下，我推荐大家时不时交换地下，你会体会到不一样的东西，你会知道为什么这是西方发明的棋，这种文化是欧洲的，而中国象棋中有咱们自己的规矩。生活中不同地域的文化有各自的特点。

　　规则意识对少年棋手特别有帮助。如果从小孩子就明白这个是这样，那个是那样，在这个地方遇到这个事情要用这个规则来做，这件事情这样去做会省很多力气，那对他将来的发展会很有帮助。

　　下棋能够帮助我们加强注意力，学会专注的思考；培养自控力、自我调节能力和自我教育能力；提高逻辑思维能力；锻炼计算能力；提高记忆水平；增强我们的竞争意识、抗挫折能力、大局观、规则意识。

　　六十四格也会改变我们的人生。有个故事推荐大家去看，是一个好莱坞电影，讲的是一个乌干达女孩的故事，她靠着国际象棋的特长拿到了哈佛大学的全额奖学金，彻底改变了生活，非常励志。

　　下棋也能教会我们修身养性，喜怒不形于色。《晋书·谢安传》里有个故事，讲的是谢玄打了一个很关键的胜仗，把喜报送回来了，谢安正在下棋，面上什么事都没有，只不过说了一句很经典的话

"小儿辈遂已破贼"。但实际上他绷着劲儿呢，下完棋以后他过门槛的时候心里边过于高兴，都没有觉察到他的鞋底已经被门槛给弄断了。

下棋还教会我们触类旁通。

下棋也能帮助我们很好地思考。特别是小孩子，一开始大人手把手地教，后来能够独立思考。孩子是我们的未来，在成长的过程当中他们循序渐进地学会了思考，学会了独立去面对、解决问题。

下棋也是一个学训结合、促进提高的过程。中国国际象棋国家队队员，有的是在校生，有的已完成高校的学习，都没有因为下棋耽误什么事情，实际上它们是相辅相成的。无论是社会实践、文化学习，还是体育训练，如果你学训结合好，根本没有问题，而且可以起到很好的加速器的作用。

棋韵芳华，我特别想说好的棋手不仅仅是棋手。从棋上得到的养分不仅能让你做好棋手，还能让你做好其他的工作。比如我曾经是一名非常好的棋手，现在我已经不是棋手了，但棋上的养分伴随我成长，让我有能力驾驭其他领域的工作。

在这里我想用下面一段话来结束今天和大家的分享。下棋确实是一个益智类的项目，是智力的体操，所以有人以棋益智，"乐在棋中"。我们每个人的生活都可以因为棋或多或少地增添光彩，岁月如花，棋韵芳华，岁月因为有棋的存在而更美，日子因为有棋而过得更加有味道。

从 CBA 到 NBA 的篮球道路

廖建湘

廖建湘

深圳市青少年篮球协会秘书长，深圳市中新（国际）运动俱乐部会长。曾任新加坡国家队教练。2017 年，带领深圳少儿篮球队获国际少儿篮球锦标赛冠军。

篮球运动的起源和发展历程

篮球是非常普及化和深受大众喜爱的一个项目，这个项目几乎没有门槛，我相信每一个在座的观众都接触过篮球，即使不会打，至少也曾经拍过球、投过篮，或者看过比赛，所以这个项目是很"草根化"的。正因为这样，篮球运动在全世界才有强大的生命力。越是范围广泛、容易上手的东西就越容易发展起来。其场地也是非常简单，在任何一个学校、社区我们都可以看到篮球场，下楼就能打，不像足球场还得找一个大场地。

篮球 1891 年起源于美国，由当时美国马萨诸塞州斯普林菲尔德基督教青年会训练学校（现春田学院）的一个体育老师发明，我们尊称他为詹姆斯·奈史密斯博士。奈史密斯博士在一个冬天发明了这项运动。美国冬天的野外都是白雪皑皑的，无法进行室外的运动，又没有室内的运动适合学生去开展，大家伙找到奈史密斯说："老师，你要有一个活动让我们参加，最好是集体性的。"当时马萨诸塞州盛产桃子，当地有很多装桃子的筐，当地的小孩就很喜欢将桃子扔进筐子里面去。奈史密斯受到当地游戏的启发，结合了一些球类的特点，最后发明了篮球项目。所以现在篮球也很有意思，以投篮为主，谁投得多谁赢。

这项运动刚发明时没有什么规则限制，就是找那么一块场地，奈史密斯把大家分成两拨，把球扔到中间，两边就冲过来抢，谁抢到谁进攻。由于没有什么规则，谁拿球谁就冲，就把球扔进去，人很容易受伤。裁判员把球扔得左一点右一点都可以，因为没有一个中圈做依据，这就影响了篮球运动的普及。

后来奈史密斯进行了改良，在中间画了一条线，就是现在的中线；画一个圈作为跳球区；每一场每队派五个人上去；弹跳最好的和个子最高的人作为跳球手，把球传给自己的队员。这项运动逐渐完善起来。

篮球本身是一个游戏，后来慢慢演变成世界上最大的游戏、商业性的行为之一。当时篮筐是奈史密斯随手钉在墙上的，后来一量三米零五，结果三米零五一直保存下来，现在篮筐的高度还是三米零五。所以他老人家很有先见之明，这是很有意思的事。

当时装桃子的筐是有底的，每次投完篮以后球下不来，得找个人用专门的梯子把球拿回来，时间长了这个人烦了，就跟奈史密斯反映。之后就改成铁筐下面拴一个绳子，球投进去了以后下面有个人一拉，球就掉下来，就不用每次爬上去拿球，之后又慢慢演变成铁丝，最后演变成现在的篮网。一个球一个筐，篮球的来源就是这样子。

　　1891 年发明了篮球以后，奈史密斯博士根据推广过程中出现的问题制定了非常著名的十三条篮球规则，这十三条规则奠定了现在篮球的发展方向。首先不能带球跑，刚开始时很多的学生就带着球跑，像打橄榄球一样，你得运球，运球停了以后你不能再运第二次，你要传球给队友，让队友协助你进攻。还不能走步，不能拉人，不能绊人，不能打人等。这就保证了篮球的健康发展，所以这个游戏有越来越多的人参加，第二年就传到了墨西哥，所以墨西哥是发起国之外第一个发展篮球运动的国家。1896 年逐步地传到英国、法国、澳大利亚，最后由菲律宾传到中国。这个发展速度还是挺快的，几年的时间就传到咱们国家，可见这个运动非常好玩、非常有生命力。

　　当时因为菲律宾的传教士到天津开办了一些教会学校，有一些教师平时跟我们中国的学生打球，所以就从这里通过中国学生普及，最后传遍了整个中国。

　　1936 年，篮球正式进入了德国柏林奥运会。这是一个很大的事件，篮球进了奥运会，登上了世界体育的大舞台。

　　1992 年是篮球史上的又一个重大转折点。西班牙巴塞罗那奥运会时，国际篮联（也叫 FIBA）设在日内瓦的一个篮球常驻机构正式同意每个国家可以派职业选手参加比赛。以前都是业余选手，大家在对运动员的划分理解上有一些分歧，说你这个职业的不能跟业余的打，后来想通了，为什么不能打？大家都是做体育的，大家以球会友，让运动得到更大的发展，让观众欣赏到更高水平的比赛，何乐而不为呢？就开了口，职业运动员能够到奥运会比赛，首先美国派出了梦之队。

　　梦之队集合了当时全美所有的 NBA 顶尖球员，每一个现在看起来都像外星人，都有一手的绝活，包括篮球之神迈克尔·乔丹，大鹏鸟拉里·伯德，臂展很长、传球不用看人的魔术师约翰逊，空中坦克巴克利等，这些举足轻重的明星组成了梦之队，第一次在奥运舞台上亮相。当时他们就征服了所有的观众，包括全世界的篮球运动员。跟他们比赛的队员都兴奋得不得了，打比赛的时候就招呼旁边的队友帮忙照相，打完球以后不看比分，而是马上找美国明星签名。那样一种热烈的气氛，使篮球在全世界的地位又上升了一个很大的台阶。

关于 NBA

美国作为现在篮球的第一强国，为什么能够在篮球界统治这么长时间，到现在在 FIBA 的排名一直是第一名呢？我们在这里总结了四个方面。

第一，美国黑人运动员比较多。黑人对篮球这一运动有天赋，他们的爆发力强、灵敏度高，特别适合打篮球。所以拉里·伯德作为一个白人中锋说过一句话："篮球是黑人的项目，我只是努力适应。"他非常谦虚，但的确是这样子，人种的天赋决定了项目的优势。

第二，美国社会对篮球运动非常重视。要是你在学校跟同学说"我哥哥是校队的篮球手"，这个篮球手就代表一种地位，大家就会肃然起敬；你说"我哥是学霸"，估计没人理你。所以美国对篮球非常认同，也给篮球运动员带来了大量的财富和很高的社会地位。

第三，高水平的训练。美国有大量优秀的基层教练员，它的运动手段和科学在全世界处于领先状态。

第四，参与人数多。很多美国人参加篮球比赛，它可以在里面选拔大量的优秀后备人才。

篮球在美国的发展离不开 NBA。NBA 是 1946 年在纽约由 11 个老板牵头成立的，到目前为止已经有差不多 72 年的历史。提到 NBA 我们不得不说一下那些球星的传奇故事，他们像一颗颗星星，照亮了整个篮球的天空。

张伯伦在美国的篮坛非常有名气，他在一场比赛中拿下了 100 分。现在我们中国国家队打一场球都未必能过百，他一个人就拿了 100 分。当时因为他在篮底的统治能力太强，所以 NBA 修改了规则，就是为了限制他。他太强了，他一个人打完了，其他四个人变观众了，这对篮球发展是不利的。所以当时设了三秒区，你进攻的时候没有球，就只能呆三秒钟，你得先离开这个三秒区，然后再进去，三秒钟没有球要再出来，就是让高个子离篮筐远一点，给矮个子突破的机会，就是要公平。国际篮联做的事就是为了攻守平衡。

到 20 世纪 80 年代末 90 年代初，NBA 又出现了非常有名的"三剑客"。洛杉矶湖人队的魔术师约翰逊，大家都耳熟能详，他的妙传、他的球技把整个 NBA 提到了很高的档次，他也夺得过无数冠军。史上最伟大的白人球员拉里·伯德的技术也非常好，他跳不高、跑不快，但是他一样能把球打到一个很高的境界，他非常刻苦。在 90 年代末他们两人即将退役的时候，又出现了一个超级巨星，即大家都知道的篮球之神乔丹。乔丹迷人的微笑、吐舌头的标志性动作，以及他出神入化的技术造就了 NBA 的神话，至今他的历史地位无人超越。这三个巨星撑起了 NBA 的天空，也让 NBA 迅速地向全世界进行了一种文化传播。

美国队在奥运会上出类拔萃，无人可挡，一共拿过 15 枚金牌、1 枚银牌、2 枚铜牌，整个奥运会篮球冠军史就是 NBA 的发展史。

NBA 之所以能在全世界进行如此大规模的传播，是因为它有很能干的当家人，叫大卫·斯特恩。他之前是纽约的一个律师，这个人非常有经营头脑。

第一，他接手了 NBA 以后，首先采取了一些主要的措施进行全球化的推广。我说一个小故事，1989 年斯特恩第一次来到中国北京，就到中央电视台要见台长。当时我们对 NBA 不熟，我们的工作人员就按照程序一层一层地申报审批，他就在电视台的外面一直等。当时刚过年不久，天气很冷，他在寒风中等了一个半小时，最后见到了中央电视台的领导人，跟他耐心地解释什么叫 NBA，NBA 是做什么的。他说："我们有如此多的优秀的运动员和巨星，我们如果来到中国展示给广大的篮球爱好者，他们会有多么大的收获和惊喜。"最后他促成了中央电视台跟美国 NBA 的合作。我们开始转播 NBA 比赛，而且都是免费的，一分钱不要，白送。每一周 NBA 还从美国寄一些当时的集锦，给中央电视台免费放，给大家欣赏。1998 年以前，我们转播 NBA 的比赛都是不要钱的，他们甚至免费请我们的领导到美国去看现场的比赛，让他们感受 NBA 的魅力和文化。

所以表面上看，这是个赔本的事，但恰恰说明斯特恩有生意头脑。他看重我们十几亿人的巨大市场，他一定要把这个市场打开，最后他成功了。

第二，寻找全球性的有实力的合作伙伴，包括麦当劳、肯德基、红牛、李宁，以及中国移动等。同时，在很多大型商场都开辟了 NBA 专柜。我说的只是在中国，他在全世界同时来做影响力就很大了，把 NBA 的篮球文化一下子推广到全世界。

第三，造星运动。就是我刚才说的拉里·伯德、约翰逊、迈克尔·乔丹等。他们除了球打得好，还需要包装，反复地慢镜头回放，推出他们的 T 恤，推出他们的照片。这方面也是 NBA 的策略，即打造非常耀眼的明星，吸引全世界球迷的眼球。

第四，产品无限延伸。NBA 除了比赛这一最基本的项目外，还有很多其他项目，比如它还开餐厅。去 NBA 餐厅吃饭可以得到球星签名，所以很多球迷会去；吃饭的时候可以欣赏到 NBA 明星的扣篮表演，还可以得到一些篮球；如果你现场投进多少个球，这顿饭就由 NBA 买单。这很有意思，这是软文化的输出，球星的签名照、各种各样的游戏卡从多方面延伸出来。

他通过这四步棋打造了非常成功的 NBA 商业王国，这非常值得 CBA 去学习。

NBA 的成功还有一个保障，俗话说大军未动，粮草先行，它在后勤保障上也做得非常好。比如它有养老保险，它的运动员只要打满 3 年，如果因伤错过 48 场比赛，美国的保险公司每年就会补偿运动员 3 万~5 万美元。这个就相当好，特别是效力 10 年以上的球员，退休了以后每年会有 7 万~10 万美元的收入，在美国相当于中产的收入，这对于一个职业篮球运动员来说是非常好的。打球容易受伤，它建立了后勤保障，让职业运动员可以心无旁骛地去打篮球。

还有一个就是商业保险。一旦你受伤以后，不能打了，保险公司要负责 80% 的基本工资的赔偿，这一点做得非常好。CBA 在这方面的保障就非常薄弱，比如我们的运动员受伤以后保险公司只出一点点意外伤害险，大部分费用由俱乐部和个人去承担。我希望以后 CBA 在这方面会越来越好，为职业运动员提供更好的后勤保障。

最后一个方面是 NBA 在联赛上有很大的创造性。比如国际篮联分上下半场，一个半场 20 分钟，打完就完了。20 分钟的比赛是高强度的，运动员容易疲劳，疲劳以后动作就没有那么流畅，精彩的镜头就少了。NBA 分为四节，每节 10 分钟，保证每一节运动员都有精彩的发挥，有漂亮的动作，如漂亮的扣篮、过人、运球，并通过这些吸引观众的眼球，这是 NBA 非常好的一方面。

关于 CBA

CBA 目前属于亚洲最好的职业篮球赛场，当然在世界上还处于中游水平。

2002 年姚明，也就是现在中国篮球协会的主席，作为当年的篮球状元进入了 NBA，而且是中国乃至亚洲第一个作为状元前去的。

2002 年姚明作为亚洲第一人进入 NBA，被休斯敦火箭队选中。姚明当时以两米二三的身高、灵活的角度，以及柔和的手感在 NBA 崭露头角，当时在美国引起了轰动。美国人没有想到中国会有那么优秀的篮球运动员，对整个中国篮球运动员的看法都有颠覆性的认识。美国人没想到中国人那么会打球，而且个子那么大，动作那么灵活，对篮球的理解力也不输他们。所以他彻底改变了美国体育圈对我们的看法，这是难能可贵的，他在世界的影响力非常大。

目前，我们国家在篮球上实行管办分离，把所有的权力交给中国篮协，让专业的人做专业的事，弱化了行政的手段。这样就开辟了更广阔的市场运作空间，让每个球队最大限度地获得利润，摆脱行政上的束缚，自由地选择成员，自由地成长，这是非常大的进步。

姚明作为篮协主席接手 CBA 以后，进行了几个重要的改革。

第一，增加了中国篮球联赛的时间、比赛的次数。增加运动员比赛的次数是很重要的改革，对于职业运动员来说比赛的次数关系实战的经验和成长的过程。

第二，限制了中国每个俱乐部外援上场的时间。原来是三个外援可以同时上，所以我们本土的球员很多时候没有机会上场，改革了以后限制了外援上场的时间。

第三，提出了全国走小篮球的路线。最近深圳作为分赛场开展了中国小篮球联赛的比赛，我们参与并获得了第三名。篮筐原来的高度是三米零五，八岁的小孩、六岁的小孩投不到，投不到他就不打，或者硬投的话动作容易变形。小篮球就把篮球筐高度降低，降到两米多，六岁到八岁的小孩可以完整地、正规地做出投篮动作。这下小孩的兴趣都来了，他们可以投准，一下子这一把火就烧起来了。

另外一个重大的改革就是我们现在分红队和蓝队。原来中国国家队就一支队，他现在成立两支国家队，轮番代表中国去参加世锦赛（也就是篮球世界杯）和奥运会。原来有 15 个国手，现在一下变成 30 个国手，就把人才储备工作做好了，让更多优秀的青少年得以崭露头角。

西班牙、法国、希腊、阿根廷采用欧洲的团队型打法，跟美国的个人英雄主义、个人单打的技术路子属于两个流派。所以我们现在也在争论是要跟美国 NBA 的打法走还是跟欧洲的打法走。

在每一次的奥运会和世锦赛中都输给美国 10 分以内的西班牙人说："我们跳不高，我们也跑得不如美国人快，我们用的是头脑，打的是智慧性篮球。"这很合中国人的胃口，我们能不能靠整体的配合，还有严谨的战术与美国对抗？我想这是值得我们篮球工作者思考的问题，所以西班牙成功的经验我们可以借鉴。

法国也是一个移民国家，从很多移民中筛选出来的球员也拿过很好的成绩。包括阿根廷队在内的南美球队在篮球史上也创造过很多辉煌。它们也都是靠团队的配合击败过美国队。

这几年 CBA 的市场非常火爆。很多俱乐部聘请了外国的球员。CBA 球队现在主要是通过引进外援和培养当地的球星来夺冠，甚至一度有一种观点认为谁请到最好的外援谁就能拿到中国联赛的冠军。北京队就很好地证明了这一点，它请到了美国退役球员马布里，连续三年夺得中国联赛的冠军。也有几个中国的球星非常厉害。

李宁赞助了 CBA。这对整个中国联赛的发展起到了很大的促进作用。他提供了四年所有 CBA 运动员的装备，所有的球鞋、球衣、球等都是李宁公司无偿赞助的。当然他也是为了扩大自己的品牌影响，但他确实对整个 CBA 的发展起了促进作用。

王治郅是八一队的当家球星，协助八一队拿下了无数个国内的冠军，也是智慧型中锋。

易建联是广东宏远队的当家球星，他风华正茂，大家看 CBA 时可以欣赏到他的扣篮表演。

朱芳雨，中国 CBA 传奇明星，唯一获得总分 2 万分的 CBA 球员，现在无人超越，当时号称亚洲第一小前锋。他的三分球非常准，心理素质非常好，在很多关键的比赛中给中国队实现绝杀创造了机会。

周琦最近也进了 CBA，他年龄比较小，现在还处于一个锻炼阶段，但是他也是我们中国篮坛未来的希望。

关于青少年的培养机制

我们通过对西班牙的访问，了解到他们的篮球理念非常先进。就是强调趣味篮球，首先让孩子有兴趣，因为篮球需要很长的技术储备期，其中包括小孩子培养的滞后期。你现在教他一个技术，他不能马上用出，练了一段时间后一看还是这么回事，这时候你要给运动员鼓励，因为他掌握这个技术要花一定的时间。他们训练的氛围非常宽松，不会出现责骂、体罚，他们训练的手段多种多样。这很值得我们借鉴，我们不能拔苗助长。

他们训练的体制跟他们饮食方面很完善的地方值得我们学习。他们每次训练结束以后，高热量的巧克力牛奶和饮料马上就会送过来，每个人两支，不够再加。三明治就是两片面包夹一块高热量的巧克力，小孩都很愿意吃，他们不会饿，又能弥补当时高强度的训练。我们中国基本上没有这个，球员都是打完球回家吃，球队不可能帮你解决这个，即使能解决我们也没有这个意识。所以你看西班牙为什么足球、篮球那么强，就是因为它们注意到这种科学的饮食方法，能够及时地给运动员进行体能的补充。别看这些都是小小的细节，这些细节加起来就构成了一个良好的西班牙的运动氛围和高质量的训练环境。

他们的训练场地也给我们带来了触动。比如在国内谈到没有场地，一般说的是没有室内场馆，没有电子屏幕，这就是人们心中的场地。但是在西班牙人眼里面，只要能打球，只要有完整的尺寸，即使在户外，而且阳光很晒，他们一样打得热火朝天。所以我们要打破原有观念，不是只有在室内的高大上的场馆才能运动，我们一定要因势利导，让真正的篮球活动能够开展起来。

当时我们去了一个篮球学校，这个篮球学校在一个山顶上面，离市区很远，它的场地是直接在山上辟出的一块地。小孩子都很自觉，也没有教练专门带，一吃完饭他们手机也不玩，拿球自己打，就觉得很快乐。当时西班牙教练说"我对球员最大的惩罚就是不让他们打篮球"。

欧洲的篮球水平是很高的，也会有各种各样的球队去那里访问。我们篮球协会要多举办这种活动，让小孩子去跟国际上的训练接轨，跟国际上的各种球队交流，开阔视野。

我们说体育是一种教育，叫体育教育，这是我们近年来提出的一个新的口号。我们原来一直把教育和体育分开，教育学知识，打造头脑；体育打造四肢。其实在体育方面也可以融入教育。

比如情绪化管理。情绪是一种能量，你要让孩子宣泄出来。他输了，输一分会很遗憾，你要引导他发泄，发泄出来他心理会更健康。这也是培养孩子面对挫折、应对挫折的一种能力。

再就是让孩子有幸福感。幸福不是父母拿多少钱、教练给多少奖杯，现在每个家庭的条件都很好，小孩子的生活条件都很优越，但他不见得就很快乐。比如在这场球赛他一分没拿，我们作为教练员一定要找出他一个很好的传球、一个漂亮的过人，鼓励他，让他打每一场球都有动力，让乐观的精神蔓延开。快乐是有传染力的，教练快乐队员就快乐，一个队员快乐就会传给另外一个队员。这样孩子们就知道怎么去寻找快乐，输球不要紧，知道这场球自己哪打得好，也会产生幸福感。

把孩子的凝聚力和情商管理融入体育教育，这是非常好的教育手段。

中医治未病与个体化养生

王 琦

王 琦

北京中医药大学国家中医体质与治未病研究院院长，北京中医药大学终身教授，主任医师，研究员，博士生导师，国际欧亚科学院院士，世界中医药学会联合会体质研究专业委员会会长，国家中医药管理局中医体质辨识重点研究室主任，国家重点基础研究发展计划首席科学家，享受国务院特殊津贴。先后主持国家级科研项目 12 项，主编专著 67 部。

我讲的是个体化养生。什么叫个体化？我们有一万个人、一亿个人，大家是一样的健康问题吗？不是。每个人有不同的健康问题。比如你的健康问题和他的一样吗？不一样。既然不一样就有差别，这就是个体化的差异。人由两种基因构成：一个是先天的DNA，是爹妈给的；一个是后天的、由环境造成的，这个叫表观遗传。我们过去研究人的时候只研究爹妈给的部分，这个序列是不可以打破的，后来表观遗传说明它这部分是可以改变的，每个人的生活方式构成了每个个体的差异性。因此我们讲养生问题不是拿个本子说我们吃火龙果、吃菠菜、吃西红柿，一个人一个样，世界上千千万万的人都不一样。但是千千万万个人不一样，能搞出千千万万个养生之道吗？也不是。我们在座的人当中有怕冷的、有怕过敏的、有肚子大的、有脸上长痘的，每个人都不一样。把怕冷的人放在一起，把过敏的人放在一起，把肚子大的人放在一起，这叫聚类。这些个体差异经过聚类以后，就有了趋同性，既把它个体化，又把它整体化，那么在健康养生当中就可以找到属于你自己的那一种养生方法。

有人说养生是老年人的养生，我说非也。养生从什么时候开始呢？从精子与卵子结合的那一刻起。从精卵结合到胚胎，从婴儿、幼儿到少年、青年，再到壮年，最后到老年，这个过程是生命的全过程，我们讲的养生是生命全周期的养生，健康是生命全周期的健康。

据统计，全国诊疗单位的诊疗总人次达到79.3亿，中国有14亿人口，竟然病了79.3亿人次。高血压、糖尿病、高血脂、肥胖，尤其是老年人的健康成了大问题，老年痴呆每年增加30万个病例。我们不是在做慢病防控吗？我们天天提健康，谁把健康抓住了？谁把慢病防控住了？我用古人的话说叫"野火烧不尽，春风吹又生"。糖尿病患者不是越来越多吗？高血压患者不是越来越多吗？这个数据告诉我们，我们并不健康，全球都面临这样一些问题，所以公共卫生问题是每一个国家领导人都要面临的战略问题。

讲健康，首先我们从理念上要树立一个健康中国的思想，同时我们要用中国式的健康医学来解决中国人的健康问题。

养生不在养

有人说弄弄花、养养草、吃吃补补、休养生息，我告诉你这样老得更快。人到了没有生活目标、没有精神支柱的时候，他的精神就垮了，他的荷尔蒙、激素等分泌得一塌糊涂，他的免疫功能都在下降。所以这叫无所事事的养，大家不要这样。

请看一组数据：马里兰大学对 1.2 万名 51 岁至 61 岁的退休人员进行了调查，发现退休后适当工作的人身体比较健康、较少生病，继续做零工的人比不再工作的人的患病概率低 17%，在精神健康测试中，前者比后者的分数高出 31%。说明干比不干好。

现在有一种情况是孤养。什么叫孤养？老人没人管，子女找个钟点工，这算是好的；有的儿女说我给老人送个月饼，过年送个元宵什么之类的。对于平常老人在干什么、想什么，根本无心问。养生的人首先要孝顺，百善孝为先。如果一个独居的老人健康出了问题，你告诉他吃什么、喝什么、什么时候抬腿、什么时候跳广场舞，没人来看他怎么都不行。大家一定要把养生看成一个境界，不要说吃喝是养生，养生是一种精神生活。把父母养好了，你才能顾及他人，扶老携幼，要有这样一颗仁慈之心。这就是养生的内在，没有这种内在就别说养生的问题。

我们现在养生时养心了吗？浮躁、发脾气、小心眼、看不得别人好，这不是养生。要能够理解各种事情，所以我们的养生首先是精神上的养生，也就是心灵上的养生。我们学养生，什么叫"健"？什么叫"康"？体健，即东北人说的"杠杠的"，这叫"健"；心理健康，心里充满了愉悦就叫"康"。两个加起来叫身心健康。

我们现在有一个新的词叫作"心理神经免疫学"。过去我们免疫功能低下，表现是吹个风就会感冒、出虚汗，现在如果精神低落了也会引起免疫功能低下。免疫功能低下是心理神经免疫出了问题，所以我们要通过免疫的通路来实现对应急状态的各种调解。

养生不在养，东方文化中有生于忧患、死于安乐的说法，西方人会说你要么就干，要么就死。所以，东方文化和西方文化有一致性。

我们生活有目标，长寿的概率就高。没有追求的人患心脑血管疾病的概率比有目标的人高出一倍，所以有追求的目标很重要。

季羡林先生活到 98 岁。他到了 80 多岁的时候说要编《四库全书存目丛书》。几年后《四库全书存目丛书》写完了，他还在病榻上写文章。杨绛活到 105 岁，93 岁出了《我们仨》，96 岁写了《走到人生边上》，102 岁出了《杨绛文集》。

秦怡是影视界的美女，现在（2018 年）已 96 岁；钱学森工作到 98 岁；费孝通工作到 95 岁；邵逸夫工作到 107 岁；李辅仁还在工作，现已 99 岁；邓铁涛现在还是广东大学的教授，已 102 岁了；吴阶平院士，94 岁的时候还在工作；冰心活到 99 岁。

这些科学家、文学家、艺术家，他们都在坚持工作，每个人退休后都不是在家遛狗。

有人说知识分子的寿命长，调查的结果是：虽然他们很累，但是他们对于健康的预知、认知比较好，在自我的、自觉的约束上比较有自律性。一项研究结果表明：不经常使用脑神经细胞会使它的蛋白质失去活力，并无法修复，最终导致脑细胞的死亡；反之，如果你能够激活脑细胞，你就能抑制脑细胞的死亡。

常思考，不衰老。这也是研究实验的结果。

在著名的长寿镇巴马，人们自由劳动，出门爬山，日出而作，日落而息，沐浴于自然环境之中，知足常乐，精神内守。

养生不在补

养生还真的不需要补，营养过度会缩短寿命。很多代谢性疾病，特别是糖尿病、肥胖等，都是由营养过度造成的。氨基酸、脂肪的合成、分解，以及糖脂代谢不能够正常进行。所以一定要吃得平衡，谁把这个平衡打破了谁就不健康。

科学家们发现，热量限制能够在所有实验物种中延长寿命。热量限制能使小鼠寿命延长 30% ~ 40%，对癌症、糖尿病和自体免疫性疾病也会有预防作用。恒河猴是灵长类物种，实验发现热量限制可以使年迈的猴子显得年轻。国医大师干祖望先生活到 103 岁，他就是童心、龟欲、猴行、蚁食。其中，蚁食不是蚂蚁吃的东西，是像蚂蚁一样吃得少。

养生不在补，那在什么？一个字，"通"。有三个"通"：第一心气要通，心情要愉快；第二肠胃要通；第三血脉要通。血脉通了还得什么心血管疾病？大家回家要研究怎么通，而不是研究怎么补。

非常乐观的人死于疾病的概率低于 55%，因心脏疾病而死亡的概率降低了 23%。所以一个人要乐观，要阳光。我们每个人在别人面前要有阳光灿烂的感觉，不要给人感觉阴森森的、城府很深。别算计，你要看人家好就帮人家一把，不要在别人评奖时把别人拉下来。你帮我，我帮你，他帮他，这个社会就好了。乐观、健康、豁达是一个人最健康的本性，走到哪儿都哈哈大笑，阳光灿烂，没有烦恼。

养生不在同

"同"是什么概念呢？"同"就是大家都一样，你吃海参我也吃海参，你吃人参我也吃人参，那个人说冬虫夏草好咱们就买冬虫夏草，人家说吃茄子好大家都吃茄子，别人说喝黑米汤好他也喝黑米汤，不问青红皂白，这叫"养生同"。"养生不在同"是什么概念呢？就是你和他不同，所以你和他的养生方法不同。

我讲一个关于莱布尼茨的故事。德国有一个哲学家叫莱布尼茨，曾经当过宫廷顾问，他跟皇帝说"任何事物都有共性，你不信，我拿一大堆树叶给你，你看是不是都一样"，皇帝说"都一样"，他说"这就是共性"。他待会儿又说"每一片树叶都不一样"，皇帝说"你刚才不是说都一样吗"，他说"你再把树叶找来看"，果然每一片树叶都不一样，因此得出一个结论：世界上没有两片相同的树叶。世界上也没有两个相同的人，我们在座的每一个人都是不一样的，这就带来差异性。我们的胖瘦高矮、我们的个性化问题就形成了不同，包括不同的倾向、不同的历史、不同的健康、不同的个体、不同的代谢。

我们讲生命周期有时相性。免疫细胞活性随年龄变化而变化，在同一个个体也是不同的。年轻的时候跟年老的时候相同吗？不同。生命周期不同，地域不同，体质不同。你们来到了深圳，深圳跟北京相同吗？跟内蒙古相同吗？不同。跟新疆相同吗？不同。新疆哈密瓜在深圳长得出来吗？长不出来。为什么长不出来？土壤、气候等都不一样。人也在这个环境下，而且我们是聚集的，各个城市的人都跑到深圳来，他们有更多的不同。不同的地域有不同的人，沿海为海洋气候，西部为大陆气候，一方水土养一方人。我们说体质分两个要素，一个叫先天遗传因素，还有一个叫后天环境因素。

我们知道了人是不同的，一万个人不同，一亿个人也不同，我们要找出一万个人、一亿个人的不同吗？我刚才说了要把他们聚类，用一个模块的方法，把爱哭的放在一起，把爱笑的放在一起，把肚子大的放在一起，把怕冷的放在一起，把过敏的放在一起，这样就把他们聚类了。聚了几类？聚了九类。我们最近做了 30 万例，我们分出了九种体质类型——平和的、气虚的、阳虚的、阴虚的、痰湿的、湿热的、血瘀的、气郁的、特禀的。

健康的就是平和的；经常怕冷、怕空调的人属于阳虚的，没阳气了，活力不足；还有一种手心脚心火热的，是阳虚火旺；发脾气、大便干、皮肤干、眼睛干，到处一片干，是缺水了；气短少力的，爬楼梯时爬三层就气喘吁吁；大腹便便的，肚子大、脸上冒油，这种人一看就是痰湿体质，这些人的血脂、血压、血糖一般较高；湿热的人脸上长痘长包，皮肤瘙痒；气郁的人是多愁善感的人；特禀的人是过敏的人，是经常打喷嚏、流鼻涕的人。

我写的《九种体质使用手册》得到了政府的支持。我们现在研究的这些问题不只是给中国人用的，也是给世界上的人用的。现在被翻译成七种语言由全世界共享。

我现在给你们讲保健六要诀。

一辨体质分九种，因人制宜各不同。

二顺四时适寒温，人与自然自相通。

三养心神调情志，精神爽朗沐春风。

四阅饮食须均衡，少而清淡不肥臃。

五适运动持以恒，流水不腐筋骨松。

六慎起居讲规律，劳逸适度精力充。

把握保健六要诀，健康自在我手中。

"一辨体质分九种，因人制宜各不同"，即刚才说的九种体质，我们是个性化的养生；"二顺四时适寒温"，我们的四季养生是不一样的，"人与自然自相通"，人跟大自然是相通的，所以要保持四季养生，春生夏长秋收冬藏；"三养心神调情志，精神爽朗沐春风"，我们养生要养心，尤其是要在我们的内心世界里面形成一种非常高的境界；"四阅饮食须均衡"，刚才说了不要吃得太多，多了就有问题，"少而清淡不肥臃"，要少，要清，要淡，才不会肥臃；"五适运动持以恒"，要适当地运动，要持之以恒，"流水不腐筋骨松"，要常松松筋骨；"六慎起居讲规律"，不要熬夜，"劳逸适度精力充"，要劳逸结合，保持精力充沛。

做自己身体的总裁

任钦玉

任钦玉

中医针灸专家，广东省中医药学
会理事，从医近三十年，曾师从
山东省曲衍海教授，中国中医研
究院、小针刀疗法创始人朱汉章
教授，中科院院士、天津中医药
大学石学敏教授。在国家级、省
级杂志发表专业论文数十篇。

也许你统帅得了千军万马，但你是否能做自己健康的统帅？

也许你掌控得了百亿市值，但你能否掌控自己生命的质量？

很多叱咤风云的总裁、商场的精英、社会的名流英年早逝，我们
扼腕叹息的同时，是否反观自己：是什么让人彻夜难眠，心力交瘁？
是什么让人身体透支，情绪失控？为什么很多人出现了各种原本不应
该出现的疾病？大家想知道这些问题背后深层次的原因吗？我将借助
《黄帝内经》的养生智慧，和大家分享如何做自己身体的总裁。

事后控制不如事中控制，事中控制不如事前控制

首先看扁鹊三兄弟的故事。春秋战国时期，有位神医被尊为"医祖"，他就是扁鹊。一次，魏文王问扁鹊："你们家兄弟三人，都精于医术，到底哪一位最好呢？"扁鹊答："长兄最好，中兄次之，我最差。"文王又问："为什么你最出名呢？"扁鹊答："长兄治病，是于病情发作之前，由于一般人不知道他事先能铲除病因，所以他的名气无法传出去；中兄治病，是于病情初起时，一般人以为他只能治轻微的小病，所以他的名气只及本乡里；而我治病于病情严重之时，一般人都看到我在经脉上穿针，在脉管放血，在皮肤上敷药等，所以以为我的医术高明，名气因此传遍全国。"

由此可以看出，扁鹊大哥擅长"事前控制"，具有敏锐的洞察力和战略眼光，能够帮助人们防患于未然。扁鹊二哥擅长"事中控制"，能够帮助人们免受重大疾病或灾难的折磨。拿感冒来说，虽是小病，但如果不及时根治，很容易引起鼻炎、肺炎、病毒性心肌炎等很难治疗的并发症，所以扁鹊二哥能断病根于初起之时。扁鹊擅长"事后控制"，能够扶大厦之将倾，挽狂澜于既倒，在救死扶伤、起死回生的过程中，成就了自己的名声。

如何做到事前控制呢？《黄帝内经·素问·四气调神大论》告诉我们："是故圣人不治已病治未病，不治已乱治未乱，此之谓也。夫病已成而后药之，乱已成而后治之，譬犹渴而穿井，斗而铸锥，不亦晚乎？"要想做自己身体的总裁，必须像扁鹊的大哥那样，在没有病的时候先把病因铲除，中医称此为治未病。

大自然一气周流的规律

如何治未病呢？首先给大家普及一点中医的基本知识。

中医认为人与自然是一个整体，"春生""夏长""秋收""冬

藏"是指阳气的升浮降沉而言。夏天的井水很凉，冬天的井水会冒热气，夏天在矿井里必须穿棉袄，冬天在矿井里可以光膀子，这是什么道理呢？春分时节阳气由地下出地表，我们可以看到地面阳气蒸腾升发，此时万物萌动。夏至时节阳气浮越于高空，天气炎热，万物茂盛。之后阳气收敛肃降，天气转凉，到了秋分时节阳气入地，草木枯萎凋零。冬天阳气潜藏于地下，地表天气寒冷，地下温热。到了冬至时节，阳气开始上升，所谓"冬至一阳生"，到春分又出地表，重新生发，周而复始，一气周流。此为自然界大气运动原理。外面天气热，地下就凉，外面天气冷，地下就热。在人体也是同理，人秉天地之气而生，道家讲："人法地，地法天，天法道，道法自然。"

天热时，人体阳气浮越于外，故夏天多汗以排热，阳气走于外，必寒于内。与夏天的井水凉以及在矿井里穿棉袄的道理是一样的。俗语说"冬吃萝卜夏吃姜"，大热天为什么还要吃温热的生姜？因为人体内阳气偏弱，寒湿偏盛，借助生姜的温热之性来驱除体内之寒。大自然和人体都有一气周流的规律，明白了这个道理，接下来要讲的所有道理就容易理解了。养生必须符合天地之道，必须从点点滴滴的小事情做起。

日常生活中一些不好的习惯

你会吃饭吗？我们真的不会吃饭！为什么这样讲呢？我们吃饭的时候是不是经常一手拿筷子，一手拿手机，又或者一边吃饭，一边看电视、看报纸？即使没有，是不是会一边吃饭一边想赶快吃，吃完打麻将、约会、看电影等？这样做还能享受到食物的美味吗？我记得小时候家里炖了一只土鸡，那个鸡吃起来味道太好了，我一辈子都记得，真是妙不可言。可是现在为什么就吃不出小时候的味道了呢？中药由树皮、草根、花果、石头等组成，之所以能治病，是因为它们各自有不同的能量。人体发生疾病的时候体内的能量发生了偏差，我们用中药的偏性来纠正身体的偏性，让它恢复平衡，病就好了。所以食物是有能量的。《论语》中有一句话叫"食不言，寝不语"。就是告诉我们吃饭的时候首先对食物要尊重，其次要用心享受食物，每一种食物都是有能量的。如果我们没有用心体验食物的味道，食物的能量就不能够完全被人体所利用。

我们经常会遇到一种人，不吃青菜水果，只喜欢吃鸡鸭鱼肉海鲜，无肉不欢。回想一下，在20世纪六七十年代，生活条件比较差，那时候物质匮乏，很多人营养不良，甚至生病了，吃两个鸡蛋可能就把病治好了。年龄比较大的人都深有体会，那个年代很少有糖尿病、高血压、高血脂、脂肪肝、痛风、中风、癌症，连个胖人都很少见，看到胖人总是说这个人真有福、好福态。那个年代把"吃香的喝辣的"当成最高生活标准，有肉吃、有酒喝就好像生活在天堂里。现在我们可以天天吃香的喝辣的，胖人多了，"三高"症患者多了，糖尿病患者多了，痛风患者多了，癌症患者多了。无肉不欢其实是一个非常重要的原因，很多病是吃出来的。中医认为大鱼大肉属于膏粱厚味，容易聚湿生痰，吃得太多了，营养过剩了，就会阻滞在脏腑经络里，疾病就来了。

南方天气比较炎热，很多人喜欢喝冰的啤酒、酸奶、饮料、矿泉水等。我在临床上发现很多人胃脘区、肚脐、小腹部冰凉，如果不重视，继续贪凉饮冷，很多病就来了。当将冰冷的东西吃进肚子的时候，消耗的是身体的热量，或者身体的阳气。人的正常体温是37摄氏度左右，吃进冰块后，这块冰最终要变得和人的体温一样。这个过程是身体的阳气把冰变成37摄氏度，消耗的是身体的阳气。"人活一口气"指的就是这一口生生不息的阳气。我们讲一气周流，这个阳气对人体非常重要，一定要小心呵护它，不能轻易伤害它。奉劝大家切勿贪凉饮冷。

这些年很流行低腰裤、露脐装，好端端的裤子被挖上几个洞，看起来很新潮，却不知道低腰裤、露脐装，不知不觉把人伤。《素问·上古天真论》讲："虚邪贼风，避之有时。"什么是"贼风"？"贼"是小偷的意思，"贼风"就是偷偷摸摸进来的风。在古代，"贼风"有两种含义，一是四时不正之风，比如某个季节应该刮南风，却突然刮起了北风，这种反常之风叫贼风，还有就是穴隙檐下之风，孔隙、屋檐下、小胡同过来的风叫穴隙檐下之风，比如老百姓讲的穿堂风、缝隙进来的风或者弄堂出来的风，都叫贼风。什么时候风邪最容易突破人体防线而伤人呢？一是睡觉的时候，睡觉的时候卫气入内，肌肤腠理防线虚弱，所以睡觉时最好把肚子，尤其是肚脐盖住。二是出汗的时候，肌肤腠理全部打开，风寒之气最容易乘虚而入，所以出汗后吹冷空调，对人体伤害极大。三是女性的月经期，因为下血，身体相对亏虚，如果这个时候穿低腰裤、露脐装、洞洞裤，贼风很容易从缝隙乘虚而入。月经不调、痛经、宫寒，甚至不孕等问题就会随之而来。况且肚脐是丹田所在，针灸上称为"神阙"穴，联系的是先天之气，这个地方万万不可被外邪伤到。

我们天天睡觉却不会睡觉。前面讲了一气周流，如果把一气周流当成一天来看，早晨太阳升起来，阳气也升起来，中午阳气到最高点，到了傍晚太阳落山，阳气入地，到了晚上的子时，阳气收藏在最深的地方。晚上的子时和中午的午时，也就是晚上 11 点到凌晨 1 点，中午的 11 点到 13 点是阴阳交接的时候。中医讲"地气上升化成云，天气下降化成雨"，这是天地的交合，天是阳，地是阴，天地交合，也就是阴阳交合，才能化生出万物来。简单来讲，一个男的和一个女的交合会怎么样？会有小孩，即化生出东西来。所以夜里 11 点必须睡着，这是阴阳交接的时候，睡着了才能化生出气血来。子时之前是亥时，21 点到 23 点，三焦经主气，即三焦沟通人体五脏六腑，这时候能入睡最好，所以说最佳的睡眠时间是 21 点到凌晨 5 点。养生要符合天地之道，睡眠也是一样的道理，太阳出来了就要起床，太阳下山了就要休息，古人叫"日出而作，日落而息"。有的人喜欢晚上睡觉开低温空调、盖着被子，好像很舒服，却不知道一整个晚上都处在低温冰冷的环境中，身体阳气因为低温而受伤害。建议空调温度设为 27 摄氏度或 28 摄氏度，依据各自的耐受力，以不感觉热为原则。

你会运动吗？很多人白天上班，晚上做运动。前面讲了大自然的一气周流，晚上是阳气收藏的时候，该收藏的时候不收藏，反而去运动，动则生阳，让阳气提前发动起来了，这不符合天地之道，所以晚上就要好好睡觉，宜静不宜动。有的人说"生命在于运动"，说城市人坐得太久了，不运动不行。这要看具体情况，如果一个人劳心劳力，身体透支比较严重，即使没有出现疾病的症状，身体其实已经出现虚损状态，这时候越运动身体消耗越多，反而不利于健康。这种情况要静养，或者选择一些相对比较静的运动，比如打太极拳、八段锦等。

腹部寒湿痰瘀积聚是万病之源

有的朋友会讲："我又喝冷饮，又吹空调，无肉不欢，还不喜欢运动，为什么没事呢？"其实问题已经出来了，只是你不知道而已。

很多人胃脘区、肚脐、小腹部冰凉，寒气不是在表面，是从里面透发出来的。也许没症状，但是在按摩腹部的时候会有很多的痛点、结节，甚至包块，并伴有明显的压痛，有的按下去痛不可忍。为什么会这样呢？腹部是人体的中焦和下焦，是全身六条阴经交会的地方。中医讲："背部为阳，腹部为阴。"就人体前侧而言，上面心肺为阳，下面腹部为阴；对于整体而言，腹部为阴中之阴，属于至阴之地。如果贪凉饮冷，无肉不欢，寒湿痰瘀这类阴邪最容易积聚在腹部这个至阴之处，阻碍经络气血的运行，不通则痛。中医讲："阳化气，阴成形。"简单来讲，就是水在零摄氏度以下可以变成冰，因为阴寒加重变为有形，叫"阴成形"，加热的时候冰会变成水，再加热蒸发就会化成气，叫"阳化气"。腹部阴寒太盛，寒湿痰瘀积聚，虽然暂时没有长出瘤子来，但是痛点、结节、包块已经形成了。平时自己不知道，必须用一些特定手法才能发现，刚开始按的时候可能会非常痛，随着按摩、治疗次数的增加，痛点会越来越少，疼痛的程度会越来越轻。当痛点全部消除的时候，六腑才算真正通畅。中医讲"六腑以通为用"，真正通畅以后，身体现有的疾病或者隐藏的、未发生的疾病才能够真正地消弭于无形。所以，腹部寒湿痰瘀积聚是万病之源。

情绪对身体健康的影响

是不是把前面讲的这些都做好了，就能做自己健康的总裁了呢？不是的。中医认为疾病的发生有三个方面的原因，外因、内因和不内不外因。不内不外因是指外伤、虫兽咬伤等，天灾人祸不是人力所能控制的，暂且不谈。外因是自然界的六气，即风、寒、暑、湿、燥、火，六气在人体正气不足、抵抗力下降的时候侵犯人体，笼统地称为"外感"，外感引起的疾病占所有疾病的少部分。最重要的是内因，内因即内伤七情，七情就是七种不同的情绪，即喜、怒、忧、思、悲、恐、惊。生活中还有一些其他情绪，如怨、恨、恼、烦，又如佛家讲的贪、嗔、痴、慢、疑，又称"佛家五毒"，还有佛家八苦，生、老、病、死是苦，怨憎会、爱别离、求不得、五蕴盛也是苦。

中医很了不起，从诞生开始就发现了情绪对人体健康影响极大，所以把喜、怒、忧、思、悲、恐、惊这七种不同的情绪归于五行，并且归于五脏，喜伤心、怒伤肝、悲伤肺、忧思伤脾、惊恐伤肾。各种情绪表现太过，会引起人体气机的紊乱，怒则气上，喜则气缓，悲则气消，恐则气下，惊则气乱，思则气结。举个例子，有些人受到过度惊吓会尿裤子，这是恐则气下，所以中医里面很多的案例都跟情绪有关。每一种情绪都要维持相对的平衡，七种不同的情绪都有各自不同的制克生化，都需要稳定在一个平衡的状态。任何一种情绪太过或者不及都会影响身体的健康，所以中医有一个词叫"过犹不及"。

"范进中举"的故事就是一个非常典型的情绪导致疾病，又用另外一种互相克制的情绪治好疾病的案例。范进中举以后太过高兴，疯了。他疯了以后怎么治好的？把他的岳父叫来，他的岳父是杀猪的。范进平时特别害怕他岳父，岳父来了怒喝一声，打了他一耳刮子，他的病好了。这是什么道理呢？范进高兴太过，过喜伤心，痰蒙蔽了心包，神志失常了，气是往上走的。他平时就害怕岳父，看见岳父腿肚子会打哆嗦。这时候岳父来给他一耳刮子，他是不是恐惧？恐则气下，气下来了就好了。中医治病就是这么神奇。

现代心理学对各种不同的情绪有更加详细的区分。美国心理学家大卫·霍金斯博士是一位医生，霍金斯博士说，很多人生病是因为没有爱，只有痛苦、怨恨和沮丧，能量层级低于200。最高的能量层级是1000，最低的是1。他说他看到的能量层级最高的是700，这个人就是诺贝尔和平奖得主特瑞萨修女，当她出现在颁奖会现场的时候，全场的气氛非常好，整个会场充满了宁静、祥和，现场的人都感受到了她的能量，美好和感动充满其中。霍金斯博士做过百万个案例，也在全球调查过很多不同人种，最后得出的结论是一致的，只要能量层级低于200，人就容易生病，具有200以上能量层级情绪的人基本上不容易生病。关心、勇敢、慈悲、爱、平和这些情绪的能量层级很高，说明好的情绪、好的心态、好的起心动念，对人的健康影响非常大。

我们经常讲正能量，还有负能量。霍金斯博士发现凡是生病的人都有负面的情绪或者负面信念，通常这些人的能量层级低于200。这些人是什么样的人呢？喜欢抱怨、发怒，动不动指责、批评、怨恨、嫉妒、苛求他人，自以为是，自私自利，从来不考虑别人的感受，这些人的能量层级都很低。在不断批评、指责、抱怨别人的过程中，自己本身的能量也在逐渐地消耗，能量层级低了，疾病就来了。

所以情绪、心态、意念对身体健康的影响非常重要，这是我要给大家强调的重中之重。要做自己身体的总裁，就要很好地调整自己的心态，调整自己内在的信念。一个人如果长时间处于某一种不良的心态，对人体造成的伤害绝对不可小觑。

提升个人能量场，做自己身体健康的总裁

如何提升个人能量场呢？首先要调节自己的情绪和心态，让自己的情绪保持在200以上能量层级的状态，把负面情绪通通清理掉，保

持乐观、宽容、谅解、爱、宁静。这样就可以拥有幸福快乐的人生，就可以拥有健康的身体。

能量看不见、摸不着，它是什么呢？存在不存在呢？当然存在。能量是气场、磁场、能量场，是意识、思想、起心动念。每一种不同的情绪、不同的意念都有各自不同的能量，有正能量，同样也有负能量，现在我们称为"信息"，古人没有信息的概念，古人笼统地称为"气"。

很多人有这样的经验，到一个陌生的单位或者家庭，如果有足够的感应能力，就会感受到这个单位、这个家庭是否和谐。因为在这个小空间里面凝聚着人心念好坏的能量场，这个能量场不仅能影响心情，也会影响健康。在和陌生人接触交往的过程中，也会有这样的经验，有时候莫名其妙地很想接近或者亲近某个人，同样有的时候与某个人一见面，不需要说话就很抗拒，心里很不喜欢，也很排斥进一步交往。这些情绪表现都与人的心念形成的能量场有关。

有些德高望重的老中医，内心非常慈悲，心地非常善良，病人到他跟前一坐，病就好了三分，为什么呢？因为在老中医充满祥和之气的能量场里，病人非常舒心，非常安静，非常快乐，心情一舒畅，病情自然而然就减轻了。

针灸所讲的经络就是信息与能量的通道，五脏六腑是信息与能量的储备站，穴位就是信息与能量在体表游行出入的地方。一根小小的银针本身什么都没有，但是银针借助医生的手和医生的能量，去调整病人身上的能量，使其趋向于平衡，疾病自然而然就会痊愈。所以针灸是中国古人留给我们的非常宝贵的文化遗产，我们应该很好地传承并发扬它。

能量主要通过起心动念来消耗，每发出一个念头都是通过能量的消耗来完成。修行强调心要清净，其实就是减少起心动念，减少能量的消耗，所以道家讲"为道日损"。情绪上、心理上有一处不通，相应的脏腑、相应的经脉就有一处淤滞不通畅。真正的治病必须由心入手，让病人从内心获得真正的解脱，疾病才能从根本上得以痊愈。一切皆有因果，所有的病我认为都是自己造成的，由身造、由性造、由心造，而祛病必须从身、性、心开始，单纯地依赖药物或者手术只是治身体的层次，不可能达到治性和治心的效果。

中医认为心主神，心为五脏六腑之大主。心主君火，主不明则十二官危。这句话很多人不懂，简单讲，心就是皇帝，皇帝如果不清明，下面的文武百官就更迷糊了。心火之神可统五脏之神，包括脾之意、肺之魄、肾之志、肝之魂。如果把心神调整好，也就是把皇帝搞定，其他的文武百官都不是问题了。哲学里有这样的观点：精神影响物质。精神是形而上的东西，形而上的精神却影响着形而下的身体。中医讲只要精神健康，五脏就健康，真正的治病必须从内心解脱开始。

癌症可怕吗？可怕。现代人大多谈癌色变，潜意识中把癌症等同于死亡。有人提出，癌症死亡患者中90%是被吓死的，5%是被医生治死的，只有5%是自然死亡的。癌症最怕什么？最怕爱。爱是一种非常好的治疗剂。爱人、爱每个生命、爱这个世界，以爱的心态来对待周围的花草树木、飞鸟走兽，把爱心融化到万事万物当中。当然也要爱癌症本身，把它当成多年未见的、来讨债的老朋友，爱它，不恐惧它，不拒绝它，包容它，好吃好喝好伺候，还要感谢它，感谢它让你反省自己过往情绪上的纠结，过往对人、对事、对物的冒犯，宽恕别人，更宽恕自己。把怨、恨、恼、怒、烦、贪、嗔、痴、慢、疑统统消灭干净，时间一长，癌症可能就走了。所以癌症最怕的是爱。

当你充满慈悲心、包容心的时候，时空的能量就会源源不断地流入你的身体。当你打开智慧之门，你获得的能量将超乎你的想象。当一个人真正发一个大的善愿后，他会在瞬间得到无限的能量；反之，当你内心充满怨恨、恐惧、无奈、嫉妒、烦恼的时候，能量就会迅速流失，加速衰老与死亡。

老子在《道德经》第十六章中说："致虚极，守静笃。万物并作，吾以观其复。""虚极"和"静笃"是道家修炼的最高境界。在这个状态下，天地宇宙的能量可以随时为人所用。首先得静下来，减少能量的消耗，"虚极"才可以从宇宙中吸收能量。中国有个成语叫"虚怀若谷"，虚到一定程度才能进来东西。能吸收到什么样的能量，取决于你的内心，有什么样的内心，就会感召什么样的能量，这是同气相求、物以类聚的道理。所以，善念感召的是健康和吉祥，恶念感召的是疾病和灾难。

情绪是内在起心动念的外在展现。内在的起心动念都是能量，有正能量，也有负能量。中国古人一直强调天人合一，所以起心动念的能量场既能够影响外在环境，也能够影响内在身体。知道了这个秘密，应该知道如何让身体健康，如何消除疾病了吧？也应该知道如何做自己身体的总裁了吧？

这些养生、养心之道，古人早就弄明白了。《黄帝内经》讲："虚邪贼风，避之有时；恬淡虚无，真气从之；精神内守，病安从来？"虚邪贼风我们讲了，洞洞裤、低腰装、露脐装最好不要穿。内心无比清静、无欲无求、无所得就是恬淡虚无，真气就跟着来了。真气就是一口生生不息的阳气，精神内敛，怎么会得病呢？我们向内看，不是手指指向别人，不是认为都是别人伤害的我，都是别人对不起我，都是别人的错。我们要看自己，哪里做得不好，哪里做得还不够。如果真的向内看，认识到自己的问题，病怎么会来呢？

《黄帝内经》还讲："上古之人，其知道者，法于阴阳，和于术数，食饮有节，起居有常，不妄作劳，故能形与神俱，而尽终其天年。今时之人不然也，以酒为浆，以妄为常，醉以入房，以欲竭其精，以耗散其真，不知持满，不时御神，务快其心，逆于生乐，起居无节，故半百而衰也。"5000 年之前，上古之人已经知道这个道理，"法于阴阳，和于术数，食饮有节，起居有常"。有的人无肉不欢，暴饮暴食，晚上还要加个消夜，这叫食饮有节吗？有的人夜里三点钟还不睡觉，这叫起居有常吗？"不妄作劳"什么意思？瞎忙活叫妄作劳。"故能形与神俱"，即形神兼备。"而尽终其天年"，一个天年是 120 岁，上古之人可以活到 120 岁。现代人"以酒为浆"，浆是什么？

浆是很好的东西，琼浆玉液，人们把酒当成好的东西了，天天喝，天天吃香的喝辣的。"以妄为常"，就是把妄想、妄念、妄心作为常态。"醉以入房"，喝醉酒了还要行房。"以欲竭其精，以耗散其真"，什么意思？有很多的欲望、很多的要求，贪念耗竭其精血，耗散其真气。"不知持满"什么意思？不知道保持满足的状态，就是不知足。"不时御神"什么意思？不能很好地调控自己的心神。"务快其心，逆于生乐"中"快其心"即舒服就行，晚上开着低温空调，盖着被子，舒服就行了。"起居无节，故半百而衰也"，饮食起居没有节制，50岁就已经衰老了。这些道理古人已经非常清楚，而且记载得非常精细、非常简练，中国古人的智慧非常了不起。

人是万物之灵，是一切生物中最完美的灵体，健康的身体是人本来就具足的。健康状况的调节是靠人体本身的能量修复系统来完成的，外部因素（包括医生）只能起辅助作用。所以得病了，除了向外求，更重要的是向内求，正确的观念远比昂贵的药物和危险的手术更能帮助患者消除疾病。有了正确的观念，就会有正确的决定，就会有正确的行为，就可以预防许多疾病的发生。我认为一切药物对治病来讲不是治本，都是治标，不管是中医还是西医。

一切病都是错误的因产生的错误的果。错误的因不解除，错误的果就不会绝根。所以要相信自己所具足的自我调节能力，不断提升自己的内在修为，厚德才能载物，内圣方可外王。健康的根本在心，病由心生，所以一切法从心出。中医的最高境界是养生，养生的最高境界是养心，养心的最高境界是道法自然。既要顺应天地的自然，还要顺应自己内在命运的自然，这二者不可或缺。中医看起来很玄，有时候甚至玄之又玄，可是恰恰在这玄之又玄里面，蕴含了天地宇宙的大道理，蕴含了人生的大智慧，玄之又玄恰恰是众妙之门。

愿人人都能够做自己身体的总裁，做健康的总裁！

浅谈肝脏养生

罗江萍

罗江萍

罗湖医院主任医师，罗湖区人大代表。擅长不孕不育、内分泌失调、皮肤科疾病及各种疑难杂症的诊断治疗。深圳市五一劳动奖章获得者，荣获"首届罗湖区名中医""最佳口碑好医生""深圳市好医生"等称号。

今天我要讲的主题是"肝脏养生"。因为中医内容有很多，我们的肝、心、脾、肺、肾是五个脏器，我今天专门讲一下肝脏。

养生首先要养的是心性。古人云"修身、齐家、治国、平天下"，可见修身的重要性。修身的根本在于养性，"性"就是一个人的性情，要想身体健康，一定要心理健康、心态平和，拥有健康的心性。其次还要养德性。老子说过："道生之，德畜之，物形之，势成之。是以万物莫不尊道而贵德。"这句话的原意是：我们要顺应大自然，遵道崇德，多做善事，才能体现我们生命的价值，然后也更利于我们养生。

《黄帝内经》中是这么说的："从阴阳则生，逆之则死。"这是什么意思？中医在《黄帝内经》里分阴阳五行，那就是说顺应阴阳变化的就可以生生不息，逆天而行就会死亡。我们现在再说得简单一点，白天咱们就干白天该干的事，早上起来吃早餐，然后去工作，我们这里有大妈要跳广场舞，有的人去打麻将，不管干什么我们就白天干白天的事，晚上就好好睡觉。夏天要穿得凉快一点，我们可以穿旗袍，穿短袖的衣服，到冬天的时候我们就要穿上袄，穿厚一点，秋天来了我们要带一件外衣，在空调房里的时候一定要披一件东西，这就是顺应自然，这就是《黄帝内经》中这句话的意思。

除了我刚才讲的基本生活常识以外，中医还把一天分成十二个时辰。这十二个时辰中我们的脏腑、身体功能、活动强弱都是不一样的，所以我们要按照规律来养生。

西医中的肝和中医中的肝是有区别的。西医中的肝是一个在我们体内的简单脏器，脏器是解剖学上的。解剖学上的肝具有什么功能？解毒、合成、代谢、调整血液量。我们今天讲的是中医中的肝，中医中的肝比西医中的概念更加广泛，因为它说的不仅仅是一个脏器，它说的是肝的功能系统，是整个的一个系统。

我今天为什么选这个题目，如果泛泛地讲五脏行不行？行，但我怕大家失望，因为这个内容是特别多的。而肝在人体里面像一个大将军，指挥着千军万马，它要把血液分配到全身各个部分去，然后滋养我们的身体，所以我们说它很重要。我今天就跟你们讲一下肝。

会伤害肝脏的一些生活方式

在中医里我们的肝负责全身的气血，这个气血很重要，没有气血我们没办法生存。气血很通畅的时候，身体的脏腑功能就非常地和谐有序；一旦肝气被郁住了，会直接导致热量在体内散发不出来，这就是所谓的肝郁化热，也叫肝郁化火，直接对心、脾、肺、肾产生不良的影响，这个影响是极其重要的。因此我们称它为"将军之官"。如果在战场上将军生气了，将军的指挥不灵了，这场战争肯定是不会赢的，所以肝非常重要，它是我们人体的将军之官。

现代生活非常丰富，我们过去没有电脑、手机，今天的我们处于互联网时代，连两三岁的小朋友拿个手机都会讲微信了。现代生活方式中哪些会伤害到咱们的肝脏呢？一个是用眼过度。我们看书的时候看一会儿一定要注意休息一下，特别是办公室一族，不要久视，久视会伤肝。你看着好像自己只是眼睛疲劳一点，不是的，它会对肝产生伤害。再一个就是七情郁结。还有就是久坐不动。还有就是过度地服药、吃补品。虽然我是个中医，我会说很多中药是没有毒副作用的，你们可以喝，但也不能太过，喝一段时间也要稍微停一下。还有饮酒。少量饮酒是可以的，不能过度饮酒，而且长期饮酒会形成酒精肝，也损害了肝脏。下面我们逐一来讲。

用眼过度的问题。肝脏储存着极为丰富的血液，肝血的主要作用是滋养我们的眼睛，让我们的视力变得很好。一个人的眼睛很明亮、炯炯有神，那是因为他的肝脏功能比较好。长期使用电脑、手机，长时间看电视、看书，都会造成用眼过度。肝开窍于目，如果经常闭目养神一下，或者不要久视，或者看看外面蓝色的天空，多看些绿色的植物，对肝就是一种养护。如果久视又不太注意养护，看得眼睛涩涩的还不舍得放下手中那本书，那会对肝造成伤害，日积月累你的肝血就不足了，不能够充分养你全身了。

七情郁结的问题。现代社会，所有人面临的工作、生活压力真的都蛮大的。有时会很郁闷、很压抑，一点小事就想不通，心结难解，多愁善感，又爱钻牛角尖，这些会让肝脏不能够舒展，导致肝郁气滞。这会导致什么？会出现一系列的疾病。这一系列疾病反映在临床上会出现头痛、眩晕、脱发、胸闷、失眠、乳腺增生、甲状腺结节、子宫肌瘤、卵巢囊肿、胃病、腹痛、月经不调、暗疮、黄褐斑、血脂高、血压高等。这些都是由肝气郁结引起的。

久坐不动的问题。如果你觉得坐得太久，可以稍微按着椅子起来动一下，这样真的有效。因为肝是主筋的，我们的关节、肌腱、韧带都属于肝系统。长时间工作的人久坐不动，久坐会让关节、韧带变得很僵硬。每个人应该都有体会，我们坐的时间特别长的时候，关节就失去了柔韧性，不灵活了，其实就是肝的疏泄条达系统的通道不通畅了。所以我们会觉得自己又没有很累，就是坐在这里，为什么也会那么辛苦，特别想发脾气？这是因为肝血不足了，然后阴虚火旺了，肝阳上亢。血液不养人体的经脉，有时候晚上睡觉会抽筋，平时走路本来走得很稳健，后来就行走不利，这些都有可能发生。要注意这一点。

滥用药品的问题。五脏中肝脏是新陈代谢最为旺盛的，它是对我们的心脏、对我们的整个五脏六腑、对我们全身最有功劳的。肝有强大的解毒功能，无论什么污染物到我们体内，或者我们吃了很多的药物，都要借助肝脏的新陈代谢去解毒。滥用药物、保健品肯定是不行的。

喝酒的问题。有时候不开心，喝一杯酒就开心了；大家在一起的时候喝一杯酒很助兴，你不喝酒好像很没意思。可是酒是行阳气的，肝是主疏泄的，是主阳气升发的一个器官，中医说肝体阴而用阳，就肝的本质来说它已经是容易阳亢的了，一发火它就阳亢，再加上酒在里面升散，阳就更亢，阴更伤，伤阴不行，因此酒伤的是肝脏的本体，面红耳赤、头痛、血压高这些症状都是伤了肝的本体的表现。所以我们要注意，不要伤到肝的本体。

我们所有的不良习惯让肝脏一直得不到休息。有一句话叫作过劳死，就是猝死，那是因为肝脏不行了，肝脏被我们累得不能够工作了。所以我们不能让它太累，我们要爱护它、呵护它，让它为我们服务，为我们全身的功能、为我们的健康长寿服务。肝脏很重要，所以我们一定要注意保护它。

现代中医养生的对策

现代的中医，已经不是古代的华佗，也不是以前的孙思邈。我们生活在现代，我们赶上了好的时代，即互联网的时代，在这样的时代怎么样用中医的方式去养肝？下面就给大家讲一下现代中医养生的对策。

我们首先要起居有时。刚刚我也说了，中医将一天分为十二个时辰，在十二个时辰里面我们脏腑的生理功能、活动强弱是不一样的，我们可以按照这个规律来养生。比如子时是胆经当令，我们今天讲的是肝脏的养生，丑时（即凌晨 1 点到 3 点）就是肝经当令。因此在脏腑当令的时候我们要重点呵护，无论你工作多么繁忙，凌晨 1 点到 3 点一定要保持在睡眠的状态，最好是熟睡的状态，这对肝有极其重要的意义。因为血归于肝脏后，它就开始养肝。中医的理论是人卧则血归于肝，大家不要以为"卧"指的是躺在床上，半夜 3 点钟躺在床上拿手机玩是不行的，心神受扰不能够养肝，要睡得很香甜。

还要饮食有节，避免过劳，还要保持情绪的平和，这几样也是很重要的。头痛、眩晕、抽筋眼干等都是肝血亏虚、肝阳上亢的表现。工作是应该的，我们每个人都有自己的理想，都想把自己的本职工作做好，但是身体才是革命的本钱，只有先有个很好的身体才能把工作做得更好。所以我们不要等到身体累得不行，发出了求救的信号，自己快要倒下去已经撑不住了，已经没法去上班了，再去养生。养生先养肝，一定要有一个很好的生活习惯。

还要运动。我不建议大家剧烈地运动，散步、快走、练瑜伽、打太极、游泳等都是不错的养生运动，希望大家能够去做。

讲到护肝的饮食，给大家介绍几款。

红枣饮。红枣饮很简单，拿一杯保温水，放几粒红枣，喝完第一杯之后再往里加水，不一定要把红枣吃了，只是喝红枣的水。它非常好，又很简单，对肝的养护作用是日积月累的、长期的。对于西医里面说的肝炎患者，我都让他们每天吃三颗红枣，很有效。

山楂五味子饮。山楂 50g，五味子 20g，用水煮，虽然这两个药都是酸性的，但是它们是护肝的。它有什么作用呢？养阴固精、保肝护肝、延缓衰老，记住，它可以延缓衰老。它很酸，如果有些人血糖不高，而且希望口感好一点，煮好了之后放点冰糖，酸甜酸甜的非常好喝，这个方便吗？方便。我希望大家能够这样做。

决明子菊花小米粥。对减肥、降血压、降血脂，还有美容都非常有效，而且能清肝明目。不要一起煮，要用决明子跟菊花先煮 20 分钟左右，把菊花和决明子过滤出来，用煮出来的水去熬小米，一个礼拜喝一次，早上、中午、晚上喝都可以。这个值得大家一试。

天麻鱼头汤。鱼头，不管什么鱼头都行，你就买整个的鱼头，然后天麻 20g，天麻是有规定的，20g 就够了，普通药店都有卖，姜放上 2 片，把鱼头、天麻和姜一起炖，放在一个沙煲里炖上 30 分钟，起锅的时候放一点点盐，盐不要放多了。它有什么作用呢？息风止痉，平抑肝阳。第一，是护肝的。第二，有些老人家有高血压，或者有颈部动脉硬化，或者有很多老年疾病，可以经常炖点儿这个汤。

枸杞叶猪肝汤。用枸杞叶 100g，猪肝 200g，抓一小把枸杞放进去，再放一点点姜，姜可以给猪肝去腥味，煮 15 分钟就可以了。这个汤可以清肝明目。

教大家几个养肝的方法。

先给大家介绍一个穴位，叫神门穴。大家跟我举起手来，稍微用力握一下拳头，在小拇指的这一侧，有一个凹陷的地方，双手都有。小拇指凹陷的地方叫神门穴，晚上睡不着觉的时候你就按这个穴位。

晚上很多老人去跳广场舞，其实我很支持，这个做法很好，老年人在一起很开心，又可以结交一些朋友。最好的方式还是要深呼吸，尽量地伸展一下自己，比如将两个手臂高高地举起来伸展一下，睡觉前脚跟靠着墙脚跟往下，让自己全身的经脉都伸展一下。伸展完了再去睡觉，那么你的经脉就很舒服，因为经脉是肝组织的，你到了一两点的时候就睡得很香，对肝很好。

肝气足，身体就特别好。怎么样能够让肝气足？我再教大家一个方法，大家跟我一起双手合十，用力按压手掌，老人家愿意用核桃就用核桃，因为手掌上全是肝经的穴位，我们来搓，搓热了后五个指尖对着使劲地按压，按压一会儿再继续搓。白天在办公室、在郊外、坐车的时候，都可以做这个动作，这个动作非常容易记。手掌是肝脏的反映区，我们做这个动作就可以了，这有助于增强我们的体质。

再教你们一个办法，每天尽可能有意识地晒一下你的背。因为背上有督脉，中医讲任督二脉，督脉在背上，督就是统领的意思，统领一身的阳气。我们给它晒一下，养养督脉，身体就会很健康。最简单的护阳方法就是晒背。

下面讲讲避免过劳。

过劳对身体各个器官的影响都很大，对肝脏的损伤最为严重。俗话说养肝就是养命，可见肝对人体来说是多么重要。我们每天吃进的大量食物都要经过肝分解、合成，然后再把各种营养输送到全身的各个器官，因此肝脏的工作量很大，一旦过劳，肝没办法正常工作，其他地方就挨饿了。

过劳也会引起一系列的疾病，人那么疲劳，内分泌肯定失调，即中医讲的阴阳失调。五行讲的是相生相克的关系，肝、心、脾、肺、肾是相生相克的。领导对你要求太严格，说今天必须把这个公文给他，你就很郁闷，一边工作一边郁闷，你的肝就不舒服了，接着就影响到心了，心情就不好了，就容易得病。我教你一个办法，领导再对你凶，你就想他这是信任你，你要带着一颗感恩的心去工作，你应该感谢他给了你这份工作，让你能够展示自己，给了你这样一个平台，让你来做，你要想到好的地方，你要用一种阳光的心态来对待工作、对待生活。这样就特别好，就是正能量的一种，就不容易得病。

《黄帝内经》中讲了天人合一，它是《黄帝内经》的中心思想，一直到今天我们每个中医人都还在学习它，因为它真的很有道理。所以你们要记住劳累可以，但是在劳累的过程当中要保持心情愉快而且要会自己调节。你很累，这个东西你要在电脑前完成，你写了一个小时之后可以起来一下，起来活动三分钟，不影响你的工作吧？你要去洗手间吧？你要喝一杯水吧？

人这一生快乐地应对任何事情是对我们非常有利的。人的一生中，无论是工作还是生活都会遇到很多的困难、不如意，这就要求我们稳定心绪，保持乐观、积极的心态。

我认为中医应该面向的是患者，应该是为患者服务的，应该直接一点，应该从患者出发找研究课题来做。患者出现的很多问题是需要做科研的，做完了科研又能够回馈大家，这才是有利于大家的，这样的中医才是好医生。

中医是我们中华民族的瑰宝，它有5000多年的历史，5000多年来扁鹊、华佗、张仲景、孙思邈等名医的故事广为流传。大家可能都知道他们悬壶济世、妙手回春，为咱们中华民族的繁衍生息做出了巨大贡献。而今我们这一代中医人除了要把老祖宗留给我们的宝贵财富继承好，还要根据现代人的健康需求发扬好并且把它传承下去。

《黄帝内经》是我国第一部养生宝典，其中讲到了怎样治病，更重要的是讲怎样不得病，这是《黄帝内经》中非常重要的思想。所谓"治未病"，拿到现在来讲就是养生，就是咱们今天的主题。希望大家能够知道自己的肝特别重要，这个"将军"很重要。希望大家关注养生，关注身体内在的健康。

图书在版编目（CIP）数据

深圳市民文化大讲堂 2018 年讲座精选：上、下册 /
吴定海主编 . －－北京：社会科学文献出版社，2020.11
ISBN 978 - 7 - 5201 - 7409 - 1

Ⅰ.①深…　Ⅱ.①吴…　Ⅲ.①社会科学－文集 Ⅳ.
①C53

中国版本图书馆 CIP 数据核字（2020）第 185982 号

深圳市民文化大讲堂2018年讲座精选（上、下册）

主　　编／吴定海

出 版 人／王利民
责任编辑／张建中

出　　版／社会科学文献出版社·政法传媒分社（010）59367156
　　　　　　地址：北京市北三环中路甲 29 号院华龙大厦　邮编：100029
　　　　　　网址：www. ssap. com. cn
发　　行／市场营销中心（010）59367081　59367083
印　　装／三河市尚艺印装有限公司

规　　格／开　本：787mm × 1092mm　1/16
　　　　　　印　张：30.75　字　数：428 千字
版　　次／2020 年 11 月第 1 版　2020 年 11 月第 1 次印刷
书　　号／ISBN 978 - 7 - 5201 - 7409 - 1
定　　价／128.00 元（上、下册）

本书如有印装质量问题，请与读者服务中心（010 - 59367028）联系